런던 11개 구역과
근교도시 9곳을 세세하게 다룬

런던 London
여행백서

2019~2020년
개정판

런던 11개 구역과
근교도시 9곳을 세세하게 다룬
런던여행백서 (2019~2020년 개정판)

초   판 1쇄 펴냄 2015년 6월 20일
개정 4판 1쇄 인쇄 2019년 3월 15일
개정 4판 1쇄 펴냄 2019년 3월 25일

지 은 이 정꽃나래(글), 정꽃보라(사진)
펴 낸 이 유정식
책임편집 박수현

편집디자인 정꽃나래, 정꽃보라
표지디자인 유재헌

펴낸곳   나무자전거
출판등록 2009년 8월 4일 제 25100-2009-000024호
주소   서울 노원구 덕릉로 789, 2층
전화   02-6326-8574
팩스   02-6499-2499
전자우편 namucycle@gmail.com

ⓒ정꽃나래, 정꽃보라 2015~2019
ISBN : 978-89-98417-42-0(14980)
ISBN : 978-89-98417-12-3(세트)
정가 : 18,000원

파본이나 잘못 인쇄된 책은 구입하신 서점에서 교환해드립니다.

이 책은 저작권법에 따라 보호받는 저작물이므로 무단전재와 복제를 금합니다.
이 책 내용의 일부 또는 전부를 이용하려면 반드시 저작권자와 나무자전거의 서면동의를 받아야 합니다.

이 도서의 국립중앙도서관 출판예정도서목록(CIP)은 서지정보유통지원시스템 홈페이지(http://seoji.nl.go.kr)와
국가자료공동목록시스템(http://www.nl.go.kr/kolisnet)에서 이용하실 수 있습니다.(CIP제어번호: CIP2019008583)

2019~2020년
개정판

런던 11개 구역과
근교도시 9곳을 세세하게 다룬

London
런던
여행백서

정꽃나래 글 · 정꽃보라 사진

나무자전거

PROLOGUE

개정판 작업으로 다시 찾은 런던.

비행기에서 내리자마자 우리 여행자는 첫 관문을 반드시 통과해야 합니다. 바로 입국심사죠. 본문에서 설명했듯 영국의 입국심사는 어떤 심사관을 만나느냐에 따라 심사의 강도가 달라집니다. 자주 방문하는 런던이라 이제는 적응될 법도 한데 여전히 입국심사는 여행에서 가장 긴장되는 순간입니다. 여행목적만을 물어보고는 쉽게 통과가 됐던 적도 물론 있습니다. 하지만 항공권 이티켓과 호텔 바우처를 꼼꼼히 살펴보며 앞으로의 일정을 세세하게 물어와 식은땀을 흘려야 했던 기억이 있으니까요.

미소를 머금고 인사를 하는 심사관과 마주했습니다. 으레 그러하듯 여행목적을 물어옵니다. 저희는 런던여행백서를 내밀며 개정판 취재를 위해 런던에 왔다고 했습니다. 유니언 잭이 선명한 책 표지를 보자마자 감탄사를 연발하는 그를 보니 12시간의 비행으로 쌓인 피로가 눈 녹듯이 사라집니다. 잠깐의 틈을 타 책을 훑어봅니다. 영화 '해리포터'와 관련된 페이지를 보고는 꼭 필요한 정보라며 고개를 끄덕이는가 하면 빅벤과 근위병이 담긴 사진을 보고선 탁월한 구도라며 엄지 척을 날려줍니다. 책을 덮으며 그가 건넨 한마디.

"이렇게 멋지고 아름답게 런던을 소개해줘서 정말 고마워요."

이 책 한 권을 만들기 위해 지난 몇 년간 쏟아내야 했던 에너지, 시간, 정성을 모조리 보상받은 것 같은 황홀한 기분은 물론이요, 이 일을 할길 정말 잘했다는 생각을 다시 한번 더 하게 되었던 순간이었습니다. 또 만나자는 그의 작별인사를 마지막으로 짧지만 강렬했던 입국심사가 끝이 났습니다.

이렇듯 여행지에서의 사소하지만 기분 좋은 에피소드는 여행 내내 활력소가 되어줍니다. 그의 한마디는 런던여행백서 취재에 큰 원동력이 되어 주었습니다. 더욱더 새롭고 즐거운 런던을 독자분들께 알려야겠다는 사명감이 강해지면서 런던을 샅샅이 훑고 다녔습니다. 평소 정해진 기간 내에 계획한 일정을 모두 소화해야 한다는 압박감 때문에 수면 부족과 소화불량을 달고서 취재에 임하지만 이번엔 신기하게도 하루하루가 행복의 연속이었습니다. 알면 알수록 흥미롭고 재미있는 도시. 런던의 끝없는 매력을 앞으로도 열심히 전해드리겠습니다.

정꽃보라, 정꽃나래

PREVIEW

런던여행백서는 총 5개 파트에 런던을 비롯하여 옥스퍼드, 브라이튼 등 근교 도시까지 런던여행을 계획하면서 한 번에 묶어서 돌아볼 수 있도록 구성하였습니다. 파트1에는 런던여행을 처음 준비하면서 미리 알고 있어야 할 알찬 정보들을 수록하였고, 파트2~4에는 런던과 근교도시를 지역별로 구분하여 볼거리, 맛집, 쇼핑 등의 섹션으로 나눠 스팟들을 하나씩 설명하였습니다. 마지막 파트5에는 런던의 다양한 숙박시설에 대해서 다루었습니다.

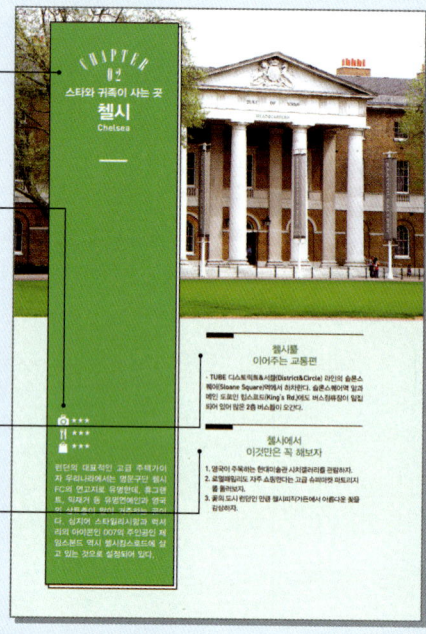

챕터제목
인접한 지역을 하나의 챕터로 묶어서 동선을 짜기 쉽도록 하였습니다.

추천도
구역별 볼거리, 먹거리, 즐길거리, 쇼핑거리 등을 별점으로 표시하여 중요도를 한눈에 볼 수 있게 하였습니다.

한눈에 보는 교통편
지역별 교통편을 한눈에 파악할 수 있습니다.

반드시 해봐야 할 것들
해당 구역에서 반드시 해봐야 할 것들을 나열했습니다.

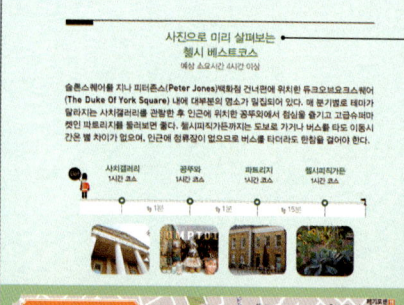

사진으로 미리보는 동선
여행지에 대한 스팟들을 효율적으로 둘러보기 위한 추천 동선을 제시합니다. 어디를 가야 할지, 무엇을 먹어야 할지 등이 고민된다면 이 부분을 참고하세요.

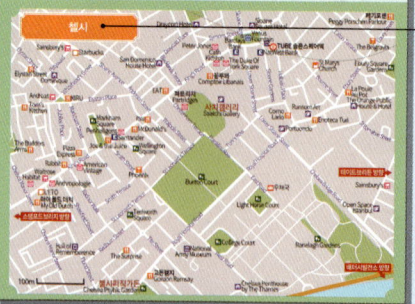

상세지도
해당 챕터에서 소개되는 지역의 주요 볼거리, 먹거리, 숙소 등을 한눈에 찾아볼 수 있도록 상세지도를 수록하였습니다. 대략적인 위치를 확인한 후 찾아가기 정보를 활용하세요.

섹션제목
여행지에 따라 볼거리, 먹거리, 쇼핑, 근교 여행지 등이 별도의 섹션으로 처리되어 원하는 스팟들을 바로 찾아볼 수 있도록 하였습니다.

스팟정보
해당 스팟에 대한 정보를 일목요연하게 정리했습니다. 찾아가는 방법, 추가적인 정보를 위한 홈페이지, 연락처, 추천메뉴, 영업시간 등과 필자가 개인적으로 얘기해주는 귀띔한마디 등 꼭 필요한 스팟에 대한 정보가 수록되어 있습니다.

큰제목
주로 여행지의 스팟을 큰제목으로 처리하였습니다. 스팟의 제목만 봐도 어떤 곳인지 미루어 짐작할 수 있도록 부제를 삽입해뒀습니다.

여행 TIP
본문에서 미처 다루지 못한 부분들 중 추가적인 스팟이나 해당 여행지에서 알고 있으면 좋은 내용들을 팁의 형태로 정리하였습니다.

지도 속 아이콘

볼거리	음식점	카페	숙소	쇼핑거리
백화점/마트	오페라극장	영화관	은행/환전	관광안내소
박물관	미술관	공원	광장	성곽
성	교회/성당	동상/전망대/타워		병원
우체국	학교/도서관	기차	버스정류장	요트/페리

CONTENTS

PART 01
HELLO LONDON

Chapter 01 여행 전 알아두면 좋은 런던의 모든 것
LONDON AREA MAP · 18 | TUBE MAP · 20

Section 01 한눈에 살펴보는 영국사회와 런던정보 · 23
잠깐 짚고 넘어가는 영국정보 · 23

Section 02 사진으로 살펴보는 런던여행 베스트 10 · 26

Section 03 세기의 결혼식으로 살펴보는 관광명소 로열웨딩루트 · 28

Section 04 가볍게 생활 속에서 즐기는 런던의 예술 · 30
파리에 루브르가 있다면 런던에는 대영박물관이 있다 · 30 | 뮤지엄숍과 갤러리숍에서 만나는 아기자기한 런던기념품 · 31 | 뮤지엄과 갤러리 내 카페와 레스토랑 즐기기 · 32

Section 05 본고장 웨스트엔드에서 즐기는 뮤지컬 · 34
최고의 종합예술이라 일컫는 뮤지컬 · 34 | 뮤지컬 관람은 티켓구입부터 · 35 | 놓치면 후회할 5편의 추천 뮤지컬 · 36

Section 06 영화와 드라마 속에 그려진 런던 · 38
영화 〈해리포터〉 팬들의 필수코스 · 38 | 오늘만은 내가 영화 속 주인공, 영화촬영지 · 41 | BBC드라마 〈셜록〉의 발자취를 따라서 · 44

Section 07 브릿팝 성지순례 · 46
비틀즈에서 콜드플레이까지 · 46

Section 08 도심 속 여행 중 즐기는 런던문화산책 · 50
노먼포스터와 함께하는 현대건축 · 50 | 건물 벽에 붙은 파란 동그라미 블루플라크 · 52 | 독특한 디자인이 인상적인 지하철플랫폼 · 53

Section 09 런던이 더 즐거워지는 축제와 스포츠이벤트 · 54
유럽 최대 규모의 퀴어퍼레이드, 프라이드런던 · 54 | 성대하고 화려한 카리브문화 축제, 노팅힐카니발 · 55 | 런던시민들이 만들어내는 감동의 축제, 런던마라톤 56 | 영국축구의 성지, 웸블리스타디움 · 57 | 테니스역사의 산증인, 윔블던 · 58 | 케임브리지와 옥스퍼드의 자존심 대결, 보트레이스 · 58 | 청춘의 에너지가 들끓는 런던의 클럽 · 59

Section 10 런던에서 즐기는 영국식 요리와 주류문화 · 60
꼭 한 번 맛봐야 할 영국의 전통음식 · 60 | 우아한 런던의 오후, 애프터눈티 · 62 | 영국의 생활문화를 가까이서 느낄 수 있는 펍 · 64 | 영국스타셰프가 이끄는 파인다이닝 · 66

Section 11 쇼핑하기에도 좋은 런던 · 68
쇼퍼홀릭 자극하는 아이템이 가득 · 68 | 런던에서 즐기는 명품 쇼핑 · 68 | 요리조리 구경하는 즐거움, 런던의 마켓 · 69

Section 12 런던의 크리스마스 · 70

큐왕립식물원 · 70 | 하이드파크 윈터원더랜드 · 70 | 소호의 거리들 – 옥스퍼드스트리트, 리젠트스트리트, 카나비스트리트 · 71 | 런던의 관광명소 – 타워브리지, 자연사박물관, 런던아이 · 71

Chapter 02 런던여행 제대로 준비하기

Section 13 런던을 여행하는 데 꼭 필요한 정보 · 73
런던여행 정보수집 · 73 | 여행에 필요한 여권과 비자 · 74 | 런던의 공휴일 정보 · 74 | 런던을 여행하기 위한 최적의 시기 · 75 | 런던여행에 유용한 영국식영어 · 75 | 런던행 항공권 예약 · 76 | 런던여행의 필수 아이템 · 77 | 영국화폐로 환전과 카드사용 · 78 | 런던의 통신수단 이용하기 · 79 | 사건, 사고 대처 요령 · 80 | 런던쇼핑에 꼭 필요한 사이즈표 · 81 | 여행자를 위한 세금환급방법 · 81 | 런던을 스마트하게 여행하는 방법, 런던패스 · 82 | 도움을 요청할 때 꼭 필요한 기본영어 · 83

Section 14 런던여행을 위한 추천동선 · 84
런던여행 핵심코스 4박 5일 · 84 | 런던여행 정복코스 7박 8일 · 86 | 아이와 함께 하는 5박 6일 가족여행 · 88 | 젊은 청춘을 위한 5박 6일 런던여행 · 90

Section 15 인천국제공항에서 출국하기 · 92
인천국제공항으로 이동하는 방법 · 92 | 한눈에 살펴보는 출국과정 · 93

Section 16 런던 히드로국제공항으로 입국하기 · 95
한눈에 살펴보는 런던입국과정 · 95

Section 17 공항에서 런던시내로 이동하기 · 96
히드로국제공항 · 96 | 게트윅국제공항 · 97 | 스탠스테드공항 · 97 | 루턴공항 · 98

Section 18 런던시내에서 대중교통 이용하기 · 99
런던여행의 동반자, 지하철 · 99 | 런던시내를 가로지르는 명물, 버스 · 100 | 편안하게 목적지까지 이동할 수 있는 택시 · 102 | 느림의 미학으로 즐기는 풍경, 자전거 · 102 | 런던의 관광명소를 선상에서 즐길 수 있는 유람선 · 103 | 런던 외곽을 빠르게 연결하는 기차 · 104 | 런던여행에 발이 돼 주는 오이스터카드 · 106 | 모든 교통수단을 무제한으로 이용하자, 트래블카드 · 107

Section 19 런던에서 유럽으로 이동하는 방법 · 108
해저터널로 연결된 유로스타 · 108 | 국가 사이를 오가는 국제버스 메가버스와 유로라인 · 108 | 빠르고 저렴하게 주변국을 연결하는 저가항공 · 109

PART 02
LONDON CENTRAL

Chapter 01 런던 관광의 중심 웨스트민스터&소호
웨스트민스터&소호를 이어주는 교통편 · 112 | 웨스트민스터&소호에서 이것만은 꼭 해보자 · 112 | 사진으로 미리 살펴보는 웨스트민스터&소호 베스트코스 · 113

MAP 웨스트민스터 · 114 | MAP 소호 · 116

Section 01 웨스트민스터&소호에서 반드시 둘러봐야 할 명소 · 118
버킹엄궁전 · 118 | 세인트제임스파크 · 120 | 웨스트민스터사원 · 120 | 국회의사당 · 121 | 런던아이 · 122 | 사우스뱅크센터 · 124 | 호스가즈 · 125 | 반케팅하우스 · 126 | 총리관저 · 127 | 처칠워룸 · 127 | 더몰 · 128 | 그린파크 · 128 | 트라팔가광장 · 129 | 세인트마틴인더필즈 · 129 | 내셔널갤러리 · 130 | 국립초상화미술관 · 132 | 로열아카데미 오브 아츠 · 132 | 피카딜리서커스 · 133 | 레스터스퀘어 · 134 | 차이나타운 · 134 | 버윅스트리트마켓 · 135 | 포토그래퍼스갤러리 · 135 | 뉴포트스트리트갤러리 · 136 | 하우스오브반스 · 136

Section 02 웨스트민스터&소호에서 먹어봐야 할 것들 · 137
골든유니온피시바 · 137 | 버거앤랍스터 · 138 | 브렉퍼스트클럽 · 138 | 셜록홈즈펍 · 139 | 바이런 · 139 | 부사바이타이 · 140 | 본대디즈 · 141 | 와하카 · 141 | 레토카페 · 142 | 조앤더주스 · 143 | 프린치 · 143 | 플랫화이트 · 144 | 코스타&카페네로 · 145 | 콘디터앤쿡 · 145 | 더하프 · 146 | 고든즈와인바 · 146 | 플랫아이언 · 147 | 호퍼스 · 147 | 바오 · 148 | 피기스 샐러드 앤 샌드위치 · 148

Special 01 £9 이내로 즐기는 소호 맛집 · 150

Section 03 웨스트민스터&소호에서 놓치면 후회하는 쇼핑 · 154
옥스퍼드스트리트 · 154 | 리젠트스트리트 · 155 | 본드스트리트 · 155 | 카나비스트리트 · 156 | 리버티 · 156 | 셀프리지 · 157 | 스마이슨 · 157 | 포트넘앤메이슨 · 158 | 바버 · 159 | 캐스키드슨 · 159 | 닥터마틴 · 160 | 쿨브리타니아&크레스트오브런던 · 160 | WWRD&포트메리온 · 161 | 햄리스 · 161 | 엠앤엠월드 · 162 | 디즈니스토어런던 · 162 | 레고스토어 · 163 | 고쉬코믹스 · 163 | 프레스타트 · 164 | 샤보넬에워커 · 164 | 프라이마크 · 165 | 포일스 · 165

Special 02 영국이 낳은 세계적인 디자이너와 브랜드 · 166

Special 03 하루 종일 둘러봐도 지겹지 않은 슈퍼마켓 · 168
대표적인 슈퍼마켓 프랜차이즈 · 168 | 슈퍼마켓에서 찾아낸 보석 같은 제품들 · 169 | 슈퍼마켓에서 찾는 홈애프터뉴니티 재료 · 170 | 영국왕실이 인정한 로열워런트 · 171

Special 04 Made in UK! 영국 화장품을 소개합니다 · 172

Chapter 02 먹고 보고 즐기는 블룸스버리&코벤트가든

블룸스버리&코벤트가든을 이어주는 교통편 · 174 | 블룸스버리&코벤트가든에서 이것만은 꼭 해보자 · 174 | 사진으로 미리 살펴보는 블룸스버리&코벤트가든 베스트코스 · 175

MAP 블룸스버리&코벤트가든 · 176

Section 04 블룸스버리&코벤트가든에서 둘러봐야 할 명소 · 177
대영박물관 · 177 | 폴락토이뮤지엄 · 180 | 웰컴컬렉션 · 180 | 코벤트가든 · 181 | 닐스야드 · 182 | 로열오페라하우스 · 182 | 런던교통박물관 · 183 | 코톨드갤러리 · 184

Section 05 블룸스버리&코벤트가든에서 먹어봐야 할 것들 · 185
몬머스 · 185 | 룰즈 · 186 | 코벤트가든그라인드 · 186 | 지지 · 187 | 더리얼그릭 · 187 | 발타자르 · 188 | 탭커피 · 188 | 프린세스루이스 · 189 | 김치 · 189

Section 06	블룸스버리&코벤트가든에서 놓치면 후회하는 쇼핑 · 190
	무민숍 · 190	트와이닝 · 191	위타드 · 192	호텔쇼콜라 · 192	포비든플래닛 · 193	플래닛오가닉 · 193

Chapter 03	주택가 속 숨은 놀이터 말리본&베이커스트리트
	말리본&베이커스트리트를 이어주는 교통편 · 194	말리본&베이커스트리트에서 이것만은 꼭 해보자 · 194	사진으로 미리 살펴보는 말리본&베이커스트리트 베스트코스 · 195
	MAP 말리본&베이커스트리트 · 196

Section 07	말리본&베이커스트리트에서 둘러봐야 할 명소 · 197
	리젠트파크 · 197	런던주 · 198	마담투소 · 199	셜록홈즈박물관 · 200	월리스컬렉션 · 202
Special 05	리젠트운하 산책하기 · 203
Section 08	말리본&베이커스트리트에서 먹어봐야 할 것들 · 204
	라파티스리데헤브 · 204	골든하인드 · 205	치킨 · 205	모노클카페 · 206	세인트크리스토퍼플레이스 · 206
Section 09	말리본&베이커스트리트에서 놓치면 후회하는 쇼핑 · 207
	던트북스 · 207	비틀즈스토어 · 208	콘란숍 · 209	스칸디움 · 209	내추럴키친 · 210	로코코 · 210

Chapter 04	과거와 현재의 공존 뱅크&서더크
	뱅크&서더크를 이어주는 교통편 · 212	뱅크&서더크에서 이것만은 꼭 해보자 · 212	사진으로 미리 살펴보는 뱅크&서더크 베스트코스 · 213
	MAP 뱅크&서더크 · 214

Section 10	뱅크&서더크에서 반드시 둘러봐야 할 명소 · 216
	런던탑 · 216	타워브리지 · 218	모뉴먼트 · 219	스카이가든 · 220	더샤드 · 220	버러마켓 · 221	테이트모던 · 222	밀레니엄브리지 · 222	세인트폴대성당 · 223	셰익스피어글로브극장 · 224	세인트캐서린독 · 224	런던박물관 · 225	화이트큐브 · 225	패션&텍스타일박물관 · 226	몰트비스트리트마켓 · 226
Special 06	뱅크&서더크의 숨은 전망대 찾기 · 228

Chapter 05	자연과 예술의 만남 켄싱턴
	켄싱턴을 이어주는 교통편 · 230	켄싱턴에서 이것만은 꼭 해보자 · 230	사진으로 미리 살펴보는 켄싱턴 베스트코스 · 231
	MAP 켄싱턴 · 232

Section 11	켄싱턴에서 반드시 둘러봐야 할 명소 · 234
	자연사박물관 · 234	과학박물관 · 236	디자인박물관 · 237	빅토리아앤알버트박물관 · 238	켄싱턴궁전 · 239	하이드파크 · 240	켄싱턴가든 · 240	로열알버트홀 · 241	서펀타인갤러리 · 242	해롯 · 242

PART 03
LONDON WEST, NORTH, EAST

Chapter 01 낭만이 넘치는 주택가 노팅힐
노팅힐을 이어주는 교통편 · 246 | 노팅힐에서 이것만은 꼭 해보자 · 246 | 사진으로 미리 살펴보는 노팅힐 베스트코스 · 247
MAP 노팅힐 · 248

Section 01 노팅힐에서 반드시 둘러봐야 할 명소 · 249
포토벨로마켓 · 249

Section 02 노팅힐에서 먹어봐야 할 것들 · 250
그랜저앤코 · 250 | 마이크스카페 · 251 | 팜걸 · 252 | 허밍버드베이커리 · 252 | 커피플랜트 · 252

Section 03 노팅힐에서 놓치면 후회하는 쇼핑 · 253
노팅힐북숍 · 253 | 데일스포드오가닉 · 254 | 멜트 · 254 | 비스키티어즈 · 255

Chapter 02 스타와 귀족이 사는 곳 첼시
첼시를 이어주는 교통편 · 256 | 첼시에서 이것만은 꼭 해보자 · 256 | 사진으로 미리 살펴보는 첼시 베스트코스 · 257
MAP 첼시 · 257

Section 04 첼시에서 반드시 둘러봐야 할 명소 · 258
사치갤러리 · 258 | 첼시피직가든 · 259 | 스탬포드브리지 · 259 | 테이트브리튼 · 260

Section 05 첼시에서 먹어봐야 할 것들 · 261
마이올드더치 · 261 | 꽁뚜와 · 262 | 페기포셴 · 263 | 파트리지 · 263

Chapter 03 주택가 속 새로운 명소 프림로즈&캠든
프림로즈&캠든을 이어주는 교통편 · 264 | 프림로즈&캠든에서 이것만은 꼭 해보자 · 264 | 사진으로 미리 살펴보는 프림로즈&캠든 베스트코스 · 265
MAP 프림로즈&캠든 · 265

Section 06 프림로즈&캠든에서 반드시 둘러봐야 할 명소 · 266
프림로즈힐 · 266 | 캠든마켓 · 267

Section 07 프림로즈&캠든에서 먹어봐야 할 것들 · 268
프림로즈베이커리 · 268 | 그린베리카페 · 269 | 리틀원 · 269 | 포피스 · 270 | 멀로즈앤모건 · 270 | 친친랩 · 271 | 브루독 · 271

Special 07 광대한 자연공원, 햄스테드히스 · 272

Chapter 04 고즈넉함, 소소한 즐거움 엔젤
엔젤을 이어주는 교통편 · 274 | 엔젤에서 이것만은 꼭 해보자 · 274 | 사진으로 미리 살펴보는 엔젤 베스트코스 · 275

MAP 엔젤 · 276

Section 08 엔젤에서 반드시 둘러봐야 할 명소 · 277
캠든패시지마켓 · 277 | 어퍼스트리트 · 278 | 알메이다시어터 · 279 | 에미레이트 스타디움 · 279

Section 09 엔젤에서 먹어봐야 할 것들 · 280
오토렝기 · 280 | 알피노 · 281 | 칠랭고 · 281 | 유포리엄 · 282 | 킵펠 · 282

Chapter 05 이스트엔드의 중심 쇼디치

쇼디치를 이어주는 교통편 · 284 | 쇼디치에서 이것만은 꼭 해보자 · 284 | 사진으로 미리 살펴보는 쇼디치 베스트코스 · 285

MAP 쇼디치 · 286

Section 10 쇼디치에서 반드시 둘러봐야 할 명소 · 287
브릭레인마켓 · 287 | 올드스피탈필즈마켓 · 288 | 화이트채플갤러리 · 288

Special 08 얼굴 없는 게릴라아티스트 뱅크시 · 290

Special 09 이스트엔드의 베스트 포토스폿 · 292

Section 11 쇼디치에서 반드시 먹어봐야 할 것들 · 294
베이글베이크 브릭레인베이커리 · 294 | 안디나 · 295 | 디슘 · 295 | 어텐던트 · 296 | 룩맘노핸즈! · 296 | 더북클럽 · 297 | 퀸오브혹스턴 · 297

Section 12 쇼디치에서 놓치면 후회하는 쇼핑 · 298
박스파크 · 298 | 러프트레이드 · 299 | 테티디바인 · 299

Special 10 브리티시 빈티지 총출동 · 300

Chapter 06 런던의 트렌드를 만든다 해크니&베스널그린

해크니&베스널그린을 이어주는 교통편 · 302 | 해크니&베스널그린에서 이것만은 꼭 해보자 · 302 | 사진으로 미리 살펴보는 해크니&베스널그린 베스트코스 · 303

MAP 해크니&베스널그린 · 304

Section 13 해크니&베스널그린에서 반드시 둘러봐야 할 명소 · 305
해크니시티팜 · 305 | 콜럼비아로드플라워마켓 · 306 | 브로드웨이마켓 · 308 | 제프리뮤지엄 · 309 | V&A어린이박물관 · 309

Section 14 해크니&베스널그린에서 먹어봐야 할 것들 · 310
클림슨앤선즈 · 310 | 바이올렛 · 311 | e5베이크하우스 · 311 | 릴리바닐리 · 312 | 송께카페 · 312 | 더갤러리카페 · 313 | 티나, 위샬릇유 · 314 | 달스턴루프파크 · 314

Special 11 명품브랜드 아웃렛 쇼핑하기 · 315

PART 04
LONDON SHORT TRIP

Chapter 01   변신을 거듭하는 항구도시 리버풀

리버풀 · 319
MAP | 윈저로 들어가는 교통편 안내 | 윈저 인포메이션센터

Section 01   리버풀에서 반드시 둘러봐야 할 명소 · 320

알버트독 · 320 | 비틀즈스토리 · 321 | 테이트리버풀 · 322 | 머지사이드해양박물관 · 322 | 리버풀대성당 · 323 | 리버풀메트로폴리탄대성당 · 324 | 리버풀박물관 · 324 | 캐번클럽 · 325 | 세인트존스비콘 · 326 | 리버풀원 · 326 | 안필드 · 327

Chapter 02   1시간 이내로 떠나자 윈저&그리니치

윈저 · 329
MAP | 윈저로 들어가는 교통편 안내 | 윈저 인포메이션센터

Section 02   여왕이 살고 있는 또 다른 보금자리 윈저 · 330

윈저성 · 330 | 롱워크 · 331 | 이튼칼리지&리버사이드 · 331

그리니치 · 332
MAP | 그리니치로 들어가는 교통편 안내 | 그리니치 인포메이션센터

Section 03   마을 전체가 문화유산 그리니치 · 333

그리니치파크 · 333 | 커티삭 · 334 | 그리니치마켓 · 334 | 구 왕립해군대학교 · 335 | 그리니치의 박물관과 갤러리 · 336 | 에미레이트에어라인 · 336

Chapter 03   영국의 명문대학도시 옥스퍼드&케임브리지

옥스퍼드 · 339
MAP | 옥스퍼드로 들어가는 교통편 안내 | 옥스퍼드 인포메이션센터

Section 04   꿈꾸는 첨탑의 도시 옥스퍼드 · 340

크라이스트처치 · 340 | 하이스트리트 · 341 | 캐트스트리트 · 342

케임브리지 · 343
MAP | 케임브리지로 들어가는 교통편 안내 | 케임브리지 인포메이션센터

Section 05   도시 전체가 대학교 케임브리지 · 344

케임브리지대학교 · 344 | 세인트존스칼리지 · 345 | 트리니티칼리지 · 346 | 킹스칼리지와 퀸스칼리지 · 347 | 펀팅 · 347

Chapter 04   아름다운 해안가 마을 브라이튼&라이

브라이튼 · 349
MAP | 브라이튼으로 들어가는 교통편 안내 | 브라이튼 인포메이션센터

| Section 06 | **7개의 하얀 절벽 그리고 바다 브라이튼 · 350**
브라이튼 · 350 | 세븐시스터즈 · 351

라이 · 352
MAP | 라이로 들어가는 교통편 안내 | 라이 인포메이션센터

| Section 07 | **해안가 언덕에 자리 잡은 아름다운 마을 라이 · 353**
세인트마리교회 · 353 | 라이의 주요 볼거리 · 354 | 앤티크마을 · 355 | 차 한잔의 여유 · 355

| Chapter 05 | **고대로마시대 온천유적지 바스**

바스 · 357
MAP | 바스로 들어가는 교통편 안내 | 바스 인포메이션센터

| Section 08 | **바스에서 반드시 둘러봐야 할 명소 · 358**
로만바스 · 358 | 바스사원 · 359 | 펄트니다리 · 359 | 서커스&로열크레센트 · 360 | 어셈블리룸&패션박물관 · 361 | 제인오스틴센터 · 362 | 샐리룬스티룸 · 362

| Special 12 | **한적한 영국의 시골마을, 코츠월즈 · 364**

PART 05
LONDON STAY

| Section 01 | **도심에서 즐기는 쾌적한 휴가 최고급호텔 · 368**
더리츠 · 368 | 만다린오리엔탈 하이드파크 · 369 | 더사보이 · 369 | 샹그릴라호텔 앳 더샤드런던 · 370 | 르메르디앙 피카딜리 · 370 | 클라리지 · 370 | 랭함런던 · 371 | 더버클리 · 371 | 안다즈 리버풀스트리트 · 371

| Section 02 | **하룻밤을 자더라도 특별함을 원한다면 부티크호텔 · 372**
W런던레스터스퀘어 · 372 | 불가리호텔 앤 레지던스 · 372 | 매트로폴리탄 바이코모런던 · 373 | 소호호텔 · 373 | 에이스호텔 · 374 | 바운더리 · 374 | 타운홀호텔 · 375

| Section 03 | **실속파를 위한 선택! 이코노미호텔 · 376**
크라운플라자 런던켄싱턴 · 376 | 퀸스게이트호텔 · 376 | 포토벨로호텔 · 377 | 더블트리바이힐튼 타워오브런던 · 377 | 이비스 블랙프라이어스 · 377 | 홀리데이인익스프레스 해머스미스 · 378 | 이지호텔 빅토리아 · 378 | 트래블로지 워털루 · 378

| Section 04 | **세계친구들과 어울리며 날마다 즐거운 파티! 호스텔 · 379**
세이프스테이 엘리펀트앤캐슬 · 379 | YHA런던옥스퍼드스트리트 · 379 | 팔머스롯지 · 380 | 마이닝거런던 하이드파크 · 380 | 아스터 빅토리아 · 380 | 에퀴티포인트런던 · 381 | 제네레이터호스텔런던 · 381 | 클링크78 · 381

| Index | 색인 · 382

PART 01

HELLO LONDON

Chapter 01
여행 전 알아두면 좋은 런던의 모든 것

Chapter 02
런던여행 제대로 준비하기

CHAPTER 01
여행 전 알아두면 좋은
런던의 모든 것

강으로 둘러싸인 성을 뜻하는 켈트어 '린딘(Lyndyn)'으로 불리다 훗날 로마인이 라틴어로 '론디니움(Londinium)'으로 부른 것에서 유래한 런던은 유서 깊은 역사는 물론 문화와 예술 어느 것 하나 빠지지 않는 도시이다. 뮤지컬의 본고장인 웨스트엔드, 세계 4대 패션위크 중 한 곳, 세계 축구계를 주름잡는 아스날과 첼시, 셜록과 해리포터의 촬영지 등 일일이 나열하기 힘들 정도로 볼거리가 넘쳐나는 곳이다.

CHAPTER 01
여행 전 알아두면 좋은 런던의 모든 것

SECTION 01
한눈에 살펴보는 영국사회와 런던정보

2014, 2015년 글로벌 관광지표에서 1위, 2016년에 2위를 차지한 런던은
한 해 2,000만 명에 달하는 관광객이 찾는 세계적인 관광도시이다.
런던을 제대로 여행하려면 간단하게나마 영국이라는 나라에 대해서 알고 가는 것이 좋다.
영국을 이해하게 된다면 그만큼 런던여행이 한층 더 즐거워질 것이다.

잠깐 짚고 넘어가는 영국정보

영국의 정식명칭은 그레이트브리튼과 북아일랜드연합왕국 The United Kingdom of Great Britain and Northern Ireland 이지만 일반적으로 연합왕국 United Kingdom 혹은 그레이트브리튼 Great Britain 이라 부른다. 유럽 서북쪽에 위치한 섬나라로 영토는 잉글랜드 England, 웨일스 Wales, 스코틀랜드 Scotland, 북아일랜드 Northern Ireland 와 주변의 작은 섬들이 속한다. 면적은 한반도와 비슷한 크기이며, 국민 대다수는 고대 앵글로색슨족 Anglo-Saxons 과 켈트족 Celts 의 후예들이다. 언어는 공식적으로 영어를 사용하지만 웨일스지역에서는 웨일스어 Welsh 도 사용된다. 정치체제는 입헌군주제로 왕이 국가원수이며, 국가의 주요업무는 다수를 차지한 정당에 의해 좌우되는 의원내각제를 따른다.

국가명 영국 (United Kingdom)
수도 런던 (London)
인구 66,959,016명 (세계 21위)
지리 그레이트브리튼섬의 잉글랜드, 스코틀랜드, 웨일즈와 아일랜드 섬 북쪽의 북아일랜드 등 4개의 연방으로 이루어진 섬나라이다.
면적 243,610㎢, 런던의 면적은 1578㎢
민족 백인 92.1%, 흑인 2%, 인도인 1.8%, 파키스탄인 1.3%, 혼혈 1.2%, 기타 1.6%
언어 영어
종교 기독교 71.8%, 이슬람교 2.7%, 힌두교 1%, 기타 24.7%
비행시간 인천 → 런던 약 12시간 20분, 런던 → 인천 약 10시간 50분
시차 우리나라보다 9시간 느리며, 서머타임 적용 시에는 8시간이 느리다.
통화 £(파운드), 보조통화 p(펜스)/1.00£=약 1,470원 (2019년 3월 기준)
전압 240V, 50Hz (어댑터 필요)
국가번호 44
비자 여권유효기간이 6개월 이상 남은 경우 최대 6개월까지 무비자로 체류가능하다.

계급사회 정서가 묻어나는 사회

영국은 여타 유럽국가와 달리 왕이 강력한 영향력을 행사하던 왕권국가였다. 현재까지도 과거 계급제도는 예전 같지는 않더라도 실질적으로 유지되고 있다. 계급은 영국왕실Royal Family을 필두로 크게 상류층Upper Class과 중류층Middle Class 그리고 노동자층Working Class으로 구분된다. 본래 상류층과 노동자층만 있었지만 산업혁명 이후 기업경영자가 출현하면서 중류층이라는 새로운 계층이 자리를 잡았다.

영국왕실은 영국국민뿐만 아니라 전 세계 언론의 주목을 받고 있다는 점은 매우 흥미롭다. 엘리자베스여왕이 복권에 당첨되었다느니 해리왕자가 여자친구와 헤어졌다는 등 가십거리가 끊이지 않고 소형신문인 타블로이드지 지면을 장식할 뿐 아니라 해외토픽에도 등장할 만큼 이들의 일거수일투족은 늘 세계 언론의 관심거리이다.

영국국민 대다수를 이루는 노동자계층 출신 유명인으로는 축구선수 데이비드베컴, 웨인루니, 가수 비틀즈와 오아시스, 영화배우 게리올드만, 앤서니홉킨스와 케이트윈슬렛 등이 있다. 이들은 자신의 분야에서 최고로 인정받으며 막대한 부와 명예를 얻는 동시에 공작Duke이나 기사Knight 등으로 신분이 상승한 대표적 인물이다.

하지만 노동자계층 출신 슈퍼스타에게도 고충은 있다. 부모가 노동자계층이라는 이유만으로 귀족 역할은 맡을 수 없었던 게리올드만(영국배우의 힐리웃 진출 이유에는 이 같은 배경도 한몫을 한다.)이나 귀족집안의 딸(빅토리아)과 결혼한 데이비드베컴이 귀족영어를 과외까지 받았다는 일화에서 계급사회의 씁쓸한 단면을 엿볼 수 있다.

런던에서의 특별한 경험

유럽의 여러 국가 중 영국이 유일한 왕권체제국가는 아니지만 여행을 하다 보면 이러한 도시 분위기를 어렵지 않게 느낄 수 있는 곳이 바로 런던이다. 대표적으로 엘리자베스2세 여왕이 살고 있는 버킹엄궁전은 런던여행의 필수코스이다. 실제 영국관광청에서 영국인을 제외한 세계인들에게 '영국에서만 체험할 수 있는 꿈의 액티비티'라는 주제로 설문조사를 한 적이 있는데, 여기에서도 '버킹엄궁전 관광'이 압도적으로 1위에 오른 바 있다. 축제 못지않은 재미를 선사하는 근위병교대식과 실제 왕이 거주하는 궁 내부를 둘러볼 수 있다는 점은 런던여행에서 빼놓을 수 없는 문화체험이 된다.

이 외에도 런던 곳곳의 고급주택가를 둘러보는 재미 또한 특별한 경험을 선사한다. 런던의 대표적 쇼핑가인 메이페어Mayfair를 비롯한 노팅힐Notting Hill과 첼시Chelsea, 북서쪽의 햄스테드Hampstead와 프림로즈힐Primrose hill 등 웨스트엔드에 집중적으로 형성되어 있다. 고급주택가 지역의 토지 대부분은 조상이 물려준 토지를 관리하는 것이 직업이라는 상류층, 즉 귀족들이다. 이들은 15세기부터 대를 이어 오늘날까지도 소유하고 있는데, 이를 뒷받침하고 있는 것이 바로 귀족 중심의 영국법령이다. 귀족들은 법과 자신들의 영향력을 내세워 거리를 아름답게 조성하였고, 현재의 모습에 이르렀다. 한가로이 여유를 즐기며, 고급주택가를 거니는 기분은 어떨까? 영국귀족사회를 간접적으로나마 체험하면서 이들의 생활을 상상해보는 것도 영국을 이해할 수 있는 하나의 방법이다.

이스트엔드를 주목해야 하는 이유

빈티지풍 감성이 살아 숨쉬는 브릭레인마켓Brick Lane market으로 인해 이스트엔드East End에 대한 인지도가 올라간 것은 사실이지만 여전히 여행자들에게는 잘 알려지지 않은 지역이다. 최근 몇 년 사이 고도성장 중이라 이곳에 관한 정확한 정보가 부족한 것이 첫 번째 이유이고, 아직까지도 웨스트엔드West End를 선호 하는 경향이 두 번째 이유일 것이다. (사실 웨스트엔드를 여행하는 것만으로도 일주일이 모자라다.) 그렇다하더라도 이스트엔드를 빼놓고 런던여행을 논하기엔 상당히 아쉬운 점이 많다. 전 세계 수많은 아티스트들이 예술적 영감을 찾아 이곳으로 몰려들고 있고, 패션과 음악, 미술, 음식 등 새로운 문화트렌드가 생성되고 있기 때문이다.

과거 이스트엔드는 뉴욕 할렘가Harlem St.처럼 각종 범죄가 난무하던 런던의 어두운 뒷골목이었다. 그러던 것이 자치단체의 도시개발프로젝트와 2012년 런던올림픽 메인 개최지로 지정되면서 순식간에 성장의 급물살을 타게 된다. 먼저 폐허가 된 공장과 창고 부지를 공동주택으로 개발하여 싼 값에 내놓았는데, 주거와 작업공간을 일체화시킨 이 주택은 예술가들을 이스트엔드로 모으는 역할을 했다. 더불어 예술성을 가미한 숍들도 경쟁적으로 들어서면서 이스트엔드는 치안이 불안정한 버려진 곳에서 런던의 새로운 거주 지역으로 급부상하였다.

웨스트엔드가 런던의 화려하고 찬란했던 과거의 모습을 대변한다면, 이스트엔드는 세련되고 스타일리시한 현재와 미래를 보여준다. 고풍스럽고 단정한 이미지의 도시에서 지하철 몇 정거장만 이동하면 개성 넘치고 자유분방한 분위기를 만날 수 있다는 것은 이질감을 넘어 하나의 감동이다. 웨스트엔드와는 상반된 매력과 분위기를 풍기는 이스트엔드에서 색다른 즐거움을 찾아보길 바란다.

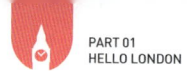

PART 01
HELLO LONDON

SECTION 02
사진으로 살펴보는 런던여행 베스트 10

떠나기 전 미리 사진으로 살펴보는 런던여행, 절대로 놓쳐서는 안 되는 핵심 포인트 10!

LANDMARK
보는 순간 런던에 왔다는
실감이 절로 나는 랜드마크
(p.28 참조)

MUSEUM & GALLERY
무료로 즐기는 세기의 작품들
(p.30 참조)

ROYAL PARK
힐링산책, 로열파크에서
여행의 쉼표를 찍자

SHOPPING
쇼퍼홀릭 자극하는
아기자기한 아이템이 한가득
(p.68 참조)

CHAPTER 01
여행 전 알아두면 좋은 런던의 모든 것

FOOD
스타셰프를 많이 배출한 나라!
애프터눈티를 앞세운 디저트 천국!
다문화국가답게 풍부한 다국적 요리!
(p.60 참조)

MARKET
런더너의 생활 속으로,
즐길거리 풍성한 마켓
(p.69 참조)

MUSICAL
본고장에서 반드시 즐겨야 할
종합예술, 뮤지컬
(p.34 참조)

MOVIE
영화 속 주인공이 되는 곳, 런던
(p.38 참조)

MUSIC
런던에서 만나는 영국음악
(p.46 참조)

EAST END
혜성같이 등장한 핫 플레이스,
이스트엔드
(p.25, 284 참조)

27

GREEN PARK

SECTION 03

세기의 결혼식으로 살펴보는 관광명소
로열웨딩루트

2011년 4월, 세상의 이목을 집중시킨 윌리엄왕자와 캐서린왕세손빈의 결혼식이 있었다. 이 결혼식은 국가공휴일로 지정될 만큼 화젯거리였으며, 언론은 앞 다투어 실시간으로 이들의 행적을 뒤따랐다. 결혼식을 거행한 장소부터 런던의 주요 관광명소를 돌았던 웨딩퍼레이드, 마지막으로 신혼여행을 떠나기 전 들렸던 장소까지 로열웨딩루트는 이제는 여행자들의 여행루트가 되었다.

더몰
트라팔가광장에서 버킹엄궁전까지 쭉 이어진 도로이다. 국가적인 행사가 열리면 항상 더몰에서 퍼레이드를 펼친다. 결혼식 날도 마찬가지로 국회의사당에서 시작해 버킹엄궁전에 다다르기까지 이곳을 지나쳤다. (p.126 참조)

버킹엄궁전
루트의 종착지인 버킹엄궁전에서 윌리엄&캐서린 부부는 궁전발코니에 서서 마지막 세리모니를 펼쳤다. (p.118 참조)

GREEN PARK
BUCKINGHAM PALACE
THE MALL
ST. JAMES' PARK
ST. JAMES' PARK

ROYAL WEDDING ROUTE MAP

PART 01
HELLO LONDON

SECTION 04
가볍게 생활 속에서 즐기는 런던의 예술

런던의 터무니없이 비싼 물가에 식겁했겠지만 막상 이곳을 여행해보면 전체 경비가 유럽의 다른 도시와 비교하여 큰 차이가 없거나 오히려 저렴한 경우도 있다. 고환율로 유명한 영국파운드, 심지어 마시는 물도 비싸다는 런던에서 도대체 어떻게 된 걸까? 정답은 바로 박물관과 미술관에 있다.

파리에 루브르가 있다면 런던에는 대영박물관이 있다

01. 노먼 포스터가 설계한 대영박물관의 그레이트 코트(Great Court) 02. 자연사박물관 내 얼스홀(Earth Hall) 03. V&A박물관 입구에 있는 데일 치훌리(Dale Chihuly)의 작품 「Rot-unda Chandelier」

파리는 루브르Musée du Louvre, 뉴욕엔 모마MoMA가 있다면 런던에는 대영박물관과 내셔널갤러리가 있다. 세계 최고 수준의 유물과 회화작품이 한곳에 모여 있으며, 그 수도 어마어마해서 하루로는 부족하다. 이곳은 비록 예술에 깊은 관심이 없더라도 반드시 방문해야 할 런던의 필수여행코스이다.

박물관 입장료 때문에 미리 포기하려는 여행자가 있다면 걱정할 필요가 없다. 대영박물관과 내셔널갤러리는 물론 영국을 대표하는 현대미술관 테이트모던, 아이들에게 인기 높은 자연사박물관, 개인이 운영하는 소규모 갤러리 등 거의 모든 박물관과 미술관을 365일 내내 무료로 개방하고 있다. 파리 루브르박물관 입장료가 20,000원, 뉴욕의 모마미술관이 28,000원 정도임을 감안하면 놀라지 않을 수 없다. 문화생활에 목말랐던 이들이라면 느긋하게 해갈할 수 있는 절호의 기회인 셈이다.

뮤지엄숍과 갤러리숍에서 만나는 아기자기한 런던기념품

런던의 수많은 박물관과 미술관에서는 각각의 시설마다 독특한 기념품을 제작하여 판매하고 있다. 톡톡 튀는 아이디어와 센스 넘치는 상품들이 많아 여행을 기념하기 위한 기념품이나 선물 용도로 구입하기 제격이다. 선물용으로 추천할 만한 상품을 소개한다.

1. 런던교통박물관 'Tatty Devine London Bus Brooch' 테티디바인이 디자인한 루트마스터 브로치 £30.00 **2. 자연사박물관** 'Dinosaur Cookie Cutters' 공룡 모양의 쿠키틀 £8.00 **3. 내셔널갤러리** 'Sunflowers Pocket Mirror' 고흐의 작품 〈해바라기〉가 그려진 휴대용 거울 £3.00 **4. 국립해양박물관** '50 year brass calendar' 50년간 사용할 수 있는 휴대 달력 £7.95 **5. 국립초상화미술관** 'Elizabeth I Glasses Case' 엘리자베스 1세의 초상화 안경집 **6. 테이트모던** 'Yoni Alter London Ladies T-shirt & Mug' 영국의 아트디렉터 'Yoni Alter'의 세계 도시시리즈 중 런던 티셔츠와 머그컵 각 £25.00, £10.00 **7. 영국도서관** 'I like big books and I cannot lie tote bag' 영국도서관 오리지널 에코백 £10.99 **8. 영국도서관** 'The White Rabbit plate' 소설 〈이상한 나라의 엘리스〉를 모티브로 한 접시 £37.00 **9. 영국도서관** 'Jane-a-Day 5-Year Journal: 365 Witticisms by Jane Austen' 제인 오스틴 소설의 인상적인 문구가 적혀있는 5년 다이어리 £14.99 **10. 대영박물관** 'London Colour Change umbrella' 비를 맞으면 색이 변하는 삼단우산 £26.99 **11. 과학박물관** 'Earl oil&vinegar' 플라스크 형태의 오일&식초병 £20.00

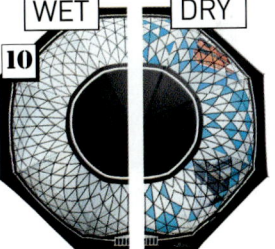

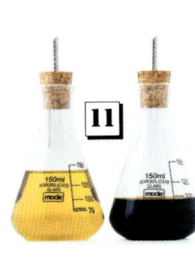

영국도서관 The British Library

주소 96 Euston Road, London NW1 2DB **운영시간** 09:30~20:00(월~목), 09:30~18:00(금요일), 09:30~17:00(토요일), 11:00~17:00(일, 공휴일) **문의** (44)033-0333-1144 **찾아가기** TUBE 세인트판크라스 킹스크로스(King's Cross St. Pancras)역에서 나와 오른쪽의 유스턴로드(Euston Rd.)를 따라 직진하면 오른편에 위치한다. 도보 6분. **홈페이지** www.bl.uk

뮤지엄과 갤러리 내 카페와 레스토랑 즐기기

런던의 박물관이나 미술관 내에는 규모가 크던 작던 카페나 레스토랑을 별도로 운영하고 있다. 문화생활을 좀 더 여유롭게 즐길 수 있도록 휴식공간까지 배려한 것인데, 이는 박물관이 더 이상 엄숙하거나 시간에 쫓기듯 둘러보는 곳이 아닌 생활자체의 문화로 들어와 있음을 의미한다. 수많은 박물관카페 중 한 번쯤 들러볼만한 세 곳을 소개한다.

 V&A카페

빅토리아앤알버트박물관Victoria and Albert Museum (p.238 참조) 내 자리한 V&A카페The V&A Café는 세계 최초의 박물관레스토랑이다. 본관 뒤편에 위치한 정원건물에 자리하고 있으며 모리스룸Morris Room, 갬블룸Gamble Room, 포인터룸Poynter Room 등 3개의 방으로 나뉘어 각기 다른 고풍스러운 분위기를 풍긴다. 이 중 가장 넓고 많은 테이블이 비치된 갬블은 화려한 인테리어의 끝을 보여준다. 현재는 샌드위치 프랜차이즈업체 베누고Benugo에서 운영 중이며, 샌드위치와 샐러드 등 다양한 음식과 와인을 선보이고 있다.

01.갬블룸(Gamble Room) 02.모리스룸(Morris Room)
03.포인터룸(Poynter Room) 04.카페의 음식을 담당하는 프랜차이즈업체 베누고(Benugo)

▲ 베누고 샌드위치

셰이크바

과학박물관이 새 단장하면서 3층 '원더랩Wonderlab' 코너에 문을 연 셰이크바SHAKE BAR는 다양한 종류의 밀크셰이크와 아이스크림을 판매한다. 구입한 먹거리는 지하 1층부터 지상 3층에 위치한 '피크닉에리어PICNIC AREA'에서 즐길 수 있다. 피크닉에리어는 외부에서 가져온 음식이나 음료를 마셔도 되는 구역이다.

월리스레스토랑

19세기에 지은 허트퍼드Hertford후작의 저택을 박물관으로 개조한 월리스컬렉션Wallace Collection(p.202 참조) 내에는 영국 유명 레스토랑체인 페이튼앤반Peyton And Byrne에서 운영하는 월리스레스토랑The Wallace Restaurant이 있다. 핑크빛 건물 안쪽에는 곳곳에 자리한 조각품과 나무화분들이 묘하게 조화를 이루며, 유리천장을 통해 비치는 자연채광은 레스토랑 분위기를 더욱 화사하게 연출한다. 이곳의 인기메뉴는 크림티Cream Tea(£6.50)와 초콜릿캐러멜케이크Chocolate caramel cake(£4.00)이다.

▲ 초콜릿캐러멜케이크

크림티 ▲

V&A카페

영업시간 10:00~17:15(월~목요일, 토~일요일), 10:00~21:30(금요일) 문의 (44)020-7581-2159 홈페이지 www.vam.ac.uk/info/va-cafe

셰이크바

영업시간 11:00~15:00(월~금요일), 11:00~17:00(토~일요일) 문의 (44)020-7942-4382 홈페이지 www.sciencemuseum.org.uk

월리스레스토랑

영업시간 10:00~16:30(일~목요일), 10:00~21:30(금, 토요일) 문의 (44)020-7563-9505 홈페이지 www.peytonandbyrne.co.uk

PART 01
HELLO LONDON

SECTION 05
본고장 웨스트엔드에서 즐기는 뮤지컬

뉴욕의 브로드웨이와 어깨를 나란히 하며 세계적인 뮤지컬을 이끌고 있는 런던의 웨스트엔드.
뮤지컬의 본고장인 만큼 이곳을 방문한 여행자라면 뮤지컬 한 편 즐길 수 있는 시간적 여유를 가져보자.
웨스트엔드의 뮤지컬을 즐기기 위한 필수정보부터 살펴보자.

최고의 종합예술이라 일컫는 뮤지컬

화려한 무대장치, 웅장한 음악, 관객을 압도하는 퍼포먼스는 보는 이들에게 흥분과 짜릿함을 선사한다. 뉴욕의 브로드웨이와 어깨를 나란히 하는 또 하나의 뮤지컬 본고장이기도 하지만 이것만으로 웨스트엔드West End를 설명하기엔 너무 부족하다.

세계 4대 뮤지컬로 꼽히는 〈레미제라블Les Miserables〉과 〈오페라의 유령The Phantom of the Opera〉, 〈미스 사이공Miss Saigon〉 그리고 〈캣츠Cats〉 모두 웨스트엔드 오리지널 뮤지컬인데다 주옥같은 넘버들은 모두 한 영국인의 손에서 탄생했다는 사실이다. 그가 바로 앤드류로이드웨버Andrew Lloyd Webber로 그는 4대 뮤지컬뿐만 아니라 〈지저스크라이스트 슈퍼스타Jesus Christ Superstar〉, 〈에비타Evita〉 등 내놓는 작품마다 소위 대박을 터트리며 뮤지컬계의 신으로 부상했다. 이 작품들 모두 웨스트엔드에서 대성공을 거둔 후 뉴욕의 브로드웨이로 진출하여 역시나 큰 성공을 이끌어냈다. 이외에도 영국을 대표하는 싱어송라이터 엘튼존Elton John이 맡은 뮤지컬 〈빌리엘리어트Billy Elliot〉와 한국에서도 흥행을 기록한 〈맘마미아Mamma Mia〉 또한 웨스트엔드의 오리지널 뮤지컬이다. 사실 브로드웨이뮤지컬 〈라이언 킹Lion King〉도 엘튼존의 음악으로 이루어졌으니 더 말할 필요가 없다.

유명 뮤지컬의 원조란 사실 외에도 강점은 웨스트엔드의 태생에 있다. 과거부터 연극공연을 하던 극장가들이 밀집했던 지역이라 이곳 뮤지컬에는 철학과 서정성이 배어있다. 똑같은 작품이라도 뉴욕의 뮤지컬은 화려한 무대장치와 록스타일로 편곡된 넘버 등 미국인 입맛에 맞게 변형되지만 이곳은 배우의 연기와 노래에 집중하여 관객과의 호흡을 중시하면서 감성을 자극하는 정적인 뮤지컬을 추구한다. 또한 브로드웨이보다 비교적 저렴한 가격과 캐주얼한 분위기는 누구나 최고의 뮤지컬을 즐길 자격이 있다는 영국인들의 사려 깊은 배려가 반영되어 있다.

뮤지컬 관람은 티켓구입부터

뮤지컬은 런던여행에서 빠질 수 없는 즐길거리 중의 하나이다. 하지만 보고 싶은 뮤지컬을 고르기에 앞서 걱정되는 부분이 바로 티켓구매일 것이다. 만일 가격과 상관없이 좋은 자리에 앉아 공연을 감상하고 싶다면 웹사이트를 통해 티켓을 예매하면 된다.

티켓마스터(www.ticketmaster.co.uk) 뮤지컬뿐만 아니라 콘서트, 축구도 예매가능한 영국 최대 티켓구매 사이트.
오피셜런던시어터(www.officiallondontheatre.co.uk) 런던시어터 공식 홈페이지. 연극, 뮤지컬 등 상세한 정보제공.

tkts에서 티켓구매를 저렴하게

티켓가격이 부담스럽다면 디스카운트티켓을 찾아 저렴하게 볼 수 있는 방법도 있다. 레스터스퀘어역 차링크로스로드Charing Cross Road 출구를 나와 걷다보면 래디슨에드워디안 햄프셔호텔Radisson Edwardian Hampshire Hotel 맞은편에 런던극장조합에서 운영하는 디스카운트 티켓부스인 **tkts**가 있다. 당일 뮤지컬티켓을 저렴하게 구입할 수 있을 뿐 아니라 인기 있는 뮤지컬티켓까지도 운 좋게 구매할 수 있으므로 아침부터 서두르는 것이 좋다. 판매되는 티켓은 부스 앞 게시판이나 매일 업데이트되는 웹사이트를 통해 확인할 수 있으므로 보고 싶은 뮤지컬을 미리 선정해두는 것이 좋다. 티켓가격은 최대 **50%**까지 할인이 되며, 발매수수료는 장당 **£3.00**(티켓가격에 포함), 현금이나 신용카드로 결제할 수 있다. 할인티켓이므로 좌석지정은 불가능하다.

tkts London 주소 The Lodge, Leicester Square, London WC2H 7DE **영업시간** 10:00~19:00(월~토요일), 11:00~16:30(일요일)/12월 25일 휴무 **문의** (44)020-7557-6700 **찾아가기** TUBE 레스터스퀘어(Leicester Square)역 2번 차링크로스로드 서쪽(Charing Cross Road(West)) 출구로 나와 바로 오른쪽 크랜본 스트리트(Cranburn St)로 진입하여 직진 후 레스터스퀘어에 들어서서 왼쪽으로 가면 바로 위치한다. 도보 2분. **홈페이지** www.tkts.co.uk

데이시트티켓을 노리자

각 뮤지컬극장에서도 저렴하게 티켓을 구입할 수 있다. 박스오피스 오픈시간에 맞춰 방문하면 당일공연에 한해 저렴하게 나오는 데이시트티켓Day Seat Ticket을 구할 수 있다. 데이시트티켓을 판매하는 극장으로 위키드Wicked, 북오브몰몬The Book Of Molmon이 대표적이다. 좌석 대부분은 시야가 제한된 맨 앞자리나 양쪽 끝자리인 경우가 많다. 카드결제만 가능하거나 현금결제만 가능한 경우도 있으므로 미리 체크해보고 준비해야 한다.

01. 프린스오브웨일즈극장 02. 아폴로빅토리아극장

북오브몰몬 프린스오브웨일즈극장(Prince of Wales Theatre) **주소** Coventry Street, London W1D 6AS **문의** (44)084-4482-5110 **찾아가기** TUBE 피카딜리서커스(Piccadilly Circus)역 3A 피카딜리남쪽(Piccadilly South Side) 출구로 나와 전광판을 바라보고 오른쪽 코벤트리스트리트(Coventry St)를 따라 걷다보면 오른편에 위치한다. 도보 2분. **홈페이지** www.bookofmormonlondon.com

위키드 아폴로빅토리아극장(Apollo Victoria Theatre) **주소** Wilton Road, London SW1V 1LG **문의** (44)020-7828-7074 **찾아가기** 빅토리아(Victoria)역 2번 윌튼로드(Wilton Rd) 출구로 나와 윌튼로드를 따라 오른쪽 방향으로 직진하면 왼편에 위치한다. 도보 2분. **홈페이지** www.wickedthemusical.co.uk

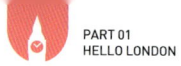

놓치면 후회할 5편의 추천 뮤지컬

오페라의 유령 The Phantom of the Opera

뮤지컬계의 거장 앤드류로이드웨버가 제작한 또 하나의 인기 뮤지컬이다. 클래식과 팝 등 장르를 넘나드는 뮤지컬넘버와 화려한 의상, 무대연출, 흥미로운 스토리전개 등 성공을 위한 뮤지컬의 모든 요소가 녹아있다.

1986년 초연된 이후 현재까지 그 명성이 이어져 웨스트엔드는 물론 뉴욕브로드웨이에서도 최장기 공연기록을 세우는 등 전 세계적으로 가장 성공한 뮤지컬이라 평가받고 있다. 'The Phantom of the Opera', 'Think of me' 등 우리에게 익숙한 명곡들을 멋진 무대 속 웅장한 오케스트라와 함께 즐길 수 있다.

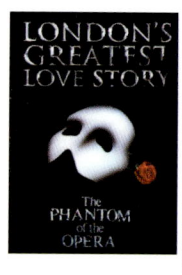

허마제스티극장 Her Majesty's Theatre 주소 Haymarket, London SW1Y 4QL 문의 (44)084-4412-2707 찾아가기 TUBE 피카딜리서커스(Piccadilly Circus)역 3A 피카딜리남쪽(Piccadilly South Side) 출구로 나와 전광판을 바라보고 오른쪽 헤이마켓(Haymarket)에서 직진하면 오른쪽에 위치한다. 도보 3분. 홈페이지 www.thephantomoftheopera.com/london

레미제라블 Les Miserables

빅토르위고 Victor-Marie Hugo의 명작 〈레미제라블〉을 토대로 제작된 뮤지컬이다. 1985년 초연된 이 작품은 현재도 런던에서 최장기 뮤지컬 기록을 연일 갱신할 만큼 그 열기가 식지 않고 있다. 제작자 카메론매킨토시 Cameron Mackintosh는 〈오페라의 유령〉을 제작한 뮤지컬계의 마이다스 손이다. 2012년 휴잭맨, 아만다사이프리드, 앤헤서웨이 등 초호화 캐스팅으로 영화화되면서 레미제라블 열풍이 거셌는데 이 영화 역시 그가 제작하였다.

이 뮤지컬이 오래도록 사랑받는 이유 중 하나는 주옥같은 명곡 때문인데, 가장 유명한 넘버 'I dreamed a dream'을 비롯하여 'Stars', 'On my own' 등 가슴을 울리는 멜로디와 아름다운 가사가 마음을 사로잡는다. 탄탄한 스토리와 과감한 무대연출 또한 오랜 기간 사랑받는 이유일 것이다.

퀸즈시어터 Queen's Theatre London 주소 51 Shaftesbury Avenue, London W1D 6BA 문의 (44)084-4482-5160 찾아가기 TUBE 피카딜리서커스(Piccadilly Circus)역 3A 피카딜리남쪽(Piccadilly South Side) 출구로 나와 샤프츠베리애비뉴(Shaftesbury Ave.)로 진입하면 왼편에 위치한다. 도보 3분. 홈페이지 www.lesmis.com/uk

맘마미아 MAMMA MIA

스웨덴 출신의 팝그룹 아바 ABBA의 히트곡으로 구성된 주크박스뮤지컬이다. 아바의 멤버 베니앤더슨 Benny Anderson과 비욘울배우스 Björn Ulvaeus, 영국의 극작가 캐서린존슨 Catherine Johnson이 의기투합한 이 뮤지컬은 2008년에 메릴스트립 Meryl Streep 주연의 영화로도 제작되어 많은 사랑을 받았다. 1999년 초연한 후 19년이 지난 지금도 장기공연 중이며 뉴욕 브로드웨이를 비롯해 한국, 네덜란드, 독일, 일본 등에서 라이선스화되어 무대에 올랐다.

노벨로시어터 NOVELLO THEATRE 주소 Aldwych, London WC2B 4LD 문의 (44)084-4482-5115 찾아가기 TUBE 템플(Temple)역에서 나와 왼쪽으로 직진 후 첫 번째 골목으로 진입하여 직진하면 대각선 방향에 건물이 보인다. 도보 8분. 홈페이지 www.mamma-mia.com/london.php

마틸다 Matilda

영국의 대표적인 동화작가 로알드달(Roald Dahl)의 소설을 뮤지컬화한 작품으로 초능력을 가진 천재소녀의 이야기이다. 2010년 초연된 이 뮤지컬은 학교에서 펼쳐지는 어린 마틸다의 고군분투 스토리를 코믹하고 유쾌하게 그려내고 있다. 오감을 자극하는 화려한 무대연출과 조명, 톡톡 튀는 효과음 그리고 어린 출연자들의 기막힌 연기와 춤이 관객을 압도한다. 표를 구하기가 어려운 뮤지컬 중의 하나이므로 홈페이지를 통해 미리 티켓확보를 해두는 편이 좋다.

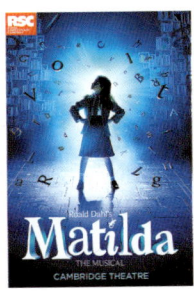

캠브리지극장 Cambridge Theatre 주소 32-34 Earlham Street WC2H 9HU 문의 (44)084-4412-4652 찾아가기 TUBE 코벤트가든(Covent Garden)역 롱에이커(Long Acre) 출구로 나와 롱에이커거리 오른쪽 방향으로 걷다 왼쪽 닐스트리트(Neal St.)로 들어선다. 계속해서 왼쪽 얼햄스트리트(Earlham St.)로 진입하면 오른편에 위치한다. 도보 4분. 홈페이지 uk.matildathemusical.com

스릴러-라이브 Thriller-Live

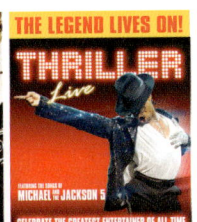

팝의 황제 마이클잭슨에게 헌정하는 주크박스 뮤지컬이다. 2006년 런던에서 처음 시작된 것으로 마이클잭슨의 주옥같은 히트곡을 위주로 구성되었으며, 마치 뮤직비디오 촬영현장을 지켜보는 듯한 그의 화려한 퍼포먼스가 눈앞에서 재현된다.

리릭극장 Lyric Theatre 주소 29 Shaftesbury Ave, London, W1D 7ES 전화 (44)028-9038-1081 찾아가기 TUBE 피카딜리서커스(Piccadilly Circus)역 3A 피카딜리남쪽(Piccadilly South Side) 출구로 나와 샤프츠베리애비뉴(Shaftesbury Ave.)로 진입하면 왼편에 위치한다. 도보 2분.

TIP 할리우드배우의 수준 높은 연기를 바로 눈앞에서 볼 수 있는 절호의 기회!

영국에서 연극은 빼놓을 수 없는 주제이다. 구구절절 설명할 필요 없이 '셰익스피어'의 나라이기 때문이다. 2014년 셰익스피어 탄생 450주년을 맞이할 만큼 역사는 매우 오래되었지만 시공을 초월하여 현재까지도 그의 작품을 재해석한 무대가 끊임없이 선보이고 있다. 셰익스피어의 4대 비극과 5대 희극을 비롯해 거의 대부분의 작품들을 공연했던 웨스트엔드는 뮤지컬의 본고장으로 알려져 있지만 처음 시작은 연극을 공연하던 극장가로 연극 역사에서 매우 중요한 장소이다.

현재도 그 명맥이 이어지고 있으며, 최근 몇 년 간 할리우드를 중심으로 활약했던 영국출신 배우들이 대거 복귀하면서 웨스트엔드는 항상 화제의 중심이 되고 있다. 이완맥그리거와 주드로, 주디댄치 등 할리우드 거물들과 제임스맥어보이, 다니엘래드클리프, 톰히들스턴, 벤휘쇼 등 요즘 할리우드에서 가장 핫하다는 배우들까지 그러하다. 이들은 런던에서 극단생활을 시작하여 영화와 방송까지 진출하였으며, 초심을 되새기면서 런던의 연극판을 부흥시키고자 노력하고 있다.

이러한 사실은 여행자이자 관객인 우리에게는 즐거운 소식이 아닐 수 없다. 영화 속에서만 볼 수 있었던 배우들을 한 공간에서 호흡하며 마주할 수 있다는 것은 생각만으로도 행복하고 흥분되는 일이다. 비록 티켓전쟁을 치러야 하지만 생각보다 어렵지는 않다. 공연일정을 미리 파악해서 움직인다면 손쉽게 표를 구할 수도 있으니 꼭 한 번 도전해보자.

런던시어터 홈페이지 www.officiallondontheatre.co.uk

PART 01
HELLO LONDON

SECTION 06
영화와 드라마 속에 그려진 런던

영국영화는 영화팬을 마니아의 길로 인도할 만큼 다양한 매력을 가졌다. 감성적인 스토리와 사랑스러운 캐릭터 그리고 영화 속 아름다운 런던의 풍경이 그렇다. 심심찮게 등장하는 빅벤과 타워브리지 외에도 공원과 마켓, 기차역 등 한 번도 가본 적은 없지만 보는 순간 친근감이 드는 그러한 장소들이 많다.

영화 〈해리포터〉 팬들의 필수코스

호그와트로 가는 기차를 타는 곳, 킹스크로스역

2012년 새롭게 단장한 킹스크로스역King's Cross station은 영화 속 호그와트행 기차를 타던 9¾플랫폼이 있는 곳이다. 원래는 영화에서와 같이 실제 플랫폼 속에 있었지만 찾는 사람이 많아지자 역을 리뉴얼하면서 9~11플랫폼 가는 입구 쪽으로 자리를 옮겼다. 9¾플랫폼에는 트롤리Trolley와 해리포터의 부엉이 헤드위그Hedwig 그리고 기숙사 별로 목도리가 준비되어 있어 해리포터가 트롤리를 힘차게 밀고 들어갔던 것처럼 포즈를 취하며 기념촬영을 할 수 있다. 또한 목도리가 펄럭이는 것처럼 뒤에서 도우미가 연출해주므로 보다 생동감 있는 사진을 찍을 수 있다. 전문사진사가 사진을 찍어주기도 하는데 자신이 찍힌 사진은 플랫폼 왼편에 위치한 해리포터숍에서 구입할 수 있다(£9.50). 기념사진을 찍기 위해 많은 관광객들로 붐비므로 되도록이면 주말을 피해 평일 낮에 방문하는 것이 좋다.

주소 Platform 9 3/4, King's Cross Station, London N1C 4AP 찾아가기 TUBE 킹스크로스(King's Cross)역 내에 위치한다.

해리포터의 상품을 사려면 해리포터숍

킹스크로스역의 리뉴얼과 함께 9¾플랫폼도 새 단장을 했지만 정작 영화팬들은 해리포터숍The Harry Potter Shop at Platform 9¾이 오픈된 것을 더 반겼다. 해리포터스튜디오까지 가야 구입할 수 있었던 기념품을 이제 런던시내에서도 쉽게 만날 수 있게 된 것이다. 9¾플랫폼 왼쪽에 자리한 숍에서는 해리포터와 관련된 일체의 상품을 구입할 수 있다. 해리가 입었던 스웨터와 카디건, 목도리, 안경은 물론이고, 티셔츠와 머그컵, 마그넷, 열쇠고리까지 팬이라면 모든 것이 탐날 수밖에 없다. 특히 각 캐릭터별 마법지팡이는 꼭 갖고 싶을 정도로 정교하게 제작되어 감탄을 자아낸다.

주소 King's Cross Station, London N1 9AP 영업시간 08:00~22:00(월~토요일), 09:00~21:00(일요일)/12월 26, 27일 휴무 문의 (44)020-7803-0500 찾아가기 9 3/4플랫폼 왼편에 위치 홈페이지 www.harrypotterplatform934.com

마법사들의 상점가 다이애건앨리의 배경지, 리든홀마켓

런던의 금융가 시티 오브 런던에 위치한 리든홀마켓Leadenhall Market은 14세기에 만들어져 지금까지 시장으로서의 명맥을 유지하고 있다. 근처 직장인들이 끼니를 해결하는 곳이면서 레스토랑과 부티크, 식료품점 등 현지인의 쇼핑장소로도 활발히 이용되고 있다. 영화 해리포터의 첫 번째 시리즈 〈해리포터와 마법사의 돌〉에서 해리가 해그리드의 손을 잡고 방문하는 마켓 다이애건앨리는 바로 리든홀마켓을 모티브로 하여 연출된 것이다. 다이애건앨리에서 해리포터는 지팡이와 부엉이를 구입하는데, 실제 리든홀마켓의 분위기와는 사뭇 다르다. 다이애건앨리로 가는 길이 열리는 마법사들의 선술집 '리키콜드런Leaky Cauldron'의 입구는 리든홀마켓 내에 있는 약국에서 촬영되었다. 1편 마법사의 돌에서 해그리드가 해리포터를 데리고 다이애건앨리로 가기 위해 등장한 곳으로 영화 속에서는 남색이지만 실제로는 파란색이다.

주소 Gracechurch Street, London EC3V 1LR 운영시간 가게마다 상이(공공장소는 24시간) 문의 (44)020-7332-1961 찾아가기 TUBE 모뉴먼트(Monument)역에서 나와 오른쪽으로 걸어 나와 이스트칩(Eastcheap)거리에서 왼쪽으로 걸어 오른편 첫 번째 길인 그레이스 쳐치스트리트(Gracechurch St)에서 꺾어 약 5분 정도 직진하면 오른편에 위치. 도보 6분. 홈페이지 www.leadenhallmarket.co.uk

밀레니엄브리지

6편 혼혈왕자에서 죽음을 먹는 자들이 파괴하는 브록데일다리는 많은 관광객으로 연일 붐비는 밀레니엄브리지London Millennium Footbridge이다. 영화 속에서는 실제 다리모습이 그대로 등장하여 왠지 모를 반가운 마음이 든다.

주소 Thames Embankment, London 찾아가기 TUBE 맨션 하우스(Mansion House)역 3A번 퀸 빅토리아 스트리트 웨스트 사이드(Queen Victoria Street (West Side))출구로 나와 왼쪽으로 퀸빅토리아스트리트(Queen Victoria St)를 5분 정도 걷다 왼편에 피터스힐(Peter's Hill)거리에서 직진하면 바로. 도보 7분.

해리포터의 매력을 재발견할 수 있는 해리포터스튜디오

해리포터스튜디오 Warner Bros. Studio Tour London - The Making of Harry Potter는 해리포터팬이라면 꼭 가봐야 할 관광명소이다. 영화 〈해리포터〉는 2001년 1편이 개봉된 이후 2010년까지 총 8편이 제작되었고 전 세계에서 약 60억 달러(약 6조 2000억원)라는 천문학적 흥행수익을 거둬들였다. 스튜디오는 촬영 당시 사용되었던 영화세트와 의상, 소품들을 그대로 옮겨놓아 풍성한 볼거리를 제공하며, 장바구니에 싹 쓸어담고 싶을 만큼 팬심을 자극하는 기념품도 빼놓을 수 없다.

해리포터스튜디오 투어에 참여하려면 예약사이트를 통해 사전예약을 해야 한다. 날짜와 입장시간을 반드시 지정해야 하며, 만일 주말에 방문할 예정이라면 두 달 전에는 예약해야 할 정도로 인기가 꾸준하다. 평일예약이라도 공식 홈페이지를 제외한 대부분의 웹사이트에서는 예약시점 3주 이후부터 날짜를 지정할 수 있으므로 여행날짜가 정해지면 즉시 예약해두는 것이 좋다. 일반적으로 공식홈페이지를 통해 예약하지만 런던출발 왕복교통편(버스)이 포함된 상품일 경우 영국관광청(www.visitbritainshop.com) 또는 예약전문사이트 골든투어즈(www.goldentours.com)를 이용하면 된다. 왕복교통편이 포함된 투어상품은 £50.00부터 구매가능하다.

주소 Studio Tour Drive Leavesden WD25 7GS **입장료** 성인(16세 이상) £41.00, 어린이(15세 이하) £33.00 / 4세 이하 무료입장 **영업시간** 방문 날짜마다 다르므로 홈페이지를 참조하자. **문의** (44)084-5084-0900 **찾아가기** 런던 유스턴(Euston)역에서 왓포드정션(Watford Junction)역까지 기차로 이동 후 왓포드정션(Watford Junction)역 앞에서 셔틀버스를 타고 15분 거리로 셔틀버스는 왕복 £2.50이며, 입장시간 45분 전까지 타야 된다. **홈페이지** www.wbstudiotour.co.uk

오늘만은 내가 영화 속 주인공, 영화촬영지
영화 <노팅힐>의 노팅힐

지역이름을 영화제목으로 그대로 사용한 영화 <노팅힐Notting Hill>은 런던 서부의 주택가 노팅힐을 배경으로 펼쳐지는 로맨틱코미디이다. 작은 서점을 운영하는 윌리엄과 세계적인 여배우 안나의 사랑이야기를 다룬 영화로 노팅힐에서 대부분의 촬영을 진행하여 영화 속 촬영지를 직접 찾아보는 재미가 있는 곳이다.

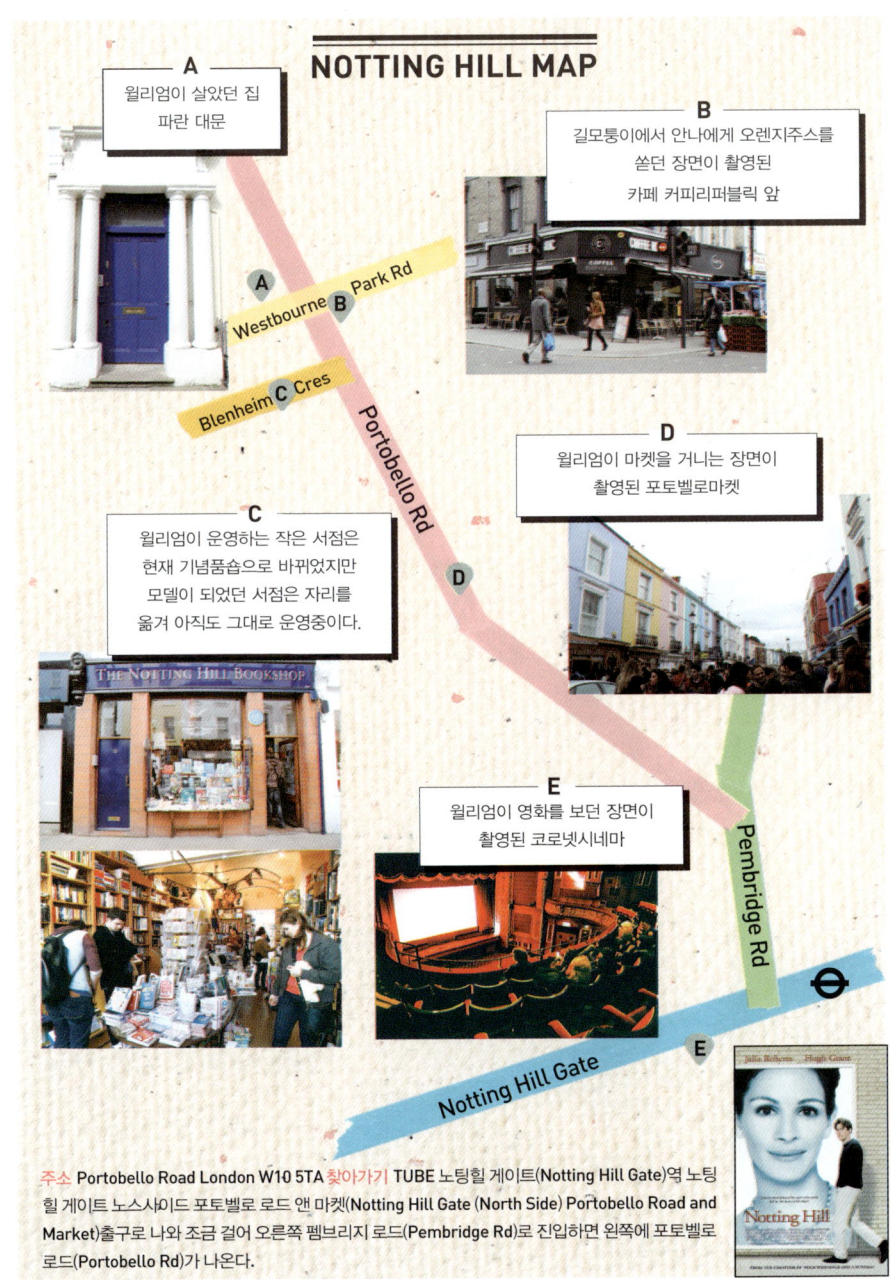

A 윌리엄이 살았던 집 파란 대문

B 길모퉁이에서 안나에게 오렌지주스를 쏟던 장면이 촬영된 카페 커피리퍼블릭 앞

C 윌리엄이 운영하는 작은 서점은 현재 기념품숍으로 바뀌었지만 모델이 되었던 서점은 자리를 옮겨 아직도 그대로 운영중이다.

D 윌리엄이 마켓을 거니는 장면이 촬영된 포토벨로마켓

E 윌리엄이 영화를 보던 장면이 촬영된 코로넷시네마

주소 Portobello Road London W10 5TA **찾아가기** TUBE 노팅힐 게이트(Notting Hill Gate)역 노팅힐 게이트 노스사이드 포토벨로 로드 앤 마켓(Notting Hill Gate (North Side) Portobello Road and Market)출구로 나와 조금 걸어 오른쪽 펨브리지 로드(Pembridge Rd)로 진입하면 왼쪽에 포토벨로 로드(Portobello Rd)가 나온다.

PART 01
HELLO LONDON

영화 〈클로저〉의 포스트맨즈파크

젊은 남녀 4명의 엇갈린 사랑이야기를 다룬 영화 〈클로저Closer〉는 국립초상화미술관의 레스토랑, 게트윅국제공항, 씨라이프 아쿠아리움SEA LIFE Aquarium 등 런던 곳곳의 모습을 사실적으로 보여준다. 그 중에서도 영화의 처음과 끝을 장식하는 작은 공원은 세인트폴성당 뒤편에 위치한 포스트맨즈파크Postman's Park이다. 주인공 댄과 앨리스가 처음 만나 방문한 곳으로 자기를 희생하여 누군가를 살리고 죽은 의인들을 추모하기 위한 공원이다. 공원 한쪽 벽면에는 의인들의 이름과 사망 날짜, 사연을 기록한 타일이 빼곡히 나열되어 있으며, 여주인공 앨리스란 이름이 이곳에 적힌 'Alice Ayres'를 차용했다는 사실이 영화 마지막에서 밝혀진다.

주소 St Martin's Le-Grand, London EC1A 운영시간 08:00~19:00 찾아가기 TUBE 세인트폴(St. Paul)역 1A번 세인트마틴즈르그랑/칩사이드(St. Martin's le Grand/Cheapside) 출구로 나와 왼쪽 방향으로 걷다 오른쪽 킹에드워드스트리트(King Edward St.)로 진입하면 오른편에 위치한다. 도보 3분.

영화 〈007〉의 MI6

영화 007시리즈의 주인공 제임스본드는 영국 비밀첩보국 MI6Military Intelligence Section6소속 요원이다. 실제로 MI6는 현존하는 영국정부조직이며, 영화 속에서 적의 공격을 받아 폭파되는 본부도 핌리코Pimlico에 위치한 실제 본부건물이다. 테이트브리튼Tate Britain에서 건너편 복스홀브리지Vauxhall Bridge 방향에 위치한 독특한 형태의 건물이 바로 MI6이다.

주소 85 Albert Embankment London SE1 7TP 찾아가기 TUBE 복스홀(Vauxhall)역 메인 출구로 나와 브리지풋(Bridgefoot)에서 복스홀브리지(Vauxhall Bridge)방향으로 걸어가면 오른편에 위치한다. 도보 2분.

영화 〈007 스카이폴 Skyfall〉의 내셔널갤러리 룸34

영화에서 제임스본드가 Q와 첫 대면을 하게 되는 장소가 바로 내셔널갤러리National Gallery 34번 룸이다. 벤치에 앉아 윌리엄터너William Turner의 '전함 테메레르의 마지막 항해The Fighting Temeraire'라는 작품을 바라보며 대화를 나누던 장면이 촬영된 곳이다. 이 두 사람이 등지고 있는 작품은 조지프라이트Joseph Wright의 '공기펌프 속의 새 실험An Experiment on a Bird in the Air Pump'과 토마스게인즈버러Thomas Gainsborough의 '윌리엄헬릿부부 - 아침산책Mr and Mrs William

Hallett - The Morning Walk'이라는 작품이다. 실제 미술관이 문을 닫은 밤 시간대를 이용하여 촬영되었으며 작품이나 벤치 위치 모두 그대로이다. (실제 벤치는 영화 속 모양과는 조금 다르다.) 34번 룸에서 또 다른 Q를 기다리며 본드가 된 것만 같은 묘한 기분을 느껴보자.

주소 Trafalgar Square, London WC2N 5DN 입장료 무료 운영시간 10:00~18:00(월 ~목, 토, 일요일), 10:00~21:00(금요일) / 12월 24~26일, 1월 1일 휴관 문의 (44)020-7747-2885 찾아가기 TUBE 차링크로스(Charing Cross)역 트라팔가스퀘어(Trafalga Square) 내에 위치한다. 도보 3분. 홈페이지 www.nationalgallery.org.uk

영화 〈러브액츄얼리〉의 템즈강변

크리스마스를 맞이한 런던을 무대로 19명의 사랑이야기를 담아낸 영화 〈러브액츄얼리Love Actually〉. 11가지 사랑이야기 중 꼬마아이의 짝사랑이 미소를 자아내는데, 영화를 본 많은 사람이 두 부자의 대화 장면을 기억할 것이다. 짝사랑에 괴로워하던 샘이 새아버지 대니얼에게 사랑고민을 털어놨던 곳이 바로 밀레니엄브리지와 세인트폴대성당이 보이는 템즈강변Thames River 부근 벤치가 있는 자리다. 좁혀지지 않던 둘 사이가 연애상담 이후 급진전되면서 보는 이로 하여금 흐뭇함을 선사했다.

주소 Callahan Exhibition, London SE1 9JE 찾아가기 TUBE 맨션하우스(Mansion House)역 3A번 퀸빅토리아스트리트 서쪽 (Queen Victoria Street West Side) 출구로 나와 왼쪽 방향으로 걷다 왼쪽 피터스힐(Peter's Hill)거리로 진입하여 밀레니엄브리지를 건너 오른쪽 방향으로 나오면 바로 보인다. 도보 11분.

영화 〈패딩턴〉의 패딩턴역

동화작가 마이클본드Michael Bond의 1958년 작품 〈패딩턴Paddington〉을 원작으로 한 영화 속 꼬마곰이름이 패딩턴이다. 패딩턴은 런던 기차역 패딩턴역Paddington Station에서 발견되었다 해서 붙여진 이름이다. 페루에서 천재지변으로 가족을 잃은 꼬마곰이 홀로 런던으로 여행을 오면서 겪는 이야기를 담았는데, 이 작품은 영국을 비롯한 전 세계에서 3,000만 부 이상이 팔린 베스트셀러이다. 실제 패딩턴역 근처에는 꼬마 곰 패딩턴동상이 있으며, 처음 역에서 발견되었던 차림새와 목에 걸고 있던 꼬리표(Please look after this bear. Thank you.)도 그대로 재현되어 있다.

주소 Paddington Station Praed St, London W2 찾아가기 TUBE 패딩턴(Paddington)역 내에 위치한다.

영화 <킹스맨>의 헌츠맨

청소년관람불가 등급을 받은 외화로는 사상 첫 600만 명을 돌파한 영화 <킹스맨 : 시크릿 에이전트Kings-man: The Secret Service>은 국제비밀정보기구 '킹스맨'의 요원이 되려는 후보의 훈련과 활약상을 담은 이야기다. 극중에서 주인공 해리와 에그시가 방문하는 킹스맨의 본부이자 맞춤양복점은 실제로 런던 새빌로우Savile Row에 있는 양복점 헌츠맨Huntsman에서 촬영하였다. 영국 맞춤정장의 본고장인 새빌로우는 메이페어Mayfair에 위치한 쇼핑가로 헌츠맨을 비롯한 오랜 전통의 고급맞춤양복점이 즐비하다.

주소 11 Savile Row, London W1S 3PS **찾아가기** TUBE 피카딜리서커스(Piccadilly Circus)역 3A 피카딜리 사우스 사이드(Piccadilly South Side) 출구로 나와 전광판을 바라보고 왼쪽으로 걸어가다가 비고스트리트(Vigo St.)로 들어선 후 오른쪽 첫 번째 골목 새빌로우(Savile Row)로 진입하면 오른편에 위치한다. 도보 6분. **홈페이지** www.h-huntsman.com

BBC드라마 <셜록>의 발자취를 따라서

전 세계에서 불고 있는 셜록홈즈 열풍이 심상치 않다. 아서코난도일Arthur Conan Doyle의 추리소설 셜록홈즈의 주인공이야 워낙 마니아층이 두터운 인물이지만 현재 불고 있는 인기의 주인공은 소설 속 인물이 아닌 살아 움직이는 배우라는 점이 흥미롭다. 21세기 현재 런던에서 벌어지는 수상한 사건을 재치 있게 해결하는 이 남자는 바로 2010년부터 영국 BBC에서 방송되고 있는 드라마 셜록Sherlock의 주인공 베네딕트컴버배치Benedict Cumberbatch이다. 안 그래도 인기 있던 소설 속 셜록홈즈도 덕분에 더욱 인기가 높아졌다. 전 세계의 팬들이 그의 흔적을 찾아 런던으로 모여들고 있으니, 셜록에 관심 있는 사람이라면 드라마 속 배경지를 함께 찾아보자.

스피디카페 Speedy's

드라마 속 주인공 셜록과 존의 공동주택 대문이 있는 베이커스트리트 221B 로 사용된 곳이다. 실제 베이커스트리트 221B번지에는 셜록홈즈박물관이 자리하고 있지만 드라마 속 셜록의 집은 유스턴스퀘어역 인근에 위치한 스피디카페가 있는 건물에서 촬영되었다. 이곳은 실제로 영업 중인 카페 겸 레스토랑으로 가게 안에는 촬영 당시 사진들이 걸려있다.

주소 187 North Gower St, London NW1 2NJ **운영시간** 06:30~15:30(월~금요일), 07:30~13:30(토요일)/ 일요일 휴무 **찾아가기** TUBE 유스턴스퀘어(Euston Square)역 유스턴로드 북쪽(Euston Rd. North Side) 출구로 나와 오른쪽 방향으로 걸으면 왼편에 위치한다. 도보 2분. **홈페이지** www.speedyscafe.co.uk

러셀스퀘어가든 Russell Square Gardens

시즌1의 1화 'A Study in Pink' 편에서 존이 마이크스탠포드와 우연히 만나는 작은 공원이다. 이 만남은 존의 인생을 바꿔놓는 계기가 된다. 마이크와 존이 커피를 마시면서 벤치에 앉아 있는 장면이 있지만 이 벤치는 드라마를 위해 임시로 설치한 것이라 실제 장소에는 찾아볼 수 없다. 대영박물관에서 가까운 도심 속 오아시스 같은 공간이다.

주소 Russell Square Gardens, London WC1B 4JA 찾아가기 TUBE 러셀스퀘어(Russell Square)역 버나드스트리트(Bernard St.) 출구로 나와 왼쪽 방향으로 걷다보면 왼편에 위치한다. 도보 1분.

사우스뱅크 스케이트파크 Southbank Skate Park

시즌1의 2화 'The Blind Banker' 편에서 암호를 찾아 셜록과 존, 래즈가 찾아간 곳이 사우스뱅크 스케이트파크이다. 이곳은 실제 스케이트장으로 벽 전체가 그래피티로 채워져 있다. 스케이트보드를 즐기거나 거리낙서를 하는 런던의 젊은 청춘들을 엿볼 수 있다.

주소 Lambeth, London SE1 8XZ 찾아가기 사우스뱅크센터 내 로열페스티벌홀(Royal Festival Hall) 바로 옆에 위치한다. 홈페이지 www.londonskateparks.co.uk/skateparks/southbank

세인트바토뮤스병원 St. Bartholomew's Hospital

시즌2의 3화 'The Great Game' 편에서 셜록이 모리아티와 대결한 후 옥상에서 뛰어내리는 장면이 촬영된 곳이다. 시즌 2의 마지막 편이 방영된 후 병원근처 전화박스에는 셜록의 죽음을 원치 않았던 수많은 셜록팬들의 메시지가 붙어있기도 하였다.

주소 1 Giltspur St, London EC1A 9DD 찾아가기 TUBE 바비칸(Barbican)역 메인출구로 나와 오른쪽 방향으로 걷다 오른쪽 웨스트스미스필드(West Smithfield)로 진입하여 길츠퍼스트리트(Giltspur St.)로 가면 왼편에 위치한다. 도보 7분.

SECTION 07
브릿팝 성지순례

현재도 런던 곳곳에서 비틀즈와 롤링스톤스, 브릿팝(Brit-pop)의 흔적들을 느낄 수가 있다.
우리에게 익숙한 관광지에서도 어렵지 않게 발견할 수 있으니 좋아하는 아티스트의 음악을 들으면서
그 곳을 걸어 보는 것도 재미있는 추억이 될 것이다.

비틀즈에서 콜드플레이까지

애비로드 with 비틀즈

비틀즈Beatles 멤버들이 횡단보도를 건너는 모습을 촬영한 자켓사진으로 너무나 유명해진 앨범 'Abbey Road'는 비틀즈가 마지막으로 녹음을 한 앨범이다. 애비로드는 런던 북쪽 세인트존스우드St Jone's Wood에 실제 존재하는 거리명이며, 비틀즈의 명곡들이 탄생한 EMI스튜디오가 위치한 곳이다.

비틀즈 멤버로서 마지막 녹음을 끝낼 당시 멤버 간 불화를 의식한 폴 매카트니Paul McCartney가 앨범자켓을 스튜디오 앞 길거리에서 촬영하자고 제안한다. 단 10분 만에 촬영을 끝낸 앨범자켓에는 앨범제목이나 가수 이름조차 표기되어 있지 않았지만 훗날 수많은 패러디를 만들어냈고, 현재도 만들어지고 있다. 이 앨범을 계기로 EMI스튜디오는 애비로드스튜디오Abbey Road Studios로 상호를 변경한다. 애비로드에는 인증샷을 찍으러 온 전 세계의 비틀즈 팬들로 항상 붐비는데 사진 찍는 포즈는 하나같이 비슷한 모습을 하고 있어 바라보는 재미도 쏠쏠하다.

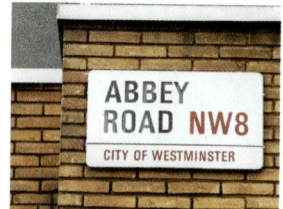

주소 3 Abbey road, London NW8 **귀띔한마디** 애비로드 사진의 포인트는 폴매카트니의 모습이다. 다른 멤버들과 달리 신발을 신지 않았으며, 혼자만 오른발이 앞으로 나가 있고, 오른손에는 담배를 쥐고 있다. **찾아가기** TUBE 세인트존스우드(St. John's Wood)역을 나와 역을 등지고 핀칠리로드(Finchley Rd.)의 횡단보도를 건넌 후 그로브엔드로드(Grove End Rd.)를 따라 끝 지점까지 직진하여 왼쪽으로 진입하면 바로 위치한다. 도보 6분. **홈페이지** www.abbeyroad.com

애비로드스튜디오숍 with 비틀즈

비틀즈의 역사적인 첫 녹음과 대부분의 앨범작업이 이루어진 성지 중의 성지, 애비로드스튜디오. 일반적으로 외부인의 출입을 금하고 있지만 건물 한켠에 자리한 숍이라면 자유롭게 드나들 수 있다. 2015년 11월 오픈한 이곳은 스튜디오 정문에서 오른쪽으로 걸어가면 숍 전용 출입구를 발견할 수 있다. 벽에 적힌 스튜디오의 굵직한 녹음역사를 훑은 후 입구를 들어서면 아담하지만 속이 꽉 찬 매장과 마주하게 된다. 애비로드스튜디오에서 녹음된 앨범을 비롯하여 스튜디오 관련서적과 구매 욕구를 자극하는 세련된 디자인의 기념상품을 판매한다. 이곳에서만 구입할 수 있는 비틀즈 관련 상품도 있으므로 비틀즈팬이라면 반드시 방문해야 할 것이다.

주소 3 Abbey Road, St. John's Wood, London NW8 9AY 운영시간 09:30~17:30(월~토요일), 10:00~17:00(일요일)/부정기 문의 (44)020-7266-7355 찾아가기 애비로드스튜디오 정문에서 오른쪽으로 걸어가면 왼편에 위치한다. 홈페이지 www.abbeyroad.com

버윅스트리트 with 오아시스

전 세계적으로 1,800만 장 이상 팔린 영국 국민밴드 오아시스Oasis 앨범 'What's the story? Morning Glory'의 자켓이 촬영된 곳이 버윅스트리트Berwick Street이다. 소호의 거리 중 하나로 촬영 당시에는 많은 레코드숍들이 들어서 있던 곳이다. 오아시스의 이 앨범자켓에는 정작 오아시스의 모습은 없고, 앨범프로듀서와 런던의 유명DJ가 모델로 나온다. 비틀즈팬으로도 유명한 오아시스는 이 앨범콘셉트를 비틀즈의 애비로드의 앨범자켓에서 따왔다고 한다.

 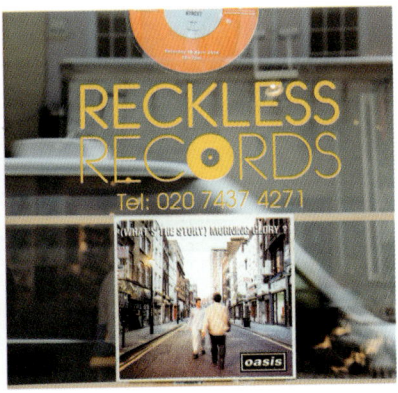

주소 Berwick Street, London W1 찾아가기 TUBE 피카딜리 서커스(Piccadilly Circus)역 3A 피카딜리 사우스 사이드(Piccadilly South Side)출구로 나와 샤프츠베리 애비뉴(Shaftesbury Ave)로 진입 후 루퍼트 스트리트(Rupert St)에서 왼쪽으로 진입하여 버윅 스트리트(Berwick St)가 나올 때 까지 직진한다. 도보 7분. 홈페이지 www.berwickstreetlondon.co.uk

PART 01
HELLO LONDON

하이드파크 with 롤링스톤스

런던중심부에 위치해 현지인은 물론 관광객들의 발길이 끊이지 않는 하이드파크Hyde Park는 뉴욕 센트럴파크처럼 세계적으로 유명한 공원이자 런던을 대표하는 상징적 명소이다. 여름에는 공원중앙의 서펀타인호수Serpentine Lake에서 야외콘서트가 열리는데 이 무대를 거쳐 간 이들로는 핑크플로이드Pink Floyd, 에릭클랩튼Eric Clapton, 폴매카트니Paul McCartney와 같은 세계 최정상의 뮤지션이 있다.

특히 롤링스톤스The Rolling Stones는 하이드파크에서만 2번의 전설적인 콘서트를 열었는데 1969년 초창기 리더였던 브라이언 존스Brian Jones의 죽음을 기리기 위한 콘서트에는 무려 65만 명의 관중이 몰려들어 역사적인 공연으로 평가된다. 이후 44년 만인 2013년 롤링스톤스 결성 50주년 기념콘서트에는 6만 5천장의 티켓이 3분 만에 동나버리는 진기록까지 세우기도 하였다.

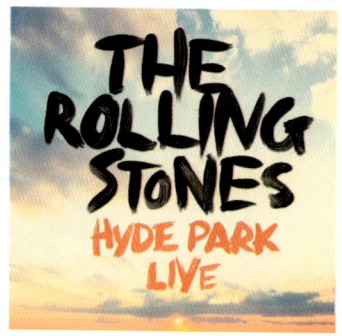

주소 Westminster, London W2 2UH 운영시간 05:00~24:00/연중무휴 문의 (44)030-0061-2000 찾아가기 TUBE 마블아치(Marble Arch)역 파크레인 웨스트사이드&하이드파크(Park Lane Westside&Hyde Park) 혹은 파크레인 웨스트사이드&스피커스코너(Park Lane Westside&Speakers Corner) 출구로 나오면 바로 이어진다. 도보 1분. 홈페이지 www.royalparks.org.uk

코벤트가든 with 콜드플레이

런던중심부 웨스트민스터지구에 있는 코벤트가든Covent Garden은 과일과 채소를 팔던 청과물시장이었지만, 1980년대부터 레스토랑, 잡화점, 보석상 등이 자리를 잡으면서 현재는 쇼핑명소로 탈바꿈하였다. 광장에는 수많은 거리음악가들과 행위예술가들이 거리공연을 하고 있어, 관광객들에게 많은 볼거리를 제공한다.

'Viva la diva', 'Yellow' 등 친숙한 명곡으로 유명한 그룹 콜드플레이Coldplay의 보컬 크리스마틴Chris Martin 역시 이곳 광장에서 거리공연을 하며 인디밴드활동을 했다. 1997년 콜드플레이를 결성하고 리드기타 존 버클랜드Jonny Buckland와 코벤트가든광장에서 모자를 앞에 두고 비틀즈의 노래를 부르다 경찰에게 쫓겨난 일화도 있다. 모자에는 고작 20펜스가 들어있었다고 한다.

주소 41 The Market Building, Covent Garden London WC2E 8RF 영업시간 10:00~20:00(월~금요일), 09:00~20:00(토요일), 12:00~18:00(일요일)/연중무휴 문의 (44)020-7420-5856 찾아가기 TUBE 코벤트가든(Covent Garden)역 제임스스트리트 출구 전용(James St. Exit only)으로 나와 거리를 따라 직진하면 바로 위치. 도보 2분. 홈페이지 www.coventgarden.london

프림로즈힐 with 비틀즈, 롤링스톤스, 오아시스, 블러

도심 여느 공원과 다를 바 없이 평범해 보이지만 프림로즈힐Primrose Hill은 영국의 많은 뮤지션과 깊은 인연을 간직한 장소이다. 매일 이곳을 산책했던 폴매카트니Paul McCartney는 프림로즈힐에서 영감을 얻어 'Yesterday', 'Getting better' 등 주옥같은 명곡을 완성했으며, 많은 가수들이 리메이크했던 'The Fool on the Hill'의 언덕(Hill)이 바로 프림로즈힐에서 따온 것이었다고 한다.
또한 롤링스톤스The Rolling Stones의 'Between the Buttons'와 오아시스Oasis의 'Wonderwall'의 앨범자켓이 이곳에서 촬영되었으며, 블러Blur의 2번째 앨범 'Modern Life Is Rubbish'의 타이틀곡 'For Tomorrow'의 뮤직비디오도 이곳에서 촬영되었다.

주소 Primrose Hill Road, Primrose Hill, London NW3 3NA **찾아가기** TUBE 초크팜(Chalk Farm)역에서 나와 오른쪽 애들레이드로드(Adelaid Rd.)를 따라 걷다가 왼쪽 프림로즈힐로드(Primrose Hill Rd.)에서 왼쪽으로 진입하면 공원입구가 보인다. 도보 10분.

배터시발전소 with 핑크플로이드

2011년 9월 배터시발전소Battersea Power Station 상공에 커다란 돼지모양 풍선이 떠올랐다. 1977년 발매된 핑크플로이드Pink Floyd의 앨범 'Animals'를 35년 만에 리마스터해서 출시했는데, 이를 기념하여 이벤트로 앨범자켓까지 그대로 재현한 것이었다. 1976년 촬영 당시 약 12미터 크기의 돼지풍선을 굴뚝에 매달아 놓았는데, 채 5분도 안 돼 바람에 날아가 버렸다. 이에 런던 상공의 항공기들에게 이 돼지풍선을 조심하도록 주의경보가 내려졌고, 이륙을 준비하던 항공기들도 제 시간에 출발하지 못하는 웃지 못 할 해프닝이 있었다고 한다. 어쩔 수 없이 1976년 당시 앨범자켓에는 돼지풍선이 합성된 사진을 사용하였다.

주소 188 Kirtling St, London SW8 5BN **찾아가기** TUBE 핌리코(Pimlico)역에서 나와 오른쪽으로 직진하여 루퍼스스트리트(Lupus St.)를 걷다 세인트조지스퀘어(St. George Square)에서 왼쪽으로 진입 후 그로브너로드(Grosvenor Rd)에서 오른쪽 방향으로 직진하면 강 건너 발전소가 보이기 시작한다. 도보 15분.

전세계를 휘어잡은 영국음악

영국의 음악은 현대 음악 씬에서 지대한 영향을 미쳤다고 해도 과언이 아니다. 영국을 대표하는 가수라 하면 흔히 떠올리는 것이 바로 브리티쉬록의 전설 비틀즈, 살아있는 록의 역사 롤링스톤스, 그리고 오아시스, 블러, 라디오헤드 등 브릿팝의 대명사들이다. 특히 비틀즈는 세계 팝의 중심인 미국 팝시장을 점령했던 이른바 브리티쉬인베이젼(영국의 침공)을 시작으로 전 세계의 모든 음악인들에게 영향을 준 밴드이며 살아있는 신화라고 일컬어질 만큼 영국문화에 있어서 빼놓을 수 없는 키워드이다. 또한 비틀즈의 영향을 받은 후예들이 그 후 또다시 전 세계에 브리티쉬 열풍을 일으키는데 브릿팝(Brit-pop)이 그것이다. 브릿팝은 런던과 맨체스터를 중심으로 발생한 모던 록을 지칭하지만 여타 록 음악들과 달리 팝적인 멜로디가 특징이다.

PART 01
HELLO LONDON

SECTION 08
도심 속 여행 중 즐기는 런던문화산책

현대건축의 한 획을 그은 건축가 노먼포스터의 건축물과 역사적인 장소를 나타내는 블루플라크,
독특한 디자인이 인상적인 지하철역 등 알고 보면 더욱 유익한
런던의 건축문화 이해를 돕고자 깨알 같은 정보를 모았다.

노먼포스터와 함께하는 현대건축

하이테크건축의 거장, 친환경건축의 선두주자, 영국의 기사작위, 건축의 노벨상으로 불리는 프리츠커상 수상 등 이 모든 수식어는 한 명의 위대한 건축가를 일컫는 말이다. 영국을 대표하는 세계적인 건축가 노먼포스터Norman Foster가 설계한 건물들은 하나같이 눈길을 사로잡는 독특한 형태를 지니고 있어, 단순한 건축물 이상인 하나의 랜드마크 역할을 수행하고 있다. 런던을 관광하면서 자연스레 마주치게 될 그의 건축작품을 소개한다.

런던시청

타워브리지 부근에 위치한 시청은 건물외벽이 유리재질의 기울어진 계란모양이라 인상적이다. 2002년 작품.

주소 The Queen's Walk, London SE1 2AA
찾아가기 타워브리지에서 런던탑 반대방향으로 걸어가면 오른편에 보인다.

거킨빌딩

런던의 금융중심지 시티오브런던에 위치한 30 세인트 메리 엑스 (30 St Mary Axe)는 건물 모양이 오이를 닮았다하여 거킨(The Gherkin)이라고도 불린다. 현재 스위스재보험사 본사로 사용되고 있다. 2004년 작품.

주소 30 St Mary Axe, London, EC3A 8EP **찾아가기** TUBE 알게이트(Aldgate)역 알게이트 하이 스트리트(Aldgate High St.) 출구로 나와 오른쪽으로 걸어가다 두 갈래 길에서 오른편 듀크스 플레이스(Duke's Pl.)로 진입하여 직진 후 왼쪽 버리 스트리트(Bury St.)로 진입하면 오른편에 위치한다. 도보 6분.

Great Court in British Museum
대영박물관 그레이트코트

대영박물관 내 그레이트코트는 기존에 있던 중앙홀을 광장 형태로 개조한 것이다. 강철과 유리로 만들어진 천장은 거미줄을 연상시킨다. 2000년 작품.

주소 Great Russell St, London WC1B 3DG 찾아가기 대영박물관(p.175) 참조

Canary Wharf Station 카나리워프역

런던의 신도심이자 금융가인 카나리워프의 언더그라운드역 또한 그의 작품이다. 언더그라운드홈으로 가기 위한 반타원형의 유리입구가 인상적이다. 1990년 작품.

주소 Canary Wharf Underground Station, London E14 6AB 찾아가기 TUBE 카나리워프(Canary Wharf)역 출구.

Millennium Bridge 밀레니엄브리지

세인트폴대성당과 테이트모던을 잇는 밀레니엄브리지는 2000년 밀레니엄시대를 기념하여 만든 보행자 전용다리로 우아한 칼과 빛나는 날개를 형상화하였다. 2000년 작품.

주소 Thames Embankment, London 찾아가기 밀레니엄브리지(p.222) 참조.

TIP 노먼포스터의 건물에 들어갈 수 있는 기회, 오픈하우스 Open House

매년 9월 중순 토요일과 일요일 단 이틀간에 걸쳐 건축이벤트가 개최된다. 고전양식의 클래식한 건물부터 화려하고 웅장한 현대건축물까지 런던 800여 곳에 달하는 건축물을 일시적으로 무료 개방하는 오픈하우스는 매년 수십만 명이 참가할 정도로 폭발적인 인기를 누리고 있다. '활기 넘치는 거리를 유지하기 위해 건축과 디자인이 반드시 필요하다.'라는 말의 이해를 돕고자 시작한 이벤트로 건축물을 직접 체험해볼 기회를 제공하며, 도시디자인의 중요성을 자연스럽게 알리는 자리가 되고 있다. 평소에는 입장할 수 없던 개인저택이나 오피스건물을 비롯하여 유료입장이던 호텔이나 관광명소의 역사건축물, 하수처리장, 발전소에 이르기까지 다양한 건축물을 개방하므로 건축에 관심이 없는 사람이라도 흥미롭게 즐길 수 있다. 경쟁이 치열한 곳은 이른 아침부터 줄을 서야 하는 경우도 있으며, 추첨에 당첨된 사람만 입장 가능하도록 예약제를 시행하는 곳도 있다. 오픈 행사 외에도 워크숍, 투어 등 다양한 이벤트를 진행하고 있으니 홈페이지를 참조하자.

홈페이지 www.openhouselondon.org.uk

건물 벽에 붙은 파란 동그라미 블루플라크

런던을 여행하다 보면 건물 외벽에 파란색 동그라미 명판이 붙어 있는 것을 종종 발견하게 된다. 블루플라크Blue Plaque라 부르는 이것은 유명한 인물이 살았던 건물이나 역사적인 사건이 일어났던 장소를 기념하기 위해 설치한 파란 명판을 말한다. 역사적 건축물을 보호하는 정부단체 잉글리시헤리티지English Heritage에서 문화재사업의 일환으로 운영하고 있는 블루플라크는 역사적 사실을 사람들에게 널리 알리고, 건축물의 훼손을 방지할 목적으로 시작됐다. 인류의 행복과 번영에 공헌한 인물 중 사후 20년이 지났거나 태어난 지 100년이 넘은 인물을 대상으로 선정하는데, 현재 약 800여 개가 설치되어 있다. 좋아하는 인물의 블루플라크를 찾아보는 것도 런던을 여행하는 소소한 재미중 하나가 될 것이다.

홈페이지 www.english-heritage.org.uk/visit/blue-plaques

01. 〈인형의 집〉, 〈스쿠루지〉 등에 출연하였던 영국의 유명 여배우 에디스에반스(Edith Evans)가 살았던 집에 걸린 블루플라크.
02. 베이커스트리트에 살았던 비틀즈(Beatles)의 멤버 존레넌(John Lennon)과 조지해리슨(George Harrison)의 블루플라크.
03. 소설 〈올리버 트위스트〉, 〈크리스마스 캐롤〉 등으로 널리 알려진 소설가 찰스디킨스(Charles Dickens)의 생가. 04. 소설 〈동물농장〉, 〈1984〉로 유명한 조지오웰(George Orwell)의 블루플라크. 노팅힐 포토벨로마켓 가는 길에 있다. 05&06. 헨델(George Fredric Handel)은 1723~1759년까지, 지미헨드릭스(Jimi Hendrix)는 210년이 지난 1968~1969년까지 바로 옆 건물에 살았다.
07. 가상의 인물로는 유일하게 설치된 셜록홈즈(Sherlock Holmes)의 블루플라크. 셜록홈즈박물관에 설치되어 있다.

독특한 디자인이 인상적인 지하철플랫폼

150년이라는 오랜 시간 동안 런던시민들의 발이 되어주는 언더그라운드 the Underground는 세계 최초의 지하철이며, 공공디자인의 큰 틀을 제시했다 말해도 과언이 아니다. 빨간색 원형로고와 색깔별 노선도, 지하철포스터 등 디자인 요소가 가미되지 않은 곳이 없으며, 현재 지하철역사 벽면에서도 디자인의 흔적을 엿볼 수 있다. 런던 지하철의 특징이 잘 스며든 플랫폼아트의 세계로 떠나보자.

마블아치(Marble Arch)역 센트럴(Central)라인

토트넘코트로드(Tottenham Court Road)역 센트럴, 노던(Central, Northern)라인

베이커스트리트(Baker Street)역 바커루, 쥬빌리, 노던, 메트로폴리탄 (Bakerloo, Jubilee, Northern, Metropolitan)라인

차링크로스(Charing Cross)역 바커루, 노던(Bakerloo, Northern)라인

글로스터로드(Gloucester Road)역 서클&디스트릭트(Circle&District)라인

PART 01
HELLO LONDON

SECTION 09
런던이 더 즐거워지는 축제와 스포츠이벤트

런던에서는 연중 다양한 축제와 스포츠이벤트가 열리므로 시기만 잘 맞는다면 시간을 내어 꼭 한 번 즐겨볼 것을 추천한다. 런던여행을 한층 풍성하게 해줄 이벤트 몇 가지를 소개한다.

유럽 최대 규모의 퀴어퍼레이드, 프라이드런던

런던을 대표하는 퀴어퍼레이드 가운데 하나인 프라이드런던^{Pride London}은 매년 약 100만 명의 관중이 동원될 만큼 유럽 최대 규모를 자랑하는 축제이다. 런던시에서도 적극적으로 후원하고 있으며, 경찰, 소방서 등의 공공기관은 물론 시티은행, 영국항공, 구글 등의 글로벌기업과 NGO단체, 그들을 지지하는 커뮤니티들이 참가한다. 참가자들은 화려한 코스튬^{Costume}과 이슈나 주장을 적은 피켓을 들고 춤을 추며 거리를 행진한다. 주장하는 메시지는 사회정치적으로 다소 무거울 수 있지만 이마저도 즐겁고 유쾌하게 표현하기 때문에 의미는 한결 더 강렬하게 전달될 수 있다.

귀띔한마디 퍼레이드는 베이커스트리트에서 시작하여 본드스트리트, 옥스퍼드스트리트, 리젠트스트리트를 거쳐 최종 목적지인 트라팔가광장으로 이어진다. 트라팔가광장은 특설야외무대로 꾸며져 콘서트와 각종 이벤트가 열린다. **개최시기** 매년 6월 마지막 주 토요일 혹은 7월 첫째 주 토요일(2019년은 7월 6일에 개최한다.) **홈페이지** www.prideinlondon.org

퀴어퍼레이드 Queer Parade 란?

미국 뉴욕의 한 게이바에서 행해진 경찰의 탄압적인 수사에 항거하여 1969년 6월 28일 수천 명의 성소수자들이 폭동(스톤월폭동)을 일으켰다. 여태껏 부당한 차별과 편견에 억압당했던 레즈비언(Lesbian)과 게이(Gay), 양성애자(Bisexual), 트랜스젠더(Transgender)가 이 사건을 계기로 LGBT들의 권리를 인정받기 위해 한 목소리를 내기 시작했다. 사건이 발생하고 1년 후인 1970년 6월 마지막 주 일요일에 폭동을 기리기 위해 성소수자를 응원하는 사람들이 행진을 벌였는데, 이것이 오늘날 세계각지에서 볼 수 있는 퀴어퍼레이드이다.

성대하고 화려한 카리브문화축제, 노팅힐카니발

런던의 고급주택가에서 아이러니하게도 서민들의 한이 서린 퍼포먼스행사가 펼쳐진다. 매년 여름 유럽에서 가장 큰 규모의 거리축제가 노팅힐에서 개최된다. 노팅힐 카니발 Notting Hill Carnival은 1964년 영국에 정착한 여러 이민족 중 카리브족 흑인들에 의해 시작된 이후 브라질쌈바축제에 뒤지지 않는 축제로 발전했는데, 매년 200만 명 이상이 이 축제를 즐기기 위해 노팅힐을 찾는다. 알록달록 화려한 코스튬과 댄스, 경쾌한 레게음악과 힙합이 어우러져 흥겨운 장관을 이룬다. DJ와 댄서들을 태운 개성강한 트럭들이 속속 등장하므로 눈으로 쫓아보며 카메라 셔터를 누르느라 정신이 없을 것이다.

주소 Portobello Road Market and Golborne Road Market **귀띔한마디** 축제기간 동안에 노팅힐게이트(Notting Hill Gate)역은 하차 전용이기 때문에 돌아갈 때는 라드브로크 그로브(Ladbroke Grove)역이나 웨스트본파크(Westbourne Park)역을 이용해야 하므로 미리 그 위치를 파악해두는 것이 좋다. **개최시기** 8월 마지막 주 일요일과 공휴일(Bank Holiday) 다음 날, 이틀간에 걸쳐 열린다.(2019년은 8월 24~26일 3일간 개최한다.) **홈페이지** www.thenottinghillcarnival.com

런던시민들이 만들어내는 감동의 축제, 런던마라톤

세계에서 가장 인기 있는 마라톤대회 중 하나인 런던마라톤 Virgin Money London Marathon은 참가비 전액이 기부되는 세계 최대 규모의 자선행사이다. 남녀노소를 불문한 폭 넓은 연령층과 몸이 불편한 장애인도 적극 참여하는 대표적인 시민마라톤대회이다. 4만 명이 넘는 마라톤 참여자가 런던 한복판을 달리는 모습은 전 세계 TV로 생중계되며, 거리응원을 펼치는 관중만도 50만 명에 달한다. 관중들에게는 자선단체와 기업들 후원으로 제작된 응원도구를 무료로 나눠주는데, 마라톤 참여자와 하나 되어 펼치는 응원 또한 분위기를 한층 더 고조시킨다. 런던마라톤의 또 하나의 볼거리는 재미있고 유쾌한 코스튬 참여자들이다. 다소 우스꽝스러운 복장이지만 지켜보는 관중들에게 즐거움을 선사함과 동시에 자신의 주장을 표출하는 기회로 삼는다. 분위기는 대회라기보다는 축제의 장에 가깝다. 끝까지 열정을 보이는 마라토너들의 모습에 관중들은 감동을 느끼며 아낌없는 응원을 쏟아낸다.

마라톤 코스는 시작지점인 그리니치공원에서 템즈강을 따라 타워브리지, 런던탑, 엘리자베스타워, 웨스트민스터사원 등 런던을 대표하는 관광명소와 금융가인 시티오브런던을 거쳐 버킹엄궁전이 보이는 더몰(그린파크)에서 마무리된다.

개최시기 매년 4월 중(2019년은 4월 28일) 홈페이지 www.virginlondonmarathon.com

---

마라톤 거리의 유래

마라톤의 거리 42.195km는 영국왕실에 의해 설정되었다. 1908년 제4회 런던올림픽 당시 영국왕실에서는 마라톤의 출발점과 결승점 모습을 지켜보려고 기존의 40km 전후의 거리를 윈저성 동쪽 베란다에서 화이트시티운동장까지로 지정해달라고 요청했다. 이 요청에 따라 종래의 마라톤거리보다 약간 길게 마라톤코스가 정해졌으며, 이 거리는 런던올림픽 이후 마라톤의 공식적인 거리로 지정되었다.

〈 런던 마라톤 코스 〉
Greenwich → West ferry Road → Upper Thames Street → Victoria Embankment → Bird Cage Walk → The Mall

영국축구의 성지, 웸블리스타디움

축구종주국 영국에서 빼놓을 수 없는 웸블리스타디움Wembley Stadium은 축구팬이라면 한 번쯤 들어 봤을 이름이다. 잉글랜드 축구대표팀의 공식경기와 잉글랜드 클럽팀의 챔피언을 가리는 FA컵 준결승전과 결승전이 열리는 곳으로 유명하다. 입장가능 관중수는 9만 명으로 지붕이 있는 경기장 중 세계 최대 규모를 자랑한다. 1923년에 처음 지어진 웸블리경기장은 노후로 인해 2000년 임시 폐장되었다가 2007년 현재의 모습으로 리뉴얼되어 개장하였다. 1966년 이곳에서 개최된 FIFA 잉글랜드월드컵 결승전에서 연장전 끝에 서독을 물리치고 잉글랜드가 첫 번째 우승컵을 들어 올린 이후 웸블리는 영국축구의 성지가 되었다.

2011년과 2013년에는 UEFA 챔피언스리그 결승전이 개최되었고, 2012년 런던올림픽 때는 우리나라도 가봉과 경기를 가졌으며 브라질과 멕시코와의 결승전도 이곳에서 치러졌다. 축구뿐만 아니라 유명 뮤지션의 콘서트를 개최하기도 하는데 마이클잭슨, 퀸, 마돈나 등 그 이름만으로도 화려하다. 축구팬이라면 75분간 진행되는 경기장투어도 경험해보자. 공식홈페이지에서 예약할 수 있다.

주소 Wembley London HA9 0WS 귀띔한마디 투어 17세 이상 £19.00, 16세 이하 £12.00(예약 홈페이지 bookings.wembleytours.com) 문의 (44)084-4980-8001 찾아가기 TUBE 웸블리파크(Wembley Park)역에서 하차하여 올림픽웨이(Olympic Way)를 따라 직진하면 위치한다. 또는 Railway 웸블리스타디움(Wembley Stadium)역 바로 앞에 위치한다. 홈페이지 www.wembleystadium.com

TIP 프리미어리그 티켓 구하는 방법

수백만 원을 호가하는 시즌권을 구입할 수는 없지만 티켓을 구할 수 있는 방법이 있다. 첫째, 공식 홈페이지 일반 판매분을 노려보자. 비정기적으로 판매되지만 가장 저렴하고 확실하게 구입할 수 있는 방법이다. 단, 구단마다 판매시기가 다르므로 수시로 체크해야 한다.

둘째, 중개사이트를 이용하자. 비아고고(Viagogo) 같은 중고거래 사이트에서 판매자와 일대일로 접촉하여 구하는 방식이다. 이때는 판매자가 멤버십회원인지 부터 반드시 확인한 후 구입해야 한다.

셋째, 정말로 보고 싶은 경기라면 경기당일 경기장으로 무조건 가보자. 암표상에게 구하는 방법은 가장 비싸고 안전하지도 않기 때문에 별로 추천하고 싶지는 않다.

테니스역사의 산증인, 윔블던

윔블던테니스대회Wimbledon는 미국과 호주, 프랑스와 함께 세계 4대 테니스대회 중 하나로, 오랜 역사만큼 권위 있는 대회로 꼽힌다. 1887년 제1회 대회를 시작으로 매회 최고의 실력을 갖춘 선수들이 기량을 펼치므로 테니스팬이라면 꼭 한 번은 방문하고 싶은 곳이다. 세계적인 선수들의 경기가 열리는 센터코트Centre Court와 넘버원코트No.1 Court는 수용인원이 각각 15,000과 11,000석에 달하지만 대부분 대회시작 전부터 추첨제로 판매되므로 구하기가 매우 어렵다. 경기당일 선착순으로 판매되는 소량의 티켓마저 밤을 새가며 노숙하는 열성팬들이 많아 아무리 서둘러 새벽에 도착해도 표를 구하기는 어렵다.

좋아하는 선수와 상관없이 윔블던을 즐기고 싶다면 순위가 낮은 선수들 간의 경기 넘버쓰리~나인틴코트No.3~19Court를 자유롭게 관람할 수 있는 그라운드티켓Grounds Tickets을 추천한다. 런던까지 와서 센터코트와 넘버원코트를 못 보는 것이 억울하다면 그라운드티켓 소지자를 대상으로 판매되는 리세일티켓Resale Ticket을 노려보자. 오후 3시 이후 기부형태로 판매되는 이 티켓은 경기 도중 빈 좌석의 표를 재판매하는 것으로 센터코트는 £15.00, 넘버원과 넘버투코트는 £10.00에 감상할 수 있다. 이 또한 선착순이므로 경기를 관전하다 시간에 맞춰 티켓 판매처에 줄을 서면된다.

주소 All England Lawn Tennis and Croquet Club, Church Rd, Wimbledon, London SW19 5AE 개최시기 매년 6월 마지막 주 월요일부터 2주간. 문의 (44)020-8944-1066 찾아가기 TUBE 윔블던(Wimbledon)역 앞에서 셔틀버스를 타면 된다. 홈페이지 www.wimbledon.com

케임브리지와 옥스퍼드의 자존심 대결, 보트레이스

MBC예능프로그램 '무한도전'으로 인해 우리에게 조금은 친숙해진 스포츠인 조정은 축구, 하키, 요트를 포함하여 영국이 종주국으로 영국인들에게는 인기 스포츠이다. 특히 케임브리지와 옥스퍼드간의 자존심 대결양상으로 진행되는 보트레이스Boat Race는 하나의 이벤트이다. 1829년에 시작된 이래 1856년부터 연례행사로 정착된 이 경주는 세계에서 가장 오래된 보트레이스이다.

템즈강의 퍼트니다리Putney Bridge에서 시작하여 모트레이크Mort Lake까지 4.25마일(약 6.83km)을 경주하는데, 경기시간은 채 20분이 안 되지만 이 경기를 보려고 템즈강변으로 모여드는 관중은 25만 명에 달한다. BBC에서 생중계할 정도로 영국국민 전체가 함께 즐기는 축제인데, 역대 전적은 무승부에 가까울 정도로 서로 막상막하다. 팀컬러는 옥스퍼드가 다크블루Dark Blue, 케임브리지는 라이트블루Light Blue이다. 경주를 관람할 기회가 있다면, 우승팀을 예상하고 지켜보는 것이 또 하나의 즐거움이 된다.

주소 Putney Bridge, London SW6 3JD 개최시기 매년 3월 말 혹은 4월 초 문의 (44)079-2160-3987 찾아가기 TUBE 퍼트니브리지(Putney Bridge)역에서 나와 바로 앞 스테이션어프로치(Station Approach)를 지나 퍼트니브리지 어프로치(Putney Bridge Approach)에서 왼쪽 방향으로 걷다보면 퍼트니다리가 나온다. 도보 3분. 홈페이지 www.theboatrace.org

청춘의 에너지가 들끓는 런던의 클럽

런던의 밤은 즐겁다. 여러 곳의 펍을 돌며 다양한 맥주를 맛보는 펍 크롤링 Pub Crawling에 참가하거나 웨스트엔드의 수준 높은 뮤지컬을 감상하면서 깊은 밤을 특별하게 보낼 수 있기 때문이다. 물론 주말에는 선택의 폭이 더욱 넓어진다. 축구의 본고장인 만큼 프리미어리그 경기를 보러 가거나, 늦은 밤까지 문을 여는 박물관과 미술관에서 예술작품을 감상해도 좋다. 이와 달리 젊음의 열기를 만끽하고 싶다면 근질근질한 온몸을 불태울 수 있는 클럽을 방문해보자. 밤문화가 발달한 덕분인지 런던은 스페인의 이비자, 독일의 베를린과 더불어 유럽의 클럽씬을 이끌어 가고 있다. 크고 작은 클럽들은 각자의 개성이 뚜렷한데 특히 DJ가 펼치는 현란한 디제잉은 수준급이다. 클럽마다 내세우는 분위기와 음악 스타일이 달라 어느 곳을 가도 신선하고 색다른 즐거움을 느낄 수 있다. 좋아하는 장르와 스타일이 있다면 수고스럽더라도 미리 알아보고 가는 것이 좋다.

TIP 추천! 클럽 소개

패브릭 Fabric - 명실상부한 런던 최고의 클럽. 금요일 밤엔 힙합과 일렉트로니카, 드럼 & 베이스를, 토요일에는 하우스음악과 테크노를 중심으로 다양한 장르의 디제잉을 선보이고 있다. 드레스코드는 특별히 없으며 캐주얼 차림으로도 입장 가능하다.
주소 77a Charterhouse Street, London EC1M 6HJ 영업시간 23:00~06:00(금요일), 23:00~08:00(토요일), 23:00~ 05:00(일요일)/매주 월~목요일 휴무 문의 (44)020-7336-8898 입장료 DJ공연에 따라 상이. 찾아가기 패링던(Farring-don)역에서 나와 왼쪽으로 걸어가다 오른쪽 차터하우스스트리트(Charterhouse St)로 진입하면 오른편에 위치한다. 도보 4분. 홈페이지 www.fabriclondon.com

미니스트리 오브 사운드 Ministry of Sound - 1992년에 문을 연 세계적인 명성을 가진 클럽이다. 클럽 컴필레이션 음반을 제작하는 음반사로도 유명하며, 매주 금요일과 토요일 세계적인 DJ의 공연이 펼쳐지기도 한다. 드레스코드는 없지만 정장과 트레이닝복 차림은 입장이 불가능하다.
주소 103 Gaunt Street, London SE1 6DP 영업시간 22:30~06:00(금요일), 23:00~07:00(토요일)/매주 일~목요일 휴무 문의 (44)020-7378-6528 입장료 DJ공연에 따라 상이. 찾아가기 엘리펀트&캐슬(Elephant & Castle)역에서 나와 오른쪽으로 걷다가 왼쪽 가운트스트리트(Gaunt St.)로 진입하면 오른편에 위치한다. 도보 6분. 홈페이지 www.ministryofsound.com/club

PART 01
HELLO LONDON

SECTION 10
런던에서 즐기는 영국식 요리와 주류문화

흔히 영국음식은 맛이 없다고들 한다. 농작물의 맛을 결정하는 일조량 부족이 우선 요인이겠지만 산업혁명 이후 발달한 패스트푸드가 역설적으로 요리의 발전을 막은 것으로도 해석된다. 이렇듯 음식 맛에 대한 기대치가 높지 않다보니 실제 영국을 여행한 사람들 사이에선 생각보다 맛있었다는 반응도 많다.

꼭 한 번 맛봐야 할 영국의 전통음식

영국의 대표적인 가정요리, 로스트비프

로스트비프Roast Beef는 소금과 후추 등 간단한 양념만 뿌린 쇠고기 덩어리를 오븐에 구워 얇게 썰어먹는 요리로 그레이비Gravy소스(고기를 굽는 과정에 나오는 육즙으로 만든 소스)를 뿌리거나 찍어서 먹는다. 일요일에 온가족이 교회에 다녀와서 먹던 요리라 하여 선데이로스트Sunday Roast라고 부르는데, 주로 소고기나 닭고기, 양고기, 돼지고기 등을 구워 먹던 풍습에서 발전했다. 요크셔푸딩과 감자, 채소 등을 함께 곁들여 먹는다.

로스트비프와 곁들여 먹는 요크셔푸딩

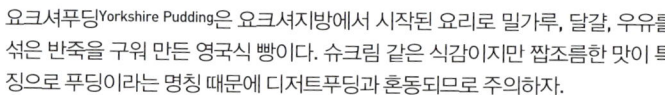

요크셔푸딩Yorkshire Pudding은 요크셔지방에서 시작된 요리로 밀가루, 달걀, 우유를 섞은 반죽을 구워 만든 영국식 빵이다. 슈크림 같은 식감이지만 짭조름한 맛이 특징으로 푸딩이라는 명칭 때문에 디저트푸딩과 혼동되므로 주의하자.

슈퍼마켓에서도 흔하게 찾아볼 수 있는 셰퍼드파이 & 스카치에그

이 외에도 잉글랜드지역에서는 셰퍼드파이Shepherd's Pie나 스카치에그Scotch Egg도 많이 먹는 전통음식이다. 셰퍼드파이는 주로 점심이나 저녁식사 때 메인으로 먹는 음식인데, 양고기 위에 감자를 으깬 매시포테이토Mash Potato를 얹어 오븐에 구운 요리이다. 양고기 대신 쇠고기도 사용하는데, 이를 코티지파이Cottage Pie라고 부른다.

스카치에그는 각종 향신료로 간을 해서 저민 쇠고기로 삶은 계란을 감싼 후 튀겨낸 요리이다. 홍차로 유명한 포트넘앤메이슨Fortnum and Mason이 1738년 처음 요리한 이후 전통음식으로 자리 잡았다.

전통음식을 맛 볼 수 있는 곳 : 룰즈(Rules) - p.185 참조, 셜록홈즈펍(Sherlock Holmes Pub) - p.137 참조.

CHAPTER 01
여행 전 알아두면 좋은 런던의 모든 것

영국음식의 대표주자, 피시앤칩스

영국에서 반드시 먹어봐야 할 음식이 있다면 바로 피시앤칩스Fish&Chips이다. 흰살생선튀김과 감자튀김으로 구성된 피시앤칩스는 영국의 대표적인 패스트푸드로 일반음식점은 물론 치피Chippy라 부르는 피시앤칩스전문점과 펍Pub 등에서도 흔하게 찾아볼 수 있는 메뉴이다.
밀가루와 달걀에 물 대신 영국식 맥주 에일Ale을 넣어 반죽한 튀김옷을 입혀 튀기는데, 일반 튀김보다 더욱 바삭하다. 감자는 일반 패스트푸드점의 프렌치프라이French Fries보다 조금 더 두툼한 것이 특징이다. 엿기름으로 만든 보리식초 몰트비네거Malt Vinegar, 양파식초 어니언비네거Onion Vinegar 등의 식초와 소금을 뿌려 먹는 것이 정통영국식이다.

피시앤칩스를 맛 볼 수 있는 곳 : 골든유니온피시바(Golden Union Fish Bar) - p.135 참조,
골든하인드(Golden Hind) - p.205 참조, 포피스(Poppies) - p.270 참조.

TIP 어려워 보이지만 간단한 피시앤칩스 주문방법

가게에 들어서 메뉴판을 보면 무엇을 주문해야 할지 당황스러운 경우가 생길 수 있다. Fish&Chips란 메뉴는 안 보이고 Cod, Haddock 같은 낯선 영어 메뉴만 나열되어 있다. 이 메뉴들은 생선 이름이므로 미리 익혀둔다면 주문은 전혀 어렵지 않다. 피시앤칩스 메뉴로 나오는 생선의 종류에는 대구(Cod), 대구와 비슷하지만 그보다 작은 해덕(Haddock), 가자미(Plaice), 명태(Pollock), 오징어(Calamari), 가재(Scampi) 등이 있다.

영국의 전통조식, 풀잉글리시브렉퍼스트

풀잉글리시브렉퍼스트Full English Breakfast는 이름 그대로 완전한 잉글랜드식 아침식사를 말하는데 영국의 식문화에서 빼놓을 수 없는 음식이다. 지역에 따라 스코티시브렉퍼스트Scottish Breakfast 또는 아이리시브렉퍼스트Irish Breakfast라고 부르기도 하며, 흔히 호텔에서 조식으로 나오는 잉글리시브렉퍼스트는 전통조식을 간소화한 것이라 구성에서 약간 차이가 있다.
소시지와 계란, 베이컨, 토스트와 버섯, 토마토, 해시포테이토Hash Potato, 베이크빈Baked bean 그리고 영국식순대 블랙푸딩Black pudding까지 이 모든 재료가 다 들어가야 비로소 완벽한 풀잉글리시브렉퍼스트라 할 수 있다. 물론 종류만큼 많은 양의 음식이 하나의 접시에 담겨 나오므로 아침식사로 먹기에는 다소 부담스러울 수 있다. 최근 잉글리시브렉퍼스트를 전문으로 하는 음식점이 늘어나는 추세라 굳이 아침에 가지 않아도 즐길 수 있고, 정통 메뉴를 퓨전화한 메뉴도 선보이고 있다.

풀잉글리시브렉퍼스트를 맛 볼 수 있는 곳 :
브렉퍼스트클럽(Breakfast Club)- p.136 참조, 알피노(Alpino) - p.281 참조.

우아한 런던의 오후, 애프터눈티

홍차와 스위트의 달콤한 만남, 애프터눈티

영국귀족문화를 체험할 수 있는 애프터눈티는 19세기 한 공작부인에 의해 시작되었다. 보통 오후 3시에서 5시 사이 홍차와 함께 과자, 스콘 등의 간식을 즐기는 티타임을 말한다. 상류층 사교모임에서 비롯됐지만 현재는 영국인 생활 속에 하나의 음식문화로 깊숙이 자리하고 있다. 디저트와 함께 홍차를 음미하는 매우 간결한 형식이지만 사실 이것만큼 영국귀족문화를 체험할 수 있는 것도 없다.

거대한 샹들리에 조명 아래로 화려하게 장식된 공간, 예쁜 식기에 담긴 달콤한 디저트와 종업원들의 정중한 서비스까지, 그야말로 귀족 부럽지 않은 호사를 누릴 수 있는 시간이다. 엄격한 드레스코드와 정중한 응대 때문에 오히려 망설여진다면 여기서 누릴 수 있는 최고의 시간을 눈앞에서 놓치는 거나 다름없다. 불필요한 걱정은 뒤로하고 맛있는 음식과 근사한 분위기, 훌륭한 서비스로 여행의 진정한 묘미를 만끽해보자.

애프터눈티의 구성

애프터눈티는 홍차와 우유, 샌드위치, 스콘, 클로티드크림Clotted Cream (저온살균처리를 거치지 않은 우유를 가열하면서 얻은 노란색의 뻑뻑한 크림), 잼, 케이크, 비스킷, 타르트, 초콜릿 등으로 구성된다. 삼단트레이 1단에는 샌드위치, 2단 스콘, 3단 케이크와 초콜릿이 진열되며, 보통 1단부터 2단, 3단순으로 먹는다. 간편하게 즐길 수 있는 핑거푸드가 대부분이며, 트레이를 다르게 구성하는 곳도 있고, 디저트를 올리는 3단에서 각 레스토랑별 특성을 드러내기도 한다.

차는 기본적으로 블랙티와 그린티, 화이트티 등의 차 종류와 커피, 소프트드링크로 구성되며, 샴페인과 함께 먹는 코스도 있다.(보통 £10.00~20.00 더 비싸다.) 펍과 함께 영국 음식문화를 제대로 즐길 수 있는 기회이므로 한 번쯤은 체험해보기 바란다. 예전만큼 까다롭진 않지만 정중한 드레스코드와 기본적인 매너는 알고 가는 것이 좋다.

1단 샌드위치
2단 스콘
3단 케이크

CHAPTER 01
여행 전 알아두면 좋은 런던의 모든 것

본고장에서 즐기는 정통스타일 더팜코트 in 더리츠런던

영화 〈노팅힐〉에서 주인공 안나(줄리아로버츠)가 묵었던 호텔이 바로 리츠호텔The Ritz London이다. 오랜 역사와 전통을 지닌 호텔로 특히 이곳 레스토랑 팜코트The Palm Court에서는 정통애프터눈티를 맛볼 수 있어 사람들 발길이 끊이지 않는데, 최소 한 달 전부터 서두르지 않으면 예약 자체가 어렵다.
고급 호텔답게 화려한 샹들리에와 금빛으로 빛나는 장식품, 은은하게 연주되는 피아노선율까지 우아하고 고풍스러운 분위기가 물씬 풍기는 곳이다. 더불어 훌륭한 맛과 정중한 서비스는 호텔의 강점이다. 드레스코드가 엄격하므로 이왕 방문하는 거라면 귀족처럼 한껏 차려 입고 제대로 즐겨보자.

주소 150 Piccadilly, London W1J 9BR 영업시간 11:30~19:30 가격 £58.00(서비스차지 12.5% 별도) 드레스코드 특히 남성은 재킷과 타이를 반드시 착용해야 함. 문의 (44)020-7300-2345 찾아가기 TUBE 그린파크(Green Park)역 피카딜리 남쪽 더리츠(Piccadilly South Side, The Ritz) 출구로 나오면 바로 오른편에 위치한다. 도보 1분. 홈페이지 www.theritzlondon.com/tea.html

패션을 애프터눈티로 승화한 캐러멜룸 in 더버클리

나이츠브리지Knights bridge에 위치한 5성급 호텔 더버클리The Berkeley의 레스토랑 캐러멜룸The Caramel Room에서는 영국의 전통적인 홍차문화를 현대적인 감각으로 재구성한 애프터눈티를 만날 수 있다. 세계적인 패션컬렉션 프레타포르테pret-a-porter를 테마로 하여 전체적인 메뉴 구성도 버버리, 비비안웨스트우드와 같은 유명 패션브랜드의 디자인을 모티브로 만들었다. 그해 개최되는 컬렉션에서 영감을 받아 만들어지므로 매년 색다른 스타일로 맛볼 수 있다는 것이 매력포인트이다. 형형색색 컬러풀한 빵과 쿠키는 보는 것만으로도 충분히 즐겁다.

주소 Wilton Pl, Knightbridge, London SW1X 7RL 영업시간 13:00~17:30 가격 £60.00(서비스차지 12.5% 별도) 드레스코드 스마트캐주얼까지는 허용되나 반바지, 조끼, 스포츠웨어, 플립플랍슈즈, 찢어진 청바지, 캡모자차림은 입장불가. 문의 (44)020-7107-8866 찾아가기 TUBE 나이트브리지(Knightsbridge)역 브롬턴로드&해롯(Brompton Road&Harrods) 출구로 나와 오른쪽 나이트브리지 도로를 따라 걷다 오른쪽 윌튼플레이스(Wilton Pl)로 진입하면 왼편에 위치한다. 도보 5분. 홈페이지 www.the-berkeley.co.uk

이상한 나라의 매드해터즈애프터눈티 in 샌더슨호텔

산업디자인계의 거장 필립스탁Philippe Patrick Starck이 디자인한 샌더슨호텔Sanderson Hotel 정원에서 독특한 애프터눈티를 즐겨보자. 매드해터즈애프터눈티The Mad Hatter's Afternoon Tea는 소설 〈이상한 나라의 앨리스〉를 콘셉트로 좌석부터 식기, 음식까지 모든 부분에서 세심하게 디자인되었다. 땅굴 속으로 떨어진 앨리스가 모자장수 매드해터를 만나 다과회를 즐기던 소설 속 그 장면을 연출하여 마치 동화 속으로 초대받은 느낌이다. 실제 제공되는 스콘과 샌드위치, 디저트 모두 소설 속 내용을 모티브로 만들어졌으므로 어떤 것이 비슷한지 찾아보는 즐거움도 누릴 수 있다.

주소 50 Berners St, London W1T 3NG 영업시간 13:00~16:00(월~토요일), 13:00~17:00(일요일) 가격 12세 이상 £48.00(서비스차지 15% 별도), 4~11세 £35.00 드레스코드 스마트캐주얼은 허용되나 코스튬 분장 차림은 입장불가. 문의 (44)020-7300-5588 찾아가기 TUBE 굿지스트리트(Goodge St.)역 토트넘코트로드(Tottenham Court Rd.) 출구로 나와 왼쪽 방향으로 걸어서 오른쪽 첫 번째 길인 굿지스트리트 방향으로 직진한다. 버너즈스트리트(Berners St.)에서 왼쪽으로 걷다 보면 오른편에 위치한다. 도보 6분. 홈페이지 www.morganshotelgroup.com/originals/originals-sanderson-london

영국의 생활문화를 가까이서 느낄 수 있는 펍

술을 사랑하는 민족답게 영국은 일찍이 펍Pub 문화가 발달한 곳이다. 그래서 런던을 여행하는 사람이라면 반드시 체험해야 할 필수코스로 꼽기도 한다. 영국의 대중음식과 생활문화를 엿볼 수 있음은 물론 분위기에 취해 그들과 자연스럽게 어울릴 수도 있어 펍은 영국문화를 체험해보기에 가장 추천할 만한 장소이다.

◀ 맥주 1 파인트

맥주 주문하는 방법

맥주 한 잔 사이즈는 영국에서 사용하는 파인트Pint 단위로 1Pint는 570~600ml 정도이며, 하프파인트(½Pint)도 주문이 가능하다. 주문할 때는 카운터로 직접 가서 'A Pint of ○○○(술 이름), Please.' 또는 'A Half-Pint of ○○○.'이라고 말한 후 돈을 지불하면 된다. 음식을 주문할 때는 카운터에 앉은 자리를 일러두면 가져다준다.

펍에서도 즐길 수 있는 영국의 전통요리

영국은 어느 펍을 가더라도 이곳이 영국이라는 사실을 증명하듯 메뉴 목록에 전통요리들이 가득하다. 영국음식의 대명사 피시앤칩스는 물론이고, 선데이로스트, 펍마다 개성 있는 조합이 인상적인 파이앤매시Pie&Mash 등 굳이 정통음식점을 찾지 않더라도 쉽게 접할 수 있어 여행자들에게는 축복이 된다.
바삭한 튀김옷이 술맛을 돋우는 피시앤칩스는 현지인들이 가장 즐겨찾는 메뉴이며, 식사대용으로도 손색없는 햄버거 또한 자주 볼 수 있는 메뉴이다. 선데이로스트는 고기 종류를 골라먹는 재미가 있으며, 요크셔푸딩도 더불어 함께 나온다. 파이앤매시는 어떤 음식을 조합하느냐에 따라 펍의 특성이 드러나는데 쇠고기와 기네스맥주, 돼지고기와 치즈, 치킨과 대파처럼 종류 또한 매우 다양하다. 최근에는 마치 고급레스토랑 같은 인테리어로 인기를 얻고 있는 신개념의 펍, 가스트로펍Gastropub도 곳곳에 들어서는 추세이다.

파이앤매시 ▶

알고 마시면 더 맛있는 영국맥주

펍에서 판매하는 맥주는 크게 세 가지로 나눌 수 있다. 칼스버그Carlsberg, 하이네켄Heineken, 스텔라Stella 등 흔히 접할 수 있는 수입맥주 대부분은 라거Lager로 차갑게 마시는 탄산이 강한 황금 색깔의 맥주를 말한다. 영국의 전통맥주 에일Ale은 상온 상태로 마시며 진한 주황색을 띈다. 맥주의 주재료인 몰트Malt와 홉Hop의 맛이 강하며, 맥주거품이 거의 생기지 않는 것이 특징으로 런던프라이드London Pride와 테틀리Tetley's가 대표적이다. 영국식 흑맥주 스타우트Stout는 알코올이 일반맥주보다 강한 것이 특징이며, 기네스Guinness와 머피Murphy's가 유명하다.

맥주 이외에도 사과주스에 알코올을 넣어 만든 사이다Cider와 오이와 민트, 각종 과일을 넣어 만든 칵테일 핌즈Pimm's, 맥주와 레모네이드를 섞어서 만든 샨디Shandy를 비롯해 콜라, 커피, 주스 등 소프트드링크도 판매하고 있어 메뉴 선택의 폭이 넓은 편이다.

01.라거(Lager) 02.영국라거맥주 민타임(Meantime) 03.에일(Ale) 04.영국에일맥주 런던프라이드(London Pride) 05.스타우트(Stout) 06.영국스타우트맥주 영스더블초콜릿(Young's Double Chocolate)

영국스타셰프가 이끄는 파인다이닝

전 세계 요식업계 전문가들이 모여 선정하는 '월드베스트 레스토랑 50'은 레스토랑계의 아카데미시상식이라 할 수 있다. 매년 이 자리에 단골손님으로 등장하는 세 명의 영국스타셰프가 있다. 그들이 운영하는 고급레스토랑에서 훌륭한 맛과 서비스를 즐겨보자.

놀라운 맛의 연속, 레드버리

호주출신의 셰프 브렛그라함Brett Graham이 이끄는 레드버리THE LEDBURY는 런던에서 가장 예약하기 힘든 레스토랑으로 손꼽힌다. 노팅힐의 조용한 고급주택가에 위치한 프렌치레스토랑으로 미슐랭 2스타에 걸맞게 완성도 높은 메뉴와 최상의 와인을 제공한다. 거기에 합리적인 가격까지 더해지면서 2005년 오픈 이래 그 인기가 식을 줄 모른다.

계절별로 매번 새로운 메뉴를 선보이는 이곳의 인기메뉴는 4코스의 세트런치로 £80.00(서비스차지 포함)에 즐길 수 있다. 취향에 따라 메뉴를 선택할 수 있으며, 직접 요청할 수도 있다.

참고로 셰프 브렛그라함이 경영하는 펍 '하우드 암즈The Harwood Arms' 또한 런던에 있는 펍으로서는 유일한 미슐랭 1스타를 획득했다. 펍은 FC첼시의 홈구장인 스탬포드브리지 부근에 위치하고 있다.

주소 127 Ledbury Road Notting Hill, London W11 2AQ 영업시간 18:30~21:45(월~일요일) 문의 (44)020-7792-9090 찾아가기 TUBE 웨스트본파크(Westbourne Park)역에서 나와 오른쪽 방향으로 걷다 막다른 길에서 오른쪽으로 걷는다. 레드버리로드(Ledbury Rd.)에서 왼쪽으로 들엇면 오른편에 위치한다. 도보 10분. 홈페이지 www.theledbury.com

---
미슐랭가이드란?

프랑스 타이어회사 '미슐랭(Michelin)'에서 발행하는 레스토랑&호텔의 가이드북을 말하며, 가장 높은 평가를 받은 레스토랑에게는 별 세 개가 주어진다. '레드가이드(Red Guide)'로도 불린다.

미슐랭 3스타에 빛나는 레스토랑고든램지

국내에서도 큰 인기를 끌었던 미국 FOX TV의 요리 얼리티쇼 〈헬스키친Hell's Kitchen〉에서 거침없는 인신공격으로 도전자들과 시청자들의 간담을 서늘하게 만들었던 셰프, 고든램지가 첫 오픈한 프렌치레스토랑인 레스토랑고든램지Restaurant Gordon Ramsay는 영국에서 단 3곳뿐인 미슐랭 3스타 중 한 곳이다.

첼시의 한적한 주택가에 자리하고 있는 이곳은 여느 미슐랭 레스토랑처럼 예약하기가 쉽지는 않다. 하지만 상대적으로 런치타임은 예약하기 수월할 뿐 아니라 3코스 메뉴를 £70.00로 즐길 수 있다.

주소 68 Royal Hospital Road London SW3 4HP 영업시간 점심 12:00~14:15, 저녁 18:30~22:15(화~토요일)/매주 일 · 월요일 휴무 문의 (44)020-7352-4441 찾아가기 TUBE 슬론스퀘어(Sloane Square)역에서 왼쪽으로 걸어 핌리코로드(Pimlico Rd.)에서 오른쪽으로 진입하여 계속 직진하면 위치한다. 도보 15분. 홈페이지 www.gordonramsay.com/royalhospitalroad

과학적인 조리법으로 요리의 혁명을 일으킨 디너바이헤스턴블루멘탈

'영국이 낳은 최고의 스타셰프, 분자요리의 선구자, 키친의 연금술사' 이 모든 최고의 찬사가 헤스턴블루멘탈Heston Blumenthal에게 붙어 있는 수식어이다. 2014년 미슐랭가이드의 3스타를 획득한 4곳의 레스토랑 중 한 곳인 팻덕The Fat Duck은 헤스턴블루멘탈이 이끄는 영국요리 레스토랑으로 런던 교외의 브레이Bray에 위치하고 있다. 최소 3개월 전에는 예약해야 할 정도로 인기인데다 런던에서 기차를 타고 이동해야 하는 거리라 여행자들에게는 아쉬운 레스토랑이었다. 하지만 런던시내에서도 그의 참신하고 기상천외한 요리를 맛볼 수 있게 되었다.

만다린오리엔탈 하이드파크호텔에 자리한 디너바이헤스턴블루멘탈Dinner by Heston Blumenthal은 미슐랭 2스타에 빛나는 레스토랑으로 16세기 영국왕실의 주방을 그대로 재현한 오픈키친과 14~20세기 중반의 영국전통요리의 레시피를 재해석한 메뉴로 눈길을 끈다. 대표적인 요리로 푸아그라Foie Gras, 닭의 간을 오렌지모양 무스로 만든 미트후르츠Meat Fruit와 서양 단과자빵인 브리오슈Brioche에 구운 파인애플 디저트 팁시케이크Tipsy Cake가 있다.

주소 Mandarin Oriental Hyde Park, 66 Knightsbridge, London SW1X 7LA 영업시간 점심 12:00~14:30, 저녁 18:30~22:30 문의 (44)020-7201-3833 찾아가기 TUBE 나이트브리지(Knightsbridge)역 만다린오리엔탈호텔 출구로 나오면 바로 왼편에 위치. 도보 1분. 홈페이지 www.dinnerbyheston.com

SECTION 11
쇼핑하기에도 좋은 런던

비싼 물가를 이유로 런던에서 쇼핑하기를 주저한다면 노노~! 단지 알려지지 않았을 뿐,
비행기 값은 못하더라도 유류할증료 정도는 뽕을 뽑을 수 있는 도시이다.
런던에서 구입하면 좋을 제품과 쇼퍼홀릭에게 강력추천하는 마켓을 소개한다.

쇼퍼홀릭 자극하는 아이템이 가득

런던은 미국의 전문 뉴스 채널 'CNN'이 위치와 가격, 제품의 다양함 등을 종합적으로 평가하여 매긴 'World's Best Shopping Cities'에서 당당히 3위를 차지했다. 쇼핑천국으로 알려진 홍콩과 쿠알라룸푸르, 경쟁 도시 밀라노와 파리를 제친 결과이다. 놀랍게도 전 세계 수많은 여행자가 런던에서 쇼핑을 즐긴다는 사실을 우리만 몰랐던 것 같다.

최근 한국에서 수요가 눈에 띄게 늘어난 아이템을 살펴보면 아기자기하면서 여성스러운 취미생활이 인기를 끌고 있음을 짐작게 한다. 대표적으로 니치향수, 향초, 고급 식기, 홍차, 에코백 등을 들 수 있다. 일상생활에서 누릴 수 있는 소박한 행복을 찾아 새로운 아이템에 눈을 돌리는 소비자가 많아졌기 때문일 것이다. 요즘 한국인들 사이에서 핫하다는 캐스키드슨(에코백, 백팩 등 패션잡화)이나 조말론(니치향수와 향초), 웨지우드(식기와 홍차) 등은 모두 영국브랜드이다. 자국 브랜드라는 것이 곧 다른 나라보다 저렴함을 의미하듯 런던에선 한국보다 적게는 20%에서 많게는 반값 이상 할인된 가격에 만나볼 수 있다.

런던에서 즐기는 명품 쇼핑

명품브랜드 쇼핑하면 런던도 파리와 뉴욕에 뒤지지 않는다. 오히려 쇼핑을 편하게 즐길 수 있다고 자부할 수 있을 정도다. 우선 런던의 중심 웨스트엔드에는 대표적인 쇼핑가인 옥스포드스트리트와 리젠트스트리트, 본드스트리트가 한데 밀집해 있어 동선을 짜기에 매우 편리하다. 특히 뉴본드스트리트에서 올드본드스트리트까지 약 1km에 달하는 쇼핑가에는 버버리, 멀버리, 닥스 등 영국을 대표하는 브랜드와 샤넬, 루이뷔통, 에르메스와 같은 정통 명품브랜드는 물론 롤렉스, 브라이틀링 등의 고급 시계브랜드, 부셰론과 반클리프앤아펠 등의 고급 쥬얼리브랜드까지 고가의 명품 브랜드 부티크가 대거 포진해 있다. 이 쇼핑가 바로 동쪽에는 백화점과 맛집, 관광명소가 모여 있는 소호Soho가 위치하여 쇼핑을 끝내고 남은 시간을 즐기기에도 좋다.

시간이 촉박하거나 걷기 싫은 여행객이라면 한 곳에서 명품 쇼핑을 즐길 수 있는 해롯백화점을 추천한다. 나이트브리지에 있는 해롯Harrods은 세계적으로 유명한 고급백화점으로 수많은 셀러브리티가 명품 쇼핑을 하기 위해 반드시 방문하는 곳으로 알려진 곳이다. 한국에 미입고된 제품을 만나볼 수 있으며, 텍스리펀도 백화점 내에서 처리 가능한 것이 장점이다. 가격은 한국보다 10~20% 저렴하게 구입할 수 있으며, 파리의 라파예트 백화점과 비교해서도 크게 차이가 없다.

요리조리 구경하는 즐거움, 런던의 마켓

마켓에서 발견하는 런던의 진짜 모습

상쾌한 아침, 오늘의 브런치는 버러마켓의 명물 플라워 스테이션의 간판바게뜨 '런던 화이트'. 이에 '버로 올리브'의 '레드 페스토'를 얹어 맛을 더한다. 간단한 식사라 할지라도 테이블 세팅을 빼놓을 수 없다. 콜롬비아 플라워 마켓에서 첫 눈에 반한 장미는 눈에 잘 보이는 곳에 두고, 캠든 패시지 마켓에서 발견한 앤티크 그릇에 빵과 홍차를 담는다. 분위기도 낼 겸 포토벨로 마켓에서 구입한 빈티지 드레스로 나름의 드레스코드도 맞춰 본다.

런더너는 별 것없는 일상을 특별한 하루로 만드는 재주를 가진 듯하다. 평범한 일상을 나열한 것처럼 보여도 어딘가 특별함이 느껴지니 말이다. 이미 눈치 챘겠지만 현지 런더너 라이프스타일의 힌트는 '마켓'이다. 런던의 마켓을 보면 런더너가 지향하는 삶의 키워드가 한 눈에 보인다. 오가닉, 빈티지, 유니크, 앤티크 등 마켓의 테마가 곧 그들을 대변하는 것이다. 매일 런던 시내 곳곳의 크고 작은 마켓에서는 이러한 수요를 반영한 다양한 제품들을 만나볼 수 있다. 또한 좋은 품질의 제품을 저렴한 가격에 구입할 수 있다는 점도 매력적이다. 이처럼 현지인스러운 하루를 보내는 방법은 결코 거창하지 않다. 근처 가까운 마켓을 방문하여 취향에 맞는 제품을 찾으면 되는 거다. 런더너의 생활 속에서 체험하는 진짜 런던. 관광명소와는 또 다른 매력을 느낄 수 있을 것이다.

요일별, 테마별로 추천하는 런던의 마켓

하루가 100시간, 한 달이 100일이라면 얼마나 좋을까. 느긋한 마음으로 찬찬히 둘러보고 싶어도 현실은 잠자고 밥먹는 것조차 빠듯한 일정의 연속이다. 한 곳에 오랜 기간 머물며 여행하는 것이 가장 좋겠지만 큰 맘 먹고 떠난 먼 길에서 다른 나라를 포기하기가 쉽지 않다. 결국 하고 싶은 것, 보고 싶은 것을 추리고 추려내어 주어진 시간에 얼마나 효율적으로 움직이느냐가 유럽여행의 관건일 것이다.

런던의 마켓 중 한 군데만 꼽아서 가는 여행자를 만날 때면 안타까운 마음에 열변을 토한 적이 많다. 런던의 마켓은 테마에 따라 판매하는 제품이 달라 한 곳만 봐서는 마켓의 매력을 느낄 수 없기 때문이다. 시간이 많지 않더라도 자신의 관심사와 취향에 맞는 곳을 골라 몇 군데 방문하길 추천한다. 테마와 장소에 따라 마켓의 분위기도 달라지므로 전혀 다른 관광지처럼 즐길 수 있을 것이다.

요일별 추천 마켓

- **월요일**: 월요일에 가장 성대하게 열리는 코벤트가든마켓(앤티크, 코벤트가든(p.179 참조))
- **수요일**: 골동품 거리에서 열리는 앤티크 마켓, 캠든패시지마켓(앤티크, 엔젤(p.277 참조))
- **금요일**: 런던 최대의 푸드마켓, 버러마켓(푸드, 런던브리지(p.221 참조))
  작지만 맛은 으뜸 굿푸드마켓(푸드, 타워브리지(p.224 참조))
- **토요일**: 빈티지, 앤티크, 푸드가 전부 모인 포토벨로마켓(앤티크&빈티지, 노팅힐(p.250 참조))
  오가닉 푸드가 메인 테마, 브로드웨이마켓(푸드, 해크니(p.308 참조))
  런던의 핫한 음식이 모두 모인 몰트비스트리트마켓(푸드, 버몬지(p.226 참조))
- **일요일**: 일주일에 단 하루! 아름다운 꽃시장, 콜럼비아로드플라워마켓(꽃, 혹스턴(p.306 참조))
  이스트엔드 최대의 마켓, 브릭레인마켓(빈티지&푸드, 쇼디치(p.287 참조))
- **매 일**: 요일별로 테마가 달라지는 올드스피탈필즈마켓(아트, 쇼디치(p.288 참조))
  펑키 스타일의 의류와 전 세계 음식을 맛보고 싶다면 캠든마켓(옷&기념품, 캠든(p.267 참조))
  중고서적을 저렴하게 구입할 수 있는 사우스뱅크북마켓(책, 워털루(p.124 참조))

SECTION 12
런던의 크리스마스

12월은 평균 일출과 일몰시간이 오전 8시와 오후 4시로, 낮은 짧고 밤이 길어 여행하기에는 애매한 시기일 수 있다.
하지만 크리스마스시즌이야말로 런던을 방문하는 데 가장 적기일지도 모른다.
11월 중순부터 거리마다 현란한 오색빛깔로 물들기 시작하고
곳곳에 크리스마스장식과 트리가 설치되어 런던 전역이 크리스마스 분위기로 변신한다.
지극히 평범하던 풍경도 특별하게 만들어줄 마법에 걸린 런던, 그중에서도 꼭 방문해봐야 할 명소를 소개한다.

큐왕립식물원

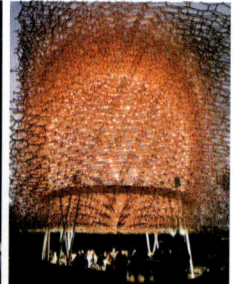

큐왕립식물원 Royal Botanic Gardens Kew 은 영국 황실정원을 개조하여 1759년 개원한 250년 전통의 왕립식물원으로, 큐 Kew 지역에 위치하고 있어 큐가든 Kew Gardens 이란 이름으로 불린다. 유네스코 세계문화유산으로 지정되어 역사와 문화적으로 가치가 높은 이 식물원은 매년 크리스마스 시즌마다 특별 이벤트를 개최한다. 오후 5시부터 알록달록 수만 개의 전구로 수놓은 나무들과 형형색색 LED조명으로 불빛축제를 이룬다. 어두컴컴한 밤 수많은 나무 사이로 불빛을 쫓아 걸어가다 보면 세상 어디서도 볼 수 없는 크리스마스트리와 드라마틱한 조명쇼를 선사하는 이곳의 상징 '팜하우스 Palm House'와 마주하게 된다.

주소 Richmond, Surrey TW9 3AE **귀띔한마디** 크리스마스 시즌에는 낮과 저녁 시간대의 입장권을 별도로 판매한다. 홈페이지에서 미리 예매하고 가는 것을 추천한다. 날짜마다 가격이 상이하므로 오프피크와 피크타임 시기를 확인하도록 하자. **운영시간** 10:00~17:30(크리스마스이벤트 17:00~22:00) **입장료** 성인 £19, 4~16세 £5, 60세 이상/학생 £9.50 3세 이하 무료 **문의** (44)20-8332-5655 **찾아가기** TUBE 또는 Overground 큐가든(Kew Gardens)역에서 나와 왼편 스테이션어프로치(Station Parade)를 걸어가다 오른쪽 리치필드 로드(Lichfield Road)로 들어서 직진하면 입구가 나온다. 도보 5분. **홈페이지** www.kew.org

하이드파크 윈터원더랜드

런던사람들에게 오아시스와도 같은 존재인 하이드파크(p.240)에서는 매년 겨울 크리스마스 마켓과 놀이공원을 개장한다. 11월 중순부터 1월 상순까지 크리스마스 시즌에 맞춰 기간한정으로 등장하는 이곳은 먹거리와 크리스마스 잡화 등을 판매하는 100여 개의 노점을 비롯해 서커스, 아이스링크, 놀이기구 등을 설치해 즐길거리가 풍성하다. 대관람차와 회전목마는 기본이

고 에버랜드나 롯데월드에 있을 법한 자이로드롭, 롤러코스터 등 격렬한 놀이기구를 다수 갖추고 있어 초대형 테마파크 뺨치는 짜릿함을 즐길 수 있다. 입장은 무료이나 각 어트랙션의 이용료는 현장에서 구입하거나 홈페이지에서 예약해야 한다.

주소 Hyde Park, London W2 2UH **운영시간** 10:00~22:00/12월 25일 휴무 **이용료** 시설마다 상이 **문의** (44)300-061-2000 **찾아가기** TUBE 하이드파크코너(Hyde Park Corner)역 1번 출구로 나와 하이드파크 입구를 지나쳐 직진하면 바로 위치한다. 도보 1분. **홈페이지** hydeparkwinterwonderland.com

소호의 거리들 – 옥스퍼드스트리트, 리젠트스트리트, 카나비스트리트

소호는 도심 한복판에 위치한 명실상부 런던에서 가장 번화한 지역으로 교통과 상권이 발달하여 연일 전 세계에서 몰려온 관광객으로 북새통을 이룬다. 파격적인 세일이 한창인 크리스마스 시즌의 거리는 온통 쇼핑열기로 후끈 달아올라 있다. 무언가 하나라도 구매하지 않으면 손해라고 생각될 정도로 엄청난 할인 폭을 자랑하는데, 특히 크리스마스 다음 날인 '복싱데이 Boxing day'부터는 영국 최대의 폭탄 세일기간이므로 기존 세일가격보다 더 저렴하게 상품을 구입할 수 있다. 그뿐만이 아니다. 밤이 되면 거리 전체는 화려한 조명장식으로 인해 낮보다 더 황홀한 모습으로 변신한다. 굳이 쇼핑을 하지 않아도 좋다. 거닐기만 해도 행복해지는 크리스마스의 밤을 제대로 만끽해보자.

   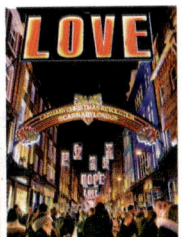

상세정보 각 페이지 참조. 옥스퍼드스트리트 p.152, 리젠트스트리트 p.153, 카나비스트리트 p.154

런던의 관광명소 – 타워브리지, 자연사박물관, 런던아이

크리스마스를 맞이하여 각 관광명소는 저마다 색다른 분위기를 연출한다. 타워브리지 부근 런던시청 앞 광장에는 자그마한 크리스마스 마켓이 들어서고 거대한 크리스마스트리가 세워져 분위기를 한층 고조시킨다. 자연사박물관 입구에는 야외 아이스링크가 설치되어 이색적인 공간에서 스케이트를 즐길 수 있다. 스케이트를 능숙하게 타지 못하는 어린이를 위해 보조기구를 대여하고 입구 오른편에는 미니아이스링크가 따로 마련되는 등 어린이를 배려한 점이 눈에 띈다. 런던아이 또한 조명과 불빛들이 주변을 환하게 밝히고 주빌리가든 Jubilee Gardens과 템즈강변은 낭만으로 가득 찬다.

상세정보 각 페이지 참조. 타워브리지 p.218, 자연사박물관 p.234, 런던아이 p.122

CHAPTER 02
런던여행
제대로 준비하기

영국과 런던에 관한 기초정보를 어느 정도 알았다면 이제부터는 실질적인 여행에 필요한 정보를 살펴보자. 여행 전 알아야 할 기본정보부터 공항출입국, 런던에 도착해서 이용할 교통수단까지 차근차근 여행 동선에 맞춰 설명을 참고하도록 하자. 준비만 철저히 한다면 현지에 도착해서 헤맬 걱정은 하지 않아도 된다.

SECTION 13
런던을 여행하는 데 꼭 필요한 정보

런던여행 전 기본적으로 알아야 할 필수정보만을 담았다. 짐 꾸리기부터 항공권예약, 환전 등 여행출발 전 필요한 정보부터 우체국, 전화사용, 세금환급 등 현지도착 후 필요한 정보까지 살펴보도록 하자.

런던여행 정보수집

런던여행을 준비할 때 유용한 웹사이트 및 어플리케이션을 소개한다. 대부분 한국어를 지원하지 않는 것이 아쉽지만 하나라도 더 알고 싶은 여행자에게는 이 또한 중요한 정보가 된다. 런던은 한국보다 인터넷이 느린 편이므로 필요한 어플리케이션은 여행 전 미리 다운로드해서 가는 것이 좋다.

추천 웹사이트

Visit Britain - www.visitbritain.com
영국정부가 운영하는 관광청홈페이지, 영국의 전반적인 정보를 담고 있다.(영어)

Visit London - www.visitlondon.com
런던관광안내소가 운영하는 홈페이지, 런던여행정보를 테마별로 상세히 소개한다.(영어)

브릿홀릭스토리 - www.britholic.com
주한 잉글랜드관광청 운영. 런던의 최신정보와 다양한 이벤트를 진행한다.(한국어)

유랑 cafe.naver.com/firenze
유럽여행을 대표하는 네이버카페로 게시판에서 여행 관련 생생한 팁이 많이 올라온다.(한국어)

추천 어플리케이션

Citymapper (왼쪽) / Journey Pro (오른쪽)
런던교통편을 알 수 있는 어플리케이션. 성능에는 크게 차이가 없으므로 마음에 드는 디자인을 골라 사용하면 된다. 두 개 어플리케이션 모두 인터넷이 연결되어야만 사용할 수 있다. (iOS, Android 지원)

London Official City Guide (왼쪽)
런던관광청이 만든 런던여행정보 어플리케이션.
관광명소, 카페, 레스토랑 등 각종 여행정보와 지도가 들어있다. (iOS)
London Pass (오른쪽)
런던패스전용 어플리케이션. 각 분야별 혜택정보를 알 수 있다. (iOS)

London Official Events Guide (왼쪽)
런던관광안내소 공식 어플리케이션.
런던의 모든 이벤트를 상세히 소개한다. (iOS, Android)
Museum of London : Streetmuseum (오른쪽)
런던 거리 곳곳의 역사를 보여주는 어플리케이션. (iOS, Android)

여행에 필요한 여권과 비자

해외여행 시 반드시 필요한 준비물은 여권과 비자이다. 기본적으로 여권만료일이 6개월 이상 남아 있다면 큰 문제없이 여행이 가능하다. 영국은 비자면제협정국으로 여행이 목적일 경우 따로 비자를 준비할 필요 없이 최장 6개월까지 체류할 수 있다. 귀국편 항공권을 준비하는 등 출국할 것임을 입증할 서류를 지참하는 것이 입국심사에 유리하다.

여권종류 : 단수여권과 복수여권 두 종류가 있다. 단수여권은 1회성이고 복수여권은 정해진 기간 내에 계속 사용할 수 있는 여권이다.

준비물 : 여권발급신청서 (접수처에 비치), 여권용 사진 1매 (흰색바탕에 양귀가 나온 정면사진), 신분증, 가족관계기록사항에 관한 증명서, 병역관계서류 (군미필자에 한함)

여권발급절차 : 전국의 발급기관 도시군청과 광역시 내 구청을 방문(서울시청 제외) → 접수처에 비치된 신청서작성 → 접수 → 수수료납부 → 여권수령 순으로 발급받을 수 있다. 각 여권별 수수료는 다음 표와 같다.

여권종류	유효기간	사증면수	금액	대상
복수여권	10년	48(24)면	53,000(50,000)원	만 18세 이상
	5년	48(24)면	45,000(42,000)원	만 8세~만 18세 미만
	5년	48(24)면	33,000(30,000)원	만 8세 미만
단수여권	1년		20,000원	1회 여행 시에만 가능
잔여유효기간부여			25,000원	여권분실, 훼손으로 인한 재발급
기재사항변경			5,000원	사증란을 추가나 동반 자녀 분리할 경우

런던의 공휴일 정보

런던의 공휴일은 한 해를 시작하는 1월 1일을 비롯해 4일 정도(주말 포함) 장기휴일인 이스터와 크리스마스, 은행과 일반기업의 사무실이 쉰다고 해서 붙여진 뱅크홀리데이 등 매년 8일 정도를 공휴일로 지정하고 있다. 이때는 슈퍼와 백화점 등 쇼핑가 또한 쉬거나 단축영업을 하는 경우가 많으며, 특히 연말에는 버스와 기차 등 대중교통수단까지 운행을 중단하거나 택시의 경우 특별추가요금이 붙기도 하므로 여행계획을 세울 때는 미리 체크해봐야 한다. 공휴일 중 Good Friday, Easter Monday, Early May Bank Holiday, Spring Bank Holiday, Summer Bank Holiday는 매년 날짜가 바뀌므로 이 또한 체크해두자.

영국정부 공휴일 알리미 www.gov.uk/bank-holidays

2019년 영국의 공휴일

날짜	공휴일	날짜	공휴일
1월 1일	New Years Day(새해)	5월 27일	Spring Bank Holiday(스프링뱅크홀리데이)
4월 19일	Good Friday(부활절 전 금요일)	8월 26일	Summer Bank Holiday(섬머뱅크홀리데이)
4월 22일	Easter Monday(부활절)	12월 25일	Christmas(크리스마스)
5월 6일	Early May Bank Holiday(노동절)	12월 26일	Boxing Day(박싱데이)

런던을 여행하기 위한 최적의 시기

런던의 날씨하면 떠오르는 것이 비와 안개이다. 계절에 상관없이 비가 오고 흐린 날씨가 계속되는 일도 잦다. 그 때문인지 맑은 날이 되면 꽁꽁 숨어 있던 현지인들이 거리로 뛰쳐나와 어디를 가도 북적거린다. 하루에 사계절을 모두 느낄 수 있을 정도로 변덕이 심하지만 오히려 그것이 런던의 매력이기도 하다.

봄(3월~5월) - 3월 마지막 주 일요일 2시부터 서머타임 Summer Time이 시작되지만 여름이 되려면 아직 멀었다. 봄을 만끽하고 싶지만 때에 따라 코트가 필요할 정도로 추운 날씨가 계속된다. 5월이 되어서야 비로소 완연한 봄을 느낄 수 있다.

여름(6월~8월) - 여름답게 맑고 쾌청한 날이 많다. 긴 팔을 입어도 될 만큼 그다지 덥지 않다. 해가 길어져 늦은 밤까지 관광할 수 있게 된다. 저녁시간대는 조금 쌀쌀한 편이다. 런던여행을 즐기기에 가장 베스트시즌이라고 할 수 있다.

가을(9월~11월) - 일조시간이 점점 짧아지고 일교차도 커지는 시기이다. 9월부터 낙엽이 지기 시작하여 11월이면 겨울로 접어든다.

겨울(12월~2월) - 엄청 춥다고는 할 수 없지만 3~10도 내외를 유지하는 겨울이 계속된다. 한국보다 춥지 않다고 대충 입고 나가면 큰 코 다칠 수 있다. 모자, 장갑, 목도리 등이 필수 아이템이다. 강수량은 높지만 건조한 날씨가 계속된다.

요소	1월	2월	3월	4월	5월	6월	7월	8월	9월	10월	11월	12월
평균최저기온(℃)	3.1	2.7	4.6	5.9	8.9	11.8	13.7	13.8	11.4	8.8	5.8	3.4
평균최고기온(℃)	8.1	8.6	11.6	14.6	18.1	21	23.4	23.1	20	15.5	11.3	8.4
강수량(mm)	41.6	36.3	40.3	40.1	44.9	47.4	34.6	54.3	51	61.1	57.5	48.4

▲ 런던의 강수량과 평균기온

런던여행에 유용한 영국식영어

영국식영어	의미	영국식영어	미국식영어
Take away (T.A)	테이크아웃	Sweet (사탕)	Candy
Eat in (E.I)	매장에서 식사	Biscuit (비스켓)	Cookie
Buy 1 Get 1 Free	하나를 사면 하나가 공짜	Crisps (감자칩)	Chip
2 for 1	2개를 1개 가격으로	Chips (감자튀김)	Fries
2 for £4.00	2개에 4파운드	Jelly (젤리)	Jello

※ 생수 Still, Mineral 탄산수 Sparkling

PART 01
HELLO LONDON

런던행 항공권 예약

여행을 준비하면서부터 실제 여행은 시작되는 것이다. 여권발급 후 항공권 예약까지 순조롭게 진행했다면 여행의 설렘은 배가 된다. 최근 한 가격비교사이트에서 영국행 항공권을 가장 저렴하게 구할 수 있는 시점을 조사하였는데, 출국 17주 전이라는 결과가 나왔다. 이 때 구입하는 것이 평균 가격보다 19%나 할인을 받을 수 있다고 한다. 상황변수는 늘 존재하지만 이 같은 조사가 말해주는 바는 크다고 할 수 있다.

인천국제공항(ICN) ──── 12시간 00분 ──── 런던히드로국제공항(LHR)
8,869Km (5,511마일)

※ 런던은 한국보다 9시간 느리기 때문에 출발할 때는 9시간을 벌지만, 도착할 때는 9시간을 잃게 된다.
(영국 서머타임기간에는 8시간 차이가 난다.)

항공권구입은 대표적인 온라인여행사인 인터파크와 투어익스프레스 등을 활용해보자. 원하는 날짜를 검색하면 가격순으로 항공권을 확인할 수 있어 편리하다. 이외도 스카이스캐너나 카약 등의 해외가격비교사이트도 검색해보는 것이 좋다. 이 두 사이트는 한국어를 지원할 뿐 아니라 전 세계 400여 개 항공사의 항공권가격(유류할증료 포함)을 비교하여 요금이 저렴한 순서대로 확인할 수 있어 보다 광범위하게 비교해볼 수 있다. 항공권가격은 여러 가지 변수가 수시로 반영되므로 조금만 부지런하면 보다 저렴한 항공권을 찾을 수 있다. 물론 수시로 검색해보는 것은 번거로운 일이지만 놀라운 가격대의 항공권을 발견한다면 그 수고에 대한 보상은 더 크게 느껴질 것이다.

온라인 여행사 홈페이지
인터파크투어 tour.interpark.com
투어익스프레스 www.tourexpress.com

가격비교 웹사이트
스카이스캐너 www.skyscanner.co.kr
카약 www.kayak.co.kr
네이버항공권 store.naver.com/flights

런던취항 항공사홈페이지
영국항공 kr.britishairways.com
대한항공 kr.koreanair.com
아시아나항공 flyasiana.com

TIP 항공권 구매 시 확인해야 할 사항 몇 가지

세금 및 유류할증료 : 세금과 유류할증료가 포함된 최종 가격인지 반드시 확인하여 구입하자.
직항 혹은 경유(경유 횟수) : 목적지까지 바로 가는 직항이 경유노선보다 비싸다. 경유노선은 항공사에 따라 아시아, 유럽 등지에서 1회 또는 2회 경유한다.
경유 시 환승대기시간 : 경유지와 더불어 중요한 것이 환승대기시간이다. 다른 비행기로 환승한다면 국가마다 절차가 다르므로 2시간 이상의 항공편을 추천한다.
수하물 : 인천-런던 간은 장기비행이므로 보통 20~30kg의 수하물을 무료로 부칠 수 있다. 저가항공의 경우에는 대부분 무게 제한이 있거나 수하물비용이 따로 부가된다.
환불규정 : 항공권마다 환불규정이 제각각이므로 반드시 확인해야 한다.
예약 시 확인해야 할 점 : 항공권 티켓의 영문이름과 여권상 영문이름의 철자가 일치해야 한다.

런던여행의 필수 아이템

우선 한국의 계절을 생각하고 준비한다면 큰 코 다칠 준비물이 바로 의류이다. 런던은 다른 계절도 마찬가지지만 특히 봄이 봄 같지 않게 춥다. 하루에 사계절을 모두 체험할 수 있을 만큼 변덕스런 날씨라는 점도 명심해야 한다.

겨울을 제외한 시기의 여행이라면 반드시 챙겨야 할 필수 아이템으로 카디건이나 얇은 점퍼(바람막이)가 있다. 아침에는 화창하다가도 오후가 되면서 갑자기 비가 내리거나 바람이 심하게 부는 경우가 많은데, 이때 카디건이나 점퍼가 아주 유용하다. 부피가 조금 나가더라도 한 벌 정도는 반드시 챙겨가자.

두 번째 아이템으로 우산이 있다. 잠깐 흩뿌리는 비라면 점퍼에 달린 모자가 유용하지만 그보다 많이 내린다면 이동자체가 많이 힘들어지기 때문이다. 휴대하기 편리한 사이즈에 무게까지 가벼운 우산으로 준비한다면 더할 나위 없이 최고의 아이템이 될 것이다.

세 번째는 필수라기보다는 있으면 좋을 아이템으로 돗자리대용 피크닉블랭킷이 있다. 런던만큼 아름다운 공원*이 많은 곳도 드물다. 푸른 잔디밭에 누워 모처럼 파란 하늘을 감상하거나 야외공연 등을 즐길 때 유용하게 쓰인다.

여행준비물 체크리스트

출발 전 여행에서 반드시 필요한 준비물을 체크해보자. 물론 없어도 잠깐 불편할 수 있는 아이템도 있지만 없으면 여행자체가 불가능한 아이템도 있으므로 가방을 챙기면서 확인해보도록 하자.

- ☐ 여권과 여권 사본
  (여권분실에 대비해 따로 보관할 것)
- ☐ 항공권 e티켓
- ☐ 여행자보험
- ☐ 의류(바람막이점퍼나 카디건 포함)
- ☐ 속옷, 양말
- ☐ 보조가방
- ☐ 신발
- ☐ 슬리퍼(숙소에서 사용)
- ☐ 수건 및 세면도구
- ☐ 화장품 및 생리용품
- ☐ 지퍼백
- ☐ 비상약
- ☐ 피크닉 블랭킷
- ☐ 우산
- ☐ 멀티플러그
  (전압 240V, 플러그형태 BF타입)
- ☐ 자물쇠 (도난 방지용)
- ☐ 필기도구 및 노트
- ☐ 각종 충전기 (카메라, 스마트폰 등)
- ☐ 런던여행백서 및 여행관련자료
- ☐ 물병

---

* **런던의 아름다운 공원, 로열파크**

영국 왕실이 관리하는 공원 '로열파크'는 오래 전 영국왕실 사람만이 들어갈 수 있었던 개인소유지였으나 토지에 나무와 꽃을 심어 커다란 정원을 일구었던 것이 오늘날의 공원으로 자리 잡았다. 런던에는 하이드파크, 리젠트파크 등 총 8개의 로열 파크가 존재하는데 마치 지친 여행자를 배려한 것처럼 관광명소 주변에 자리하고 있다. 저마다의 개성이 있어 조금만 알아보고 간다면 색다른 재미를 느낄 수 있으며, 휴식을 즐기다가 배가 고파지면 멀리 갈 필요없이 공원 주변에는 마켓과 슈퍼마켓, 테이크어웨이 숍이 즐비하다. 푸르른 잔디를 테이블 삼아 즐기는 소박한 점심은 새로운 활력소를 안겨다 주기에 부족함이 없다.

영국화폐로 환전과 카드사용

영국의 화폐단위는 파운드(£, Pound)와 펜스(p, Pence)이다. 화폐종류는 5, 10, 20, 50파운드 4가지 지폐와 1, 2, 5, 10, 20, 50펜스와 1, 2파운드 총 8가지 동전으로 구성되어 있다. 1파운드는 100펜스이며, 2019년 3월 현재 환율은 1파운드당 약 1,470원이다.

파운드로 환전하기

한국에서는 국민, 우리, 신한, 하나 등 시중은행에서 파운드로 환전할 수 있다. 환율표에서 '현찰 살 때'의 가격을 참고하여 금액을 정한 후 가까운 은행을 방문하면 된다. 수수료가 부가되지만 환율우대쿠폰을 지참하면 수수료를 할인받을 수 있으므로 번거롭더라도 인터넷에서 검색하여 다운로드하여 지참하도록 하자.

유럽으로 장기여행을 떠나는 경우라면 파운드와 유로를 한국에서 각각 환전해 가는 것이 좋다. 런던에서 유로를 파운드로 환전하게 되면 이미 한국에서 환전한 유로를 파운드로 바꾸게 되므로 이중환전이 된다. 따라서 수수료가 2번 발생되므로 손해가 크고, 런던 현지에서 유로를 파운드로 바꿀 때 생기는 환전차익은 그다지 크지 않다.

국내에서 미처 환전을 못한 경우에는 런던시내에서 해야 한다. 하지만 런던에서 한국 원화를 파운드로 환전할 수 있는 곳은 찾아보기 힘들다. 물론 유로화나 달러를 가지고 있는 경우에는 런던 시중은행에서 환전이 가능하며, 공항과 호텔, 관광명소 부근 환전소Foreign Exchange를 이용하면 된다.

▲옥스퍼드서커스역에 위치한 환전소

신용카드, 국제현금카드, 여행자수표 이용하기

최근에는 해외여행 중에도 카드를 사용하는 경우가 많아졌다. 런던에서도 편리하게 사용할 수 있으므로 조금만 주의한다면 현금을 많이 가지고 다녀야 하는 위험에서 자유로울 수 있다. 하지만 카드사용이 제한된 곳도 많으므로 어느 정도는 현지화폐가 필요하다. 그러면 여행경비에서 현금과 카드 비율을 어떻게 배분하는 것이 좋을까?

필자의 경험으로는 총경비에서 현금과 국제현금카드, 그리고 신용카드를 각각 1/3씩 나눠 준비한 것이 무난했지만 이는 여행자의 여행습관에 따라 달라질 수밖에 없다. 런던의 경우 숙박과 공연은 물론 교통수단까지 많은 부분을 미리 예약하고 출발하므로 생각보다 많은 현금이 필요 없다. 또한 신용카드로 대부분의 매장에서 결제가 가능하다. 다만 점유율이 낮은 아메리칸익스프레스나 JCB 같은 카드는 가맹점이 적은 편이며, 마켓이나 소규모 상점에서는 카드사용이 불가능한 경우도 많으므로 잘 생각해야 한다.

▲영국의 대표적인 은행 '버클레이즈'

런던의 통신수단 이용하기

한국에서 수천 킬로미터 떨어진 런던에 있어도 스마트폰 메신저로 실시간 연락이 가능한 편리한 세상이지만 가끔은 공중전화, 엽서 등 아날로그적인 감성으로 가족과 친구들에게 안부를 전해보는 것도 여행의 한 추억이 된다.

영국우체국 이용하기

한국으로 엽서나 편지 등을 보낼 때는 우체국POST OFFICE을 이용하면 된다. 우표는 창구나 우체국 앞에 마련된 자판기를 통해 구입할 수 있다. 엽서 1장당 £1.33의 우표가 필요하고, 보통 일주일에서 10일 정도가 소요된다. 항공우편이므로 받는 이 주소 칸에 반드시 'Air Mail'과 국적 'South Korea'를 정확하게 기입해야 한다.

공중전화 이용하기

런던의 상징이기도 한 빨간색 전화박스는 관광명소나 번화가에서는 어렵지 않게 발견할 수 있다. 런던시내 기본통화료는 60펜스이며, 020으로 시작하는 유선전화라면 30분간 통화가능하다. 런던시내에서 거는 경우 국가번호 44를 제외한 020부터 누르면 된다. 한국으로 거는 경우에는 국제전화식별번호인 00과 한국의 국가번호 82를 먼저 누른 다음 맨 앞의 0을 제외한 전화번호를 누르면 연결된다.

빨간색 공중전화박스 옆에 간혹 녹색 전화박스가 있는 경우도 있다. 녹색 전화박스는 솔라박스Solarbox라고 부르는데, 태양광을 이용하여 휴대용가전기기의 배터리를 충전할 수 있는 무료충전소 역할을 한다. 충전은 무료지만 충전되는 동안 광고를 봐야 한다.

휴대전화 이용하기

런던을 1주일 이상 체류할 예정이라면 선불제 유심카드를 구입하여 스마트폰을 활용하는 것도 좋은 방법이다. 영국에는 선불Pre-paid을 페이에즈유고Pay as you go라 하고, 요금충전을 탑업Top-up이라고 한다. 통신사 대리점이나 슈퍼마켓에서 이런 문구를 심심찮게 발견할 수 있을 것이다. 선불제 유심카드를 이용할 수 있는 통신사는 보다폰Vodafone, 오투O2, 티모바일T-mobile, 오렌지Orange, 3Three 등이 있다. 2GB, 5GB, 12GB, 36GB, 무제한 등 사용할 수 있는 데이터 용량에 따라 가격이 정해진다.(찾기 쉬운 3Three대리점은 옥스퍼드스트리트에 있다.) 스마트폰 기기마다 사용하는 심카드의 종류가 다르므로 반드시 확인한 후 구매해야 한다.

Standard SIM Card

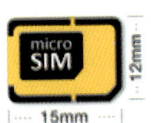
Micro SIM Card

NANO SIM Card

◀ 심카드 종류

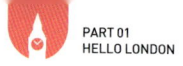

PART 01
HELLO LONDON

사건, 사고 대처 요령

유럽에서도 치안이 좋은 도시로 손꼽히는 런던이지만 어딜 가나 사건사고는 있기 마련이다. 도난이 빈번한 여타 유럽도시에 비해 적은 편이지만 피해가 없는 것은 아니다. 카페나 레스토랑, 주요 관광지에서 도난사고로 인해 폴리스리포트를 작성했다는 글이 인터넷 게시판 이곳저곳에서 많이 보이기 때문이다.

사건사고는 주로 관광명소에서 일어난다. 실례로 슈렉, 스파이더맨, 찰리채플린 등 유명 캐릭터 복장을 한 사람이 함께 사진을 찍자며 슬그머니 다가오는데, 이들과 사진을 찍고 나면 이내 본색을 드러낸다. 사진을 찍었으면 돈을 내라고 억지를 부리는 사기꾼들에게 눈 뜨고 코 베이기 싫다면 다가오는 순간 무시하고 자리를 벗어나는 것이 상책이다.

영국 긴급연락처

긴급전화 999
주영한국대사관 (44)020-7227-5500(대표)
　　　　　　　　(44)020-7227-5505~7(영사)
대한민국영사콜센터 00-800-2100-0404

주영한국대사관 주소 60 Buckingham Gate, London SW1E 6AJ **운영시간** 09:00~12:00, 14:00~16:00(월~금요일)/매주 토, 일요일 휴무 **찾아가기** 세인트제임스파크(St James's Park)역에서 팔머스트리트(Palmer St.) 출구 왼쪽으로 나와 캐스턴스트리트(Caxton St.)를 만나면 오른쪽으로 진입하여 왼편 첫 번째 골목에서 직진하면 맞은편에 태극기가 걸린 건물이 보인다. 도보 5분.

신용카드를 분실한 경우

카드분실을 알아챈 순간 바로 카드회사부터 연락하여 분실신고를 해야 추가적인 카드피해를 예방할 수 있다.

KB국민카드 82-2-6300-7300
NH농협카드 82-2-3704-1004
롯데카드 82-2-2280-2400
비씨카드 82-2-330-5701
삼성카드 82-2-2000-8100
신한카드 82-1544-7000
씨티카드 82-2-2004-1004
우리카드 82-2-2169-5001
하나카드 82-1800-1111
현대카드 82-2-3015-9000

여권을 분실한 경우

인근 경찰서를 방문하여 분실신고서 작성 → 신고서, 여권용 사진 2매, 여권사본을 들고 한국대사관 방문 → 수수료를 내고 여권발급
(단수여권 USD15, 복수여권 USD53이지만 대사관 지정환율로 계산된다.)

여행 중 갑작스런 부상과 아픈 경우

부상이나 병의 증세가 심해졌다면 긴급전화 999로 통화하여 구급차를 부르는 것이 좋다. 전화가 연결되면 위치와 증상을 차분히 설명하고 앰뷸런스를 부탁하면 된다. 병원비가 매우 비싼 편이므로 이런 경우를 대비하여 여행 전 반드시 여행자보험을 가입하는 것이 좋다.

여행자보험

해외여행 시 뜻하지 않은 사건, 사고를 당하게 된다면 여행자보험의 실효성이 여실히 드러난다. 사고나 질병으로 인해 병원신세를 졌거나 도난으로 손해를 입었을 경우 가입내용에 따라 어느 정도 보상을 받을 수 있다. 보험사마다 종류와 보장한도가 다르므로 꼼꼼히 확인해보고 결정하자. 실제로 사건, 사고를 겪었다면 그 사실을 입증할 수 있는 서류를 준비해두어야 한다. 병원에 다녀왔다면 의사의 소견서와 영수증, 사고증명서 등이 필요하고, 도난을 당했다면 경찰서를 방문하여 도난신고서를 발급받아둬야 한다.

런던쇼핑에 꼭 필요한 사이즈표

여성복									
	XS	S	M	L	XL	XXL			
한국	44/85	55/90	66/95	77/100	88/105				
영국	8	10	12~14	16~18	20~26				
남성복									
한국			95	100	105	110			
영국			36	38	40	42			
여성신발									
한국	220	225	230	235	240	245	250	255	260
영국	2	2 1/2	3	3 1/2	4	4 1/2	5	5 1/2	6
남성신발									
한국	245	250	255	260	265	270	275	280	285
영국	6	6 1/2	7	7 1/2	8	8 1/2	9	9 1/2	10

여행자를 위한 세금환급방법

영국을 비롯한 대다수의 유럽국가에서는 제품에 20%의 부가가치세를 붙이지만 외국인에 한해서는 세금일부를 절차에 따라 환급해준다. 때문에 고가의 제품을 구매했다면 다소 번거롭더라도 세금환급을 신청해야 한다. 물론 식품류나 어린이가 사용하는 물건 등 기본적으로 세금이 붙지 않는 제품은 세금환급이 없다. 환급되는 금액은 대체로 10% 이내이고, 현금보다 카드를 통한 계좌이체 환급이 더 많은 액수를 받을 수 있다.

세금환급절차

세금환급은 한 곳에서 하루 £30.00 이상(가맹점마다 기준이 다름)을 구매한 경우에 가능하다. 먼저 매장 직원에게 'Tax refund, please'라도 말하고 세금환급을 요청한다. 여권을 제시하고 환급서류(Tax Refund Form)를 작성한 후 출국할 때 공항 내에 위치한 'VAT Refunds' 카운터에서 여권과 항공권, 구입한 제품(사용하지 않은 것을 원칙으로 함), 환급서류, 영수증을 제시하고 직원에게 확인 스탬프를 받으면 된다. 환급은 현금 또는 카드로 돌려받을 수 있으며, 현금은 서류를 카운터에 제출한 다음 전용 창구를 통해 환급받는다.

영국입국 시 면세관련 규정

면세범위 : 담배 200개피(10갑), 향수 오드퍼퓸 60ml, 오드뚜왈렛 250ml, 주류 알코올 22% 초과는 1리터, 22% 이하는 2리터.

반입금지물품 : 17세 이하가 소지한 담배와 주류, 육류와 달걀, 유제품, 꿀 등의 동물성식품, 위조품, 음란물, 마약, 무기 등. 1만 유로 이상의 현금을 소지했을 경우에는 반드시 세관에 신고해야 한다.

런던을 스마트하게 여행하는 방법, 런던패스

유럽여행 중 런던에 잠시 머물지만 굵직한 관광명소를 놓치기 싫은 여행자나 작정하고 런던여행을 장기로 즐기고자 하는 여행자 모두 런던패스 The London Pass를 기억해야 한다. 런던패스는 60개가 넘는 관광명소를 저렴하게 이용할 수 있는 자유이용권으로 런던여행을 계획하는 데 있어 유용하게 사용된다.

런던패스의 혜택

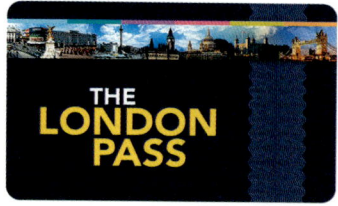

런던탑과 웨스트민스터사원, 런던주 등 런던을 방문하면 반드시 들려야 할 유명관광명소를 비롯해 템즈강 크루즈, 런던 자전거투어, 기념품숍 할인 등 다양한 부분에서 경비를 절약할 수 있다. 특히 1~3일 정도 짧은 기간에 여러 곳을 돌아보고 싶은 여행자에게는 경비뿐만 아니라 줄을 서지 않고 바로 입장이 가능한 패스트 트랙(Fast Track) 기능과 런던패스를 보다 효율적으로 사용할 수 있는 가이드북 증정 등 여러 혜택이 주어진다. 패스는 1, 2, 3, 6일권 4종류가 있고, 1~6존까지 모든 대중교통수단을 무제한으로 이용할 수 있는 트래블카드가 포함된 런던패스도 판매한다.

런던패스 종류와 가격

패스종류	가격	+ 트래블카드
1 Day Adult Pass	£75.00	£90.00
1 Day Child Pass	£55.00	£64.30
2 Day Adult Pass	£99.00	£119.00
2 Day Child Pass	£75.00	£93.60
3 Day Adult Pass	£125.00	£145.00
3 Day Child Pass	£89.00	£112.90
6 Day Adult Pass	£169.00	£204.00
6 Day Child Pass	£125.00	£141.10
10 Day Adult Pass	£199.00	£214.00
10 Day Child Pass	£149.00	£180.00

런던패스 사용 예

런던탑(£28.00)
모뉴먼트(£5.00)
템즈강크루즈(£18.00)
웨스트민스터사원(£20.00)
+ 런던주(£32.50)
입장료 총액 £103.75
- 런던패스 1일권 £75.00

£28.75 절약!

골든투어즈 비지터센터

런던패스는 레스터스퀘어에 위치한 골든투어즈의 비지터센터 Golden Tours Visitor Centre와 홈페이지(www.londonpass.com)에서 구입할 수 있다. 구입 후 1년 이내에 사용 가능하며, 가끔 5~10% 정도 할인해주는 이벤트도 있으니 런던여행을 계획한다면 수시로 확인해보는 것이 좋다. 미리 구입할 경우 배송 받을 것인지 직접 런던에서 수령할 것인지를 선택하면 된다. 하루 90파운드 한도 내에서 자유롭게 사용 가능하며, 입장 시 반드시 카드를 제시해야 한다.

주소 11a Charing Cross Road, London WC2H 0EP 운영시간 09:30~19:00(월~토요일), 10:00~17:00(일요일) 문의 (44)020-7341-6255 찾아가기 TUBE 레스터스퀘어(Leicester Square)역 2번 챠링크로스로드 서쪽(Charing Cross Road(West)) 출구로 나와 오른쪽으로 챠링크로스로드(Charing Cross Rd.)를 따라 약 2분 정도 걸어가면 오른편에 위치. 도보 2분. 홈페이지 www.goldentours.com

도움을 요청할 때 꼭 필요한 기본영어

[레스토랑에서]

내일 저녁시간으로 예약할 수 있을까요?
Could I make a reservation for tomorrow night?
내일 저녁 7시 두 명으로 부탁해요.
It's 7pm tomorrow for two people, please.
메뉴를 볼 수 있을까요?
May I have a menu, please?
어린이 메뉴를 제공하나요?
Do you offer a kids menu?
추천 메뉴는 무엇인가요?
What do you recommend?
(종업원)주문하시겠습니까?
May I take your order?
계산서 주세요.
Check, Please.
카드 결제 가능한가요?
Do you accept credit cards?

[쇼핑할 때]

(종업원) 도와 드릴까요?
May I help you?
그냥 구경하고 있어요.
I'm just browsing, thanks.
입어 봐도 되나요?
Can I try this on?
좀 더 큰(작은) 사이즈는 있나요?
Do you have this in a larger(a smaller) size?
이 아이템의 다른 색은 있나요?
Do you have different colours for this item?
이걸로 구매할게요.
I'll take it.
얼마인가요?
How much is it?
영수증 주세요.
Could I have a receipt, please?

[관광할 때]

OO역은 어디인가요?
Excuse me, where's the OO station?
OO로 가는 방법을 알려줄래요?
Could you give me directions to OO?
주변에 은행이 있나요?
Is there a bank near here?
돈을 환전하고 싶어요.
I'd like to change some money.
입장료는 얼마인가요?
How much is it to get in?
티켓 두 장 주세요.
I'd like two tickets, please.
사진촬영은 가능한가요?
Can I take photos?
(종업원) 오디오 가이드를 이용하시겠습니까?
Would you like an audio-guide?
화장실은 어딘가요?
Where is the bathroom?

[호텔에서]

체크인하고 싶어요.
Can I check in?
(종업원) 예약하셨나요?
Do you have a reservation?
(종업원) 여권을 보여주시겠어요?
Could I see your passport?
(종업원) 이 용지에 기입 부탁드립니다.
Could you fill in this form, please?
오늘 저녁 묵을 방이 있나요?
Do you have any rooms available for tonight?
택시 좀 불러주시겠어요?
Would you please call a taxi for me?
몇 시에 체크아웃인가요?
What time do I need to check out?
체크아웃하고 싶어요.
I'd like to check out.

PART 01
HELLO LONDON

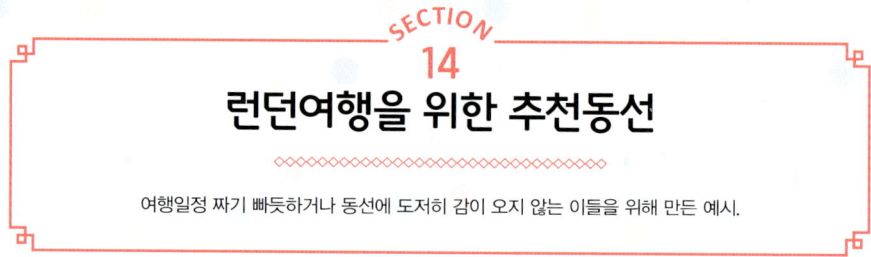

SECTION
14
런던여행을 위한 추천동선

여행일정 짜기 빠듯하거나 동선에 도저히 감이 오지 않는 이들을 위해 만든 예시.

§ 런던여행 핵심코스 런던시내 + 근교 4박 5일 일정 §

4박 5일이라는 짧은 기간이지만 야무지게 돌아볼 수 있도록 관광명소 중에서도 가장 핵심이 될 만한 정통명소만 골랐다. 동선을 되도록 짧게 짜는 한편, 불필요한 이동을 최대한 줄였다. 도착한 첫날은 기나긴 비행으로 심신이 지친 상태이므로 숙소 인근 펍에서 간단한 식사와 맥주 한잔을 즐기도록 하자. 2일째는 런던에서 반드시 방문해야 할 명소들로 이루어져 있다. 3일째는 킹스크로스역에서의 기념촬영을 시작으로 뱅크, 서더크지역의 중요 명소를 둘러보고, 4일째 오전에는 켄싱턴지역을 돌아보고 나머지 반나절은 소호에서 쇼핑을 즐기도록 한다. 마지막날은 공항으로 가기 전 짜투리 시간을 활용하여 런던에서 기차로 한 시간 거리에 위치한 윈저를 방문하여 윈저성을 둘러보는 시간을 가져본다.

Day 1

히드로 국제공항 → 숙소 체크인 → 펍에서 식사 겸 맥주 한잔 (1시간 코스) → 숙소에서 휴식

or 30~90분 / or / or

Day 2

기상 및 조식 → 빅벤&런던아이 (1시간 코스) → 세인트제임스파크 (30분 코스) → 버킹엄궁전 (1시간 30분 코스) → 포토벨로마켓 (2시간 코스)

or / 5분 / 15분 / 10분

옥스퍼드스트리트 쇼핑 (1시간 코스) → 내셔널갤러리 (1시간 30분 코스) → 트라팔가광장 (30분 코스) → 차이나타운 (30분 코스) → 뮤지컬 감상 (2시간 코스)

5분 / 5분 / 1분 / 5분 / 5분

PART 01
HELLO LONDON

런던여행 정복코스
7박 8일 일정

말 그대로 런던을 정복하는 코스이다. 런던을 조금 더 깊이 느낄 수 있도록 밀도 있는 동선을 제시한다. 다음날 일정을 위해 1일째는 충분한 휴식을 취하도록 한다. 2~4일째는 중심지 위주의 주요명소를 둘러보고, 5일째부터는 활동범위를 넓혀 런던의 동쪽을 돌아보는 시간을 가져본다. 5일째 동선은 마켓이 열리는 일요일에 방문하는 것을 추천한다.

Day 01 | 헬로우 런던!

히드로 국제공항		숙소 체크인		펍에서 식사 겸 맥주 한잔 1시간 코스		숙소에서 휴식
	or 🚇 30~90분		or 🚇		or 🚇	

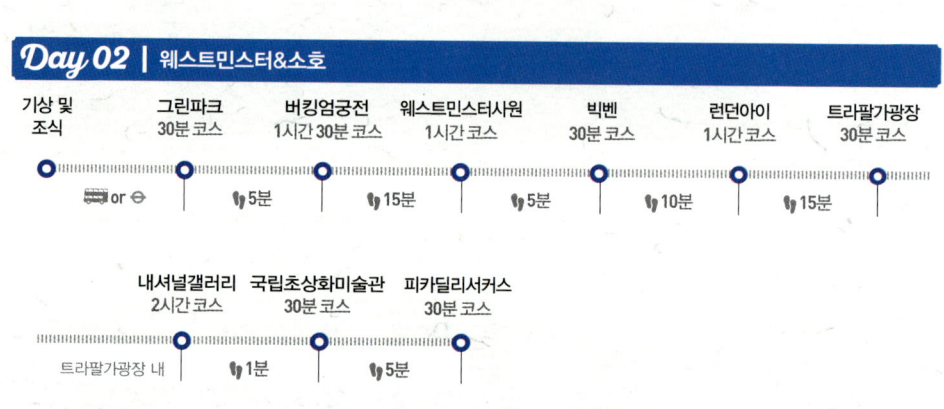

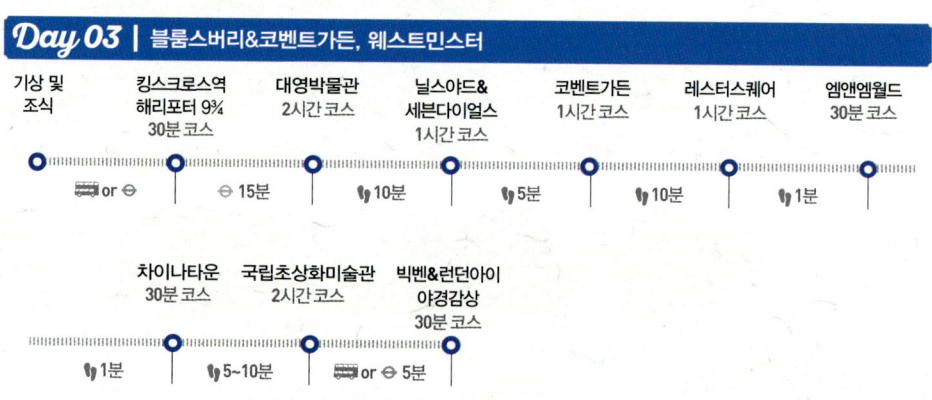

Day 05 | 서더크, 쇼디치

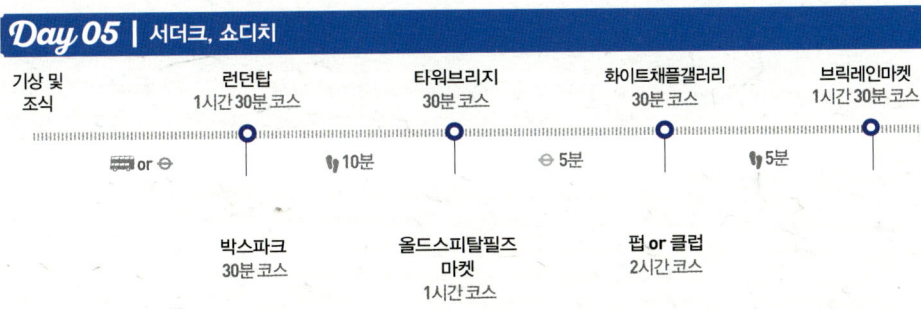

Day 06 | 말리본, 소호

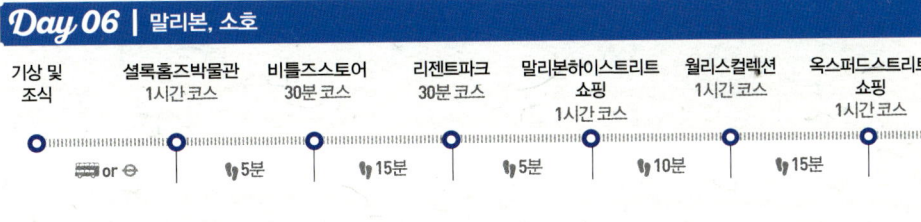

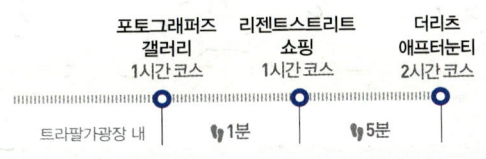

Day 07 | 바스

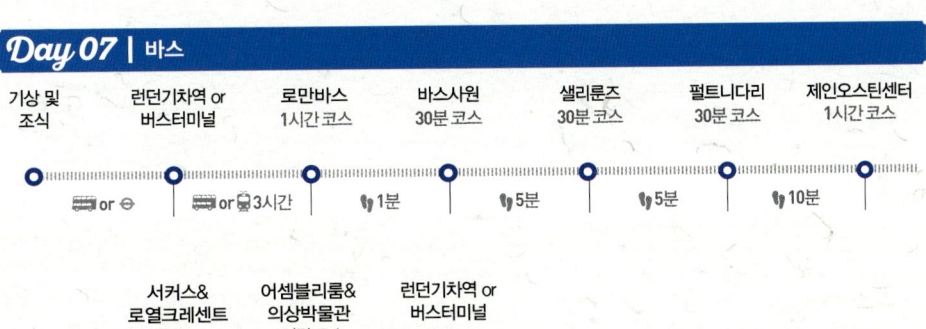

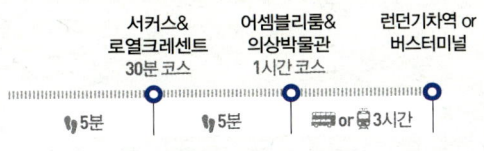

Day 08 | 뱅크, 굿바이런던!

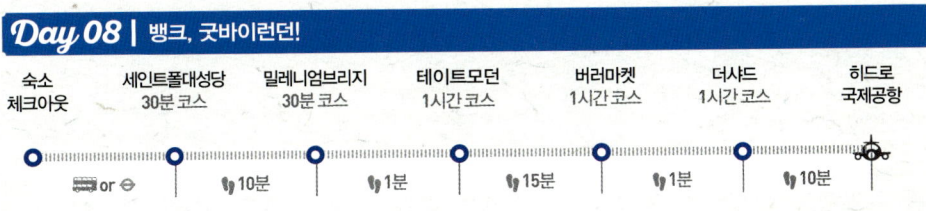

아이와 함께하는 5박 6일 가족여행 일정

아이와 함께 런던을 방문하는 가족들을 위하여 주로 아이가 즐길만한 명소들을 모아 보았다. 런던의 유명명소를 비롯하여 자연사박물관, 해리포터스튜디오, 런던주, 마담투소 등 영국아이들에게도 인기가 높은 명소와 디즈니스토어, 햄리스, 엠앤엠월드 등 기념품으로 제격인 장난감천국까지. 둘러보다 보면 아이는 어느새 런던에 빠져 있을 것이다.

Day 01 | 헬로우 런던

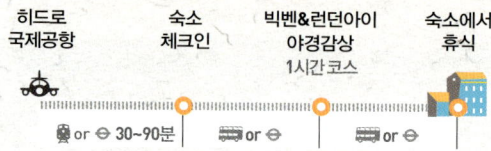

Day 02 | 노팅힐, 켄싱턴, 소호

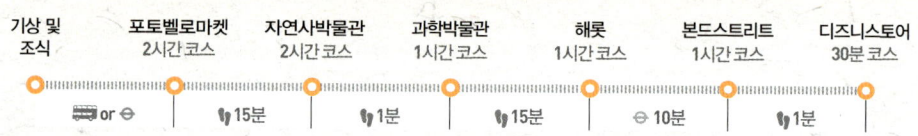

Day 03 | 해리포터스튜디오, 웨스트민스터

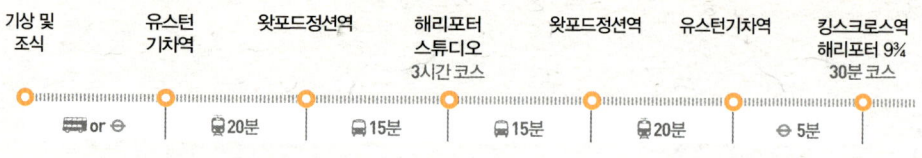

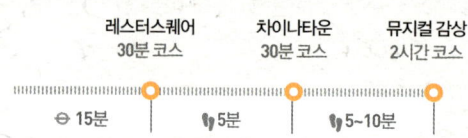

Day 04 | 블룸스버리&코벤트가든, 소호

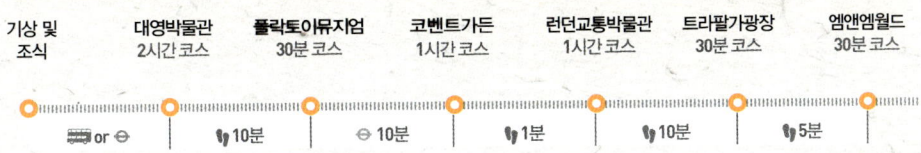

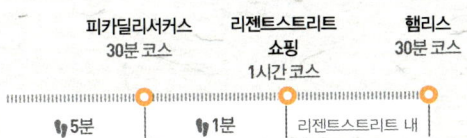

Day 05 | 베이커스트리트, 켄싱턴, 웨스트민스터

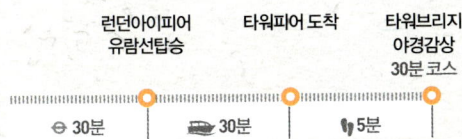

Day 06 | 켄싱턴, 웨스트민스터, 굿바이 런던!

젊은 청춘을 위한 5박 6일 런던여행 일정

바쁘고 빠듯한 일정은 저리가라. 느긋하게 런던을 음미하고 싶은 청춘에게 제시하는 동선. 관광명소만 둘러보는 여행이 지겹다는 이, 볼거리보다 먹거리와 쇼핑을 선호하는 이, 새로움과 신선함을 추구하는 이라면 다음 동선을 추천한다. 각 일정마다 들어가 있는 마켓은 열리는 날과 붐비는 날에 따라 거리의 풍경이 다르므로 취향에 맞춰 요일을 선택하도록 한다.

Day 01 | 헬로우 런던!

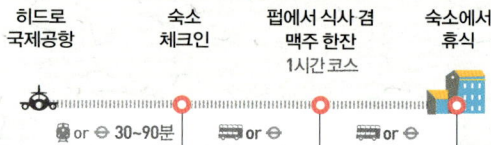

Day 02 | 노팅힐, 말리본, 뱅크&서더크

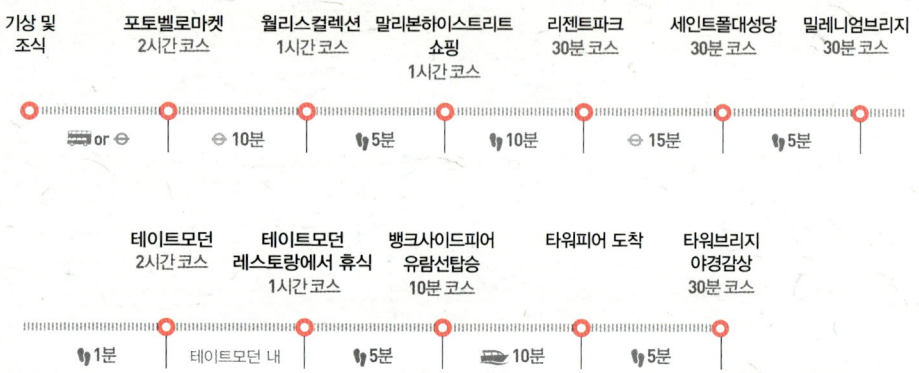

Day 03 | 해크니, 쇼디치

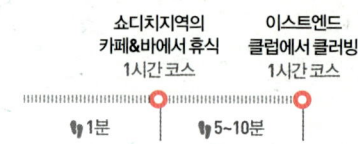

CHAPTER 02 런던여행 제대로 준비하기

Day 04 | 웨스트민스터&소호

| 기상 및 조식 | 셀프리지 30분 코스 | 옥스퍼드스트리트 쇼핑 1시간 코스 | 더리츠 애프터눈티 2시간 코스 | 본드스트리트 명품쇼핑 1시간 코스 | 리젠트스트리트 쇼핑 1시간 코스 | 리버티 1시간 코스 |

🚌 or 🚇 → 옥스퍼드스트리트 내 → 🚇 5분 → 👣 5분 → 👣 5분 → 👣 1분

| 카나비스트리트 쇼핑 30분 코스 | 뮤지컬 감상 2시간 코스 | 차이나타운에서 야식 1시간 코스 |

👣 10분 → 👣 10분 → 👣 5분

Day 05 | 프림로즈&캠든, 엔젤, 코벤트가든&블룸스버리, 웨스트민스터

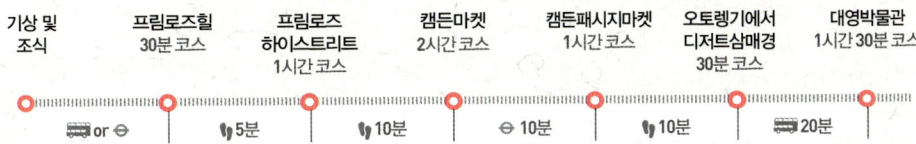

| 기상 및 조식 | 프림로즈힐 30분 코스 | 프림로즈 하이스트리트 1시간 코스 | 캠든마켓 2시간 코스 | 캠든패시지마켓 1시간 코스 | 오토렝기에서 디저트삼매경 30분 코스 | 대영박물관 1시간 30분 코스 |

🚌 or 🚇 → 👣 5분 → 👣 10분 → 🚇 10분 → 👣 10분 → 🚌 20분

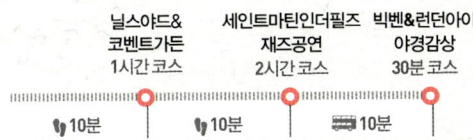

| 닐스야드& 코벤트가든 1시간 코스 | 세인트마틴인더필즈 재즈공연 2시간 코스 | 빅벤&런던아이 야경감상 30분 코스 |

👣 10분 → 👣 10분 → 🚌 10분

Day 06 | 웨스트민스터, 첼시, 굿바이 런던!

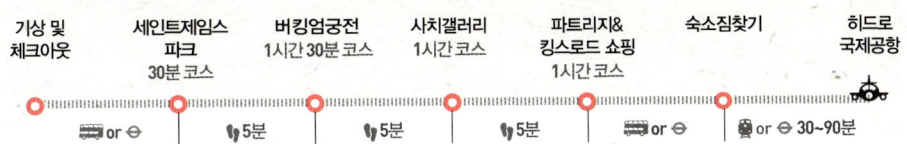

| 기상 및 체크아웃 | 세인트제임스 파크 30분 코스 | 버킹엄궁전 1시간 30분 코스 | 사치갤러리 1시간 코스 | 파트리지& 킹스로드 쇼핑 1시간 코스 | 숙소짐찾기 | 히드로 국제공항 |

🚌 or 🚇 → 👣 5분 → 👣 5분 → 👣 5분 → 🚌 or 🚇 → 🚇 or 🚂 30~90분

PART 01
HELLO LONDON

SECTION
15
인천국제공항에서 출국하기

고된 여행준비로 피곤할 법도 한데 공항에 도착하는 순간, 그 피로가 싹 가신다. 분주하게 움직이는 낯선 여행객들을 보니 비로소 출국을 하려고 나선 것이 더욱 실감난다. 출국과정은 모두 한국어로 진행되기 때문에 큰 문제가 없을 것이다. 이해되지 않는 것이 있다면 바로 물어보고 대처하면 된다.

인천국제공항으로 이동하는 방법

우선 출발지가 서울인지 지방인지에 따라 이동방법이 다르다. 서울이나 인천의 경우 다양한 교통편이 있으므로 편리한 것을 이용하면 된다. 자가용부터 공항리무진버스, 공항철도, 택시 등을 이용할 수 있다. 지방에서 출발하는 경우에는 인천국제공항으로 바로 직행하는 시외버스나 KTX를 이용하는 것이 편리하다.

서울이나 인접지역에서

① **공항리무진버스** – 6000번대로 시작하는 리무진버스는 강북권과 강남권, 서남부권 등 서울 전역에서 18개의 노선이 운행 중이다. 운임은 운행거리에 따라 5,000~15,000원이고, 홈페이지에서 정확한 정류장위치와 운행시간표를 확인할 수 있다.

공항리무진 02-2664-9898
www.airportlimousine.co.kr
서울버스주식회사
02-400-2332, 1577-0287
www.seoulbus.co.kr
경기공항리무진버스 031-382-9600
www.ggairportbus.co.kr

② **공항철도** – 서울역과 인천국제공항역을 연결하는 공항철도는 직통과 일반 두 가지가 있다. 직통열차는 서울역에서 인천국제공항까지 무정차로 한 번에 가는데, 국적기를 이용할 경우 서울역에서 탑승수속과 수하물탁송, 출국심사를 한방에 끝내는 서비스를 이용할 수 있다. 단, 수하물 탁송은 05:20~19:00, 출국심사는 08:00~19:00까지 가능하다. 일반열차는 모든 역을 정차한다.

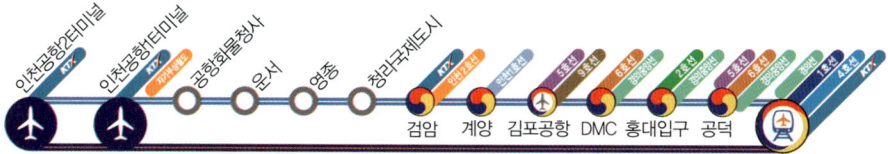

구분	요금(선후불 교통카드 서울역 기준)		소요(서울역기준)		운행시간(각 터미널)	
	1터미널	2터미널	1터미널	2터미널	1터미널	2터미널
일반	어른 4,150원, 어린이 1,900원	어른 4,750원, 어린이 2,200원	58분	66분	05:25~23:57	05:18~23:50
직통	어른 9,000원, 어린이 7,000원 승차권 구입처 : 직통열차 고객안내센터(서울역, 인천국제공항1, 2역 내), 인천공항 트래블센터, 인천공항 입국장 공항철도 안내부스, 자동발권기(서울역, 인천국제공항1, 2역), 온라인예매(코레일 홈페이지, 코레일 모바일 앱)		43분	51분	05:23~22:48	05:15~22:40

③ **택시나 자가용** – 짐이 많거나 대중교통을 이용하기 힘든 위치라면 어쩔 수 없이 택시나 자가용으로 이동해야 한다. 여객터미널 1층 도착층에 하차할 수 있어 편리하지만 그 만큼 다른 교통수단보다 비싸다. 자가용으로 이동한다면 인천국제공항고속도로 홈페이지(www.hiway21.com)에서 실시간교통정보와 통행료, 휴게소 정보를 미리 살펴보는 것이 좋다.

지방에서 인천국제공항까지 이동하기

① 시외버스 - 지방에서 출발하는 경우 인근 시외버스터미널에서 직행버스를 이용할 수 있다. 강원도, 충청도, 경상도, 전라도 등 전국 각지로 매일 1~10회 운행하고 있으며, 운임은 거리에 따라 2~4만 원대이다. 배차시간과 운임 등 자세한 사항은 홈페이지에서 확인하자.

인천에어네트워크 www.airportbus.or.kr

② 코레일 KTX - 인천국제공항까지 환승할 필요 없이 지방에서도 KTX로 바로 이동할 수 있게 됐다. 경부선과 호남선, 전라선, 경전선 등과 연결되어 있어 서울역을 거쳐 인천국제공항까지 빠르고, 편하게 이동할 수 있다. 단 서울역부터 공항까지는 선로문제로 최고속도를 유지하지 못하는 점이 아쉽다.

코레일 www.letskorail.com

한눈에 살펴보는 출국과정

공항도착부터 탑승수속, 면세점이용까지 넉넉하게 시간을 활용하고 싶다면 항공기출발 2~3시간 전까지는 도착하도록 하자. 인천국제공항 자체가 워낙 넓고, 터미널도 1, 2로 구분되며 게이트가 워낙 많아 길을 헤맬 수 있으므로 사전에 미리 숙지해두는 것도 좋은 방법이다. 공항이용시설은 안내표지판이 잘되어 있으므로 표지판만 보고 다녀도 큰 문제는 없지만 다음 내용을 미리 기억해둔다면 좀 더 빠르게 수속과정을 마칠 수 있다.

인천국제공항 도착
>
발권탑승수속
>
출국심사
>
면세점 쇼핑
>
비행기 탑승

특히 2018년 1월 18일부터 업무를 시작한 제2여객터미널은 대한항공, 델타항공, 에어프랑스, KLM 4개의 항공사 전용터미널로 운영되므로 이용에 착오가 없어야 한다. 만약 터미널을 혼동했다면 터미널간을 운행하는 셔틀버스를 이용한다. T1의 경우 3층 중앙 8번 출구, T2는 3층 4번과 5번 출구 사이에서 탈 수 있으며, 배차 간격은 5~10분, 소요시간은 15~20분 정도 걸린다.

발권 및 탑승수속

공항에 도착하면 먼저 출발층으로 이동하자. 탑승할 항공사의 탑승수속카운터를 찾아 항공권발권 및 수하물을 맡기고 탑승수속을 진행한다. 성수기 때에는 아무래도 이용객이 많아 대기줄이 길어질 수 있으므로 여유 있게 도착하도록 하자. 참고로 대한항공의 탑승수속카운터는 제2여객터미널 A~H까지이고, 아시아나는 제1여객터미널 L~M, 영국항공은 제1여객터미널 H카운터에서 주로 진행된다.

> **TIP 셀프체크인 기기 키오스크 Kiosk**
>
>
>
> 체크인 카운터가 붐비거나 빠르게 탑승수속을 진행하려면 셀프체크인(Self Check-In) 서비스를 이용하자. 무비자협정국일 경우 이티켓만 있으면 탑승수속카운터를 거치지 않고 직접 발권할 수 있다. 출발시간 12시간 전부터 1시간 전까지 이용가능하다. 단, 국적기 이용승객에 한해서만 가능하며, 일부 공동운항(Code Share)편은 이용이 제한될 수 있다. 수하물은 탑승권을 발급 받은 후 수하물 전용카운터에서 하면 된다.
>
> 키오스크 이용방법 : 항공사선택 → 항공편명 입력 → 탑승객 인원 선택 → 여권인식 → 좌석선택 → 마일리지 입력 → 탑승권 발권 → 수하물 탁송(전용 카운터로 이동)

PART 01
HELLO LONDON

수하물 보내기

기내로 반입할 수 있는 수하물의 크기와 무게는 통상 개당 **55×40×20(cm)**, 3면의 합이 **115cm** 이하로 **10~12kg**까지 허용된다. 위탁수하물의 경우에는 개당 3면 합이 **158cm** 이하로 **20~23kg**까지 허용되지만 항공사와 좌석등급에 따라 기준이 달라질 수 있다. 수하물은 금지품목이 있으므로 미리 숙지하고 짐을 꾸리도록 하자. 금지목록은 다음 표를 참고하자.

구분	금지물품품목
기내/위탁수하물 반입가능	생활도구류(수저, 포크, 손톱깎이, 긴우산, 감자칼, 병따개, 와인따개, 족집게, 손톱정리가위, 바늘류, 제도용콤파스 등), 액체류 위생용품/욕실용품/의약품류(화장품, 염색약, 퍼머약, 목욕용품, 치약, 콘택트렌즈용품, 소염제, 의료용 소독 알코올, 내복약, 외용연고 등), 의료장비 및 보행보조기구(주사바늘, 체온계 등 휴대용 전자의료장비, 지팡이, 목발, 유모차 등), 구조용품(소형 산소통), 건전지 및 개인휴대 전자장비(휴대용 건전지, 시계, 계산기, 카메라, 캠코더, 휴대폰, 노트북컴퓨터, MP3 등)
위탁수하물 가능	창도검류(과도, 커터칼, 맥가이버칼, 면도칼, 작살, 표창, 다트 등), 스포츠용품류(야구배트, 하키스틱, 골프채, 당구채, 스케이트, 아령, 볼링공, 양궁 등), 총기류(모든 총기 및 총기부품, 총알, 전자충격기, 장난감총 등), 무술호신용품(쌍절곤, 공격용 격투무기, 경찰봉, 수갑, 호신용 스프레이 등), 공구류(도끼, 망치, 송곳, 드릴/날 길이 6cm 초과하는 가위, 스크루드라이버/드릴심류/총 길이 10cm 초과하는 렌치/스패너/펜치 등)
기내/위탁수하물 반입금지	폭발물류(수류탄, 다이너마이트, 화약류, 연막탄, 조명탄, 폭죽, 지뢰, 뇌관, 신관, 도화선, 알파캡 등 폭파장치), 인화성물질(성냥, 라이터, 부탄가스 등 가스류, 휘발유/페인트 등 액체류, 70도 이상의 알코올성 음료 등), 방사성/전염성/독성물질(염소, 표백제, 산화제, 수은, 하수구 청소재제, 독극물, 의료용·상업용 방사성 동위원소, 전염성·생물학적 위험물질 등)
액체류 반입기준	물/음료/식품/화장품 등 액체/분무(스프레이)/겔류(젤 또는 크림) 물품은 100ml 이하의 개별용기에 담아 1인당 1리터 투명비닐지퍼백 1개까지만 반입이 가능하다. 유아식 및 의약품은 항공여정에 필요한 용량만큼 반입 허용. 단, 의약품 등은 처방전 등 증빙서류를 검색요원에게 제시해야 한다.

보안검색 및 출국심사

보안검색을 받기 전 세관에 신고할 물품이 있다면 세관신고센터를 이용하자. 세관신고 후 보안검색대로 향하여 휴대물품을 준비된 바구니에 넣고 문형탐지기를 통과한다. 휴대물품 중 노트북과 아이패드 등의 전자기기는 가방에서 꺼내어 따로 바구니에 담도록 한다. 휴대폰, 지갑, 열쇠, 동전 등 소지품도 바구니에 넣는다. 보안검색이 끝나고 출국심사대가 보이면 여권케이스에서 여권을 분리하여 탑승권과 함께 제시한다. 출국심사 시에는 얼굴이 잘 보이도록 모자와 선글라스는 일시적으로 벗어야 한다.

면세점 이용하기

출국장을 빠져나오면 면세구역으로 연결된다. 필요에 따라 이 구역에서 간단한 쇼핑을 할 수 있다. 면세품 한도액은 **US$3,000**이며, 세금이 면제되는 한도액은 **US$600**로 이를 초과할 경우 세관에 신고해야 한다. 세금은 구입액의 20%를 간이세금으로 부과한다. 공항면세점보다 할인된 가격으로 제품을 구입하고 싶다면 인터넷면세점을 이용하는 것도 방법이다. 단 상품의 종류가 그렇게 다양하지 않고, 품절된 상품일 수도 있다. 인터넷으로 구매한 상품은 공항 내 인도장에서 수령하면 된다. 쇼핑을 즐긴 후 그래도 시간이 남는다면 레스토랑, 카페에서 휴식시간을 가지되 반드시 비행시간 30분 전까지 탑승게이트로 이동해야 한다.

인천공항 내 면세점 : 신라면세점 www.shilladfs.com / 롯데면세점 www.lottedfs.com / 한국관광공사면세점

CHAPTER 02
런던여행 제대로 준비하기

SECTION 16
런던 히드로국제공항으로 입국하기

까다롭기로 유명한 런던의 입국심사지만 잘만 대비한다면 그렇게 걱정할 필요는 없다.
영어를 못한다 해도 너무 불안해할 필요는 없다. 입국심사를 비롯하여 런던 땅을 밟자마자
알고 있어야 할 필수정보를 이 페이지를 통해 예습해보자.

한눈에 살펴보는 런던입국과정

런던 히드로국제공항Heathrow Airport은 Arrivals(도착게이트), Passport Control(입국심사대), Baggage Reclaim(수하물 찾는 곳) 등 표지판이 잘 되어 있어 어렵지 않게 입국수속을 마칠 수 있다.

 >  >  >

Arrivals 표지판 따라 이동 | All Others 입국심사대 이동 | 수하물 찾기 | 세관 통과 후 입국홀 나가기

출입국카드 작성

원활한 입국심사를 위해서 출입국카드는 기내에서 미리 작성해두는 것이 좋다. 샘플을 참고하여 맨 마지막 파란색 부분을 제외하고는 모든 칸을 영문으로 기입한다. 주의할 점은 체류지란에 민박집 주소를 적는 경우가 있는데 이는 매우 위험하다. 영국에서의 한인민박 운영은 대부분 불법이기 때문에 입국심사에서 불리하게 작용할 수 있다. 그러므로 유명 호텔이나 호스텔 이름을 표기하는 것이 좋다. 만약 숙소를 정하지 못하고 입국한 경우라면 책에 소개된 숙소 주소라도 기입해두는 것이 편하다.

입국심사

런던의 입국심사는 쉬우면서 어렵다. 심사를 하는 심사관에 따라 질문의 강도가 달라지는 그야말로 복불복이기 때문이다. 가장 많이 묻는 기본적인 질문들은 입국목적으로 런던을 왜 방문한 것인지, 며칠이나 체류하는지, 숙박은 어디서 하는지, 귀국편 항공권을 보여 달라, 경비는 얼마나 지참했나 등이다. 특히 귀국편 항공권을 준비하면 심사가 훨씬 수월해지므로 이티켓을 지참하고 있자. 묻는 질문에 차분하게 단답형으로 대답만 잘한다면 문제될 것은 없다.

SECTION 17
공항에서 런던시내로 이동하기

런던에는 히드로국제공항을 비롯해 총 5개의 공항이 있다. 주로 국내선을 운항하는 런던시티공항을 제외하고 히드로, 게트윅, 스탠스테드, 루튼공항은 국제선을 운항하고 있다. 인천에서 출발한 모든 비행기는 히드로국제공항에 도착하지만(극히 일부는 게트윅국제공항으로 도착할 수도 있다.) 유럽이나 아프리카 등지에서 출발한 비행기는 나머지 공항에 분산되어 도착한다.

히드로국제공항

히드로국제공항 Heathrow Airport은 런던중심에서 서쪽으로 약 22km 떨어진 곳에 위치하며 총 5개 터미널이 있다. 아시아나항공을 비롯한 스타얼라이언스 Star Alliance 항공연맹은 제2터미널, 대한항공을 비롯한 스카이팀 SkyTeam 연맹은 제4터미널, 영국항공 British Airways은 제5터미널로 도착한다. 공항에서 시내로 이동하는 방법은 아래와 같다.

홈페이지 www.heathrowairport.com

가장 빠르게 이동할 수 있는 히드로익스프레스

가장 빠르게 도달할 수 있는 방법은 고속열차인 히드로익스프레스 Heathrow Express를 이용하는 것이다. 공항에서 종착역인 패딩턴 Paddington역까지 논스톱으로 15분 만에 도착하는 히드로익스프레스는 아침 5시 첫 차를 시작으로 밤 11시 48분 막차까지 15분 간격으로 운행중이다. 제4, 5터미널로 도착한 경우에는 무료셔틀트레인을 타고 히드로센트럴(제1, 2, 3터미널)에서 환승해야 하며, 패딩턴역까지 21분이 소요된다.

요금 인터넷예매 Express 편도 성인 오프피크 £22.00, 편도 성인 피크타임 £25.00, 왕복 성인 £37.00 / 현장판매 Express 편도 성인 £27.00, 왕복 성인 £42.00 홈페이지 www.heathrowexpress.com

두 번째로 빠른 TfL Rail

TfL Rail은 종착역인 패딩턴역까지 25분 정도 소요되는 열차로 30분 간격으로 운영된다. 제5터미널 이용자는 무료셔틀트레인을 타고 제1~4터미널로 이동한 후 탑승이 가능하다.

요금 성인(16세 이상) 편도 £10.30, 오픈왕복 £10.70 홈페이지 tfl.gov.uk

저렴하지만 시간은 오래 걸리는 지하철

공항에서 런던의 중심지까지 약 1시간 정도 소요되며, 아침 5시부터 23시 30분까지(일요일은 아침 5시 45분부터 23시 15분까지) 운행한다. 오이스터카드 기준 £5.10(오이스터카드비 £5.00 제외)에 탑승이 가능하다. 시간과 비용을 잘 고려하여 자신에게 맞는 방법을 이용하도록 하자.

홈페이지 www.tfl.gov.uk

하차 구간이 많아 편리한 내셔널익스프레스

내셔널 익스프레스National Express 버스는 소요시간은 1시간 40분에서 2시간 10분 내외로 다른 교통수단에 비해 오래 걸리지만 승하차정류장이 40여 곳이므로 예약한 숙소에서 가까운 하차정류장이 있다면 편리하게 이동할 수 있다. 예약할 때 하차 정류장을 지정하면 되고 가격은 £6.00 이상이다. 탑승날짜와 시간대에 따라 가격이 변동되며, 공항 도착층에 티켓오피스가 있어 바로 구매가능하다.

귀띔한마디 홈페이지 예약 시, £1.00의 예약수수료를 지불해야 한다. 홈페이지 www.nationalexpress.com

게트윅국제공항

런던중심에서 남쪽으로 약 46km 떨어진 곳에 위치한 게트윅국제공항Gatwick Airport은 런던에서는 히드로에 이어 두 번째로 큰 규모의 국제공항이다. 남측터미널South Terminal과 북측터미널North Terminal로 나뉘며 이지젯, 라이언에어, 부엘링 등 주로 유럽의 저가항공사가 취항하고 있다. 게트윅국제공항에서 런던시내로 이동하는 방법은 기차와 버스 두 가지가 있다.

게트윅익스프레스Gatwick Express는 빅토리아Victoria역까지 30분 만에 도착하는 고속열차로 공항에 위치한 티켓오피스에서 표를 구매하면 된다. 온라인으로 미리 구매하면 할인까지 받을 수 있으므로 미리 예약하는 것이 좋다. 버스는 이지버스easyBus와 내셔널익스프레스National Express 두 곳에서 운행 중이며, 특히 이지버스는 예약만 빨라도 £2.00로 편도권을 구입할 수 있어 비용절약에 효과적이다. (단, 수수료 별도.)

홈페이지 www.gatwickairport.com
게트윅익스프레스 요금 인터넷예매 편도 성인 £17.80, 편도 어린이 £9.95, 왕복 성인 £31.60, 왕복 어린이 £15.80 / 현장판매 편도 성인 £19.90, 편도 어린이 £9.95, 왕복 성인 £34.90, 왕복 어린이 £17.45 홈페이지 www.gatwickexpress.com
이지버스 www.easybus.co.uk 내셔널익스프레스 www.nationalexpress.com

스탠스테드공항

런던중심에서 북쪽으로 약 48km 떨어진 곳에 위치한 스탠스테드공항Stansted Airport은 히드로와 게트윅 다음으로 큰 규모다. 이 공항 설계자는 현대건축의 거장 노먼포스터Norman Foster이며, 게트윅과 마찬가지로 주로 저가항공사가 취항하고 있다. 라이언에어의 허브공항이기도 하다. 스탠스테드공항에서 시내로 이동하는 방법 또한 트레인과 버스 두 가지로 스탠스테드익스프레스Stansted Express를

이용하면 종착역인 리버풀스트리트Liverpool Street역까지 47분 만에 도착하며, 15분 간격으로 운행 중이다. 버스는 게트윅공항과 마찬가지로 이지버스와 내셔널익스프레스가 운행하고 있으며, 이지버스는 미리 예약하면 편도 £2.00에 구입할 수 있다.

홈페이지 www.stanstedairport.com
스탠스테드익스프레스 요금 스탠다드클래스 편도 성인 £19.00, 편도 어린이 £9.50, 왕복 성인 £32.00, 왕복 어린이 £16.00, 비즈니스플러스 편도 성인 £29.90, 편도 어린이 £14.95, 왕복 성인 £39.90, 왕복 어린이 £19.85 홈페이지 www.stanstedexpress.com

PART 01
HELLO LONDON

루턴공항

런던중심에서 북쪽으로 약 50km 떨어진 곳에 위치한 작은 공항인 루턴공항Luton Airport은 게트윅, 스탠스테드와 마찬가지로 저가항공사가 취항하고 있다. 이지젯과 모나슈항공의 메인 공항이다. 런던 중심부까지는 민영철도 회사 템즈링크Thameslink와 그레이트노던Great Northern이 운영하는 열차를 이용하거나 이지버스, 내셔널익스프레스가 운영하는 공항버스를 이용하면 된다. 퍼스트캐피탈커넥트는 런던브리지London Bridge역과 블랙프라이어Blackfriars, 패링던Farringdon, 세인트판크라스St. Pancras 역을 오가며 평균 40여 분이 소요된다. 버스는 게트윅, 스탠스테드와 마찬가지로 저렴한 이지버스를 추천한다.

홈페이지 www.london-luton.co.uk
템즈링크&그레이트노던 요금 왕복 평균 £40.00대 홈페이지 www.thameslinkrailway.com

이지버스 easyBus

저가항공사 '이지젯(easyJet)'으로 유명한 이지그룹의 계열사로 런던 시내에서 게트윅, 스탠스테드, 루턴공항으로 연결해주는 공항버스서비스이다. 티켓가격은 편도는 £2.00, 왕복은 £4.00부터 시작하며 예약이 빠를수록 저렴한 가격에 구매할 수 있다. 이른 새벽부터 심야까지 15분~20분 간격으로 버스를 운행하고 있어 시간대가 다양한 것이 강점이다. 소요시간은 런던시내에서 모든 공항까지 약 1시간정도로 낮시간대에 탑승할 경우 교통체증이 있으므로 탑승시간을 1시간 정도 이르게 지정하는 것이 좋다. 버스정류장은 아래의 노선도를 참고하여 숙소에서 가까운 곳으로 지정하도록 하자.

운행시간 출발지와 목적지에 따라 상이 홈페이지 www.easybus.co.uk

▲ 이지버스 노선도

SECTION 18
런던시내에서 대중교통 이용하기

지하철과 버스, 기차 등 교통수단을 세계 최초로 만든 나라답게 런던은 대중교통이 잘 발달한 나라이다. 지도와 교통어플리케이션을 병행하여 이용한다면 원하는 목적지에 쉽고 빠르게 도달할 수 있다.

런던여행의 동반자, 지하철

런던을 여행할 때 가장 많이 이용하게 되는 것은 아무래도 지하철, 즉 튜브Tube이다. 터널과 지하철 모양이 둥근 튜브를 닮았다고 해서 붙은 이름으로, 전 세계에서 처음으로 지하철이 개통된 곳이다. 언더그라운드Underground라고도 불리지만 영국에서는 서브웨이Subway란 단어는 사용하지 않는다. 런던의 웬만한 관광명소는 튜브를 통해 연결될 만큼 이동이 편리하고, 오랜 역사를 자랑하지만 그 만큼 차량은 낡고 비좁으며, 일부 노선에서는 에어컨도 나오지 않는다.

런던의 튜브는 총 11개 노선(오버그라운드, 레일 제외)으로 런던시내를 중심으로 1~9존까지 나뉘어 구역에 따라 요금에 차등이 생기지만 대부분의 관광명소는 1존에 집중되어 있다. 운행시간은 노선마다 차이는 있지만 대부분 아침 5시 30분부터 밤 12시 30분까지 운행되며, 주말과 공휴일은 막차시간이 앞당겨지므로 홈페이지에서 미리 체크해두는 것이 좋다. 티켓은 충전식교통카드 오이스터카드Oyster Card와 1~7일까지 무제한으로 사용가능한 트래블카드Travel Card 두 종류가 있다. 참고로 일시적으로 사용하는 1회권 티켓은 창구에서만 판매한다.

요금 1회 현금 £4.90~, 오이스터카드 £2.40~ (1존 오프피크 기준. 목적지와 탑승시간에 따라 상이) **운행시간** 노선에 따라 상이. **홈페이지** www.tfl.gov.uk/tube

런던시내를 가로지르는 명물, 버스

런던의 친숙한 빨간색 2층 버스 '더블데커Double Decker'는 잘만 활용하면 튜브만큼이나 편리한 교통수단이다. 여행자가 이용하기에는 노선이 다소 복잡하고 운행시간도 많이 걸리는 편이라 장거리보다는 가까운 거리를 이동할 때 이용하면 좋다. 노선에 따라 심야시간(12:00~06:00)에 운행하는 나이트버스Night Bus도 있으므로 튜브 막차를 놓쳤다면 이 버스를 이용하자. 2층 버스는 그자체가 명물이기 때문에 관광목적으로 이용하기에도 좋다. 2층 맨 앞자리는 탁 트인 전망 때문에 마치 시티투어버스를 탄 기분이 든다. 하지만 그만큼 자리경쟁이 치열하다는 것을 기억하자. 런던의 주요관광명소를 중심으로 운행되는 노선버스(15번)도 있으므로 색다른 도시여행을 즐기고 싶다면 꼭 한 번 이용해보자. 버스티켓은 튜브와 마찬가지로 오이스터카드와 트래블카드를 이용할 수 있으며, 1회권은 탑승 시 운전기사에게 직접 지불한다.

요금 1회 오이스터카드 £1.50~ (현금탑승불가) **운행시간** 노선에 따라 상이. **홈페이지** www.tfl.gov.uk/buses

전 세계 2층 버스의 원조격인 루트마스터 Route Master

빅벤, 근위병과 함께 런던하면 떠오르는 대표명사인 빨간색 2층 버스. 런던시내 대중교통을 책임지는 이 버스는 1954년 처음 만들어져 60여 년간 런던시민의 다리가 되어주었다. 현재도 활발하게 운행되고 있으며, 원조 2층 버스인 루트마스터는 차장이 동승하여 뒤쪽 출입문에서 요금을 징수하던 예전 방식을 되살려 일부 노선에 구형버스를 운행하고 있다. 런던의 주요 관광명소를 운행하는 시티투어버스 '오픈톱(Hop on Hop off, 성인 £28.00)'처럼 기본요금으로 즐길 수 있는 노선이 있다. 이제는 여행자들의 필수코스가 된 15번 버스는 비록 전부는 아닐지라도 일부 관광지를 투어버스를 탄 것처럼 돌아볼 수 있다. 일반적인 2층 버스와 승차방식이나 모양이 다르기 때문에 요리조리 비교하며 타는 재미도 쏠쏠하다. 최근에는 루트마스터를 21세기에 맞춰 새롭게 디자인한 신형 2층 버스인 뉴버스포런던(New Bus for London, 38&24번)도 운행을 시작했으므로 기회가 된다면 한번쯤 타보는 것도 좋다.

15번 버스 런던유산루트 (괄호 안이 관광명소)

Tower of London(런던탑) → Great Tower Street → Monument Station(모뉴먼트&런던브리지) → Cannon Street Station → St. Paul's Churchyard → St. Paul's Cathedral(세인트폴대성당) → City Thames link Stn/Ludgate Circus → Shoe Lane → Fetter Lane → Chancery Lane → The Royal Courts of Justice(왕립재판소) → Aldwych/Somerset House(서머셋하우스&사우스뱅크) → Savoy Street(코벤트가든) → Bedford Street → Charing Cross Station(트라팔가광장&내셔널갤러리)

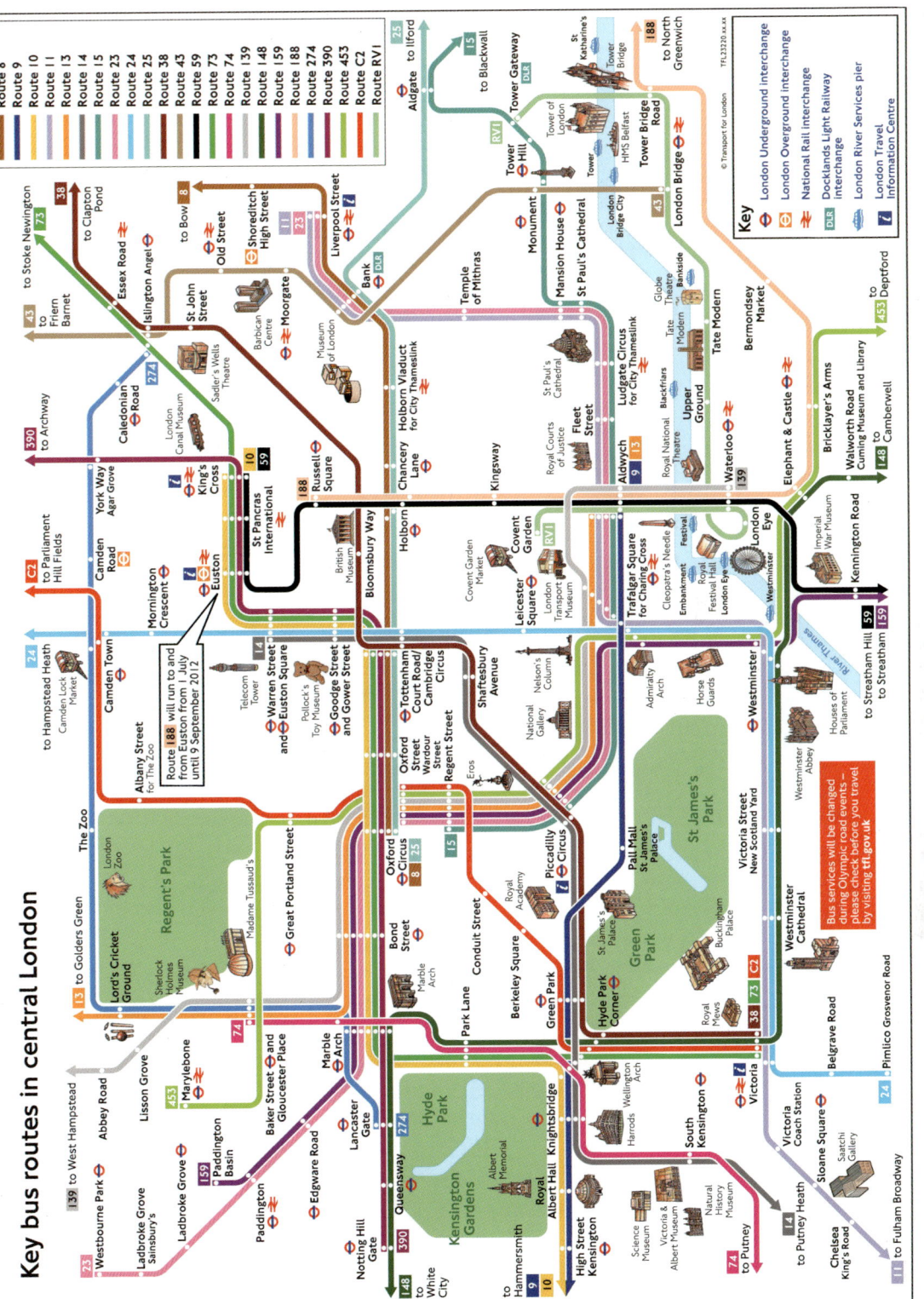

편안하게 목적지까지 이동할 수 있는 택시

2층 버스와 더불어 런던 교통수단의 아이콘인 블랙캡 Black Cab은 멋스러운 검은색 외관과 엄격한 자격시험을 거친 세계 최고수준의 운전기사가 특징이다. 차량 내부는 마차를 형상화해서 만들어 4~5명이 마주보고 앉을 수 있는 형태로 되어 있다. 요금은 탑승 시 기본 £2.60부터 시작하여 평일 기준(06:00~20:00) 1마일(1.6km)당 £5.80~9.00 정도이고 주말과 심야에는 할증료가 붙어 조금 더 비싼 편이다. 택시를 잡을 때에는 한국과 마찬가지로 택시를 향해 손을 흔들면 되고, 정확한 명칭이나 주소를 말하면 된다. 참고로 흰색 택시는 불법영업이므로 타지 않는 것이 좋다.

런던택시 홈페이지 www.tfl.gov.uk/modes/taxis-and-minicab
미니캡 예약 홈페이지 www.addisonlee.com

느림의 미학으로 즐기는 풍경, 자전거

시원한 바람을 가르며 런던시내를 질주하는 모습은 상상만으로도 상쾌하고 가슴이 뻥 뚫린다. 이런 생각이 든다면 영국의 은행 샌탠더 Santander가 운영하는 자전거대여시스템을 이용하면 된다. 런던시내를 다니다 보면 자전거가 도로변에 진열된 것을 한 번쯤은 보게 된다. 시내 어디를 가도 쉽게 볼 수 있을 정도로 그 수가 제법 많다.

대여방법은 매우 간단한데, 자전거 옆 지도가 그려진 기둥이 무인으로 대여해주는 창구역할을 한다. 터치스크린 안내에 따라 신용카드 혹은 체크카드로 자전거 대여비를 선지불하면 자전거를 대여할 수 있다. 단, 18세 이상만 대여할 수 있고, 14세 이상부터 자전거를 이용할 수 있다. 대여비는 24시간의 경우 £2.00이며, 이용요금은 이용시간 30분까지는 무료, 30분을 초과하면 30분 간격으로 £2.00씩 청구된다. 그러므로 24시간 이내에 추가비용 없이 대여비 £2.00만으로 이용하고 싶다면 30분까지만 이용한 후 자전거를 반환하고 다시 같은 방법으로 대여하면 된다.

명심해야 할 것은 대여 시 결제한 신용카드로 정보가 기억되므로 매번 동일한 카드로 이용해야하는 점과 자전거 반환 후 5분이 경과해야만 다시 대여가 가능하다는 점이다. 사전에 반환장소가 있는 곳을 조사하여 그 곳을 중심으로 동선을 계획하는 것이 좋다. 만일 자전거를 반환하지 않았거나 파손했을 경우 £300.00의 벌금이 부과되므로 주의하자.

런던 시티 바이크 홈페이지 www.tfl.gov.uk/modes/cycling/santander-cycles

런던의 관광명소를 선상에서 즐길 수 있는 유람선

런던의 중심을 가로지르는 템즈강은 런던의 역사를 그대로 간직하고 있으며, 강변으로 런던을 대표하는 관광명소들이 곳곳에 자리 잡고 있다. 때문에 템즈강을 따라 유유히 떠다니는 유람선이야말로 런던의 심볼을 한꺼번에 만날 수 있는 최고의 관광수단이 된다. 유람선은 엘리자베스타워와 국회의사당, 런던아이를 시작으로 세인트폴대성당과 밀레니엄브리지 그리고 런던탑과 타워브리지를 지나 카나리워프와 그리니치에 이르는 관광루트가 대표적이다.

런던의 공공교통수단인 튜브나 2층 버스에서는 알코올 섭취가 법적으로 금지되지만 유람선에서는 와인과 맥주 등의 주류가 판매되므로 와인 한잔과 함께 멋진 풍경을 즐길 수 있다.

대표적인 관광유람선인 시티크루즈 Citycruises는 홈페이지에서 시즌마다 온라인할인이나 다른 관광명소와의 결합한 상품을 선보이는 등 다양한 프로모션을 진행하고 있으므로 보다 저렴하게 즐기고 싶다면 방문시기에 맞춰 먼저 확인한 후 예약하는 것이 좋다.

템즈강 유람선은 여행자 입장에서는 관광목적이 될 수 있지만 현지인들에게는 튜브, 2층 버스와 더불어 좋은 출퇴근수단으로 이용되기도 한다. 특히 템즈클리퍼 Thames Clippers는 오이스터카드로도 탑승이 가능하며, 다른 유람선에 비해 가격도 저렴한 편이다. (편도 일반 £8.60, 오이스터카드 £7.00) 20분 간격으로 운행되는 템즈클리퍼는 여러 곳에 선착장이 있어 이동수단으로서도 편리하다.

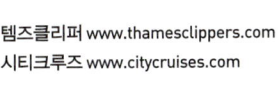
템즈클리퍼 www.thamesclippers.com
시티크루즈 www.citycruises.com

PART 01
HELLO LONDON

런던 외곽을 빠르게 연결하는 기차

런던을 벗어나 색다른 분위기를 느끼고 싶다면 한나절에서 하루를 투자하여 런던근교 기차여행을 떠나보자. 기차표는 출발날짜에 대비하여 예매시기가 빠를수록 저렴하게 구입할 수 있고, 출퇴근 시간대를 제외한 오프피크 Off-peak 시간대를 이용하면 더욱 더 저렴하다. 버스보다 요금은 비싸지만 시간대가 다양하고, 쾌적한 환경에서 창밖 풍경을 감상하며 이동할 수 있다는 점은 기차가 가진 큰 매력이다.

영국의 주요도시를 연결하는 열차망

목적지	출발지	소요시간	가격
에딘버러(Edinburgh)	유스턴(Euston)역, 킹스크로스(Kings Cross)역	4시간~5시간 40분	£40.50~
셰필드(Sheffield)	세인트판크라스(St Pancras)역, 킹스크로스(Kings Cross)역	2시간 15분	£13.50~
글라스고(Glasgow)	유스턴(Euston)역	4시간 30분~6시간	£30.00~
리버풀(Liverpool)		2시간 40분	£20.00~
맨체스터(Manchester)		2시간 15분	£20.00~
리즈(Leeds)	킹스크로스(Kings Cross)역	2시간 30분	£14.60~
요크(York)		2시간	£13.60~
뉴캐슬(Newcastle)		3시간 10분	£29.00~
브리스톨(Bristol)	패딩턴(Paddington)역	1시간 30분~2시간 30분	£15.00~
카디프(Cardiff)		2시간 30분	£18.50~
스완지(Swansea)		3시간 20분	£19.50~

TIP 오프피크(Off-Peak) 티켓이란?

출퇴근과 맞물려 대중교통이 혼잡해 지는 시간을 피크타임(Peak Time)이라 한다. 이 시간대 대중교통은 다른 시간대보다 가격도 비싸고 사람이 많아 복잡하므로 피할 수 있으면 피하는 것이 좋다. 이와 반대로 비교적 한산한 시간대를 오프피크라고 하는데 피크타임에 비해 가격도 저렴하고 여유롭게 대중교통을 이용할 수 있다. 단 목적지와 날짜, 이용하는 철도회사에 따라 오프피크 시간은 조금씩 다르다. 다음 예를 참고해보자.

예 1) 버진트레인(Virgin Train)의 경우 www.virgintrains.co.uk
[오프피크 (Off-Peak)]
- 평일 11:30 이전에 다른 도시에서 런던으로 도착불가
- 평일 09:30 이전 또는 15:00~18:45까지 런던에서 다른 도시로 출발불가
- 주말과 공휴일은 모든 열차편 탑승가능

[슈퍼 오프피크 (Super Off-Peak)]
- 평일 13:00 이전 또는 15:00~20:15까지 /
주말 12:00 이전 또는 17:45~20:00까지 다른 도시에서 런던으로 도착불가
- 평일 11:00 이전 또는 13:30~20:15까지 /
주말 10:30 이전 또는 16:30~18:30까지 런던에서 다른 도시로 출발불가

▲ 오프피크 기차표 예

예 2) 사우스이스턴(Southeastern Railway)의 경우 www.southeasternrailway.co.uk
[오프피크 싱글 및 오프피크 데이 (Off-peak Single& Off-Peak Day(Single & Return))]
- 티켓에 표시된 날짜에만 이용 가능하며 왕복일 경우, 출발날짜 한 달 이내에 돌아와야 한다.
- 평일 08:30 이전에 런던에서 다른 도시로 출발불가

[슈퍼 오프피크 (Super Off-Peak)]
- 오프피크 티켓보다 더 제한적이지만 보다 저렴하게 이용가능하다.
- 평일 10:00 이전에 런던에서 다른 도시로 출발불가

기차표 인터넷 예매하기

런던 근교로 여행할 계획이라면 기차를 이용하는 것이 편하다. 출발하는 당일 출발역 창구에서 티켓을 구매할 수 있지만 일정이 미리 정해져 있다면 온라인을 통해 예매하는 것이 보다 저렴하고 원하는 시간대 좌석까지 확보할 수 있다. 예약 시 해외결제가 가능한 신용카드 및 체크카드여야 하며 가급적 비자나 마스터카드 등 글로벌 브랜드의 카드를 사용하는 것이 좋다.

티켓환불은 각 철도회사마다 환불정책이 다르므로 홈페이지를 통해 미리 확인하는 것이 좋으며, 보통 오프피크티켓일 경우 탑승일로부터 **28일** 전까지만 가능하다. 왕복과 편도의 가격차이가 크지 않으므로 왕복으로 구입하는 것이 훨씬 이득이다. 다음의 예매절차는 왕복티켓 구매를 기준으로 하였다.

1. 먼저 철도회사연합 홈페이지(www.nationalrail.co.uk)에 접속한 후 〈Train times & tickets〉 테이블에 출발지와 목적지를 입력한다. 출발지 및 목적지는 단어자동완성 기능이 있어 역의 정확한 철자를 몰라도 쉽게 선택할 수 있다.
출발지는 숙소와 가까운 역, 예를 들어 Paddington, Waterloo, Euston, Blackfriars, London Bridge 등 런던의 주요출발역을 입력하면 된다. 출발 날짜와 시간을 지정한 후 [GO] 버튼을 클릭한다.

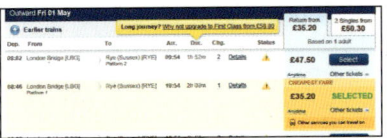

2. 지정한 시간대에 근접한 열차들 목록이 나열되면, 가격과 시간을 비교하여 [Select] 버튼을 클릭하여 선택한 후 화면 하단 오른쪽의 [Buy now for 가격] 버튼을 클릭한다. (왕복일 경우 각각 [Select] 버튼을 클릭하여 시간을 지정해야 한다.)

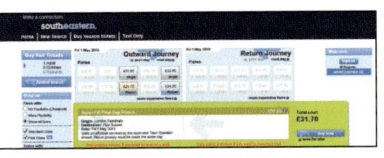

3. 운행철도회사 웹사이트가 열리면서 티켓 값을 선택할 수 있는 화면이 나타난다. 편도일 경우 [Single] 왕복일 경우 [Return]을 선택한 후 [Buy Now] 버튼을 클릭한다. (목적지에 따라 철도회사가 달라지므로 새 페이지가 열려도 당황하지 말자.)

4. 지정한 날짜와 티켓매수, 목적지 등 티켓내용을 확인한 후 [Continue] 버튼을 클릭한다.

5. 여행자이므로 첫 번째 항목인 출발지의 티켓발급기에서 티켓을 수령하는 것으로 선택하도록 하자. 티켓발급을 위해서는 예약 시 사용한 신용카드를 반드시 소지해야 한다. 선택이 끝나면 [Continue] 버튼을 클릭한다.

6. 구매자 정보 및 신용카드 정보를 입력한 후 합산된 가격 밑에 동의표시(I agree to,...)에 체크표시한 후 [Buy Now] 버튼을 클릭하면 티켓구매를 완료할 수 있다.

영국 철도회사 연합 www.nationalrail.co.uk
저렴한 철도 예약 사이트 www.eastcoast.co.uk

TIP 당일 사용한 내셔널레일 기차표로 일부 지정 관광명소를 **2 FOR 1** (두 명 입장 시, 한 사람 가격만 지불) 적용받을 수 있다. 미리 홈페이지에서 할인 바우처를 다운로드한 후 당일 날짜가 기재된 기차표와 함께 제시하면 된다. 자세한 사항은 홈페이지(www.daysoutguide.co.uk)에서 확인하자.

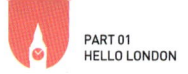

PART 01
HELLO LONDON

런던여행에 발이 돼 주는 오이스터카드

한국의 교통카드와 비슷한 오이스터카드Oyster Card는 런던 여행자라면 반드시 준비해야 할 필수품이다. 교통수단을 이용할 때마다 1회권을 구입한다면 번거로울 뿐 아니라 할인도 받을 수 없다.

오이스터카드 기준 교통비

런던의 교통비는 피크타임Peak Time(평일 04:30~09:30)과 오프피크Off Peak(주말 및 공휴일과 피크타임 외 시간) 요금이 다르게 청구되는데, 튜브의 경우 1, 2존 기준으로 1회권이 £4.90이지만 오이스터카드를 이용하면 피크타임 £3.00, 오프피크 £2.40으로 저렴해진다. 또한 정해진 일일상한요금을 초과하면 더 이상 금액이 청구되지 않는 데일리캐핑Daily Capping 시스템이라 대중교통을 많이 이용하는 여행자라면 교통비를 대폭적으로 절약할 수 있다. 예를 들어 1, 2존만 이용할 경우 피크타임, 오프피크타임 상관없이 £7.00의 상한금액이 있어 여러 번 탑승해도 £7.10 이상의 금액은 빠져나가지 않는다.

오이스터카드 충전하는 방법

카드는 튜브역 창구와 편의점에서 보증금 £5.00를 내고 구입할 수 있으며, 충전 Top-up은 편의점이나 역창구 무인시스템을 이용하면 된다. 참고로 역창구 무인시스템을 이용할 경우 'No change given(거스름 사절)' 메시지를 꼭 확인해야 한다. 또한 귀국하기 전 카드보증금을 반환받을 때는 튜브역 창구에서만 가능하며(카드에 남은 금액도 환불 가능), 반드시 신분증을 지참해야 한다.

▶ 오이스터카드 충전기

 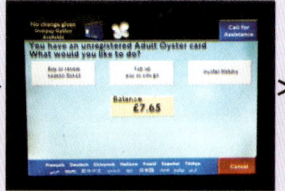  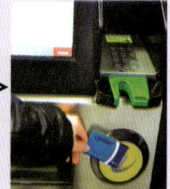

동그라미 노란색 카드리더기에 오이스터카드를 갖다댄다.

화면에 표시되는 잔액을 확인한 후 가운데 카드 충전하기 [Top up pay as you go] 버튼을 터치한다.

원하는 충전금액을 터치하고 지정된 금액을 오른쪽 지폐 및 동전투입구에 넣는다.

오이스터카드를 마지막으로 한 번 더 카드리더기에 갖다 댄다.

여행자 전용카드, 방문자 오이스터카드

런던을 방문하기 전 오이스터카드를 구매하는 방법도 있다. 방문자오이스터카드Oyster Visitor Card는 런던에서는 구입할 수 없고, 오로지 온라인이나 구매대행업체를 통해야 하는 여행자전용카드이다. 온라인에서 구매할 경우 집주소로 직접 배송되기 때문에 시간적 여유를 두고 신청해야 하며, 기존 오이스터카드와는 달리 카드반환이 불가능하다. 방문자오이스터카드만의 특징으로는 에미레이츠에어라인Emirates Air Line 탑승권 25% 할인, 템즈클리퍼Thames Clippers 1회권 10% 할인 이외에도 엠앤엠월드M&M'S World, 기념품샵 크레스트오브런던Crest of London 등 쇼핑과 서머셋하우스Somerset House와 같은 관광명소 할인혜택이 주어진다. 자세한 사항은 방문자오이스터카드 홈페이지에서 확인하자.

홈페이지 www.tfl.gov.uk/oyster
방문자오이스터카드 홈페이지 visitorshop.tfl.gov.uk/tfl/london-visitor-oyster-card

CHAPTER 02
런던여행 제대로 준비하기

모든 교통수단을 무제한으로 이용하자, 트래블카드

트래블카드 Travel Card는 오로지 교통수단 탑승을 목적으로 사용할 수 있는 교통이용권으로 하루에 이용하는 교통편의 횟수가 많고 이동거리가 먼 경우 또는 일주일 이상 한 도시에 장기체류하는 여행자들에게 추천한다. 존을 지정하고 1일권 피크타임과 오프피크, 7일권 세 가지 종류 중에 선택가능하다. 가격은 1~4존 기준 1일권은 £13.10, 7일권은 £50.50이지만 오이스터카드를 사용할 때보다 비싸므로 장거리이동 이외에는 다소 비효율적이다. 튜브역 창구와 자동발매기를 통해 구입할 수 있다.

홈페이지 www.londontravelpass.com

트래블카드 종류

Zones	Age	1 Day anytime	1 Day off Peak	7 Day anytime
1~2	16세 이상	-	-	£35.10
	11~15세	-	-	£17.60
1~3	16세 이상	-	-	£41.20
	11~15세	-	-	£20.60
1~4	16세 이상	£13.10	-	£50.50
	11~15세	£6.50	-	£25.30
1~5	16세 이상	-	-	£60.20
	11~15세	-	-	£30.00
1~6	16세 이상	£18.60	£13.10	£64.20
	11~15세	£9.30	£6.50	£32.10

도보 이동 시 알고 있어야 할 런던의 횡단보도

1. 지브라크로싱(Zebra Crossing)
보행자 우선 횡단보도로 신호등이 없는 대신 흑백 얼룩말무늬의 램프가 달린 네 개의 봉이 자리를 지키고 있다. 횡단보도를 건너려는 보행자가 있을 경우 차는 무조건 정차해야 하며 이를 어긴 운전자는 벌금을 내야 한다. 지브라크로싱이 설치된 곳은 주로 제한속도가 시속 30마일(약 48km) 이하인 주택가도로이다.

2. 펠리컨크로싱(Pelican Crossing)
보행자신호조작 횡단보도(PEdestrian LIght CONtrolled crossing)의 약자로 버튼을 조작하여 횡단보도를 건너는 방식이다. 버튼을 누르면 1분 이내에 신호등이 파란불로 변경된다. 런던거리에서 흔히 볼 수 있는 횡단보도 시스템이다.

SECTION 19
런던에서 유럽으로 이동하는 방법

여러 나라가 인접한 유럽은 우리나라에서 멀기 때문에 여행을 결심하면 한 국가나 도시가 아닌 몇 개의 국가나 도시를 묶어서 여행하는 경우가 많다. 영국이 비록 섬나라이긴 하지만 프랑스와 연결되는 유로스타 해저터널을 이용하면 굳이 비행기를 타지 않아도 인근 국가로 이동할 수 있다. 기차와 버스, 그리고 저가항공편 등에 대해서 간략하게 알아보자.

해저터널로 연결된 유로스타

영국과 프랑스 사이 도버해협 Strait of Dover(프랑스에서는 칼레해협 Strait of Calais이라 부른다.)의 해저터널 Euro Tunnel을 관통하는 유로스타 Eurostar는 런던과 프랑스 파리를 2시간 15분, 런던과 벨기에 브뤼셀은 1시간 50분 만에 주파하는 초고속열차이다. 티켓은 스탠다드 Standard, 스탠다드프리미어 Standard Premier, 비즈니스프리미어 Business Premier 등 3종류가 있으며 종류에 따라 좌석구조, 제공되는 식사, 체크인 시간, 라운지이용 등에 혜택이 다르다.

빠른 속도와 바다 속을 달린다는 신기함이 여행자를 설레게 하지만 가격이 비싸 주저할 수밖에 없다. 하지만 여행을 미리부터 준비하는 여행자라면 저렴하게 구입할 수 있는 기회는 많다. 예약은 6개월 전부터 오픈하는데 최소 한 달 전에만 서둘러도 반값 이상 할인된 표를 구할 수 있다(비즈니스프리미어는 할인제외).

티켓은 홈페이지나 유로스타 앱(iOS, Android 지원)을 통해 구입할 수 있다. 구입 시 해외결제가 가능한 신용카드나 체크카드를 사용해야 하며, 결제금액이 £30.00 이상일 경우 신용카드를 사용하면 £4.00의 수수료가 부과된다. 티켓은 출발 45분 전까지 결제할 때 사용한 신용카드를 제시하고 출발역에서 발권하거나 출발 24시간 전까지 홈페이지에서 e티켓으로 프린트하여 사용할 수 있다.

출발역은 해리포터의 플랫폼으로 유명한 킹스크로스 King's Cross역 바로 옆에 위치한 세인트판크라스인터내셔널 St Pancras International역이다. 국가 간 이동인만큼 짐검사와 출국심사가 진행되므로 탑승시각 최소 2시간 전에는 도착해야 한다. 만일 탑승할 열차가 지연되거나 취소되었다면 예약 시 입력한 연락처와 메일주소로 알림메시지가 오므로 탑승 전에 확인해 보는 것을 잊지 말자.

홈페이지 www.eurostar.com

국가 사이를 오가는 국제버스 메가버스와 유로라인

런던에서도 국제버스로 인접국가로 이동할 수 있다. 유로스타보다 시간은 더 걸리지만 가격에서는 비교가 안 될 정도로 저렴하다. 런던과 주변국을 운행하는 대표적인 버스회사는 메가버스 Megabus와 유로라인 Euroline으로 두 버스 모두 유럽 대도시간을 연결한다. 메가버스는 아일랜드와 네덜란드, 벨기에, 프랑스 등 런던과 인접한 대부분의 국가로 이동할 수 있고, 유로라인은 아일랜드를 제외한 국가와 연결된다.

티켓예약은 홈페이지에서 가능하며, 유로스타와 마찬가지로 서둘러 예약하면 좀 더 저렴하게 구입할 수 있다. 예약은 두 달 전부터 가능하고 세일이벤트도 자주 있으므로 수시로 체크해보는 것이 좋다.

▲ 메가버스

런던에서 출발할 때는 빅토리아역 부근 빅토리아코치스테이션Victoria Coach Station에서 탑승하며, 국가 간 이동이라 탑승 두 시간 전부터 체크인이 시작된다.

메가버스 www.megabus.com 유로라인 www.eurolines.com/en
빅토리아코치스테이션 주소 164 Buckingham Palace Rd, London SW1W 9TP 문의 (44)020-7222-5600 찾아가기 TUBE 빅토리아(Victoria)역 7번 버킹엄팰리스로드(Buckingham Palace Road) 출구로 나와 왼쪽으로 버킹엄팰리스로드(Buckingham Palace Road)를 따라 걷다보면 오른편에 위치한다. 도보 8분.

▲ 빅토리아코치스테이션

주요 운행노선

목적지		소요시간	운행회사	거리
프랑스	파리(Paris)	7시간 30분~9시간	메가버스, 유로라인	451km
	릴(Lille)	4시간 50분~6시간 30분		276km
네덜란드	암스테르담(Amsterdam)	9~11시간		531km
	로테르담(Rotterdam)	7시간 55분~10시간		471km
독일	쾰른(Cologne)	9시간 30분~11시간		584km
벨기에	브뤼셀(Brussels)	6시간 30분~7시간 35분		364km
	앤트워프(Antwerp)	6시간 35분~8시간		371km
	겐트(Gent)	5시간 25분~7시간 5분	메가버스	313km

빠르고 저렴하게 주변국을 연결하는 저가항공

최근 우리나라도 저가항공사들이 취항노선을 확장하고 있지만 유럽에서는 오래 전부터 저가항공이 대중화되어 많은 사람들이 이용하는 일반교통수단이다. 특히 런던에서 출발하는 라이언에어Ryanair와 이지젯Easyjet은 수많은 저가항공사들 중에서도 독보적으로 항공료가 저렴하다. 얼리버드와 방학 프로모션 등 저렴한 티켓을 더욱 저렴하게 판매하는 이벤트도 자주 진행되는데 실제 터무니없다 느낄 만큼 놀랄만한 가격이 나오기도 한다. 철도, 버스와 마찬가지로 서둘러 예약하면 비용을 절약할 수 있으므로 여행일정이 정해졌다면 수시로 확인해보는 것이 좋다.

티켓은 라이언에어와 이지젯홈페이지는 물론 저가항공 가격비교 사이트 스카이스캐너Skyscanner, 위치버짓Whichbudget 등에서도 예약가능하다. 게트윅Gatwick, 루턴Luton, 스탠스테드Stansted공항에서 주로 출발하며, 국제선이기 때문에 두 시간 전에는 도착하는 것이 좋다.

라이언에어 www.ryanair.com 이지젯 www.easyjet.com
스카이스캐너 www.skyscanner.net 위치버짓 www.whichbudget.com

주요 운항노선

항공사	목적지	출발공항	소요시간	거리
라이언에어	헝가리 부다페스트(Budapest)	런던 스탠스테드 (Stansted)	2시간 25분	1,491km
	폴란드 바르샤바(Warsaw)		2시간 20분	1,416km
	스페인 마드리드(Madrid)		2시간 15분	1,301km
	포르투갈 리스본(Lisbon)		2시간 30분	1,630km
	모로코 마라케시(Marrakesh)		3시간 15분	2,357km
이지젯	벨기에 브뤼셀(Brussels)	런던 게트윅 (Gatwick)	1시간 5분	328km
	스페인 바르셀로나(Barcelona)		2시간	1,110km
	이탈리아 밀라노(Milano)		1시간 40분	900km
	독일 뮌헨(Munchen)		1시간 40분	914km
	프랑스 파리(Paris)		1시간 5분	308km

PART 02
LONDON CENTRAL

Chapter 01
웨스트민스터&소호
Chapter 02
블룸스버리&코벤트가든
Chapter 03
말리본&베이커스트리트
Chapter 04
뱅크&서더크
Chapter 05
켄싱턴

CHAPTER 01
런던 관광의 중심
웨스트민스터 & 소호
Westminster & Soho

📷 ★★★★★
🍴 ★★★★★
🛍 ★★★★★

런던을 여행하기로 마음먹었다면 한번쯤은 들어봤을 이름 웨스트민스터와 소호. 런던의 심장인 웨스트엔드 한가운데를 차지하고 있으며 빅벤, 버킹엄궁전, 내셔널갤러리 등 런던의 주요관광지는 물론, 쇼핑가와 레스토랑, 뮤지컬, 클럽 등 이 곳을 빼놓고는 런던 관광을 논할 수 없다. 관광명소가 웨스트민스터에 모여 있다면 쇼핑과 맛집은 소호가 책임진다.

웨스트민스터&소호를 이어주는 교통편

웨스트민스터
· TUBE 디스트릭트 & 서클(District & Circle), 쥬빌리(Jubilee) 라인의 웨스트민스터(Westminster)역 또는 바커루(Bakerloo), 쥬빌리(Jubilee), 노던(Northern) 라인의 워털루(Waterloo)역에서 하차한다.

소호
· TUBE 센트럴(Central), 쥬빌리(Jubilee) 라인의 본드스트리트(Bond Street)역, 빅토리아(Victoria), 센트럴(Central), 바커루(Bakerloo) 라인의 옥스퍼드 서커스(Oxford Circus)역 또는 피카딜리(Piccadilly), 바커루(Bakerloo) 라인의 피카딜리서커스(Piccadilly Circus)역에서 하차한다.

웨스트민스터&소호에서 이것만은 꼭 해보자

1. 버킹엄궁전 앞에서 근위병 교대식을 보자!
2. 빅벤 앞에서 기념사진을 찍자!
3. 내셔널갤러리에서 유명 회화를 관람하자!
4. 런던아이를 타고 런던시내 야경을 감상하자!

사진으로 미리 살펴보는
웨스트민스터&소호 베스트코스
예상 소요시간 7시간 이상

11시 30분에 시작하는 버킹엄궁전의 근위병교대식을 시작으로 주요 관광지들을 도보로 이동하며 즐길 수 있다. 세인트제임스파크를 따라 15분 정도 걸으면 핵심 명소가 모여 있는 웨스트민스터에 도달한다. 빅벤부터 런던아이, 호스가즈, 트라팔가광장, 내셔널갤러리까지 모두 이동간격이 좁아 큰 길을 따라 도보로 쉽게 이동할 수 있다.

버킹엄궁전 1시간 코스 — 15분 — 국회의사당 1시간 코스 — 10분 — 런던아이 1시간 코스 — 15분 — 호스가즈 30분 코스

트라팔가광장 1시간 코스 — 5분 — 내셔널갤러리 1시간 코스 — 동일장소 — 국립초상화미술관 30분 코스 — 1분 — 피카딜리서커스 30분 코스 — 5분

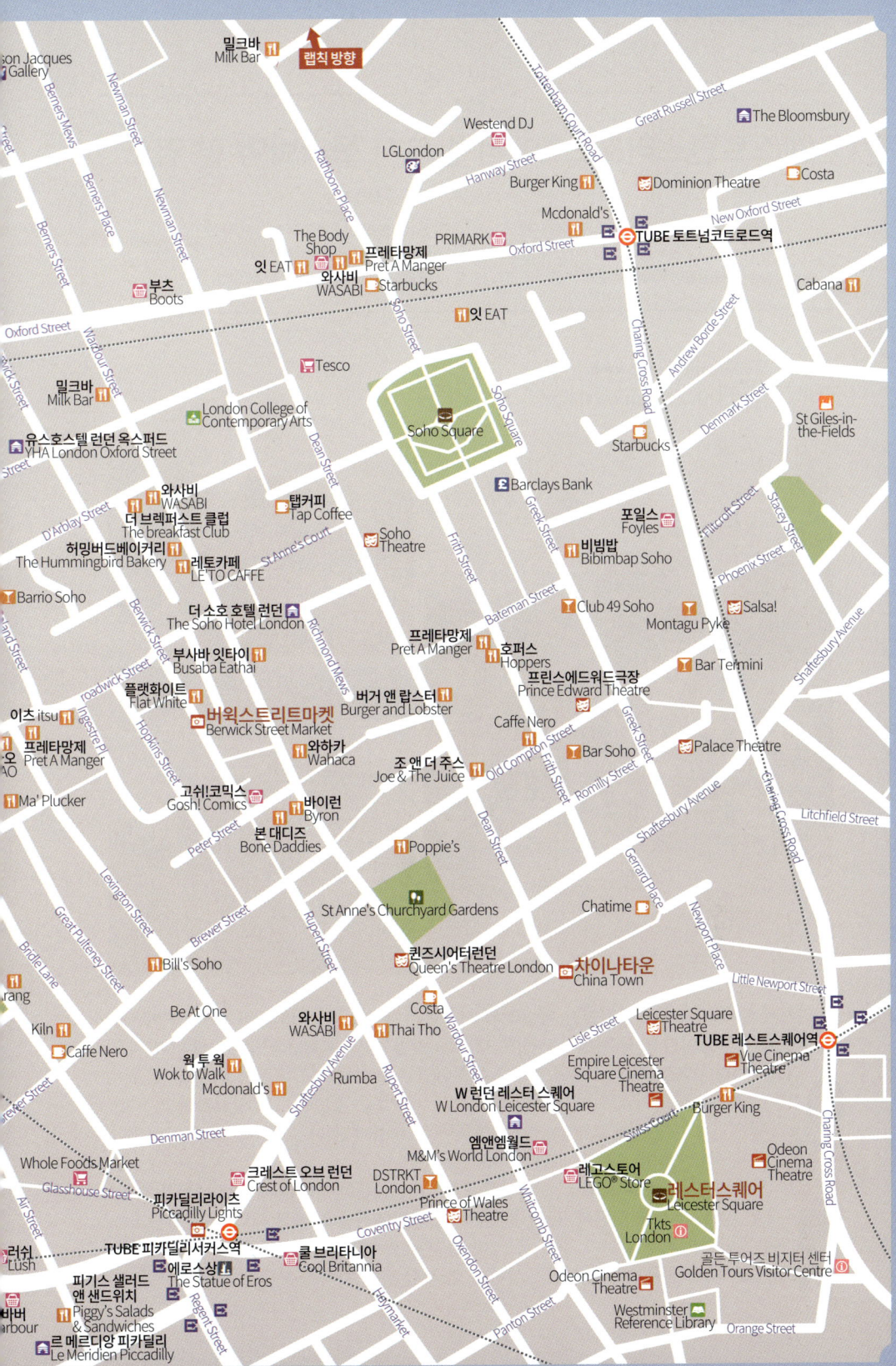

PART 02
LONDON CENTRAL

SECTION 01
웨스트민스터&소호에서 반드시 둘러봐야 할 명소

주어진 시간이 많지 않다면 웨스터민스터와 소호지역만 둘러봐도 런던의 웬만한 명소는 다 둘러봤다고 할 수 있을 정도로 런던여행에서 이 지역 비중은 매우 높다. 로열웨딩루트를 참고하여 동선을 짠다면 좀 더 효율적으로 시간을 활용할 수 있다.

엘리자베스여왕이 사는 곳 ★★★★★
버킹엄궁전 Buckingham Palace

엘리자베스여왕이 사는 공저이자 왕실청의 사무본부가 있는 버킹엄궁전Buckingham Palace은 런던관광의 핵심이자 가장 여행하고 싶은 명소로 손꼽힌다. 1703년 버킹엄공작의 저택으로 지어져 1837년에 빅토리아여왕이 즉위하면서 공식적으로 궁전이 되었다. 신고전주의Neoclassic양식의 화려하고 웅장한 궁전은 바라보는 것만으로도 멋있지만 최고 관광포인트는 '근위병교대식Changing The Guard'과 여름에만 한정으로 공개되는 '스테이트 룸State Room'이라 할 수 있다.

근위병교대식은 버킹엄궁전 앞에서 오전 11시 30분(4~7월은 매일, 8~3월은 격일)부터 약 40분간 진행된다. 관악대연주와 근위병행진을 보려고 매일 많은 관광객들이 몰리므로 시야확보가 좋은 궁전 바로 앞과 분수대 쪽은 경쟁이 매우 치열하다. 괜찮은 자리에서 보고 싶다면 시작하기 한 시간 전에 미리 도착하는 것이 좋다.

버킹엄궁전 내부의 스테이트룸은 외국 국빈들의 객실이자 만찬회, 행사장으로 이용된다. 7월 말에서 9월 말 사이에 한시적으로 개방하는데, 거장 렘브란트Rembrandt Harmensz. van Rijn와 루벤스Peter Paul Rubens 등의 작품을 비롯하여 화려한 장식품과 가구들을 감상할 수 있으므로 놓치지 말자.

주소 Buckingham Palace, London SW1A 1AA **귀띔한마디** 교대식은 8~3월에는 격일진행이기 때문에 방문 전 홈페이지(www.royalcollection.org.uk/visit/buckinghampalace/what-to-see-and-do/changing-the-guard)를 통해 진행여부를 확인해야 한다. 비오는 날은 열리지 않는다. **입장료 스테이트룸** 성인 £23.00, 학생&60세 이상 £21.00, 17세 이하 £13.00, 패밀리 £59.00(자세한 내용은 표 참조) **운영시간** 09:30~19:30(7월 20일~8월 31일, 마지막입장 17:15), 09:30~18:30(9월 1일~29일, 마지막입장 16:15) **문의** (44)020-7766-7334 **찾아가기** TUBE 빅토리아(Victoria)역 7번 버킹엄팰리스로드(Buckingham Palace Road) 출구로 나와 오른쪽 방향으로 직진한 후 로열뮤스(Royal Mews)를 지나 버킹엄게이트(Buckingham Gate)가 나오면 왼편에 위치한다. 도보 10분. **홈페이지** 버킹엄궁전 www.royal.gov.uk 스테이트룸 www.royalcollection.org.uk

⟨2019년 버킹엄궁전 티켓⟩ 개방일자 : 2019년 7월 20일~9월 29일

종류	내용	요금			
		성인	학생 & 60세 이상	17세 이하	패밀리
스테이트룸 (The State Rooms, Buckingham Palace)	버킹엄궁전 실내 관람 (여름 한시적 개방)	£25.00	£22.80	£14.00	£64.00
로열데이아웃 (Royal Day Out)	스테이트룸, 퀸즈갤러리, 로열뮤스 통합입장권	£45.00	£40.00	£24.50	£114.50

※ 5세 이하는 무료/패밀리는 성인 2명에 17세 이하 청소년 3명까지 적용 가능.

버킹엄궁전의 숨은 명소 로열뮤스와 퀸즈갤러리, 클래런스하우스

버킹엄궁전에 왔다면 궁전 오른쪽 뒷편에 위치한 로열뮤스(Royal Mews)와 퀸즈갤러리(Queen's Gallery), 클래런스하우스(Clarence House)도 방문하자. 로열뮤스는 왕실마차를 끄는 말들의 마구간이자 대관식이나 로열웨딩, 의회개회식 등 공식행사에서 사용되는 마차와 자동차를 보관, 전시하는 곳이다. 온통 금으로 장식되어 화려함의 극치를 보여주는 황금마차(Gold State Coach)는 이곳의 대표적인 전시물이다.

퀸즈갤러리는 왕실이 소장한 미술품과 공예품을 전시하는 곳으로 매번 다른 기획전시를 진행한다. 클래런스하우스는 찰스왕세자부부와 해리왕자가 살고 있는 영국왕실저택이다. 왕실가족이 스코틀랜드의 발모랄성(Balmoral Castle)으로 여름휴가를 떠나는 동안 일반공개되어 관광객을 맞이한다. 로열뮤스와 퀸즈갤러리는 국가방문, 왕실이벤트 등 특정 기간을 제외하곤 매일 오픈하므로 보고 싶다면 통합티켓으로 구입하는 것이 조금 더 저렴하다. 클래런스하우스는 여름에 한해서 공개되며 시기는 매번 달라진다.

주소 Buckingham Palace, London SW1A 1AA **입장료** 로열뮤스 성인 £12.00, 60세 이상&학생 £11.00, 어린이(17세 이하) £6.80, 패밀리 £30.80 / 5세 이하 무료 퀸즈갤러리 성인 £12.00, 60세 이상 £10.80, 학생 £10.00, 17세 이하 £6.00, 패밀리 £30.00 / 5세 이하 무료 통합티켓(로열뮤스+퀸즈갤러리) 성인 £20.70, 60세 이상&학생 £18.70, 어린이 £11.20, 패밀리 £52.60 / 5세 이하 무료 클래런스하우스 2020년 7월까지 휴관 **운영시간** 로열뮤스 10:00~17:00(3월 26일~11월 3일, 마지막입장 16:15), 10:00~16:00(11월 4~30일, 마지막입장 15:15)/3월 30일, 11월의 매주 일요일, 2018년 12월, 2019년 1월 휴무 퀸즈갤러리 09:30~17:30(7월 21일~9월 30일, 마지막입장 16:15), 10:00~17:30(지정일 외 모든 날짜, 마지막입장 16:15) /3월 30, 5월 14일~6월 7일, 10월 15일~11월 8일, 12월 25, 26일 휴무 클래런스하우스 2017년 8월 1일~31일 10:00~16:30(월~금요일, 마지막입장 15:30), 10:00~17:30(토~일요일, 마지막입장 16:30) **문의** (44)020-7766-7334 **찾아가기** 로열뮤스, 퀸즈갤러리 TUBE 빅토리아(Victoria)역 7번 버킹엄팰리스로드(Bucking-ham Palace Road) 출구로 나와 오른쪽으로 걷다보면 왼편에 위치한다. 도보 7분. 클래런스하우스 버킹엄궁전에서 더몰(The Mall) 방향으로 걸어가면 왼편에 저택이 보인다. 도보 7분. **홈페이지** www.royalcollection.org.uk

새들의 보금자리 ★★★★★

세인트제임스파크 St James's Park

공원 북쪽에 자리한 세인트제임스궁전을 비롯해 버킹엄궁전, 국회의사당(웨스트민스터궁전) 등 3대 궁전에 둘러싸인 가장 오래된 왕립공원이다. 1664년 러시아대사가 펠리컨을 선물한 계기로 세인트제임스호수 근처에 덕아일랜드Duck Island가 만들어졌으며, 현재는 야생조류보호구역으로 펠리컨과 백조, 오리 등 40여 종의 조류가 서식하고 있다.

호수 한가운데 티파니분수Tiffany Fountain의 이름은 공원 조류보호를 지원하는 주얼리브랜드 티파니Tiffany&Co.에서 따왔으며, 세인트제임스파크의 상징물로 많은 이들의 사랑을 받고 있다.

공원 동북쪽에 자리한 레스토랑 Inn The Park는 영국의 유명 베이커리 페이튼앤반Peyton And Byrne이 운영하는 곳으로 각종 음식과 음료를 판매하고 있다.

주소 St James's Park, London SW1A 2BJ 운영시간 05:00~24:00 문의 (44)0300-061-2350 찾아가기 TUBE 세인트제임스(St James's Park)역에서 나와 퀸앤게이트(Queen Anne's Gate)도로를 따라 북쪽으로 직진하면 공원입구가 보인다. 도보 5분. 홈페이지 www.royalparks.org.uk

영국국교회를 대표하는 ★★★★★

웨스트민스터사원 Westminster Abbey

영국국왕의 대관식, 고 다이애나왕세자비의 장례식 그리고 2011년 윌리엄왕자와 캐서린왕세손비의 결혼식 등 굵직굵직한 국가행사가 거행됐던 웨스트민스터사원은 영국국교회(성공회)를 대표하는 교회이자 오랜 역사를 간직한 명소이다. 건물은 교회와 박물관으로 이루어져 있으며, 교회에서는 매일 아침 미사가 행해진다. 박물관에는 역대 국왕들의 기념비와 대관식 때 사용한 옷과 그림 등의 물품을 전시하고 있다.

그밖에도 웨스트민스터사원은 아이작뉴턴, 찰스다윈 등 영국을 대표하는 위인들이 잠들어 있는 곳으로도 유명한데, 특히 찰스디킨스, T.S.엘리엇과 같은 문학가들의 묘는 '시인들의 코너Poet's Corner'를 만들어 따로 모아둔 점이 인상적이다. 영어지원 오디오가이드를 무료로 대여해주며, 스마트폰 앱으로도 다운로드받을 수 있다. 빅토리아역에 위치한 로마 가톨릭 주교좌 성당인 웨스트민스터성당Westminster Cathedral과 전혀 관계가 없으므로 혼동하지 말자.

주소 20 Deans Yd, London SW1P 3PA 귀띔한마디 사원 내 사진촬영은 전면 금지된다. 입장료 성인 £20.00, 60세 이상&학생 £17.00, 어린이(16세 이하) £9.00, 5세 이하 무료 운영시간 09:30~15:30(월, 화, 목~토), 09:30~18:00(수요일)/일요일 휴무 문의 (44)020-7222-5152 찾아가기 TUBE 웨스트민스터(Westminster)역 4번 브리지스트리트 북쪽(Bridge Street North Side) 출구로 나와 오른쪽으로 건너 팔러먼트스퀘어(Parliament square)를 지나면 사원이 보인다. 도보 5분. 홈페이지 www.westminster-abbey.org

CHAPTER 01
웨스트민스터 & 소호

런던을 상징하는 랜드마크 ★★★★★
국회의사당 Houses of Parliament

> 2017년 8월부터 빅벤 보수공사로 인해 2021년 8월까지 타종이 중단된다.

고딕양식의 국회의사당은 웨스트민스터궁전 The Palace of Westminster이라고도 불리며 11세기에 만들어졌다. 1834년 화재로 손실된 것을 개보수한 것으로 유네스코세계유산으로 지정되어 있다. 국회의사당 건물에는 빅벤Big Ben이라는 이름이 더 익숙한 엘리자베스타워Elizabeth Tower를 비롯해 화재에서 살아남은 웨스트민스터홀Westminster Hall, 주얼타워Jewel Tower와 건물 서쪽에 우뚝 솟은 빅토리아타워 Victoria Tower가 있다. 국회의사당은 매주 토요일과 국회회기 기간이 아닌 8~10월 평일투어로 내부까지 견학할 수 있으며, 오디오투어(성인 £18.50, 학생 및 60세 이상 £16.00, 15세 이하 £7.50)와 가이드투어(성인 £25.50, 학생 및 60세 이상 £21.00, 15세 이하 £11.00) 두 종류가 있다. 매번 반드시 투어가 행해지는 것은 아니기 때문에 공식홈페이지를 확인하고 방문하는 것이 좋다.

엘리자베스타워는 런던뿐만 아니라 영국을 상징하는 랜드마크이다. 국회의사당 건물 동쪽 끝에 있는 커다란 시계탑으로, 처음 빅벤이라는 이름은 시계탑 내부에 달린 커다란 종에서 유래했지만 언제인가부터 시계탑 전체를 통칭하고 있다. 2012년 엘리자베스2세 여왕 즉위 60주년을 맞아 엘리자베스타워로 공식명칭이 바뀌었지만 아직까지도 빅벤이라는 이름으로 널리 알려져 있다. 타워는 높이 96m, 무게 13톤에 달하지만 매우 정교하게 설계되어 150여 년간 멈춘 적이 거의 없었다고 한다.

주소 Westminster, London SW1A 0AA 귀띔한마디 매 정시마다 울리는 종소리를 웨스트민스터차임(Westminster Chimes)이라고 한다. 우리에게도 친숙한 종소리의 원조가 바로 빅벤의 종소리이다. 문의 (44)020-7219-4114 찾아가기 TUBE 웨스트민스터(Westminster)역 4번 브리지스트리트 북쪽(Bridge Street North Side) 출구로 나오면 바로 건너편에 위치한다. 도보 3분. 홈페이지 www.parliament.uk/visiting

런던중심에서 즐기는 공중산책 ★★★★★
런던아이 Coca-Cola London Eye

런던시 '밀레니엄프로젝트' 일환으로 2000년 3월 9일 첫 운행을 시작하여 현재는 영국을 대표하는 관광명소로 자리 잡았다. 한 바퀴 도는 데 약 30분이 소요되고 국회의사당, 엘리자베스타워, 웨스트민스터사원, 세인트폴대성당, 런던탑 그리고 템즈강을 사이에 두고 펼쳐지는 런던시내를 구석구석 한눈에 내려다 볼 수 있다. 맑은 날에는 27km 이상 떨어진 히드로국제공항과 윈저성 Windsor Castle까지도 보인다고 하는데 런던의 날씨를 생각하면 그다지 흔한 일은 아니다.

런던을 상징하는 건축물로 여행자와 현지인 모두 좋아하지만 실제 런던아이가 운행되기까지는 많은 우여곡절이 있었다. 건설 당시로는 처음 시도되는 디자인인데다 엄청난 크기 때문에 위험요인을 회피하려는 수많은 기업들로부터 스폰까지 거절당했다고 한다. 또한 1999년 12월 31일에 맞춰 공식오픈식은 있었으나 기술적인 문제로 2개월이 지나서야 대중에게 개방되었고, 건설당시 5년 한정으로 운행할 예정이었다고 한다. 하지만 곧바로 영구시설로 인정될 만큼 지어진 후에야 많은 관심을 받게 된 시설물이다. 높이 135m로 2008년 싱가포르의 165m 플라이어가 건설되기 전까지는 세계 최대의 관람차였다. 한 번에 25명까지 탈 수 있는 타원형 캡슐이 32개나 있지만 항상 많은 사람들로 붐비기 때문에 웹사이트에서 미리 예약을 하면 대기시간을 줄일 수 있다.

주소 Riverside Bldg, County Hall, Westminster Bridge Rd., London SE1 7PB 귀띔한마디 정오시간대가 가장 붐비므로 이 시간대를 피해 오전이나 저녁 시간대에 방문하는 것이 좋다. 입장료 Standard Ticket £19.35, 기타 티켓은 팁을 참조하자. 영업시간 보통 10:00~20:30이나 매일 변동되므로 홈페이지에서 확인하자. 문의 예약 (44)087-1781-3000 정보 (44)080-0093-0123 찾아가기 TUBE 워털루(Waterloo)역 6번 사우스뱅크(South Bank) 출구로 나와 요크로드(York Rd)에서 왼쪽으로 걸어 치첼리스트리트(Chicheley St)로 들어선다. 벨비디어로드(Belvedere Rd)에서 쥬빌리가든(Jubilee Gardens)으로 진입하여 더 퀸즈워크(The Queen's Walk)로 향하면 런던아이가 바로 보인다. 도보 6분. 홈페이지 www.londoneye.com

TIP 런던아이 홈페이지에서 예약하기

런던아이의 입장권은 웹사이트를 통해 미리 예약하는 경우 할인도 받을 수 있고, 사용의도에 맞는 최적화된 입장권을 구입할 수 있어 편리하다. 입장권은 크게 일반 입장권과 입장이 빠른 패스트트렉 입장권 2가지로 구분되며, 하루 2번 이용가능한 입장권이나 가이드가 동승하는 입장권도 있다. 자세한 내용과 가격은 표를 참조하자.

티켓 종류	내용	구분	현장판매	온라인 예매	온라인 할인율
Fast Track	줄을 설 필요 없이 바로 입장할 수 있어 시간을 절약할 수 있으며, 날짜와 시간을 지정해야 한다.	성인(16세 이상)	£40.00	£37.00	10%
		어린이(4~15세)	£34.00	£32.00	10%
Flexi Fast Track	줄을 설 필요 없이 날짜만 지정하면 시간은 자유롭게 아무 때나 탑승 가능하다.	성인(16세 이상)	-	£44.00	-
		어린이(4~15세)		£38.00	
Standard Ticket	특별한 혜택 없이 날짜와 탑승시간을 지정해야 하는 일반 입장권이다.	성인(16세 이상)	£30.00	£27.00	10%
		어린이(4~15세)	£24.00	£22.00	10%
	※ 성인 1인 이상, 어린이 2인 이상인 경우 온라인으로 미리 예매하면 13% 할인				

※ 성인이 동반하는 4세 미만 유아는 무료이다.

런던을 대표하는 복합문화예술공간 ★★★★★
사우스뱅크센터 Southbank Centre

런던의 복합문화예술공간으로 오케스트라 정기연주회가 열리는 로열페스티벌홀Royal Festival Hall과 퀸엘리자베스홀Queen Elizabeth Hall, 현대미술관인 헤이워드갤러리Hayward Gallery, 영국국립극장Royal National Theatre이 들어서 있다. 1년 내내 다양한 프로그램이 상연, 전시되므로 문화예술에 관심 있는 사람이라면 꼭 한 번 들려보자.

굳이 예술에 관심이 없더라도 매주 금~일요일 센터 앞 광장에서 펼쳐지는 리얼푸드마켓 Real Food Market은 둘러볼 만하다. 간편하면서도 훌륭한 음식을 제공하자는 취지로 진행되는 마켓이라, 저렴하게 맛있는 한 끼를 즐기고 싶은 여행자들에게는 제격이다. 고기, 허브, 치즈와 같은 신선한 식재료로 각종 길거리음식을 만들어 판매하고 있어 마치 버러마켓Borough Market의 길거리 버전을 보는 것 같다. 또한 워털루브리지Waterloo Bridge 아래 퀸즈워크Queen's Walk에서는 중고책을 취급하는 런던 유일의 도서전문마켓인 사우스뱅크센터북마켓 Southbank Centre Book Market이 열린다. 다양한 장르의 책이 잘 정리되어 있으며 가끔 귀중한 고서도 발견된다고 하니 책에 관심 있는 사람이라면 놓치지 말자.

주소 Southbank Centre, Belvedere Rd. London SE1 8XX 귀띔한마디 로열페스티벌홀과 퀸엘리자베스홀은 공연 외 시간대에는 무료입장이 가능하다. 단, 헤이워드갤러리는 유료입장. 운영시간 10:00~23:00 / 12월 25일 휴무 문의 (44)020-7960-4200 찾아가기 TUBE 워털루(Waterloo)역 6번 사우스뱅크(South Bank) 출구로 나와 요크로드(York Rd.)에서 오른쪽 방향으로 걸어 왼쪽 서튼워크(Sutton Walk)로 진입하여 콘서트홀어프로치(Concert Hall Approach)에서 왼쪽 벨비디어로드(Belvedere Rd.)로 진입하면 왼편에 위치한다. 도보 4분. 홈페이지 www.southbankcentre.co.uk

CHAPTER 01
웨스트민스터 & 소호

버킹엄궁전의 근위병교대식을 놓쳤다면 ★★★★
호스가즈 Horse Guards

호스가즈는 여왕을 호위하는 친위대를 훈련시키기 위해 만들어진 곳으로 현재 근위기병대 사령본부로 사용되고 있다. 다우닝가 Downing Street에 다다르기 직전 말을 탄 멋진 근위병에게 시선을 빼앗기는데, 호스가즈 입구에는 항상 제복을 차려입은 근위병들이 경비를 선다. 이곳에서도 버킹엄궁전처럼 매일 아침 11시(일요일은 10시) 근위병교대식이 펼쳐질 뿐만 아니라 매년 6월 엘리자베스여왕 생일에 펼쳐지는 기마병과 근위병 퍼레이드인 트루핑더컬러Trooping the Colour 행사도 이곳에서 진행된다.

호스가즈의 교대식은 매일 아침 10시부터 오후 4시까지 매시 정각에 진행되며, 버킹엄궁전보다는 여유롭게 즐길 수 있다. 특히 오후 4시에 행하는 마지막 교대식 '디스마운팅 세리머니Dismounting Ceremony'는 이전 교대식보다 성대하게 진행된다. 교대식을 관람한 후에는 건물 내 기마대박물관The Household Cavalry Museum도 놓치지 말고 둘러보자.

주소 Horse Guards, London SW1A 2AX **귀띔한마디** 건물 곳곳에서 보초를 서는 근위병과 기념촬영을 하는 관광객이 많다. **입장료** 기마대박물관 성인 £7.00, 어린이(16세 이하) £5.00 **운영시간** 10:00~18:00(4~10월), 10:00~17:00(11~3월) / 12월 24~26일 휴무 **문의** (44)020-7930-3070 **찾아가기** TUBE 차링크로스(Charing Cross)역 트라팔가스퀘어(Trafalga Square) 출구로 나와 왼쪽 애드미럴티아치(Admiralty Arch)를 지나 더몰(The Mall) 방향으로 직진한 후 호스가즈로드(Horse Guards Rd)로 진입하면 왼편에 큰 광장이 나온다. 도보 5분. **홈페이지** www.householdcavalrymuseum.co.uk

01. 호스가즈를 지키는 근위병 02. 호스가즈 건물 내에는 기마대 박물관이 있다. 03. 기마병 교대식 04. 호스가즈를 지키는 기마병

루벤스의 명작을 런던에서 만난다. ★★★★★
반케팅하우스 Banqueting House at Whitehall

1698년 발생한 대화재로 인해 대부분이 불에 타 없어진 화이트홀궁전 중 유일하게 소실되지 않은 건물이다. 목조건물이 주류였던 이 부근에 최초로 세워진 석조건물로 30m 너비에 높이 17m 규모의 더블큐브방식을 채용하였다. 사전적 의미로는 연회장, 무도회장 등 오락용도로 쓰이는 공간을 일컫지만 각국 특사가 방문했을 때 환영회를 열거나 궁정행사 내빈객을 맞이하는 등 황실행사에 주로 사용되었다.

행사가 열리지 않은 시기에는 17세기에 유행하던 가면극을 상영하기도 하였다. 이 건물 내 최대 볼거리는 바로크 최대의 거장 '루벤스Rubens'에 의해 완성된 천장화 9점이다. 커다란 방 하나를 보기 위해 £6.30란 입장료를 지불해야 된다는 것이 다소 비싸게 느껴질지도 모르나 루벤스의 천장화 하나만으로도 이곳을 방문할 가치는 충분하다.

천장화 속에는 그림을 의뢰한 찰스1세의 아버지 제임스1세를 비롯하여 영웅적 성덕 헤라클레스, 지혜의 여신 미네르바, 승리의 여신 빅토리 등이 등장한다. 그림 중 가장 큰 것은 세로 9m, 가로 6m 크기로, 당시 루벤스가 제작하던 벨기에에서 캔버스를 둥글게 말아 런던까지 운반했다고 전해진다. 현재 입장료 수익 대부분은 그림을 보존하는 비용으로 쓰이고 있다.

주소 Banqueting House, Whitehall, London, SW1A 2ER **입장료** 18세 이상 £6.30, 16-17세 및 60세 이상 £5.40, 15세 이하 무료 **운영시간** 10:00-17:00(마지막 입장 16:30)/연중무휴 **찾아가기** TUBE 웨스트민스터(Westminster)역 4번 브리지스트리트 북쪽(Bridge St. North Side)출구로 나와 오른편 팔라멘트스트리트(Parliament St.)를 걷다보면 오른편에 위치한다. 도보 5분. **홈페이지** www.hrp.org.uk/banqueting-house

CHAPTER 01
웨스트민스터 & 소호

다우닝스트리트 10번가 ★★★★★
총리관저 Prime Minister's Office

트라팔가광장Trafalga Square에서 국회의사당으로 향하는 남쪽 큰 도로인 화이트홀Whitehall 오른쪽에는 삼엄한 경비로 출입이 통제된 거리가 있다. 다우닝스트리트Downing Street로 뉴스에서 한 번쯤은 들어봄직한 이 거리의 10번지에 영국총리의 관저가 있다. 넘버10Number10이라고도 불리며, 총리관저 또는 영국정부를 칭하는 단어로 사용되기도 한다.

관계자 외엔 출입할 수 없지만 오픈하우스(p.51 참조) 같은 특별한 날에는 일반인도 출입이 허용된다. 단, 엄청난 경쟁률을 뚫고 당첨된 사람만 가능하다. 1500년대부터 쥐를 잡을 목적으로 고양이를 키우기 시작한 것이 1924년부터는 고양이를 '총리관저수석수렵보좌관Chief Mouser to the Cabinet Office'으로 임명하여 쥐를 잡는 업무를 내리고 있다. 11대 보좌관이었던 래리Larry라는 고양이는 낮잠만 자다 근무태만(?)으로 해고되었지만 현재 보좌관 프레이아Freya와 함께 공동으로 업무를 수행하고 있다.

주소 10 Downing St, London SW1A 2AA 찾아가기 TUBE 차링크로스(Charing Cross)역 트라팔가스퀘어(Trafalga Square) 출구로 나와 왼쪽 애드미럴티아치(Admiralty Arch)에서 화이트홀(White Hall)도로로 진입하다 왼쪽 호스가즈를 지나면 출입이 통제된 다우닝스트리트(Downing Street)가 위치한다. 도보 7분. 홈페이지 www.gov.uk/government/organisations/prime-ministers-office-10-downing-street

© VisitBritain

살아 숨쉬는 역사현장 속으로 ★★★★★
처칠워룸 Churchill War Rooms

제2차 세계대전 당시 작전본부였던 지하벙커를 박물관으로 개조한 역사자료관이다. 처칠이 지휘했던 전쟁내각집무실과 영국수상으로서 남긴 처칠의 업적, 그의 개인사 등을 영상, 음성 기록으로 전시하는 처칠박물관으로 이루어져 있다. 영국 현지인들에게 인기가 많아 오픈 전부터 기다란 대기행렬을 이룬다. 인터넷을 통해 시간대를 지정하여 예매한 티켓을 소지하면 바로 입장이 가능하므로 미리 구입해두는 것을 추천한다.

주소 Clive Steps, King Charles Street, London, SW1A 2AQ 입장료 16세 이상 £22.00, 학생, 60세 이상 £17.60, 5-15세 £11.00, 4세 이하 무료 운영시간 09:30~18:00(마지막 입장 17:00), 7~8월 09:30~19:00(마지막 입장 17:45)/12월 24~26일 휴무 문의 (44)020-7930-6961 찾아가기 TUBE 웨스트민스터(Westminster)역 4번 브리지스트리트 북쪽(Bridge Street North Side) 출구로 나와 오른쪽으로 걸어가다 오른편 호스가즈로드(Horse Guards Road)에 들어서면 오른편에 위치한다. 도보 5분. 홈페이지 www.iwm.org.uk/visits/churchill-war-rooms

트라팔가광장과 버킹엄궁전을 잇는 대로 ★★★★★
더몰 The Mall

버킹엄궁전에서 트라팔가광장Trafalgar Square 남서쪽에 위치한 킹에드워드7세가 어머니 빅토리아여왕을 기리기 위해 만든 문 '애드미럴티아치Admiralty Arch'에 이르는 1km 남짓의 도로를 칭하는 이름이다. 평소에는 차도로 이용되지만 일요일과 휴일 그리고 영국왕실 결혼식 '로열웨딩Royal Wedding'이나 엘리자베스여왕 즉위기념식 '쥬빌리퍼레이드The Queen's Diamond Jubilee Parade' 같은 국가적 기념행사가 열리는 날에는 보행자 전용도로로 바뀐다. 도로가 시작되는 버킹엄궁전 정면에는 빅토리아기념비가 세워져 있으며, 도로 동쪽에는 세인트제임스파크가 있다.

주소 The Mall, London SW1A 2BJ 귀띔한마디 차량이 오가는 도로이므로 차량에 주의하자. 찾아가기 TUBE 차링크로스(Charing Cross)역 트라팔가광장(Trafalga Square) 출구로 나와 왼쪽 애드미럴티아치(Admiralty Arch)를 지나면 바로 위치한다. 도보 2분.

이름에 걸맞게 푸른 숲이 울창한 ★★★★★
그린파크 Green Park

◀ 웰링턴아치

하이드파크와 세인트제임스파크 사이에 위치한 공원으로 8개 왕립공원 중 규모는 가장 작지만 항상 많은 사람들로 붐빈다. 측면에 버킹엄궁전이 있어 함께 둘러보기 좋고, 공원 전체가 울창한 숲이라 도심 속 삼림욕을 즐기기에도 안성맞춤이다. 실제 공원에서는 낮잠을 청하거나 자유롭게 휴식을 취하는 현지인들을 쉽게 만날 수 있으며, 이곳이 런던마라톤의 피날레를 장식하는 도착지점이기도 하다.
그린파크 서쪽 끝과 하이드파크 사이에 위치한 하이드파크코너에는 나폴레옹이 이끌던 프랑스군과 워털루전투Battle of Waterloo에서의 승리를 기념하여 세운 웰링턴아치Wellington Arch가 있다. 웰링턴은 당시 워털루전투를 이끌었던 영국군의 장군이다.

주소 Green Park, City of Westminster, London 귀띔한마디 웰링턴아치 위에 있는 발코니에서 360도 뷰를 감상해보자. 성인 £4.30, 어린이(15세 이하) £2.60 운영시간 24시간 문의 (44)030-0061-2350 찾아가기 TUBE 그린파크(Green Park)역 피카딜리 남쪽(Piccadilly South Side) 출구로 나오면 바로 위치한다. 도보 1분. 홈페이지 www.royalparks.org.uk

런던시민들의 만남의 장소 ★★★★☆
트라팔가광장 Trafalgar Square

◀ 넬슨제독기념비

1805년 넬슨Horatio Nelson이 이끌던 영국해군이 트라팔가해전에서 승리한 것을 기념하기 위해 만든 광장으로 연간 3천만 명이 넘는 관광객이 방문하며, 런던시민들에게는 만남의 장소로 손꼽히는 곳이다. 광장중앙에는 꽃모양의 커다란 분수 두 개가 나란히 자리하고 있으며, 바로 옆에는 네 개의 사자상에 둘러싸인 넬슨제독기념비Nelson's Column가 우뚝 서 있다. 광장 동쪽으로 세인트마틴인더필즈교회가 있고, 북쪽으로는 내셔널갤러리로 향하는 계단이 위치한다. 과거 분수를 중심으로 차가 쉴 새 없이 오가는 차도에 둘러싸여 있어 고립된 광장이었지만 영국의 건축가 노먼포스터 감수 하에 진행된 밀레니엄개조계획으로 2003년부터 시민들 품으로 돌아올 수 있었다.

주소 Trafalgar Square, London WC2N 5DN **귀띔한마디** 광장 비둘기에게 모이를 주는 행위가 금지된 곳이므로 모이를 주면 안 된다. **찾아가기** TUBE 차링크로스(Charing Cross)역 트라팔가스퀘어(Trafalga Square) 출구로 나오면 내셔널갤러리와 더불어 넬슨제독동상이 위치한다. 도보 1분.

클래식음악을 무료로 즐길 수 있는 ★★★★★
세인트마틴인더필즈 St Martin-in-the-Fields

1222년부터 오랜 세월 웨스트민스터를 지켜온 세인트마틴인더필즈교회는 내셔널갤러리 동쪽, 국립초상화미술관 건너편에 위치하고 있어 어렵지 않게 찾을 수 있다. 8시 아침 예배를 시작으로 저녁에 열리는 연주회까지 굳이 신자가 아니어도 종교를 떠나 충분히 즐길 수 있는 알찬 프로그램들을 운영하고 있다.

특히 월, 화, 금요일 오후 1시에 열리는 런치콘서트Lunch Concert는 클래식음악을 중심으로 기타나 피아노독주회, 관현악삼중주 등 전문연주가들의 미니콘서트 형태로 무료 진행된다. 수요일 저녁 8시에는 지하 1층에 위치한 카페Café in the Crypt에서 재즈나이트Jazz Night가 열린다. £3.00~12.00의 저렴한 가격에 재즈공연을 즐길 수 있으며, 뷔페와 와인을 함께 즐길 수 있는 이벤트도 종종 열린다. 또한 수요일을 제외한 매일 저녁 개최되는 클래식음악 연주회도 £20.00 내외로 즐길 수 있다.

주소 Trafalgar Square, London WC2N 4JJ **귀띔한마디** 런치콘서트는 무료지만 공연 중간에는 입장할 수 없다. **입장료** 무료 **운영시간** 08:30~18:00(월~금요일), 09:00~18:00(토~일요일) **문의** (44)020-7766-1100 **찾아가기** TUBE 차링크로스(Charing Cross)역 트라팔가스퀘어(Trafalga Square) 출구로 나와 내셔널갤러리를 바라보며 트라팔가광장으로 들어서면 오른편에 위치한다. 도보 3분. **홈페이지** www.stmartin-in-the-fields.org

영국을 대표하는 미술관 ★★★★★
내셔널갤러리 National Gallery

언제나 거리행위예술가와 관광객으로 넘쳐나는 트라팔가광장에는 넬슨제독동상과 더불어 이 광장을 지키고 있는 또 하나의 관광명소 내셔널갤러리가 있다. 13세기 중세시대부터 19세기 초반에 이르기까지 유럽의 회화작품 약 2,300여 점 이상을 소장한 회화전문 미술관이다. 은행가이자 개인수집가였던 존 줄리어스 앵거스타인John Julius Angerstein의 소장품 38점이 기초가 된 이 미술관은 왕실, 귀족의 컬렉션이 아닌 점에서 여타 유럽의 미술관과는 차별화되어 있다.

영국의 유명화가 윌리엄터너William Turner를 비롯하여 고흐, 모네, 르누아르, 렘브란트, 미켈란젤로, 레오나르도다빈치 등 미술에 전혀 관심이 없더라도 한번쯤 들어봤을 법한 세계 최고의 예술가들의 작품이 망라되어 있다. 특별전을 제외한 상설전시는 무료로 입장이 가능하므로 수준 높은 회화작품을 언제든지 자유롭게 감상할 수 있다. 미술에 관심이 많다면 80점을 엄선하여 120분간 오디오로 소개하는 에센셜오디오투어The Essential Audio Tour를 추천한다. 런던중심부에 자리한 덕분에 런던을 대표하는 최고의 관광명소 중 한 곳으로 손꼽힌다.

주소 Trafalgar Square, London WC2N 5DN 귀띔한마디 미술관 내 셀카봉 촬영금지 입장료 무료, 에센셜오디오투어 한국어지원 성인 £5.00, 성인 동반 12세 이하 어린이는 2명까지 무료 운영시간 10:00~18:00(월~목요일, 토, 일요일), 10:00~21:00(금요일) / 1월 1일, 12월 24~26일 휴관 문의 (44)020-7747-2885 찾아가기 TUBE 차링크로스(Charing Cross)역 트라팔가스퀘어(Trafalga Square) 출구로 나오면 내셔널갤러리와 더불어 넬슨제독동상이 위치한다. 도보 3분. 홈페이지 www.nationalgallery.org.uk

내셔널갤러리에서 꼭 봐야 할 회화작품

빈센트반고흐의 〈해바라기〉 45번 방
Sunflowers, 1888, Vincent van Gogh

프랑스 남부도시 아를의 따사로운 태양아래 노랗게 만발한 해바라기를 사랑했던 고흐. 내셔널 갤러리의 해바라기는 고흐가 그린 꽃병에 담긴 해바라기 연작 중 4번째로 그린 작품이다. 같이 살게 될 고갱의 방에 걸어둘 목적으로 그가 가장 마음에 들어 했던 3번째 작품을 참고하여 그린 것이라 알려져 있다.

레오나르도다빈치의 〈암굴의 성모〉 57번 방
The Virgin of the Rocks, 1507, Leonardo da Vinci

동굴 속 성모마리아와 천사가 지켜보는 가운데 아기예수와 세례요한이 만나는 장면을 그린 것으로 높이가 2m에 달하는 거대한 작품이다. 어느 쪽이 아기예수인지는 정확하게 알려진 바가 없지만 왼쪽을 세례요한, 오른쪽을 아기예수로 보고 있다. 소설 다빈치코드에서는 이 그림 뒤에 황금열쇠가 숨겨진 것으로 묘사되기도 하였다. 미묘하게 다른 표현기법과 색감이지만 구도와 구성이 거의 똑같은 쌍둥이 그림이 존재하며, 이 작품은 프랑스 파리의 루브르박물관에 소장되어 있다.

조지프말로드윌리엄터너의 〈전함 테메레르의 마지막 항해〉 34번 방
The Fighting Temeraire, 1839, Joseph Mallord William Turner

2005년 BBC라디오에서 실시한 설문조사에 따르면 영국인이 가장 위대한 그림이라고 생각하는 작품이 바로 윌리엄터너의 〈전함 테메레르의 마지막 항해〉이다. 그가 템즈강에 산책을 나갔다가 우연히 트라팔가해전에서 나폴레옹군을 물리쳤던 전함 테메레르가 선박해체장으로 견인되는 모습에서 영감을 받아 그린 작품으로 이제 곧 폐기처분 될 운명인 테메레르호의 쓸쓸함과 애처로움이 검붉은 석양과 어우러져 캔버스에 고스란히 표현되었다.

하르먼스판레인렘브란트의 〈34세의 자화상〉 24번 방
Self Portrait at the Age of 34, 1640, Rembrandt

렘브란트의 수많은 자화상 중 대표작으로 손꼽히는 작품이다. 몸은 45각도로 오른쪽을 향하고 있지만 시선은 정면을 응시하고 있는 전통적인 초상화 구도로 온화한 표정과 자신감 넘치는 자세가 당시 화가로서 최고의 인기를 누리며 절정의 시기를 보내던 그의 상황을 말해준다. 실제 이 작품은 네덜란드 암스테르담에서 최고의 명성과 부를 구가하던 1640년에 그린 자화상이다.

얀반에이크의 〈아르놀피니 부부의 초상〉 56번 방
The Arnolfini Portrait, 1434, Jan van Eyck

그림 속 인물에 관해서는 오늘날까지 끊임없이 논쟁이 되고 있는 이 작품은 언뜻 보기에는 평범할지 모르나 단순한 인물화가 아닌 것으로 평가받는다. 이탈리아 출신의 거상 아르놀피니와 그의 아내 결혼식을 표현한 것이라는 초기 해석부터 약혼식이었을 것이라는 해석 그리고 최근 아르놀피니부부의 결혼식 날짜가 알려지면서 이들 부부가 아니다 등의 다양한 해석까지 낳고 있다는 점도 흥미롭지만 정작 이 그림이 주목받는 이유는 왼쪽 창가로 들어오는 빛을 통해 실내공간을 표현한 부분과 그림 정가운데 거울을 그려놓은 구성이 당시 인물화에서는 볼 수 없었던 에이크만의 참신하고 기발함이라고 한다.

조르주피에르쇠라의 〈아스니에르에서의 물놀이〉 44번 방
Bathers at Asnières, 1884, Georges Seurat

프랑스 파리의 센 강변 아스니에르에서 한가로이 주말을 보내는 젊은 노동자들의 평화로운 풍경을 담은 쇠라의 대표작 중 하나이다. 빛과 그림자를 입체적으로 표현하기 위해 시작한 점묘기법은 쇠라만의 독창적인 표현기법으로 발전하였는데 이 작품이 그 시발점이 되었다.

영국 유명인사의 초상화를 한눈에 볼 수 있는 ★★★☆☆
국립초상화미술관 National Portrait Gallery

1856년에 개관한 세계 최초의 초상화 전문미술관이며 회화작품뿐만 아니라 사진, 드로잉, 조각작품 등 다양한 형태의 초상화 약 1,400점을 전시하고 있다. 존테일러John Taylor가 그린 셰익스피어의 초상화는 국립초상화미술관이 사들인 최초의 작품이며 이곳에서 꼭 봐야 할 작품이다.

런던 현지인들에게 가장 인기 있는 작품은 엘리자베스여왕의 어린 시절이 담긴 사진이다. 영국의 역사와 문화를 이끈 역대 왕과 예술가부터 현재의 영국왕실, 유명인사까지 다양한 인물들의 모습을 만날 수 있어 특별한 미술적 지식이 없어도 흥미롭게 감상할 수 있다. 미술관의 규모는 그다지 크지 않으므로 한 시간 정도면 충분히 돌아볼 수 있다.

주소 St Martin's Pl, London WC2H 0HE **귀띔한마디** 내셔널갤러리건물 바로 우측에 위치해 있어 내셔널갤러리로 착각하고 들어오는 사람도 적지 않다. 내셔널갤러리 관람 후, 초상화미술관을 둘러보면 된다. **입장료** 무료(특별전은 유료) **운영시간** 10:00~18:00(월~수, 토, 일요일), 10:00~21:00(목, 금요일) / 부정기 휴관 **문의** (44)020-7360-0055 **찾아가기** TUBE 차링크로스(Charing Cross)역 트라팔가스퀘어(Trafalga Square) 출구로 나와 트라팔가광장에서 내셔널갤러리를 바라보고 오른쪽 방향으로 진입하면 왼편에 위치한다. 도보 5분. **홈페이지** www.npg.org.uk

고풍스러우면서 감각적인 예술공간 ★★☆☆☆
로열아카데미 오브 아츠 Royal Academy of Arts

창설 250년 역사를 자랑하는 영국 왕립 미술원. 약 5천 600만 파운드를 들여 옛 런던대학 건물의 대대적인 재개발을 감행, 2018년 5월 19일 새롭게 오픈하였다. 전시공간을 증설한 덕분에 이전보다 더 많은 작품을 감상할 수 있다. 특별기획전을 제외한 상설전시관은 무료로 입장가능하다. 숍, 레스토랑, 카페, 바 등 다양한 상업시설을 확충하여 전시관람 후 식사와 음료를 즐길 수도 있다.

주소 Burlington House, Piccadilly, London, W1J 0BD **입장료** 무료(특별전시는 유료) **운영시간** 본관 10:00~18:00(일~목요일), 10:00~22:00(금~토요일) 별관 08:00~22:00(월~토요일), 10:00~18:00(일요일)/연중무휴 **문의** (44)020-7300-8027 **찾아가기** TUBE 그린파크(Green Park)역 피카딜리 남쪽 더리츠(Piccadilly South Side, The Ritz) 출구로 나와 오른쪽 방향 피카딜리스트리트를 걷다보면 왼편에 위치한다. 도보 5분. **홈페이지** www.royalacademy.org.uk

CHAPTER 01
웨스트민스터 & 소호

세계적으로 유명한 만남의 장소 ★★★★
피카딜리서커스 Piccadilly Circus

웨스트엔드의 중심이자 런던에서 가장 많은 유동 인구가 오가는 피카딜리서커스는 메인 거리들이 합류되는 지점에 위치한 원형광장이다. 서커스Circus란 이름 그대로 소호를 구성하는 옥스퍼드스트리트와 리젠트스트리트가 원형으로 광장을 둘러싸고 있다. 피카딜리서커스의 볼거리 중 하나는 건물을 뒤덮은 대형전광판의 네온사인이다. 휘황찬란한 전광판과 건물에서 쏟아져 나오는 불빛으로 인해 거리는 밤새 불야성을 이루고, 이 건물 앞은 항상 기념사진을 찍으려는 수많은 관광객들로 붐빈다.

피카딜리를 대표하는 상징물이자 만남의 장소인 에로스동상Statue of Eros 또한 빼놓을 수 없는 볼거리이다. 세워질 당시 흔치 않았던 알루미늄소재로 제작된 동상은 빅토리아시대 천사처럼 자선을 베풀었던 샤프츠베리백작The 7th Earl of Shaftesbury에게 헌정된 샤프츠베리기념분수Shaftesbury Memorial Fountain를 장식하는 상징물이다. 동상을 제작한 영국의 조각가이자 금속공예가 알프레드길버트경Sir Alfred Gilbert은 조건없이 베풀었던 샤프츠베리백작의 사랑을 나타내기 위해, '동지애', '상호간의 사랑'을 상징했던 에로스의 쌍둥이 동생 안테로스Anteros를 모델로 하여 만들었지만 훗날 에로스라 더 많이 불리게 되었다.

주소 Piccadilly Circus, London W1J 9HW **귀띔한마디** 피카딜리서커스 부근은 사람들이 붐비는 곳으로 소매치기가 많아 특히 주의해야 한다. **찾아가기** TUBE 피카딜리서커스(Piccadilly Circus)역을 나오면 바로 위치한다. 도보 1분.

01.아치모양의 건물형태를 띈 피카딜리서커스 부근
02.03.피카딜리서커스 전광판의 낮과 밤
04.피카딜리서커스 광장의 상징인 에로스상

영국 엔터테인먼트의 메카 ★★★★★
레스터스퀘어 Leicester Square

영화, 뮤지컬, 연극 그리고 오페라 등 영국문화예술의 중심지인 레스터스퀘어는 오데온Odeon, 엠파이어Empire 등 대형영화관 건물에 둘러싸인 아담한 광장이다. 런던의 프리미어시사회가 대부분 이곳에서 열리므로 운이 좋으면 유명 할리우드배우의 레드카펫을 구경할 수도 있다.

광장 근방에는 유명 뮤지컬극장이 밀집되어 있어 할인티켓을 공식적으로 판매하는 티켓부스 tkts를 비롯해 사설 할인티켓판매소를 쉽게 찾아볼 수 있다. 광장 내 작은 정원에는 영국 저명인사들의 조각상이 세워져 있다. 한가운데에는 대문호 윌리엄셰익스피어, 측면에는 레스터스퀘어 부근에 살았던 과학자 아이작뉴턴Isaac Newton, 영화배우 찰리채플린Charles Chaplin, 화가 윌리엄호가스William Hogarth와 죠슈아레이놀즈Joshua Reynolds, 외과의사 존헌터John Hunter의 조각상이다. 이 작은 광장을 중심으로 피카딜리서커스와 코벤트가든, 트라팔가광장, 소호 등 유명 관광지들이 연결된다.

주소 Leicester Square, London WC2H 7DE 귀띔한마디 뮤지컬 할인티켓은 사설업체보다 tkts가 훨씬 저렴하다. 티켓가격이 저렴해도 수수료가 많이 붙어 배보다 배꼽이 큰 경우도 있다. (tkts의 수수료는 £3.00) 찾아가기 TUBE 레스터스퀘어(Leicester Square)역 2번 차링크로스로드 서쪽(Charing Cross Rd. West) 출구로 나와 바로 오른쪽 방향의 크랜본스트리트(Cranbourn St.)로 진입하면 위치한다. 도보 2분.

런던에서 만나는 유럽 최대의 중국 ★★★★★
차이나타운 China Town

오랜 역사만큼 유럽 최대 규모를 자랑하는 런던의 차이나타운은 소호번화가인 레스터스퀘어 바로 옆에 위치한다. 전 세계 유명도시 어디를 가도 찾아볼 수 있는 관광명소이면서 실제 도시의 특성과는 상관없이 독자적인 문화를 형성하고 있어, 런던 한복판에서 마치 개화기 중국으로 순간이동해온 듯한 기분을 느낄 수 있다.

윤돈화부倫敦華埠라 쓰인 패루를 들어서면 중화요리레스토랑, 중국전문식료품점, 중국의 전통빵을 파는 베이커리 등 중국음식과 관련한 상점이 즐비하게 이어진다. 아편전쟁 패배로 155년간 영국의 식민지였던 홍콩의 영향으로 광동요리 전문레스토랑이 대부분이다. 빠른 조리와 저렴한 가격이 강점이며, 밤늦게까지 운영하는 곳이 많아 주변 극장에서 뮤지컬을 본 후 끼니를 해결하기에 좋다.

주소 St Martin's Pl, London WC2H 0HE 귀띔한마디 대표적인 레스토랑으로는 런던에서 가장 불친절한 음식점으로 기네스북에까지 올랐지만 저렴한 가격과 맛으로 승부하는 웡케이(Wong kei), 타이완과 홍콩식 중화요리로 좋은 평을 받고 있는 렁스레전드(Leong's Legends)가 유명하다. 문의 (44)020-7360-0055 찾아가기 레스터스퀘어(Leicester Square)역 2번 차링크로스로드 서쪽(Charing Cross Rd. West) 출구로 나와 왼쪽 방향으로 진입하면 왼쪽 첫 번째 리틀뉴포트스트리트(Little Newport St.)에서 시작된다. 도보 1분.

CHAPTER 01
웨스트민스터 & 소호

소호를 구경하다가 잠깐 둘러볼 만한 곳 ★★★★★
버윅스트리트마켓 Berwick Street Market

소호 한가운데를 가로지르는 버윅스트리트에서는 일요일을 제외하고 매일 버윅스트리트마켓이 열린다. 청과물, 꽃과 옷 등을 판매하는 좌판에서부터 빵, 샐러드, 다국적 음식 등을 판매하는 노점까지 매우 다양하지만 이 지역 직장인과 관광객을 대상으로 하는 노점들이 아무래도 인기가 높다. 소호지역을 여행하다가 저렴하면서도 든든하게 배를 채우고 싶다면 이곳 마켓을 들려보자.

주소 Berwick St., London W1 영업시간 09:00~18:00(월~토요일)/매주 일요일 휴무 문의 (44)020-7287-9601 찾아가기 TUBE 피카딜리서커스(Piccadilly Circus)역 3A 피카딜리 남쪽(Piccadilly, South Side) 출구로 나와 샤프츠베리애비뉴(Shaftesbury Ave.)로 직진하다 루퍼트스트리트(Rupert St.)에서 왼쪽 방향으로 진입 후 워커스코트(Walker's Ct.)를 거쳐 버윅스트리트(Berwick St.)가 나올 때 까지 직진한다. 도보 7분. 홈페이지 www.berwickstreetlondon.co.uk

세계적 사진작가들의 작품을 만나다 ★★★★★
포토그래퍼스갤러리 The Photographer's Gallery

1971년 개관한 영국 최초의 사진전문갤러리이다. 옥스포드스트리트 근처의 한 창고를 개조한 5층 건물에 각층마다 주제를 달리하여 전시회를 개최한다. 독일 출신의 패션포토그래퍼 유르겐텔러Juergen Teller와 전설적인 보도사진가 로버트카파Robert Capa, 유니세프 특별대표이자 포토저널리스트인 세바스치앙살가두Sebastiao Salgado 같은 세계적인 거장은 물론 차세대를 이끌 신진작가까지 그들만의 독창적인 작품세계를 감상할 수 있다. 2~3개월 주기로 전시회의 테마가 교체되므로 방문 전 홈페이지에서 전시회일정을 미리 체크해보는 것이 좋다.
1997년부터 매년 지난 1년 동안 유럽에서 사진매체에 공헌도 큰 사진작가에게 도이체뵈르제상 Deutsche Börse Photography Prize을 수여하고 있으며 수상작 특별전도 개최한다. 건물 안에는 전시관 이외에도 카페와 북숍이 있어 다양하게 사진을 즐길 수 있다.

주소 16-18 Ramillies St, London W1F 7LW 귀띔한마디 매일 12:00 이전에는 입장료가 면제된다. 입장료 성인 £5.00, 학생 £2.50 운영시간 09:30~18:00(월~수, 금~토요일), 09:30~20:00(목요일), 11:00~18:00(일요일)/12월 24~28일, 31일, 1월 1일 휴무 문의 (44)020-7087-9300 찾아가기 TUBE 옥스퍼드서커스(Oxford Circus)역 7번 옥스퍼드스트리트(Oxford St.) 출구로 나와 오른쪽으로 걷다가 라밀리즈스트리트(Ramillies St.)로 진입하면 바로 위치한다. 도보 4분. 홈페이지 www.thephotographersgallery.org.uk

데미안허스트의 미술관 ★★★★★
뉴포트스트리트갤러리 Newport Street Gallery

현존하는 현대미술가 가운데 가장 비싼 몸값을 자랑하는 데미안허스트Damien Hirst가 운영하는 미술관으로 소장품 3,000여 점 중에서 그가 직접 선별한 작품을 전시한다.

데미안허스트가 수집한 작품들은 파블로피카소Pablo Picasso, 프랜시스베이컨Francis Bacon, 제프쿤스Jeff Koons, 트레이시에민Tracey Emin, 뱅크시Banksy 등 내로라하는 유명 예술가의 작품부터 알려지지 않은 신진 작가의 작품까지 다양한 편인데 정작 자신의 작품은 전시하지 않는다는 점이 특징이다. 6개월 주기로 전시내용이 교체되며 영국의 스타셰프 마크힉스Mark Hix가 기획한 레스토랑 파마시2Pharmacy2도 2층 내부에 자리하고 있으므로 함께 들러보자.

주소 Newport St, London SE11 6AJ 입장료 무료 운영시간 10:00~18:00(화~일요일)/매주 월요일 휴무 문의 (44)020-3141-9320 찾아가기 TUBE 복스홀(Vauxhall)역 메인 출구로 나와 복스롤브리지(Vauxhall Bridge) 반대방향으로 걷다가 왼쪽 큰 도로 복스홀워크(Vauxhall Walk)로 진입하여 직진하면 오른편에 위치한다. 도보 12분. 홈페이지 www.newportstreetgallery.com

젊음의 문화복합공간 ★★★★★
하우스오브반스 House of Vans

미국 캘리포니아의 스포츠브랜드 '반스Vans'가 운영하는 문화복합공간으로 스케이트보드와 예술을 콘셉트로 한 즐거운 공간을 지향한다. 튜브 워털루Waterloo역의 낡은 지하터널 5개를 개조한 내부에는 스케이트보드장, 갤러리, 공연장, 영화관, 레스토랑이 들어서 있다.

아트워크에 중점을 둔 갤러리를 시작으로 터널마다 다른 분야의 예술을 느낄 수 있는데 3, 4번째 터널에 있는 스케이트파크는 스케이트보드를 사랑하는 이라면 놓치지 말아야 할 곳이다. 방문 전 개최되는 이벤트의 상세내용을 알고 가면 더욱 재미있게 즐길 수 있다.

주소 Arches 229-232 Station Approach Rd, London SE1 8SW 입장료 무료(공연 별도) 운영시간 16:00~22:00(화~금요일), 10:00~20:00(토요일), 12:00~18:00(일요일)/매주 월, 화요일 휴무 문의 (44)020-7922-1180 찾아가기 TUBE 워털루(Waterloo)역 메인출구에서 왼쪽 Leake St로 진입하여 직진 후 끝자락 오른편에 위치한다. 도보 3분. 홈페이지 houseofvanslondon.com

CHAPTER 01
웨스트민스터 & 소호

SECTION 02
웨스트민스터&소호에서 먹어봐야 할 것들

맛있는 음식과 커피를 찾는다면 맛집이 모여 있는 소호의 버윅스트리트, 워더스트리트와 딘스트리트로 가자. 약 2km가량 이어진 거리에 미식가가 찬양하는 각종 레스토랑이 밀집되어 있다. 좀 더 독특한 경험을 하고 싶다면 게이들의 거리 올드컴튼스트리트은 어떨까. 20세기 최대 환락가였으며 현재도 클럽과 바가 활발하게 성업 중이라 밤이 되도 불빛이 꺼지지 않는다.

접근성이 좋은 소호의 맛집 ★★★★★
골든유니온피시바 Golden Union Fish Bar

옥스퍼드스트리트에서 정신없이 쇼핑을 즐긴 후 가볍게 배를 채우기 안성맞춤인 곳이다. 친절하고 빠른 서비스로 바삭바삭하면서도 담백한 피시앤칩스를 맛볼 수 있다. 'FISH'라고 커다랗게 적힌 하얀 타일벽면 인테리어는 심플하면서도 감각적이고, 노란테이블에 앙증맞게 세팅된 빨간 토마토모양의 케첩통 또한 인상적이다.

당일 들어온 신선한 시푸드재료가 메뉴 옆 보드판에 기재되어 있어 더욱 신뢰감을 준다. 생선과 감자튀김은 세트이므로 주문은 생선의 종류와 크기만 선택하면 된다. 타르타르소스Tartar Sauce는 추가 주문이지만 이 집에서 직접 만든 소스라 주문해도 후회하지 않을 맛이다. 색다른 맛을 원한다면 커리소스Curry Sauce를 추가 주문해도 좋다. 기다란 타원모양의 생선튀김은 냉동이 아니라 속살이 더욱 오동통하고 부드럽게 느껴진다. 초콜릿, 바닐라 등 다양한 맛의 아이스크림으로 만든 밀크셰이크도 인기메뉴 중 하나이다.

주소 38 Poland St, Soho London, W1F 7LY **베스트메뉴** Cod&Chips - 스몰 £12.50, 라지 £13.50, Haddock&Chips - 스몰 £12.50, 라지 £13.50 **영업시간** 11:30~22:00 **문의** (44)020-7434-1933 **찾아가기** TUBE 옥스퍼드서커스(Oxford Circus)역 7번 옥스퍼드스트리트(Oxford St. Exit only) 출구로 나와 오른쪽 방향으로 걷다가 오른편 폴란드스트리트(Poland St.)와 만나는 지점 우측에 위치한다. 도보 5분. **홈페이지** www.goldenunion.co.uk

저렴한 가격으로 즐기는 랍스터 ★★★★★
버거앤랍스터 Burger and Lobster

맛있는 랍스터를 합리적인 가격에 판매하면서 큰 인기를 누리는 곳이 있다. 추천메뉴는 랍스터가 통째로 나오는 홀랍스터Whole Lobster, 랍스터살로 채운 샌드위치 랍스터롤Lobster Roll 그리고 일반적 수제버거인 비프버거Beef Burger이다.

최고의 인기 메뉴는 랍스터 한 마리를 4등분하여 먹기 좋게 내오는 홀랍스터인데, 요리방식에 따라 스팀과 그릴 두 가지가 있다. 두껍고 탱탱한 속살을 갈릭버터에 찍어 먹으면 더욱 고소한 맛을 즐길 수 있다. 런던시내 5개 지점 중 교통이 편리한 소호, 메이페어, 나이트브리지 지점은 거의 예약이 불가능하거나 6인 이상의 경우에만 접수되므로 홈페이지에서 반드시 체크해보고 가는 것이 좋다.

주소 36-38 Dean St., London W1D 4PS 귀띔한마디 서비스차지 12.5% 부가. 영업시간 12:00~10:30(월~수요일), 12:00~23:00(목~토요일), 12:00~22:00(일요일) 문의 (44)020-7432-4800 찾아가기 TUBE 토트넘코트로드(Tottenham Court Rd.)역 1번 옥스퍼드스트리트 남쪽(Oxford St. South Side) 출구로 나와 직진하다 딘스트리트(Dean St.)로 진입한 후 베이트먼스트리트(Bateman St.) 다음 코너에 위치한다. 도보 7분. 홈페이지 www.burgerandlobster.com

영국식 아침식사 전문점 ★★★★★
브렉퍼스트클럽 The Breakfast Club

◀ 풀몬티

매일 오전 8시부터 오후 5시까지 정통 풀잉글리시 브렉퍼스트를 맛 볼 수 있는 곳이다. 완전한 영국식 아침식사를 즐기고 싶거나 식탐이 많아 질보다 양을 원한다면 풀몬티The full monty(£11.50)를 추천한다. 풀잉글리시브렉퍼스트에 반드시 들어가야 할 재료가 모두 들어가 있어 영국식 아침식사를 제대로 맛볼 수 있다.

채식주의자를 위한 메뉴로 야채소시지와 감자튀김, 구운 토마토 등이 포함된 레지더베지Reggie the Beggie(£10.95)도 준비되어 있다. 팬케이크와 에그베네딕트 등 기타 메뉴도 충실하다.

주소 33 D'Arblay St., London W1F 8EU 영업시간 08:00~22:00(월~토요일), 08:00~19:00(일요일)/연중무휴 문의 (44)020-7434-2571 찾아가기 TUBE 토트넘코트로드(Tottenham Court Rd.)역 1번 옥스퍼드스트리트 남쪽(Oxford St. South Side) 출구로 나와 옥스퍼드스트리트를 끼고 오른쪽 방향으로 직진하다 왼쪽 워더스트리트(Wardour St.)로 진입 후 두 블록 지나 오른쪽 방향으로 들어가면 노란 건물에 위치한다. 도보 7분. 홈페이지 www.thebreakfastclubcafes.com

CHAPTER 01
웨스트민스터 & 소호

셜록홈즈팬이라면 반드시 가봐야 할 ★★★★☆
셜록홈즈펍 The Sherlock Holmes Public House

이름부터 예사롭지 않은 셜록홈즈펍은 1층은 펍, 2층은 레스토랑으로 운영되고 있어 영국전통요리와 펍문화를 동시에 즐길 수 있는 곳이다. 레스토랑 내부 벽면은 온통 셜록홈즈 관련 그림과 사진, 모자 등의 소품으로 채워져 있으며, 2층 한편에는 소설을 토대로 재현된 셜록의 서재를 꾸며두고 있다.

셜록홈즈팬이라면 놓쳐서는 안 될 볼거리가 풍성하여 현지 단골손님과 관광객들로 항상 붐빈다. 인기메뉴는 영국식 비프버거와 로스트비프 등 영국전통요리들이다. 소설 속 주인공이 되어 즐기는 전통요리는 매우 독특한 경험이 될 것이다.

주소 10-11 Northumberland St., Westminster, WC2N 5DB **귀띔한마디** 셜록홈즈와 관련된 메뉴 이름도 주목해서 보자. 재치 있는 이름의 메뉴도 찾아볼 수 있다. **영업시간** 11:00~23:00(월~목, 일요일), 11:00~24:00(금, 토요일) **가격** 메인요리 £10.95~15.95, 샌드위치 £6.95, 스낵 £3.95~7.95 **문의** (44)020-7930-2644 **찾아가기** TUBE 차링크로스(Charng Cross)역 내셔널레일스테이션 콩코스(National Rail Station Concourse) 출구로 나와 왼쪽으로 걷다가 왼쪽 노섬벌랜드스트리트(Northumberland St.)로 진입하면 왼편에 위치한다. 도보 4분. **홈페이지** www.sherlockholmespub.com

영국수제버거의 진수를 맛볼 수 있는 ★★★★★
바이런 Byron

수제버거전문점이 맛집으로 알려지면서 햄버거가 더 이상 간편하게 끼니를 해결하기 위한 정크푸드가 아닌 미식가들의 입맛을 사로잡는 훌륭한 메인요리로 재탄생하였다. 한국에서도 몇 년 전부터 번듯한 수제버거집을 심심찮게 찾아볼 수 있는데 영국도 예외는 아니다. 미국에서 맛 본 수제버거의 매력을 런던에 알리고자 2007년 오픈한 바이런은 런던시내에만 30개가 넘는 지점을 거느린 어엿한 푸드전문 프랜차이즈업체이다.

제대로 된 정통햄버거 Proper Hamburgers를 표방하여 스코틀랜드산 소고기로 만든 패티와 부드러운 번, 거기에 신선한 야채만을 사용한다. 특히 미디엄으로 구워 풍부한 육즙이 환상적인 도톰한 패티는 바이런의 전매특허다.

주소 16-18 Beak St. London W1F 9RD **베스트메뉴** 에멘탈, 블루치즈, 몬트레이잭 등 5가지 치즈 중 한 가지를 선택해서 먹을 수 있는 치즈(Cheese) £8.25, 패티 위에 풋고추를 썰어 얹고 매콤한 소스를 뿌려 한국인 입맛에 맞는 칠리(Chilli) £8.95 **귀띔한마디** 테이크어웨이 가능. 가격은 동일. **영업시간** 11:30~23:30(월~목요일), 11:30~24:00(금, 토요일), 12:00~22:30(일요일, 공휴일)/연중무휴 **문의** (44)020-7437-6138 **찾아가기** TUBE 옥스퍼드서커스(Oxford Circus)역 3번 옥스퍼드스트리트 서쪽/리젠트스트리트 남쪽(Oxford St. West/Regent St. South) 출구로 나와 리젠트스트리트를 따라 걷다가 왼쪽 비크스트리트(Beak St.)로 진입하면 오른편에 위치한다. 도보 7분. **홈페이지** www.byronhamburgers.com

런던에서 즐기는 세련된 태국요리 ★★★★☆
부사바이타이 Busaba Eathai

일본요리 전문점 와가마마Wagamama, 퓨전중국요리 전문점 핫카산Hakkasan, 딤섬과 디저트 전문점 야웃차Yauacha 등 특색 있는 레스토랑을 잇달아 성공시킨 영국 레스토랑업계의 거물 알란야우Alan Yau가 만든 모던스타일의 태국요리 전문레스토랑이다. 태국에서 흔히 볼 수 있는 꽃 이름 부사바Busaba와 영문 Eat 그리고 Thai를 합성하여 만든 브랜드로 이름에 걸맞게 맛있는 태국요리를 맛볼 수 있다.

스타일리시한 인테리어와 분위기 있는 조명은 손님들에게 더욱 큰 만족감을 준다. 어떤 메뉴를 골라도 외국인 입맛에 맞도록 향신료를 줄여 요리하지만 태국음식 본연의 맛은 최대한 살아 있다. 자스민스무디Jasmine Smoothie, 망고라씨Mango Lassi, 구아바콜린스Guava Collins 등 스무디 형태의 주스(£3.30)도 인기가 있으므로 함께 상큼한 식사를 즐겨보자.

주소 106-110 Wardour St. London W1F 0TR 귀띔한마디 서비스차지 10% 부가. 영업시간 12:00~23:00 (월~ 목요일), 12:00~23:30(금, 토요일), 12:00~22:30(일요일)/연중무휴 문의 (44)020-7255-8686 찾아가기 TUBE 토트넘코트로드(Tottenham Court Rd.)역 1번 옥스퍼드스트리트 남쪽(Oxford St. South Side) 출구로 나와 옥스퍼드스트리트(Oxford St.)를 따라 걷다 왼쪽 워더스트리트(Wardour St.)로 진입하면 왼편에 위치한다. 도보 7분. 홈페이지 www.busaba.com

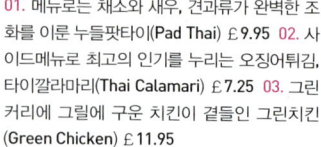

01. 메뉴로는 채소와 새우, 견과류가 완벽한 조화를 이룬 누들팟타이(Pad Thai) £9.95 02. 사이드메뉴로 최고의 인기를 누리는 오징어튀김, 타이깔라마리(Thai Calamari) £7.25 03. 그린커리에 그릴에 구운 치킨이 곁들인 그린치킨(Green Chicken) £11.95

런던에서 가장 핫한 라멘집 ★★★★

본대디즈 Bone Daddies

최근 런던에 우후죽순으로 생겨난 라멘 전문점 중 매일 500명 이상이 방문할 정도로 현지인들에게 독보적인 인기를 얻고 있는 곳이 있다. 유명 일식레스토랑 노부NOBU의 헤드셰프였던 호주출신 로스숀한Ross Shonhan이 오픈한 본대디즈는 톤코츠(돼지사골육수), 미소(된장), 쇼유(간장) 등을 사용하여 일본조리방식은 그대로 따르면서 소스와 재료를 약간 달리 하여 서양인 입맛에도 맞는 라멘을 주메뉴로 하고 있다.

테이블마다 생마늘과 고추기름의 일종인 일본라유, 간장이 구비되어 있어 취향대로 첨가할 수 있고, 생마늘은 다질 수 있도록 마늘다지기도 준비되어 있다. 머리가 긴 손님들을 배려하여 고무줄도 가져다 놓은 센스가 돋보인다. 라멘 전문점답게 빠른 서비스 또한 장점이다.

주소 31 Peter St., London W1F 0AR 베스트메뉴 해산물로 우려낸 국물에 김치, 고추는 물론 튀긴 새우, 홍합, 반숙계란, 구운 옥수수 등을 듬뿍 넣어 우리 입맛에 딱 맞는 매콤한 라멘, 김치라멘(Kimchee Ramen, £13.20), 닭고기육수에 검은깨를 갈아 넣어 걸쭉한 국물이 특징인 탄탄멘(Tantanman, £11.60) 귀띔한마디 취향에 따라 다진 마늘을 첨가해서 먹어보자. 국물이 시원하고 더욱 깊은 맛을 낸다. 영업시간 12:00~22:00(월요일), 12:00~23:00(화, 수요일), 12:00~23:30(목~토요일), 12:00~21:30(일, 공휴일)/연중무휴 문의 (44)020-7287-8581 찾아가기 TUBE 피카딜리서커스(Piccadilly Circus)역 3A 피카딜리 남쪽(Piccadilly South Side) 출구로 나와 샤프츠베리애비뉴(Shaftesbury Ave.)를 따라 걷다가 루퍼트스트리트(Rupert St.)에서 왼쪽 방향으로 진입 후 워커스코트(Walker's Ct.)를 지나 오른쪽에 피터 스트리트(Peter St.)가 나올 때 까지 직진하면 위치한다. 도보 6분. 홈페이지 www.bonedaddiesramen.com

런던너들이 사랑하는 멕시칸 ★★★★★

와하카 Wahaca

멕시칸요리는 매콤하면서도 짭짤한 맛이 우리입맛에도 잘 맞는 편이다. 여행기간이 길어지면서 느끼하고 기름진 음식에 살짝 질릴 때 쯤 이곳을 찾는다면 한국음식에 대한 그리움을 조금이나마 해소할 수 있다.

와하카는 영국TV BBC의 인기프로그램인 요리서바이벌 '마스터셰프Masterchef 시즌1'에서 우승한 토마시나미어Thomasina Miers가 멕시코 체류경험을 토대로 개업한 멕시칸체인점이다. 메인메뉴는 멕시코 길거리음식에서 영감을 받았다는 타코스Tacos와 퀘사디아Quesadillas, 부리토Burrito 등 우리에게도 친숙한 멕시칸요리들이다.

주소 80 Wardour St., Soho, London, W1F 0TF 베스트메뉴 클래식(Classic, 2인 £27.00). 영업시간 12:00~23:00(월~토요일), 12:00~10:30(일요일)/연중무휴 문의 (44)020-7734-0195 찾아가기 TUBE 토트넘코트로드(Tottenham Court Rd.)역 1번 옥스퍼드스트리트 남쪽(Oxford St. South Side) 출구로 나와 옥스퍼드스트리트를 따라 걷다가 왼쪽 딘스트리트(Dean St.)로 진입 후 오른쪽 세인트앤스코트(St Anne's Ct.)에서 워더스트리트(Wardour St.)방향으로 걷다가 막다른 길에서 왼쪽 방향으로 진입하면 왼편에 위치한다. 도보 9분. 홈페이지 www.wahaca.co.uk

달콤한 케이크의 유혹 ★★★★
레토카페 L'ETO CAFFÉ

진열장에 비친 각양각색의 케이크가 유독 사람들의 시선을 끌어당기는 카페가 있다. 화려한 과일 데커레이션과 풍성한 생크림의 유혹을 뿌리치지 못하고 결국 가게 안으로 들어서게 만드는 마법 같은 이 가게가 레토카페이다. 2011년 오픈하여 런던 시내에만 6개의 지점을 둘 정도로 인기 있는 이 카페는 이탈리아, 프랑스, 오스트리아 등 전 세계의 대표 케이크를 모두 맛볼 수 있다.

매장에서 판매되는 케이크 종류만도 20여 가지가 넘으며, 유기농식재료를 사용하여 고객의 건강까지 생각했다. 달콤한 맛을 사랑하는 분들이라면 상큼한 과일향이 살아있는 후르츠티Fruit tea를 함께 주문하여 먹어보는 것도 좋다.

주소 155 Wardour Mews, London W1F 8WG **귀띔한마디** 자리를 잡고 카운터에서 주문과 계산을 끝내면 음식이 서빙된다. **영업시간** 08:00~23:00(수~토요일), 09:00~21:00(월, 화, 일요일)/12월 25일, 1월 1일 휴무 **문의** (44)020-7494-4991 **찾아가기** TUBE 토트넘코트로드(Tottenham Court Rd.)역 1번 옥스퍼드스트리트 남쪽(Oxford St. South Side) 출구로 나와 옥스퍼드스트리트를 따라 걷다가 왼쪽 딘스트리트(Dean St.)로 진입 후 오른편 세인트앤즈코트(St Anne's Ct.)에서 워더스트리트(Wardour St.)방향으로 걷다가 막다른 길에서 오른쪽 방향으로 진입하면 왼편에 위치한다. 도보 8분. **홈페이지** www.letocaffe.co.uk

◀ (왼쪽부터) 딸기, 블루베리, 무화과 등 신선한 과일향이 살아 있는 후르츠타르트(Fruit Tart) £4.60, 층층이 쌓은 바삭한 패스트리 사이로 풍부한 자두잼과 크림이 달콤한 밀푀유(Mille-feuille) £4.90

런던 훈남이 만들어 주는 생과일주스 ★★★★★
조앤더주스 Joe&The Juice

덴마크에 거점을 둔 주스바로 런던 소호중심가 리젠트스트리트와 카나비스트리트 등지에 5개 지점을 운영하고 있다. 지리적 조건만으로 이곳을 추천하는 것은 아니다. 조앤더주스가 다른 카페와 차별화된 특징 중의 하나는 각종 신선한 과일을 아낌없이 사용한다는 점인데, 연예인 뺨치는 잘생긴 선남선녀들이 주스를 직접 만들어 주는 호사까지 누릴 수 있어 더욱 좋다. 여행에 지친 심신을 이곳에서 젊고 혈기왕성한 훈남들이 만들어주는 스무디와 함께 새로운 에너지로 재충전해보자.

주소 281 Regent Street, London W1B 2HE 베스트메뉴 딸기와 바나나, 사과가 들어간 픽미업(PICK ME UP), 딸기, 키위, 사과를 넣은 아이언맨(IRON MAN) S £3.85, M £4.95 영업시간 07:00~21:00(월~금요일), 09:00~21:00(토요일), 10:00~20:00(일요일) 문의 (44)020-7355-1000 찾아가기 TUBE 옥스퍼드서커스(Oxford Circus)역 4번 옥스퍼드스트리트 서쪽/리젠트스트리트 북쪽(Oxford Street West/Regent Street North) 출구로 나와 H&M을 바라보고 리젠트스트리트를 따라 걷다보면 왼편에 위치한다. 도보 2분. 홈페이지 www.joejuice.com

분위기 좋은 이탈리안 푸드코트 ★★★☆☆
프린치 Princi

요식업계 마이더스의 손, 알란야우Alan Yau가 만든 또 하나의 레스토랑이다. 이탈리아 밀라노가 본점인 프린치는 피자, 라자냐Lasagna, 포카치아Focaccia 등 이탈리아 전통음식과 케이크, 샐러드 등의 메뉴가 있으며, 모던하고 심플한 분위기와 밝은 조명, 그리고 각 종류별로 진열된 맛있는 음식들이 식욕을 자극한다.

이곳의 가장 큰 특징은 주문방식이 다른 레스토랑과 달리 푸드코트 형식이라는 것이다. 우선 자리부터 잡고 직접 음식이 진열된 카운터로 가서 먹고 싶은 메뉴를 골라 계산대에서 계산을 마친 후 먹으면 된다.

주소 135 Wardour St., London W1F 0UT 귀띔한마디 음료수는 가게 가장 안쪽에서 영수증을 보여주고 직접 받아야 한다. 가격 피자 £8.00~13.00, 파스타 £8.00~11.00, 케이크 £4.00~6.00, 음료수 £2.00~ 영업시간 08:00~24:00(월~토요일), 08:30~22:00(일요일, 공휴일)/연중무휴 문의 (44)020-7478-8888 찾아가기 TUBE 토트넘코트로드(Tottenham Court Rd.)역 1번 옥스퍼드스트리트 남쪽(Oxford St. South Side) 출구로 나와 옥스퍼드스트리트를 따라 걷다 왼쪽 딘스트리트(Dean St.)로 진입한다. 오른쪽 세인트앤즈코트(St Anne's Ct.)에서 워더스트리트(Wardour St.)방향으로 걷다가 막다른 길에서 왼쪽 방향으로 진입하면 오른편에 위치한다. 도보 8분. 홈페이지 www.princi.com

플랫하이트하면 이곳 ★★★★☆
플랫화이트 Flat White

런던 커피시장에 플랫화이트 열풍을 일으킨 카페이다. 플랫화이트는 호주와 뉴질랜드 사람들이 가장 즐기는 커피 중 하나로 에스프레소에 우유거품을 살짝 올린 것이 라테와 흡사하다. 작고 아담한 카페지만 2005년 오픈한 이래 입소문을 타고, 이제는 런던을 대표하는 카페로 자리매김했다. 영국의 유명 로스팅업체 스퀘어마일Square Mile의 커피콩을 사용하여 진하면서 부드러운 맛으로 여러 매체로부터 높은 평가를 받고 있다.

대표메뉴인 플랫화이트를 비롯하여 롱블랙(아메리카노, £2.40)과 쇼트블랙(에스프레소, £2.00) 등 호주와 뉴질랜드스타일의 커피를 맛볼 수 있다. 또한 토스트와 요거트 등 브렉퍼스트 종류도 판매하고 있어 가볍게 브런치를 즐기기에도 좋다. 소호스퀘어 근처에 자매점 밀크바Milk bar도 운영하고 있다.

주소 17 Berwick Street, London W1F 0PT **귀띔한마디** 내부가 좁은 편이라 앉을 공간이 많지 않다. **영업시간** 08:00~18:00(월~금요일), 09:00~18:00(토요일), 09:30~18:00(일요일, 공휴일)/연중무휴 **문의** (44)020-7734-0370 **찾아가기** TUBE 피카딜리서커스(Piccadilly Circus)역 3A 피카딜리 남쪽(Piccadilly South Side) 출구로 나와 샤프츠베리애비뉴(Shaftesbury Ave.)를 따라 걷다 루퍼츠트리트(Rupert St.)에서 왼쪽 방향으로 진입 후 버윅스트리트(Berwick St.)가 나올 때 까지 직진한다. 버윅스트리트를 따라 걷다보면 오른편에 위치한다. 도보 10분. **홈페이지** www.flatwhitesoho.co.uk

---

커피계의 떠오르는 신성, 플랫화이트란?

카페의 규모와 상관없이 런던 어느 곳을 가더라도 반드시 있는 메뉴가 플랫화이트(Flat White)이다. 다소 생소한 이름이지만 최근 몇 년 사이 무서운 속도로 자리 잡은 커피 업계의 신흥강자다. 호주와 뉴질랜드에서 자주 마시는 이 커피는 런던에서 카페를 오픈한 오지(Aussie, 호주인을 일컫는 말)와 키위(Kiwi, 뉴질랜드인)에 의해 자연스럽게 알려졌다. 카페라테와 다를 바 없어 보이지만 만드는 방식에 미세한 차이가 있으며, 이러한 차이가 커피 맛에 영향을 미친다.

에스프레소와 우유의 비율이 1:5인 카페라테와 달리 플랫화이트는 1:2의 비율로 만들어져 스몰라테와 비슷하다. 카페라테에는 스팀밀크를 만들 때 생긴 우유거품을 반드시 올리지만 플랫화이트는 얇게 올리거나 아예 없는 경우도 있다. 또한 카페라테는 유리컵, 플랫화이트는 자기컵을 사용한다는 점도 다르다. 카페마다 만드는 스타일이 조금씩 다르지만 커피의 풍미를 더욱 더 진하게 느낄 수 있다는 점에서 플랫화이트를 선호하는 사람이 많다.

영국의 대표 카페체인 ★★★★☆
코스타&카페네로 Costa & Caffe Nero

여행 중 잠깐의 휴식을 즐기거나 간단하게 한 끼를 해결할 수 있는 곳이 바로 카페이다. 낯선 곳에서 막상 카페를 찾으려고 하면 어디로 가야 할지 망설여질 때가 많다. 하지만 런던에서는 크게 걱정할 필요가 없다. 런던시내 어디에서나 쉽게 찾을 수 있는 카페체인점 코스타와 카페네로가 있기 때문이다.

빨간색 간판에 흰색 글씨가 눈에 띄는 코스타 그리고 이와 대조적으로 파란색 간판에 검은색 글씨가 인상적인 카페네로는 다른 듯 비슷하게 한국의 카페프랜차이즈들과 닮아 있다. 굳이 일부러 찾으려 하지 않아도 될 만큼 지점 수가 많으며, 유럽의 독자적인 카페에서는 찾아보기 힘든 시원한 메뉴가 충실하다. 또한 샌드위치와 케이크 등 간단하게 식사를 즐기기에 부족함이 없다.

코스타 주소 11 Argyll St. London W1F 7TH 영업시간 06:00~21:00(월요일), 06:00~23:00(화~금요일), 06:30~23:00(토요일), 07:30~21:00(일요일) 문의 (44)020-7494-0230 찾아가기 TUBE 옥스퍼드서커스(Oxford Circus)역 7번 옥스퍼드스트리트(Oxford St. Exit only) 출구로 나와 오른쪽 방향으로 걷다 오른편 첫 번째 골목 아길스트리트(Argyll St.)로 진입하여 1분 정도 걸으면 왼편에 위치한다. 도보 2분. 홈페이지 www.costa.co.uk
카페네로 주소 60-61 Trafalgar Square London WC2N 5DS 영업시간 06:30~22:30(월~금요일), 07:30~23:00(토요일), 07:30~22:30(일요일)/공휴일 휴무 문의 (44)020-7930-7929 찾아가기 TUBE 차링크로스(Charing Cross)역 트라팔가스퀘어(Trafalgar Square) 출구로 나와 왼쪽 트라팔가스퀘어(Trafalga Square)도로로 들어서면 왼편에 위치한다. 도보 2분. 홈페이지 www.caffenero.com

독일인이 만드는 영국식 스위트 ★★★☆☆
콘디터앤쿡 Konditor & Cook

독일출신의 게르하르트젠Gerhard Jenne은 1983년 런던의 한 빵집에서 파티시에로 생활을 시작했다. 그가 만든 빵과 케이크는 입소문을 타고 유명해지면서 세계적인 가수 티나터너Tina Turner와 롤링스톤스Rolling Stones의 입맛까지 사로잡았고, 결국 1993년 콘디터앤쿡으로 독립하였다.

최고 품질의 유기농재료만을 사용하여 만든 다양한 종류의 베이커리를 맛 볼 수 있는데, 특히 대표상품인 매직케이크Magic Cake는 아몬드페이스트에 레몬스펀지빵과 살구잼이 어우러져 고소하면서 달콤한 맛이 일품이다. 컬러풀한 색감에 귀여운 그림까지 보는 순간 그냥 지나칠 수 없게 된다.

주소 22 Cornwall Rd., London SE1 8TW 영업시간 07:30~19:00(월~금요일), 08:30~18:00(토요일), 11:00~17:00(일요일) 문의 (44)020-7633-3333 찾아가기 TUBE 워털루(Waterloo)역 6번 사우스뱅크(South Bank) 출구로 나와 요크로드(York Rd.)에서 오른쪽 방향으로 직진 후 워털로드(Waterloo Rd.)를 따라 걷다가 왼쪽 엑스톤스트리트(Exton St.)로 진입하면 오른편에 위치한다. 도보 5분. 홈페이지 www.konditorandcook.com

편안한 분위기에서 즐기는 맥주 한잔 ★★★★★
더하프 The Harp

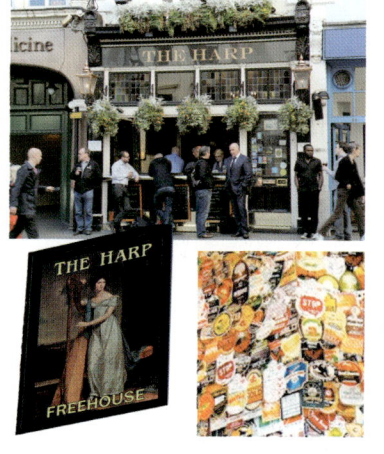

트라팔가광장에서 코벤트가든으로 향하는 길목에 자리하고 있어 항상 많은 사람들로 붐비는 곳이다. 1753년에 문을 연 작고 아담한 펍으로 언제나 영국식 맥주 에일Ale과 사이다 잔을 손에 들고 편안하게 담소를 나누는 현지인들 모습이 정겹다. 2011년 영국에서 올해의 펍으로 선정되었으며, 수십 가지에 이르는 에일맥주, 사이다, 그리고 가장 핫한 맥주를 취급하는 것만으로도 이곳을 들려야 할 이유는 분명해진다.

주소 47 Chandos Pl., Covent Garden, London WC2N 4HS **귀띔한마디** 배가 고프다면 이곳의 자랑인 소시지(Real Sausages) 메뉴를 주문해보자. **영업시간** 10:30~23:30(월~목요일), 10:30~24:00(금, 토요일), 12:00~22:30(일요일) **문의** (44)020-7836-0291 **찾아가기** TUBE 차링크로스(Charing Cross)역 트라팔가스퀘어(Trafalga Square) 출구로 나와 세인트마틴플레이스(St. Martin's Pl.)를 따라 걷다 윌리엄4세스트리트(William IV St.)에서 왼쪽 방향으로 진입하면 왼쪽 찬도스플레이스(Chandos Pl.)에 위치한다. 도보 5분. **홈페이지** www.harpcoventgarden.com

독특한 동굴인테리어가 인상적인 ★★★★★
고든즈와인바 Gordon's Wine Bar

1890년 오픈한 이래 런던에서 가장 오래된 와인바로 여행자보다는 런던의 와인애호가들이 자주 찾는 술집이다. 정치가 윈스턴처칠Winston Churchill, 할리우드배우 로렌스올리비에Laurence Olivier와 비비안리Vivien Leigh도 이 집 단골손님이었다고 한다. 와인바의 모든 인테리어는 오픈할 당시와 거의 바뀐 게 없을 만큼 그대로인데, 어두컴컴한 실내는 테이블마다 놓인 양초가 은은한 분위기를 연출하고 있어 로맨틱하게 느껴진다.

실외 테라스도 있어 와인 잔을 손에 들고 수다를 떠는 현지인들 모습도 볼 수 있다. 20가지가 넘는 치즈메뉴 또한 이곳의 자랑거리이며, 샐러드, 타파스 등 와인과 곁들여 먹을 수 있는 안주메뉴도 알차므로 와인을 좋아한다면 꼭 한 번쯤 들려볼 만하다.

주소 47 Villiers Street, London WC2N 6NE **베스트메뉴** 월~토요일 12:30~15:00 치킨, 비프, 포크, 램, 피시, 베지테리언 중 하나를 선택해 만든 셰프 특제 요리 Hot Plates £9.00~, 매주 일요일에만 선보이는 선데이 로스트 £10.95 **가격** 하우스와인 £5.10~, 보틀와인 £18.40~ **영업시간** 11:00~23:00(월~토요일), 12:00~22:00(일요일) / 12월 26일, 1월 1일 휴무 **문의** (44)020-7930-1408 **찾아가기** TUBE 챠링크로스(Charing Cross)역 빌리어스 스트리트(Villiers Str)출구로 나와 왼편에 바로 위치한다. 도보 1분. **홈페이지** www.gordonswinebar.com

CHAPTER 01
웨스트민스터 & 소호

10파운드에 즐기는 스테이크 ★★★★★
플랫아이언 Flat Iron

스테이크를 단돈 10파운드에 즐길 수 있어 인기가 높은 레스토랑이다. 이름대로 쇠고기의 어깨살을 사용한 스테이크가 메인메뉴이며 컵샐러드를 함께 제공한다. 일반 성인이 먹기에 적당한 양이라고 할 수 있지만 부족하다고 생각되면 치즈샐러드와 감자튀김 등의 사이드메뉴도 함께 주문하는 것을 추천한다.
스테이크의 굽기 정도를 정할 수 있는데 부드럽고 야들야들한 식감의 '미디움레어'를 추천한다. 그냥 먹어도 맛있으나 취향에 따라 소스를 추가해서 먹어도 맛있다.

주소 17 Beak St, London W1F 9RW **베스트메뉴** 플랫아이언스테이크(Flat Iron Steak) £10 **가격** 사이드메뉴 £2.5~, 소스 £1 **운영시간** 12:00~23:00(월~수요일), 12:00~23:30(목요일), 11:00~23:30(금요일), 11:45~24:00(토요일), 12:00~22:30(일요일) **찾아가기** TUBE 옥스퍼드 서커스(Oxford Circus)역 3번 옥스퍼드스트리트 웨스트/리젠트스트리트 사우스(Oxford Street West / Regent Street South)출구로 나와 리젠트스트리트(Regent St)를 따라 걷다가 왼쪽 비크 스트리트(Beak St)로 진입하면 오른편에 위치한다. 도보 7분. **홈페이지** www.flatironsteak.co.uk

세련된 스리랑카 음식점 ★★★☆☆
호퍼스 Hoppers

2015년 문을 열자마자 선풍적인 인기를 끌고 있는 스리랑카 음식점. 스리랑카의 주식이자 쌀가루를 반죽해서 구운 팬케이크 호퍼Hopper를 돼지고기, 호박, 양고기, 생선이 들어간 커리와 함께 즐기는 메인요리를 선보인다.
호퍼 자체는 특별한 맛이 느껴지지 않지만 쫀득한 식감과 계란의 말랑함이 더해지면서 즐거운 식사를 할 수 있다. 호퍼만 먹기에는 양이 적으므로 버터새우볶음Hot Butter Devilled Shrimps이나 매운닭구이 Chicken Heart Chukka를 함께 주문해서 먹어보자.

주소 49 Frith St, London W1D 4SG **귀띔한마디** 예약을 받지 않는다. **베스트메뉴** 달걀호퍼(Egg Hopper) £4.50, 커리(Karis) £7~16 **추천메뉴** 버터새우볶음(Hot Butter Devilled Shrimps) £7.00 **가격** 호퍼 £4.00~4.50, 일품요리 £5.00~8.50, 음료수 £2.50~ **영업시간** 12:00~14:30, 17:30~22:30(월~목요일), 12:00~22:30(금, 토요일)/매주 일요일 휴무 **찾아가기** TUBE 토트넘 코트 로드(Tottenham Court Road)역 1번 옥스퍼드스트리트 사우스 사이드(Oxford Street (South Side))출구로 나와 오른쪽 차링크로스로드(Charing Cross Rd.)를 따라 직진 후 세 번째 골목에서 진입하여 또 다시 직진한다. 두 번째 골목에서 오른쪽으로 진입하면 왼편에 위치한다. 도보 6분. **홈페이지** www.hopperslondon.com

깔끔한 대만식 식사 ★★★★☆
바오 BAO

런던에서 요즘 떠오르고 있는 가장 핫한 음식점이다. 푸드트럭으로 시작한 바오는 현지인의 입소문을 타고 유명세를 얻자 가게를 오픈하게 되고 대기행렬을 이루는 어엿한 음식점으로 발돋움하게 되었다. 이곳의 대기는 다른 곳과 달리 가게 건너편에 표시 앞에서 줄을 서면 점원이 차례대로 안내하는 형식이다.

가게 안에 들어서면 메뉴가 적힌 종이를 건네받는데 대만식 번 '바오'와 일품요리로 구성되어 있다. 바오는 돼지고기를 넣은 클래식Classic, 치킨, 양고기, 콩피포크 등 6가지 종류가 있으며 일품요리는 대만식 닭튀김, 고구마튀김, 마늘가리비 등이 있다. 인당 메뉴 4가지를 주문하는 것을 추천한다.

주소 53 Lexington St, London W1F 9AS 귀띔한마디 예약을 받지 않는다. 베스트메뉴 클래식바오(Classic Bao) £4.00 추천메뉴 마늘가리비(Scallop, Yellow Bean Garlic) £3.75, 고구마튀김(Sweet Potato Chips) £3.00 영업시간 12:00~15:00, 17:30~22:00(월~수요일), 12:00~15:00, 17:30~22:30(목요일), 12:00~22:30(금, 토요일)/매주 일요일 휴무 찾아가기 TUBE 옥스퍼드서커스(Oxford Circus)역 7번 옥스퍼드스트리트(Oxford Street (Exit only))출구로 나와 오른쪽으로 직진 후 오른편 첫 번째 골목 폴란드스트리트(Poland St)로 진입하여 오른편 두 번째 골목으로 진입하면 왼편에 위치. 도보 7분. 홈페이지 baolondon.com

가벼운 식사 한 끼로 딱! ★★★☆☆
피기스 샐러드 앤 샌드위치 Piggy's Salads & Sandwiches

든든하면서도 간편한 요깃거리를 찾는다면 샐러드볼과 샌드위치를 전문으로 하는 이곳을 방문하자. 샐러드볼, 샐러드랩, 샌드위치는 10가지가 넘는 메뉴가 준비되어 있어 어떤 것을 골라야 할지 고민에 빠질 수도 있다. 싱싱한 제철 채소와 더불어 치킨, 새우, 치즈 등 재료를 아낌없이 듬뿍 사용한 점도 만족스럽다. 음료를 포함해도 £10가 넘지 않아 합리적인 가격에 한 끼 식사를 해결할 수 있는 것도 매력적이다.

주소 1 Air St, Mayfair, London, W1J 0AB 영업시간 06:00~16:00(월~금요일), 08:00~15:00(토요일)/일요일 휴무 문의 (44)020-7734-0821 찾아가기 TUBE 피카딜리서커스(Piccadilly Circus)역을 나와 리젠트스트리트(Regent St.)로 접어들어 왼편 첫 번째로 나오는 골목을 들어서면 바로 오른편에 위치한다. 도보 3분. 홈페이지 piggyspiccadilly.co.uk

버킹엄궁전 근위병교대식

£9 이내로 즐기는 소호 맛집

주머니사정이 넉넉지 않은 여행자들을 위해 추천하는 저렴한 소호의 맛집!

£6.95

내추럴패스트푸드, 레온 Leon

전 세계적인 웰빙과 유기농 열풍으로 친환경식재료로 만든 슬로푸드Slow Food가 음식트렌드를 주도하고 있다. 이와 반대로 맥도날드로 대표되는 패스트푸드는 건강치 못한 정크푸드Junk Food의 대명사로 인식되고 있는 것이 사실이다. 이러한 때 레스토랑 레온은 유기농재료와 올리브오일을 사용한 내추럴 패스트푸드를 지향하며, 기존 상식을 뒤집고 있다. 유명 시사주간지인 타임지에서 '패스트푸드의 미래The future of fast food'로 평가받으며 감각적이면서 복고풍의 빈티지스타일로 꾸며진 실내분위기와 패키지디자인은 보는 눈을 즐겁게 한다.

주소 35 Great Marlborough St London W1F 7JE **베스트메뉴** 모로칸, 인디언 등 박스푸드와 햄버거, 랩, 샐러드 등의 헬시푸드 £3.95~7.15(EI기준), 꼬들꼬들 이탈리안 현미밥 위에 100% 소고기미트볼을 얹은 모로칸미트볼(Moroccan Meatballs) **가격** £6.95 **귀띔한마디** 기존 메뉴에 £2.75를 추가하면 사이드메뉴와 핸드메이드 음료를 저렴하게 즐길 수 있다. **영업시간** 07:00~22:00(월~금요일), 09:30~22:00(토요일), 09:30~19:00(일요일)/연중무휴 **문의** (44)020-7734-8057 **찾아가기** TUBE 옥스퍼드서커스(Oxford Circus)역 3번 옥스퍼드스트리트 서쪽/리젠트스트리트 남쪽(Oxford St. West/Regent St. South) 출구로 나와 리젠트스트리트(Regent St.)를 따라 걷다 그레이트말보로스트리트(Great Marlborough St.)로 진입 후 리버티백화점을 지나면 바로 위치한다. 도보 5분. **홈페이지** www.leonrestaurants.co.uk

£4.95

인디언과 멕시칸의 만남, 랩칙 Wrapchic

인디언&멕시칸을 콘셉트로 하는 패스트푸드점이다. 멕시코산 밀가루빵 토르티아Tortilla에 인도커리로 속을 채운 퓨전요리 인디언부리토Indian Burrito를 선보이고 있다. 주문은 먼저 속을 감쌀 재료로 랩과 부리토, 타코, 볼 중에서 선택한 후 8가지로 구성된 요리 중 한 가지를 선택하면 된다. 저렴한 가격이지만 치킨, 생선, 양고기, 콩을 메인으로 속을 꽉꽉 채워주므로 만족스런 한 끼 식사 대용이 된다. 추가로 치즈와 멕시코고추 할라피뇨jalapeño, 사워크림Sour Cream 등을 토핑으로 올릴 수 있으며, 콜라와 스프라이트 등 소프트드링크를 £1.00에 구입할 수 있다.

주소 48, Goodge St, London W1T 4LX **영업시간** 11:00~18:30(월~수요일), 11:00~20:00(목, 금요일)/매주 토, 일요일 휴무 **문의** (44)020-8127-1720 **찾아가기** TUBE 굿지스트리트(Goodge Street)역 토트넘코트로드(Tottenham Court Road)출구에서 오른쪽으로 걷다가 첫 번째 오른쪽 길로 걸어가면 오른편에 위치. 도보 3분. **홈페이지** wrapchic.co.uk

£4.75

뉴욕 인기푸드, 카티롤컴퍼니 Kati Roll Co Ltd

뉴욕 본점 인기에 힘입어 런던까지 진출한 카티롤컴퍼니는 인도식 빵 파라타Paratha에 매콤한 소스를 버무린 계란이나 치킨, 감자를 넣고 돌돌 말은 롤을 전문으로 하는 곳이다. 신선한 재료로 만드는 것을 철칙으로 하며, 인도에서 직접 공수해온 유기농향신료로 만든 특제소스는 이집의 강력한 무기이다. £5.00 이하의 저렴한 가격대와 같은 메뉴를 두 개 구입하면 £0.50를 할인해주는 점도 여행자들에게 반가운 부분이다. 더불어 단돈 £1.00에 판매되는 마사라차이티 Masala Chai Tea도 꼭 맛봐야 하는 메뉴 중 하나이다.

주소 24 Poland St, London W1F 8QL 베스트메뉴 얇게 말린 계란과 파라타에 닭고기와 채소가 듬뿍 들어간 운다치킨롤(Unda Chicken Roll), 으깬 감자와 매콤한 소스가 만나 환상의 조합을 이루는 알루마사라롤(Aloo Masala Roll) 가격 £4.75 영업시간 11:00~23:30 (월~목요일), 11:00~24:30(금요일), 12:00~24:30(토요일), 12:00~23:30(일요일)/연중무휴 문의 (44)020-7287-4787 찾아가기 TUBE 옥스퍼드서커스(Oxford Circus)역 7번 옥스퍼드스트리트(Oxford St. Exit only) 출구로 나와 오른쪽 방향으로 걷다 폴란드스트리트(Poland St.)에서 오른쪽 방향으로 진입하면 왼편에 위치한다. 도보 5분. 홈페이지 www.thekatirollcompany.com

£5.75

타이 스트리트누들, 웍투웍 Wok to Walk

전 세계 13개국에 타이누들 전문점을 운영하는 웍투웍을 런던에서도 만날 수 있다. 소호 중심가 곳곳에 위치하고 있어 찾아가기 쉬우며, 가격도 저렴한 편이라 지갑이 얇은 여행자들에게는 허기진 배를 채우기에 그만이다. 주문방식은 누들과 라이스 등 기본재료(£3.90)에 치킨이나 새우, 오징어 등 주재료(£0.70~1.80)를 선택한 후 소스(무료)만 고르면 된다. 옵션으로 토핑(£0.35)을 선택하거나 드링크 주문도 가능하다. 기본재료에는 계란, 양배추, 숙주나물 등이 들어가 있으며, 주재료는 1~4개까지 취향별로 선택할 수 있지만 1개만 주문해도 푸짐하고 맛있게 먹을 수 있다. 우리 입맛에도 맵게 느껴지는 'Hot Asia' 등 소스도 8가지나 되므로 입맛에 맞게 고를 수 있다. 캔콜라를 £1.00에 구입할 수 있는 것도 매력이다.

주소 39 Great Windmill St., London W1D 7LX 영업시간 11:00~25:00(월~토요일), 11:00~23:00(일요일) 문의 (44)020-7287-8464 찾아가기 TUBE 피카딜리서커스(Piccadilly Circus)역 3A 피카딜리 남쪽(Piccadilly South Side) 출구로 나와 샤프츠베리애비뉴(Shaftesbury Ave.)로 진입 후 루퍼트스트리트(Rupert St.)에서 왼쪽 방향으로 진입하여 브루어스트리트(Brewer St.) 오른편에 바로 위치한다. 도보 7분. 홈페이지 www.woktowalk.com/find/united-kingdom

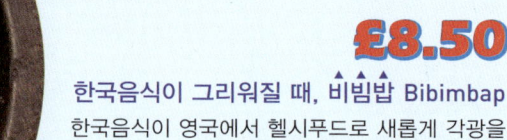
£8.50

한국음식이 그리워질 때, 비빔밥 Bibimbap

한국음식이 영국에서 헬시푸드로 새롭게 각광을 받고 있는데, 그 중에서도 각종 채소를 한 번에 섭취할 수 있어 서서히 인기몰이 중인 메뉴가 비빔밥이다. 이 비빔밥을 런치, 디너 상관없이 £7.50로 즐길 수 있는 곳이 있다. 소호에만 두 군데 지점을 운영 중인 상호명 비빔밥은 영국 언론에도 자주 소개되면서 우리나라 여행자보다는 현지인 비율이 높은 곳이다. 따끈한 돌솥비빔밥은 칠리치킨, 스파이시포크, 불고기 등 다양한 종류가 있으며, 입맛에 맞게 먹을 수 있도록 고추장과 된장 소스를 별도로 제공한다. 계란은 옵션으로 £1.00의 추가요금이 붙는다.

주소 11 Greek St, London W1D 4DJ 가격 £7.50 영업시간 점심 12:00~15:00, 저녁 18:00~23:00(월~금요일), 12:00~23:00(토요일)/매주 일요일 휴무 문의 (44)020-7287-3434 찾아가기 TUBE 토트넘코트로드(Tottenham Court Rd.)역 7번 차링크로스로드&앤드류보드스트리트(Charing Cross Rd.&Andrew Borde St.) 출구로 나와 차링크로스로드(Charing Cross Rd.)를 직진 후 오른쪽 마네트스트리트(Manette St.)로 진입 후 막다른 길에서 왼쪽 방향으로 걷다보면 왼편에 위치한다. 도보 5분. 홈페이지 www.bibimbapsoho.co.uk

£6.95

북유럽풍 브런치, 스칸디나비안키친
Scandinavian Kitchen

빨간색 외관, 멋스럽게 정돈된 실내, 스칸디나비안키친은 북유럽풍의 모던하고 깔끔한 분위기에서 독특한 브런치를 즐길 수 있는 곳이다. 카페에서는 북유럽의 식품들도 판매하는 그로서리마켓Grocery Market이다. 11시부터 시작되는 브런치콘셉트는 스칸디나비아식 뷔페를 뜻하는 스모가스보드Smorgasbord이다. 북유럽에서 직접 공수해 온 연어와 햄 등 신선한 재료로 만든 스웨덴스타일의 샌드위치나 노르웨이식 샐러드 등 20가지가 넘는 음식을 골라 즐길 수 있다. 브런치를 즐긴 후에는 매장 한쪽에 진열된 북유럽 상품 또한 놓치지 말자. 눈길을 사로잡는 예쁜 포장에 저절로 손이 가게 된다.

주소 61 Great Titchfield St, London W1W 7PP 베스트메뉴 가벼운 식사를 원한다면 세 가지를 선택할 수 있는 라이트런치(Light Lunch) T.A £5.95, E.I £6.95, 배가 고프다면 다섯 가지를 선택할 수 있는 풀런치(Full Lunch) T.A £8.95, E.I £9.95 영업시간 08:00~19:00(월~금요일), 10:00~18:00(토요일), 10:00~16:00(일요일) 문의 (44)020-7580-7161 찾아가기 TUBE 옥스퍼드서커스(Oxford Circus)역 1번 옥스퍼드스트리트 동쪽/리젠트스트리트 북쪽(Oxford St. East/Regent St. North) 출구로 나와 나이키타운(Nike Town)을 바라보고 리젠트스트리트(Regent St.)를 따라 걷다가 마가렛스트리트(Margaret St.)에서 오른쪽 방향으로 진입 후 그레이트티치필드스트리트(Great Titchfield St.)가 나와 다시 왼쪽 방향으로 진입하면 왼편에 위치한다. 도보 8분. 홈페이지 www.scandikitchen.co.uk

영국을 대표하는 프랜차이즈 5인방

빠듯한 주머니 사정과 타이트한 일정 때문에 간단하게 한 끼를 해결해야 한다면 단연 영국의 샌드위치체인점이다. 프레타망제Pret A Manger로 대표되는 영국 프랜차이즈브랜드는 부담 없는 가격과 친근한 분위기, 런던시내 어딜 가더라도 눈에 띄는 접근성 등 많은 장점을 갖추고 있으며, 샌드위치를 비롯한 스프와 샐러드, 각종 음료 등도 판매한다. 당일 지점에서 직접 제조하여 판매하는 형식이라 제조일자와 유통기한 표시가 없는 것이 특징이며, 진열대 하단에는 가격과 상품에 들어 간 재료를 명확하게 표기하고 있어 안심하고 고를 수 있다. 비슷한 스타일의 샌드위치 브랜드인 잇EAT, 베누고Benugo도 관광지 곳곳에서 만날 수 있다.

최근 몇 년 사이 샌드위치 외에 또 다른 프랜차이즈 상승세가 눈에 띄는데 스시, 돈부리 등 일본음식을 주로 판매하는 와사비WASABI와 이츠itsu가 그것이다. 웰빙푸드 바람을 타고 런던에서 아시안 푸드가 인기를 끌고 있는데 이들이 그 유행 중심에 서있다. 우리에게 익숙한 도시락 형태로 구성되어 있으며, 쌀밥 위주의 메뉴가 많은 것이 특징이다. 핫푸드가 많은 편이므로 따끈한 밥이 먹고 싶을 때 제격이다.

01.베누고 Benugo 02.프레따망제 Pret a Man-ger 03.잇 EAT 04.와사비 Wasabi 05.이츠 itsu

PART 02
LONDON CENTRAL

SECTION 03
웨스트민스터&소호에서 놓치면 후회하는 쇼핑

옥스퍼드스트리트와 리젠트스트리트는 전체적으로 거대한 쇼핑가가 형성되어 있으며, 의류, 화장품, 식품, 잡화 등 다양한 종류의 상품들을 취급한다. 리버티백화점을 기점으로 한 카나비스트리트는 최신 트렌드를 반영한 브랜드부터 정통 스타일의 인기 브랜드까지 다양한 패션브랜드숍이 모여 있어 쇼핑을 즐기기에 안성맞춤이다.

영국을 대표하는 쇼핑거리 ★★★★★
옥스퍼드스트리트 Oxford Street

한해 2억 명 이상이 찾는 이 쇼핑가는 런던을 방문하는 관광객이라면 반드시 들리게 되는 곳이다. 영국을 대표하는 백화점 셀프리지Selfridges, 존루이스John Lewis, 데번햄스Debenhams, 하우스오브프레이저House of Fraser의 본점이 자리하고 있으며, 세계 최대 규모의 탑샵Topshop과 프라이마크Primark, 유니클로UNIQLO, H&M, 나이키Nike 등 플래그십스토어가 관광객을 맞이하고 있다.

노팅힐Notting Hill부터 블룸스버리Bloomsbery에 이르는 약 7.5km의 거리는 일직선상으로 뻗어 있으며 수많은 2층 버스가 오가는 곳으로 아침, 저녁 출퇴근 시간대에는 심각한 교통체증이 발생한다. 2층 버스를 탄 상황에서 이 길로 접어들었다면 차라리 내려서 목적지까지 걸어가는 편이 더 빠를 수도 있다.

주소 Oxford St., London, United Kingdom 소요시간 3시간 찾아가기 TUBE 옥스퍼드서커스(Oxford Circus)역에서 내려 어느 출구로 나와도 옥스퍼드스트리트와 연결된다.

도시계획으로 조성된 쇼핑거리 ★★★★★
리젠트스트리트 Regent Street

옥스퍼드스트리트, 본드스트리트와 더불어 영국을 대표하는 세계적인 쇼핑거리이다. 옥스퍼드스트리트가 일직선이라면 리젠트스트리트는 곡선 형태를 띠고 있다. 대대적인 도시계획으로 설계된 쇼핑가라 거주지가 없이 상점들이 계속 이어지는 세계적으로도 드문 거리이다.
H&M, ZARA, MANGO 등 세계적인 SPA브랜드의 대형점포와 유럽 최초인 애플스토어Apple Store 그리고 버버리Burberry 본점과 칼라거펠트Karl Lagerfeld의 플래그십스토어가 자리하고 있다.

주소 Regent St., London, United Kingdom 소요시간 3시간 찾아가기 TUBE 옥스퍼드서커스(Oxford Circus)역 혹은 피카딜리서커스(Piccadil-ly Circus)역에서 내리면 바로 위치한다. 홈페이지 www.regentstreetonline.com

최고급 명품브랜드가 집결된 거리 ★★★★★
본드스트리트 Bond Street

옥스퍼드스트리트와 피카딜리 사이에 있는 거리로 북쪽으로 뉴본드스트리트New Bond Street, 남쪽으로 올드본드스트리트Old Bond Street로 나눠진다. 영국왕실의 로열워런트를 획득한 닥스Daks, 스마이슨Smython 등 영국브랜드 본점과 샤넬Chanel, 에르메스Hermes 등 최고급 명품브랜드매장이 한자리에 모여 있어 럭셔리쇼핑을 즐기려는 사람들이 찾고 있다.
올드본드스트리트에 위치한 영국의 전통 쇼핑메카 벌링턴아케이드Burlington Arcade와 로열아케이드Royal Arcade를 둘러보는 것도 관광포인트 중 하나이다. 세계적인 미술 및 골동품 경매소 소더비Sotheby와 본햄Bonhams도 이 거리에 자리한다.

주소 bond St., London, United Kingdom 소요시간 2시간 찾아가기 TUBE 본드스트리트(Bond St.)역 옥스퍼드스트리트 남쪽(Oxford St. South Side) 출구로 나와 오른쪽 방향으로 직진하다 오른쪽 뉴본드스트리트(New Bond St.)부터 쇼핑가가 시작된다. 도보 2분.

런던의 세일시즌

여름과 겨울 두 차례 진행되는 세일시즌은 예상치 못한 상품을 구입할 수 있는 절호의 기회이다. 앞서 언급한 브랜드 외에도 꾸준한 인기를 얻고 있는 패션브랜드, 러쉬와 바디샵 등의 영국제품은 물론 시슬리, 톰포드, 이브생로랑 등의 고급 화장품브랜드까지 세일을 하는데 한국 면세점보다 싸게 구입할 수 있다. 여름은 6~7월 사이, 겨울은 12월 26일 박싱데이부터 1월까지 진행하는데, 브랜드와 백화점마다 세일 폭은 다양하다. 또한 텍스프리인 곳에서 £30.00 이상 물건을 구입할 경우 텍스리펀까지 받을 수 있다. 공항면세점에 입점한 브랜드라면 세일상품을 제외하고 이 기간에 구입하는 것이 가장 저렴하다.

패션문화를 창조하는 거리 ★★★★☆
카나비스트리트 Carnaby Street

카나비스트리트에는 런던을 대표하는 굵직굵직한 브랜드숍이 모여 있다. 1960~70년대 런던에서 가장 번화한 핫플레이스이자 전 세계적으로 유행했던 카나비룩Carnaby Look이 탄생한 곳이다. 카나비룩의 아이콘은 슈퍼스타 비틀즈로, 화려한 꽃무늬셔츠와 나팔바지, 밀리터리자켓 등의 아이템이 대표적이다.

카나비스트리트는 소호쇼핑가 중에서도 유행에 가장 민감한 곳으로 리버티백화점을 비롯하여 색다르고 개성강한 매장들로 가득하다. 그냥 걸으면 5분도 채 안 걸리는 150m의 짧은 거리지만 시선을 사로잡는 쇼윈도 디스플레이에 매료되어 이 가게, 저 가게 들리다 보면 한 시간이 금세 지나간다. 매년 5월 첫째 주 목요일 저녁 이 거리에서 쇼핑파티가 열리는데, 100여 곳이 넘는 숍과 레스토랑, 바 등이 참여하여 세일 기간이 아님에도 20% 할인된 가격으로 쇼핑을 즐길 수 있다. 웹사이트를 통해 쇼핑파티의 무료티켓을 신청할 수 있으며, 파티가 열리기 2주 전 이메일을 통해 티켓을 받을 수 있다.

주소 Carnaby St., London, United Kingdom 소요시간 1시간 찾아가기 TUBE 옥스퍼드서커스(Oxford Circus)역 2번 옥스퍼드스트리트 동쪽/리젠트스트리트 남쪽(Oxford St. East/Regent St. South) 출구로 나와 리젠트스트리트를 따라 걷다가 왼쪽 그레이트말보로스트리트(Great Marlborough St.)로 진입 후 리버티백화점을 지나 그 다음 골목에 위치한다. 도보 5분. 홈페이지 www.carnaby.co.uk

런던 유행의 최첨단을 달리는 백화점 ★★★★☆
리버티 Liberty

1875년 일본과 기타 아시아 국가의 직물과 장식품, 예술작품 등을 판매하는 전문점으로 시작하여 가구, 의류 등 규모를 확대하면서 오늘날의 모습을 갖추었다. 현재는 의류와 화장품, 장식품 등을 취급하는 백화점으로 명성을 이어가고 있으며, 영국 패션브랜드를 중심으로 최신 트렌드를 발 빠르게 소개하고 있다.

오리지널브랜드인 리버티런던Liberty London과 잔잔한 꽃무늬패턴으로 유명한 패브릭원단 또한 이곳에서 구입할 수 있다. 1924년에 세워진 튜더리바이벌양식Tudor-Revival Style 건물은 영국의 사상가이자 예술가 윌리엄모리스William Morris가 주도한 디자인운동 아트앤크래프트Arts&Craft를 대표하는 건축물이자 2등급 중요건축물Grade II Listed Buildings로도 지정되어 있다.

주소 Regent St, London W1B 5AH 영업시간 10:00~20:00(월~토요일), 12:00~18:00(일요일)/연중무휴 문의 (44)020-7734-1234 찾아가기 TUBE 옥스퍼드서커스(Oxford Circus)역 2번 옥스퍼드스트리트 동쪽/리젠트스트리트 남쪽(Oxford St. East/Regent St. South) 출구로 나와 그레이트말보로스트리트(Great Marlborough St.)가 나올 때 까지 리젠트스트리트(Regent St.)를 따라 걷다 그레이트말보로스트리트로 진입하면 오른편에 위치한다. 도보 5분. 홈페이지 www.liberty.co.uk

세계에서 가장 오래된 백화점 ★★★★★
셀프리지 Selfridge&Co.

소호 중심지 옥스퍼드스트리트에 위치한 셀프리지는 1909년 미국인 해리고든셀프리지Harry Gordon Selfridge가 설립한 백화점으로 의류, 화장품, 가전제품, 음식 등 다양한 분야의 브랜드를 최신 유행에 맞춰 까다롭게 선별하기로 유명하다.

백화점 장식에도 심혈을 기울이는데, 하나의 예술작품을 연상케 하는 화려한 디스플레이는 '셀프리지윈도우'라 부를 정도로 독자적인 디자인세계를 추구한다. 100년이 넘는 역사 동안 독특하고 다양한 마케팅으로 세계 최고의 백화점으로 뽑혔으며, 영국의 BBC가 제작한 드라마시리즈〈미스터 셀프리지Mr. Selfridges〉로도 많은 사랑을 받고 있다.

주소 400 Oxford St. London W1A 1AB **귀띔한마디** £50 이상 구입하면 텍스리펀이 가능하며, 4층 고객서비스라운지(Customer Services Lounge)에서 신청할 수 있다. **영업시간** 09:30~21:00(월~토요일), 11:30~18:00(일요일)/연중무휴 **문의** (44)011-3369-8040 **찾아가기** TUBE 본드스트리트(Bond St.)역 옥스퍼드스트리트 남쪽(Oxford St. South Side) 출구로 나와 왼쪽으로 걷다보면 오른편에 위치한다. 도보 3분. **홈페이지** www.selfridges.com

영국을 대표하는 라이프스타일 브랜드 ★★★★☆
스마이손 Smythson

1887년 런던의 고급 쇼핑가 본드스트리트에 문을 연 이후 150년간 영국 신사들과 숙녀들의 절대적인 지지를 받으며 필수품으로 자리잡았다. 왕실인증브랜드로서 엘리자베스여왕이 즐겨 사용하고 있으며, 마돈나와 케이트모스 등 유명 셀러브리티가 단골고객이기도 하다.

대표 상품인 수첩과 다이어리 이외에도 핸드백, 가방, 여권커버, 폰케이스 등 다양한 아이템을 만날 수 있으며 본점인 뉴본드스트리트점에서는 유료이지만 구입한 제품에 영문 이니셜을 각인하는 '스탬핑Stamping' 서비스도 이뤄지고 있다.

주소 40 New Bond Street London W1S 2DE **영업시간** 09:30~19:00(월~수, 금요일), 10:00~20:00(목요일), 10:00~19:00(토요일), 12:00~18:00(일요일) **문의** (44)020-7629-8558 **찾아가기** TUBE 본드스트리트(Bond St.)역 옥스퍼드스트리트 남쪽(Oxford St. South Side) 출구로 나와 오른쪽 방향으로 직진하다 오른쪽 뉴본드스트리트(New Bond St.)로 진입하면 왼편에 위치한다. 도보 6분. **홈페이지** www.smythson.com

영국의 문화를 선물할 수 있는 백화점 ★★★★★
포트넘앤메이슨 Fortnum&Mason's

◀ 크림티

우리나라에선 홍차로 유명하지만 커피, 과자, 꿀, 잼 등 식품에 관해서는 없는 것이 없는 명실상부한 영국의 대표백화점이다. 300년 이상의 전통을 지닌 피카딜리 본점은 지하 1층, 지상 5층 규모로 각 층마다 다양한 상품이 구비되어 있다. 영국왕실의 로열워런트를 획득하였고, 뛰어난 품질의 고급 식재료만을 엄선해 현지인들의 발길이 끊이지 않는다. 관광지로도 유명하여 매장 안은 기념품과 선물용 제품을 구입하려는 관광객들로 붐빈다.

지하 1층은 베이커리와 와인, 치즈 등의 식료품, 1층은 홍차와 비스킷 등 포트넘앤메이슨의 메인 상품, 그리고 2층에는 화려하고 예쁜 주방용품들이 진열되어 있다. 1층과 2층, 5층에는 카페와 레스토랑이 있어 티타임을 즐길 수 있다. 제대로 된 애프터눈(£52.50)을 즐기고 싶다면 5층 다이아몬드 주빌리티룸The Diamond Jubilee Tea Room에서, 진한 맛 홍차Fortnum's Classic Teas(£5.75)와 잼, 클로티드크림Clotted Cream을 곁들인 스콘Duo of scones(£7.50)으로 크림티를 즐기고 싶다면 1층 더갤러리The Gallery와 2층 더팔러The Parlour를 방문하면 된다.

주소 181 Piccadilly, London W1A 1ER **추천상품** 로열블렌드티(Royal Blend Tea)와 퀸앤티(Queen Anne Tea), 쇼트브레드(Shortbread), 피카딜리비스킷(Piccadilly Biscuits) **영업시간** 10:00~21:00(월~토요일), 11:30~18:00(일요일) **문의** (44)020-7734-8040 **찾아가기** TUBE 그린파크(Green Park)역 피카딜리 남쪽 더리츠(Piccadilly South Side, The Ritz) 출구로 나와 오른쪽 방향 피카딜리스트리트를 걷다보면 오른편에 위치한다. 도보 5분. **홈페이지** www.fortnumandmason.com

영국 상류층 스타일의 의류브랜드 ★★★★☆
바버 Barbour

1894년 탄생하여 오늘날까지 한결 같은 사랑을 받고 있는 바버는 영국 상류층의 아웃도어&라이프스타일을 표방하는 의류전문브랜드이다. 클래식한 디자인과 뛰어난 내구성으로 엘리자베스여왕과 필립공, 찰스왕세자 모두에게 로열워런트를 수여받은 몇 안 되는 브랜드이기도 하다. 방수소재에 모던한 디자인의 재킷 비데일BEDALE과 뷰포트BEAUFORT가 대표적인 상품이다.

주소 73-77 Regent St. London W1B 4EF **귀띔한마디** 바버는 인터내셔널(International)과 라이프스타일(Lifestyle), 헤리티지(Heritage), 스포팅(Sporting)으로 나뉘어져 있다. 비데일과 뷰포트를 구입하려면 라이프스타일을 취급하는 지점을 방문해야 한다. **영업시간** 10:00~19:30(월~토요일), 12:00~18:00(일요일), 11:00~17:00(공휴일)/연중무휴 **문의** (44)020-7434-0880 **찾아가기** TUBE 피카딜리서커스(Piccadilly Circus)역 리젠트스트리트 서쪽(Regent St. Westside) 출구로 나와 왼쪽 리젠트스트리트를 걷다보면 왼편에 위치한다. 도보 3분. **홈페이지** www.barbour.com

소녀감성을 자극하는 아기자기한 상품들로 가득한 ★★★★☆
캐스키드슨 Cath Kidston

꽃무늬와 도트무늬로 대변되며 클래식하면서도 감각적인 디자인으로 국내에서도 많은 사랑을 받고 있는 브랜드이다. 최근 피카딜리서커스에 플래그십스토어를 오픈하여 캐스키드슨의 대표상품인 각종 가방과 의류, 패션잡화, 인테리어소품, 주방용품까지 보다 다양한 라이프스타일 상품을 만날 수 있게 되었다. 빨간색 2층 버스와 엘리자베스타워, 런던아이, 근위병 등 런던을 대표하는 아이콘들을 열쇠고리나 폰케이스, 파우치 등에 적용하여 여행 기념상품으로 구매하기 안성맞춤이다.

주소 French Railways House 178-180 Piccadilly London W1J 9ER **귀띔한마디** 세일기간에 방문하면 백팩, 에코백, 지갑 등의 인기상품을 한국보다 반값 이하로 구입할 수 있다. **영업시간** 10:00~20:00(월~토요일), 12:00~18:00(일요일)/연중무휴 **문의** (44)020-7499-9895 **찾아가기** TUBE 그린파크(Green Park)역 피카딜리 남쪽 더리츠(Piccadilly South Side, The Ritz) 출구로 나와 오른쪽 피카딜리스트리트를 따라 걷다보면 오른편에 위치한다. 도보 5분. **홈페이지** www.cathkidston.com

패션워커의 대명사 ★★★★☆
닥터마틴 The Dr. Martens

합성고무 소재의 에어쿠션밑창으로 유명한 닥터마틴은 현재 젊은 세대들에게 빼놓을 수 없는 패션아이템으로 각광받고 있다. 하지만 시대를 조금만 거슬러 1960년대로 가보면 공장노동자, 건설현장인부 등 소위 노동자계층이라 불리던 '블루워커'들에게 사랑받던 노동자의 상징이었다. 끈을 넣는 구멍의 개수가 3개인 3홀과 8개인 8홀이 닥터마틴의 대표적인 워커라인이며 레인부츠, 샌들 등 다양한 신발라인과 의류, 액세서리 등의 패션잡화라인도 충실하다.

주소 48 Carnaby St. Soho London W1F 9PX 영업시간 10:00~19:00(월~수요일), 10:00~20:00(목~토요일), 11:30~18:00(일요일)/연중무휴 문의 (44)020-7734-4751 찾아가기 TUBE 옥스퍼드서커스(Oxford Circus)역 2번 옥스퍼드스트리트 동쪽/리젠트스트리트 남쪽(Oxford St. East/Regent St. South) 출구로 나와 왼쪽 방향으로 리젠트스트리트(Regent St.)를 따라 걸어가다 그레이트말보로스트리트로 진입 후 카나비스트리트(Carnaby St.)로 진입하면 오른편에 위치한다. 도보 6분. 홈페이지 www.drmartens.com/uk

런던여행 중 기념품을 사기에 적당한 기프트숍 ★★★★★
쿨브리타니아&크레스트오브런던 Cool Britannia & Crest of London

빨간색 2층 버스 열쇠고리, 근위병차림의 테디베어, 엘리자베스타워 스노우볼 등 런던여행을 추억하는 기념품을 사려면 어디로 가는 것이 좋을까? 런던시내에는 수많은 기념품매장이 있지만 그 중 비교적 저렴하면서 다양한 상품을 만날 수 있는 곳은 피카딜리서커스역을 기점으로 각종 뮤지컬극장이 모여 있는 샤프츠베리애비뉴Shaftesbury Ave. 쪽에 집중되어 있다.

영국국기로 온몸을 도배한 도어맨이 반기는 쿨브리타니아가 가장 많은 상품의 종류를 보유하고 있다. 많이 구입할수록 할인을 적용해주는 경우도 있으니 가격표를 꼼꼼히 확인하자. 크레스트오브런던 또한 상품이 많기로 유명한데, 아기자기하고 깜찍한 아이템들도 눈에 띈다.

쿨브리타니아 주소 225-229 Piccadilly, London, W1J 9HR 귀띔한마디 영국국기 차림의 도어맨과 매장 내 자동차와의 기념촬영도 즐겁다. 영업시간 09:00~24:00/연중무휴 문의 (44)020-7839-7200 찾아가기 TUBE 피카딜리서커스(Piccadilly Circus)역을 나오면 전광판 맞은편에 위치한다. 도보 1분. 홈페이지 www.coolbritannia.com

크레스트오브런던 주소 9-13 Shaftesbury Ave., London, W1D 7EA 영업시간 09:00~23:30(월~목요일), 09:00~24:00(금, 토요일), 10:00~23:00(일요일)/연중무휴 문의 (44)020-7437-5062 찾아가기 TUBE 피카딜리서커스(Piccadilly Circus)역 3A 피카딜리 남쪽(Piccadilly South Side) 출구로 나와 샤프츠베리애비뉴(Shaftesbury Ave.)로 진입하면 왼편에 위치한다. 도보 3분. 홈페이지 www.crestoflondon.co.uk

영국의 고급식기 브랜드 ★★★★★
WWRD&포트메리온 WWRD & Portmeirion

화려하면서 고급스러운 주방식기를 좋아하는 여성이라면 영국은 최고의 여행지가 된다. 웨지우드Wedgwood, 로열덜튼Royal Doulton, 로열알버트Royal Albert 등 이름만으로도 갖고 싶은 고급 식기브랜드를 보유한 WWRD(워터퍼드 웨지우드 로열 덜튼)와 한국에서 인기 높은 브랜드 포트메리온Portmeirion이 바로 영국에서 탄생하였기 때문이다.

다양한 제품은 물론, 한국보다 저렴하기까지 하므로 평소 갖고 싶었던 주방용품을 구입할 수 있는 최고의 기회이다. 해롯과 셀프리지, 존루이스, 데이빗존스 등 고급백화점에서 만날 수 있다.

구입처 WWRD 해롯, 셀프리지, 존루이스 **포트메리온** 포트넘 앤메이슨, 리버티 **홈페이지** WWRD www.wedgwood.co.uk 포트메리온 www.portmeirion.co.uk

런던 최대의 장난감천국 ★★★★☆
햄리스 Hamleys

5층짜리 건물 전체가 장난감으로 가득한 장난감 전문백화점이다. 평소 아이들과 장난감을 좋아했던 세계적 팝가수 마이클잭슨Michael Jackson이 생전에 런던을 방문하면 반드시 햄리스에 들러 혼자서 쇼핑을 즐겼다고 한다. 제품의 종류만도 4만 가지 이상으로 런던 최대 규모를 자랑하며, 백화점직원들도 동심으로 돌아가 즐겁게 손님맞이를 하고 있어 보는 사람까지 기분 좋게 하는 곳이다.

근위병과 엘리자베스타워 등 영국관련 기념품부터 해리포터, 꼬마기관차 토마스, 패딩턴베어 등 영국 유명캐릭터와 바비인형, 레고, 헬로키티까지 아이들에게 행복을 안겨줄 상품들이 매장 곳곳에 가득하다. 컴퓨터게임과 카드, 보드게임 등 어른들을 위한 장난감도 있으므로 그냥 지나치지 말고 한 번쯤 둘러보길 권한다.

주소 188-196 Regent St., London W1B 5BT **귀띔한마디** '3 For 2', '4 for £20.00' 등 같은 제품이나 같은 종류를 2개 이상 구입하면 할인되는 상품이 많다. **영업시간** 10:00~21:00(월~금요일), 09:30~21:00(토요일), 12:00~18:00(일요일)/연중무휴 **문의** (44)037-1704-1977 **찾아가기** TUBE 옥스퍼드서커스(Oxford Circus)역 2번 옥스퍼드스트리트 동쪽/리젠트스트리트 남쪽(Oxford St. East/Regent St. South) 출구로 나와 왼쪽 방향 리젠트스트리트(Regent St.)를 따라 걷다보면 왼편에 위치한다. 도보 4분. **홈페이지** www.hamleys.com

알록달록 달콤한 초콜릿세상 ★★★★☆
엠앤엠월드 M&M's World London

초콜릿브랜드 엠앤엠에서 운영하는 공식매장이다. 총 4개 층으로 이루어진 이곳은 엠앤엠 초콜릿을 비롯해 캐릭터가 그려진 각종 기념품을 판매하고 있으며, 그 종류가 100여 가지를 넘는다. 런던매장에서만 판매되고 있는 근위병과 유니온잭이 그려진 상품이 특히 인기가 높다.

또한 빨간색 2층 버스와 비틀즈 앨범자켓의 횡단보도 등 매장 곳곳에 설치된 런던의 심벌 앞은 기념사진을 찍는 관광객으로 넘쳐난다. 이처럼 다양한 구경거리를 제공하면서 하나의 관광명소로도 각광받고 있다.

주소 Swiss Ct. 1 Leicester Square, London W1D 6AP **영업시간** 10:00~24:00(월~토요일), 12:00~18:00(일요일) / 12월 25일 휴무 **문의** (44)020-7025-7184 **찾아가기** TUBE 피카딜리서커스(Piccadilly Circus)역 3A 피카딜리 남쪽(Piccadilly South Side) 출구로 나와 전광판을 바라보고 오른쪽 코벤트리스트리트(Coventry St.)를 걸어가다 스위스코트(Swiss Ct.)로 도로가 바뀌는 곳 왼편에 위치한다. 도보 3분. **홈페이지** www.mmsworld.com

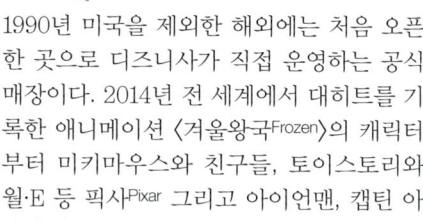

디즈니의 모든 것이 한자리에 모인 ★★★★☆
디즈니스토어런던 Disney Store London

1990년 미국을 제외한 해외에는 처음 오픈한 곳으로 디즈니사가 직접 운영하는 공식매장이다. 2014년 전 세계에서 대히트를 기록한 애니메이션 〈겨울왕국Frozen〉의 캐릭터부터 미키마우스와 친구들, 토이스토리와 월·E 등 픽사Pixar 그리고 아이언맨, 캡틴 아메리카 등 마블Marvel의 캐릭터까지 전 디즈니의 캐릭터상품을 총망라하였다.

근위병과 영국경찰차림을 한 미키마우스인형과 영국국기 유니온잭이 미키미니와 어우러진 티셔츠 등 런던 한정 상품도 있으므로 다양하게 선택할 수 있어 더욱 좋다.

주소 350-352 Oxford St, London W1C 1JH **귀띔한마디** 코벤트가든과 해롯백화점 내에도 디즈니스토어가 있으나 소호점보다는 규모가 작은 편이다. **영업시간** 09:00~22:00(월~토요일), 12:00~18:00(일요일)/연중무휴 **문의** (44)020-7491-9136

찾아가기 TUBE 본드스트리트(Bond St.)역 옥스퍼드스트리트 남쪽(Oxford St. South Side) 출구로 나와 오른쪽 방향 옥스퍼드스트리트를 걷다보면 왼편에 위치한다. 도보 2분. **홈페이지** www.disneystore.co.uk

알록달록 블록천국 ★★★★★
레고스토어 LEGO® Store

2016년 11월 17일 레스터스퀘어에 자리 잡은 이 매장은 레고스토어로는 세계 최대 규모를 자랑한다. 새로 나온 신작과 한정 상품을 판매하고 있으며 레고 블록을 직접 조립하여 나만의 캐릭터를 만들어 구입할 수도 있다. 빅벤, 타워브리지, 튜브, 공중전화박스 등 레고로 만들어진 런던의 심벌을 구경하는 것만으로도 방문할 가치가 충분하다. 그중 입구 쪽에 자리한 약 6.4m의 엄청난 크기를 자랑하는 빅벤은 20만여 개의 레고를 사용하여 완성하기까지 약 2280시간이 걸렸다고 한다.

주소 3 Swiss court, London W1D 6AP **귀띔한마디** 매장 내에서 자유롭게 기념촬영이 가능하다. **영업시간** 10:00~20:00~22:00(월~토요일), 12:00~18:00(일요일)/부정기 **문의** (44)207-839-3480 **찾아가기** TUBE 피카딜리서커스(Piccadilly Circus)역 3A 피카딜리 사우스 사이드(Piccadilly (South Side))출구로 빠져나와 전광판을 바라보며 오른쪽 방향으로 코벤트리 스트리트(Coventry St)를 걸으면 스위스 코트(Swiss Ct)로 도로가 바뀌며 오른편에 위치. 도보 3분.

런던의 만화책천국 ★★★★★
고쉬!코믹스 Gosh! Comics

우리나라 서점에는 흔하지만 영국서점에는 없는 것이 바로 만화책이다. 만화책은 어른아이 할 것 없이 인기가 있지만 영국서점에서는 좀처럼 만화책을 찾아보기가 힘들다. 그렇다고 영국사람들이 만화책을 보지 않는 것은 아니다.
버웍스트리트 시작점에 위치한 만화책 전문서점 고쉬!코믹스에 가면 골똘히 만화책을 고르는 많은 현지인들을 볼 수 있다. 마블코믹스부터 영어로 번역된 유럽 및 일본만화, 어린이를 위한 만화책과 자비로 출판한 만화책까지 다양한 장르를 아우른다. 한국만화와는 사뭇 다른 독특한 그림체의 유럽만화를 접해보는 것만으로도 새롭고 즐거운 경험이 된다.

주소 1 Berwick St, London W1F 0DR **영업시간** 10:30~19:00 **문의** (44)020-7636-1011 **찾아가기** TUBE 피카딜리서커스(Piccadilly Circus)역 3A 피카딜리 남쪽(Piccadilly South Side) 출구로 나와 샤프츠베리애비뉴(Shaftesbury Ave.)를 따라 걷다가 루퍼트스트리트(Rupert St.)에서 왼쪽 방향으로 진입 후 버웍스트리트(Berwi -ck St.)가 나올 때 까지 직진하면 위치한다. 도보 7분. **홈페이지** www.goshlondon.com

엘리자베스여왕도 즐겨 먹는 초콜릿 ★★★★★
프레스타트 Prestat Chocolates

1902년 프랑스인 쇼콜라티에Chocolatier 앙투안 느듀포Antoine Dufour가 오픈한 초콜릿매장이다. 깔끔한 크림색 외관과 형형색색 알록달록한 실내인테리어가 눈에띄는 프레스타트는 영국왕실에서 인증받은 로열워런트브랜드이다.
엘리자베스여왕과 〈찰리와 초콜릿 공장Charlie and the chocolate factory〉, 〈마틸다Matilda〉의 작가 로알드달Roald Dahl도 이집의 단골이며, 특히 이곳의 화려한 패키지 디자인은 영화 〈찰리와 초콜릿 공장〉을 떠오르게 한다.

주소 14 Princes Arcade, London SW1Y 6DS **추천상품** 엘리자베스여왕도 좋아한다는 민트초콜릿(Mint Chocolate) £3.00, 다크초콜릿에 히말라야산 핑크소금(Himalayan Pink Salt)을 뿌린 핑크에베레스트(Pink Everest) £4.00 **영업시간** 09:30~18:00(월~금요일), 09:00~17:00(토~일요일) **문의** (44)020-8961-8555 **찾아가기** TUBE 그린파크(Green Park)역 피카딜리 남쪽 더리츠(Piccadilly South Side, The Ritz) 출구로 나와 오른쪽 방향으로 피카딜리스트리트를 따라 걷다보면 오른쪽에 보이는 프린세스아케이드(Princes Arcade) 내에 위치한다. 도보 5분. **홈페이지** www.prestat.co.uk

영국왕실에서 인증한 또 하나의 초콜릿 ★★★★☆
샤보넬에워커 Charbonnel et Walker

1875년 영국의 황태자 에드워드7세가 파리 초콜릿전문점 메종부아시에Maison Boissier의 파티시에Patissier 샤보넬Charbonnel부인과 런던 과자전문점에서 일하던 워커Walker부인을 초대하여 합작으로 만든 초콜릿브랜드이다. 오픈한 이래 줄곧 올드본드스트리트를 지키고 있으며, 영국왕실에서 인증한 또 하나의 로열워런트브랜드이다. 해롯백화점 푸드마트 초콜릿코너에서도 판매하고 있다.

주소 One The Royal Arcade, 28 Old Bond St, London W1S 4BT **귀띔한마디** 테스코나 막스앤스펜서 등 유명슈퍼에서도 약간 저렴한 가격에 만날 수 있다. **영업시간** 09:30~18:30(월~금요일), 10:00~18:30(토요일), 12:00~17:00(일요일) **문의** (44)020-7318-2075 **찾아가기** TUBE 그린파크(Green Park)역 피카딜리 북쪽(Piccadilly North) 출구로 나와 왼쪽 방향 피카딜리스트리트(Piccadilly St.)를 따라 걷다가 왼쪽 올드본드스트리트(Old Bond St.)에서 왼쪽 방향으로 두 번째 블록 더로열아케이드(The Royal Arcade) 입구에 위치한다. 도보 5분. **홈페이지** www.charbonnel.co.uk

 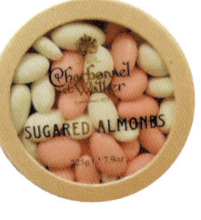

▲ (왼쪽부터) 시솔트 캐러멜 트러플(Sea Salt Caramel Truffles) £12.95, 슈가아몬드(Sugared Almonds) £10.95

유행스타일을 저렴한 가격에 구입할 수 있는 ★★★★★
프라이마크 Primark

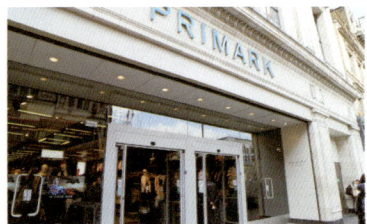

'Amazing Fashion, Amazing Prices(놀라운 패션, 놀라운 가격)'이라는 캐치프레이즈를 앞세워 트렌드에 맞는 패션의류를 합리적인 가격에 선보이는 아일랜드의 SPA브랜드이다. 런던 시내 곳곳에 매장이 자리하고 있지만 가장 규모가 크고 제품수가 많은 곳은 옥스퍼드스트리트지점이다.

가격이 저렴한 만큼 제품의 질은 기대하지 않는 편이 좋다. 하지만 여행 중 급하게 필요한 기본티셔츠나 속옷 등의 의류를 구입하기에는 안성맞춤이다. 영국을 상징하는 유니온잭, 근위병, 빨간전화부스, 왕관 등을 모티브로 한 에코백, 손수건, 카드지갑 등은 기념품으로 추천한다.

주소 14-18 Oxford St, London, W1D 1AU **영업시간** 08:00~22:00(월~토요일), 12:00~18:00(일요일)/부활절 일요일 휴무 **문의** (44)020-7580-5510 **찾아가기** TUBE 토트넘 코트 로드(Tottenham Court Road)역 1번 옥스퍼드스트리트 사우스 사이드(Oxford Street (South Side))출구로 나와 왼쪽으로 직진하면 건너편 오른편에 위치한다. 도보 1분. **홈페이지** www.primark.com

책 향기에 흠뻑 빠지다 ★★★★★
포일스 Foyles

1906년 문을 연 노포이자 런던의 대표적인 대형서점이다. 윌리엄포일과 길버트포일 형제는 공무원시험에 낙방하자 소지하고 있던 대량의 참고서를 처분하기로 마음먹는다. 시장에 내놓은 순간 주문이 쇄도하자 고서점가 차링크로스에 서점을 오픈하게 되었다.

지하 1층, 지상 6층, 총 7층 규모의 건물 내에는 20만여 권의 서적이 비치되어 있으며 CD, DVD, 문구류도 판매한다. 독자적인 시선으로 엄선한 추천서적을 군데군데 배치하여 눈길을 끈다.

주소 Foyles, 107 Charing Cross Road, London, WC2H 0DT **영업시간** 09:30-21:00(월~토요일), 11:00-18:00(일요일) **문의** (44)020-7440-3265 **찾아가기** TUBE 토트넘 코트 로드(Tottenham Court Road)역 1번 옥스퍼드스트리트 사우스 사이드(Oxford Street (South Side))출구로 나와 오른쪽 차링크로스로드(Charing Cross Rd.)를 따라 직진하면 오른편에 위치한다. 도보 3분. **홈페이지** www.foyles.co.uk

영국이 낳은 세계적인 디자이너와 브랜드

버버리 본점

영국을 대표하는 패션브랜드로 봄가을에 입는 레인코트인 버버리코트도 이 브랜드에서 유래하였으며, 코트 안감으로 사용된 체크무늬 또한 버버리체크라 부를 정도로 버버리의 이미지를 대표하고 있다. 리젠트스트리트에 위치한 본점은 세계 최대 규모로 버버리 전 라인의 제품을 만날 수 있다.

주소 121 Regent St., London W1B 4TB 영업시간 10:00~20:00(월~토요일), 11:30~18:00(일요일) 문의 (44)020-7806-8904 찾아가기 TUBE 피카딜리서커스(Piccadilly Circus)역 3A 피카딜리 남쪽(Piccadilly South Side) 출구로 나와 전광판을 바라보고 왼쪽 방향 리젠트스트리트(Regent St.)를 따라 걷다보면 왼편에 위치한다. 도보 5분. 홈페이지 uk.burberry.com

폴스미스 플래그십스토어

영국 맨즈패션의 대명사로 클래식하고 모던한 디자인에 화려한 패턴이나 산뜻한 색깔을 첨가한 패션이 특징이다. 특히 다양한 원색의 여러 무늬가 조합된 멀티스트라이프 Multi Stripe패턴의 가방, 지갑 등은 폴스미스를 대표하는 스타일이기도 하며 인기 또한 높다.

주소 9 Albemarle St, London W1S 4HH 영업시간 10:00~18:00(월~수요일), 10:00~19:00(목~토요일), 12:00~18:00(일요일) 문의 (44)020-7493-4565 찾아가기 TUBE 그린파크(Green Park)역 피카딜리 북쪽(Piccadilly North) 출구로 나와 왼쪽 방향 피카딜리스트리트를 따라 걷다가 오른쪽 알베몰스트리트(Albemarle St.)로 진입하면 오른편에 위치한다. 도보 5분. 홈페이지 www.paulsmith.co.uk

비비안웨스트우드 본점

영국을 대표하는 여성디자이너 비비안웨스트우드는 영국 역사와 문화를 패션으로 재해석해 그녀의 작품세계에 투영하였다. 특히 주류사회의 통념에 반하는 아방가르드 Avant-garde한 디자인은 찢어진 청바지, 가죽재킷, 헝클어진 머리 스타일 등으로 대변되는 펑크문화 탄생에 중요한 역할을 했다. 패션디자이너로 활동을 시작하면서 처음 오픈한 부티크 월드엔즈 World ends는 현재도 운영 중이며 본점은 소호에 위치하고 있다.

주소 44 Conduit St, London W1S 2YL 영업시간 10:00~18:00(월~수요일), 10:00~19:00(목요일), 10:00~18:00(금, 토요일), 12:00~17:00(일요일) 문의 (44)020-7439-1109 찾아가기 TUBE 옥스퍼드서커스(Oxford Circus)역 3번 옥스퍼드스트리트 서쪽/리젠트스트리트 남쪽(Oxford St. West/Regent St. South) 출구로 나와 리젠트스트리트를 따라 걷다가 오른쪽 콘두이트스트리트(Conduit St.)로 진입하면 왼편에 위치한다. 도보 6분. 홈페이지 www.viviennewestwood.com

멀버리 본점

알렉사백, 릴리백, 베이스워커 등 한국뿐만 아니라 전 세계적으로 유행을 주도했던 이 가방과 신발의 정체는 바로 영국의 고급 패션브랜드 멀버리의 상품이다. 클래식하고 세련된 스타일을 추구하며 많은 패셔니스타들의 지지를 얻고 있다.

주소 50 New Bond St., London W1S 1BJ 영업시간 10:00~19:00(월~토요일), 12:00~18:00(일요일), 11:00~18:00(공휴일) 문의 (44)020-7491-3900 찾아가기 TUBE 본드스트리트(Bond St.)역 옥스퍼드스트리트 남쪽(Oxford St. South Side) 출구로 나와 오른쪽 방향으로 걷다가 오른쪽 뉴본드스트리트(New Bond St.)로 진입하면 왼편에 위치한다. 도보 6분. 홈페이지 www.mulberry.com

알렉산더맥퀸 플래그십스토어

2010년 생을 마감하기 전까지 알렉산더맥퀸은 매번 파격적이고 충격적인 컬렉션으로 패션계에 새로운 바람을 일으켰던 천재 디자이너이다. 우아하고 세련된 분위기에 독특한 포인트를 가미하는 디자인으로 유명하며, 현재는 사라버튼Sarah Burton이 그의 바통을 이어 받아 명맥을 유지하고 있다.

주소 9 Savile Row, London W1S 3PF 영업시간 10:00~18:00(월~토요일)/매주 일요일 휴무 문의 (44)020-7494-8840 찾아가기 TUBE 피카딜리서커스(Piccadilly Circus)역 3A 피카딜리 남쪽(Piccadilly South Side) 출구로 나와 전광판을 바라보고 왼쪽 방향 리젠트스트리트를 따라 걷다가 왼쪽 비고스트리트(Vigo St.)로 진입 후 두 갈림길을 만나면 오른쪽 새빌로우(Savile Row)길을 따라 걸으면 오른편에 위치한다. 도보 7분. 홈페이지 www.alexandermcqueen.com

스텔라매카트니 플래그십스토어

스텔라매카트니는 영국의 전설적인 록밴드 비틀즈의 멤버 폴매카트니Paul McCartney 딸이라는 수식어보다는 잘 나가는 패션디자이너라는 별칭이 더 잘 어울린다. 프랑스 패션브랜드 끌로에Chloe의 수석디자이너를 거쳐 아디다스와의 협업으로 트레이닝패션을 선보였으며, 현재는 자신의 이름을 내세운 브랜드를 런칭하여 샤프하면서 여성스러운 디자인으로 많은 이의 사랑을 받고 있다.

주소 30 Bruton St, London W1J 6QR 영업시간 10:00~19:00(월~토요일)/매주 일요일 휴무 문의 (44)020-7518-3100 찾아가기 TUBE 옥스퍼드서커스(Oxford Circus)역 3번 옥스퍼드스트리트 서쪽/리젠트스트리트 남쪽(Oxford St. West/Regent St. South) 출구로 나와 리젠트스트리트를 따라 걷다가 오른쪽 콘두이트스트리트(Conduit St.)로 진입하면 오른편에 위치한다. 도보 8분. 홈페이지 www.stellamccartney.co.uk

§ 세계적인 디자이너의 플래그십스토어 또한 런던에 상륙 §

톰포드 플래그십스토어

구찌와 이브생로랑의 수석디자이너로 이름을 알린 후 현재는 영화감독으로도 명성을 얻고 있는 톰포드의 플래그십스토어가 2013년 나이트브리지에 오픈했다. 독창적인 패션으로 우아하면서 고급스러운 디자인으로 평가받는다.

주소 201-202 Sloane St, London SW1X 9QX 영업시간 10:30~18:30(월, 화요일), 10:00~18:00, 10:00~19:00(수요일), 10:30~18:30(목~토요일)/매주 일요일 휴무 문의 (44)020-3141-7800 찾아가기 TUBE 나이트브리지(Knightsbridge)역 3번 슬론스트리트(Sloane St.) 출구로 나와 하비니콜스(Harvey Nichols) 쇼핑몰 쪽으로 건너가 쇼핑몰을 왼쪽에 두고 직진하면 왼편에 위치한다. 도보 2분. 홈페이지 www.tomford.com

칼라거펠트 플래그십스토어

세계적인 명품브랜드 샤넬의 수장 칼라거펠트Karl Lagerfeld의 개인브랜드 플래그십스토어가 2014년 리젠트스트리트에 새롭게 오픈했다. 의류와 패션잡화를 비롯해 향수, 책, 리빙소품 등 관련 상품을 총망라하였다.

주소 145-147 Regent St., London W1B 4JB 영업시간 영업시간 10:00~20:00(월~수, 금, 토요일), 10:00~21:00(목요일), 12:00~18:00(일요일, 공휴일) 문의 (44)020-7439-8454 찾아가기 TUBE 피카딜리서커스(Piccadilly Circus)역 3A 피카딜리 남쪽(Piccadilly South Side) 출구로 나와 전광판을 바라보고 왼쪽 방향으로 리젠트스트리트를 따라 걷다보면 왼편에 위치한다. 도보 6분. 홈페이지 www.karl.com/stores/london

하루 종일 둘러봐도 지겹지 않은
슈퍼마켓

여행지에서의 슈퍼마켓 탐방만큼 그 나라의 식문화를 빠르게 파악할 수 있는 방법도 없을 것이다. 유럽 내에서 먹을 게 없다고 소문난 영국이라 할지라도 모든 음식이 맛없다고 생각하면 오산이다. 특별한 음식이 있는 것은 아니지만 그렇다고 맛이 없는 것은 아니다. 슈퍼마켓에서 판매하는 음식들도 마찬가지다. 슈퍼마켓체인점에는 과자와 빵은 물론 도시락, 레토르트식품 등 다양한 먹을거리가 진열장을 채우고 있다. 특히 막스앤스펜서, 웨이트로즈와 같은 고급 슈퍼마켓에서는 판매하는 음식들은 양질의 재료를 사용하여 맛도 훌륭한 편이므로 한 끼 식사대용으로 충분하다. 물가가 비싼 나라인 만큼 가끔은 슈퍼마켓에서 해결하는 것도 경비를 절약하는 방법 중 하나이다.

【 대표적인 슈퍼마켓 프랜차이즈 】

테스코 Tesco
가장 많은 점포수를 자랑하는 테스코는 편의점 개념의 테스코익스프레스Tesco Express와 규모가 큰 대형마트 역할을 하는 테스코메트로Tesco Metro로 나뉜다. 관광명소 주변에서 어렵지 않게 찾을 수 있으며 다른 곳보다 가격이 저렴한 편이다.

주소 17-25 Regent St. Haymarket London SW1Y 4XB 영업시간 06:00~00:00(월~금요일), 06:00~23:00(토요일), 08:00~22:00(일요일) 문의 (44)345-677-9812 찾아가기 TUBE 피카딜리서커스(Piccadilly Circus)역 로어리젠트스트리트(Lower Regent St.) 출구로 나와 저민스트리트(Jermyn St.)까지 직진 후 왼편에 위치한다. 홈페이지 www.tesco.com

웨이트로즈 Waitrose
슈퍼마켓 중에는 최고급이라 할 수 있다. 다른 곳보다 비싼 만큼 품질도 우수하다. 유기농식재료와 건강에 좋은 제품을 엄선하여 판매하고 있다. 찰스왕세자의 브랜드 더치오리지널Duchy Originals의 상품도 구매할 수 있다.

주소 John Lewis, 300 Oxford St. London W1A 1EX 영업시간 09:30~20:00(월~수, 금, 토요일), 09:30~21:00(목요일), 12:00~18:00(일요일) 문의 (44)020-7629-7711 찾아가기 TUBE 옥스퍼드서커스(Oxford Circus)역 4번 옥스퍼드스트리트 서쪽/리젠트스트리트 북쪽(Oxford St. West/Regent St. North) 출구로 나와 옥스퍼드스트리트를 따라 걷다보면 오른편에 위치한다. 도보 4분. 홈페이지 www.waitrose.com

세인즈버리 Sainsbury
제품가격이 비교적 저렴하고 점포수가 많은 점이 테스코와 비슷하다. 테스코와 마찬가지로 규모에 따라 세인즈버리로컬Sainsbury Local과 세인즈버리슈퍼스토어Sainsbury Superstore로 나뉜다.

주소 15-17 Tottenham Ct. Rd. London W1T 1BJ 영업시간 06:00~23:59(월~토요일), 12:00~18:00(일요일) 문의 (44)020-7580-7820 찾아가기 TUBE 토트넘코트로드(Tottenham Court Rd.)역 2번 토트넘코트로드 출구로 나와 왼편의 버거킹을 지나 다음 블록에 위치한다. 도보 2분. 홈페이지 www.sainsburys.co.uk

막스앤스펜서 Marks&Spencer
테스코와 세인즈버리보다는 고급슈퍼마켓이다. 식료품뿐만 아니라 의류, 생활용품 등 다양한 상품들을 판매하고 있어 슈퍼마켓이라기보다는 백화점 느낌이 강하다.

주소 173 Oxford St. London W1D 2JL 영업시간 09:00~21:00(월~토요일), 12:00~18:00(일요일) 문의 (44)020-7437-7722 찾아가기 TUBE 옥스퍼드서커스(Oxford Circus)역 7번 옥스퍼드스트리트(Oxford St. Exit only) 출구로 나와 오른쪽 라밀리즈스트리트(Ramillies St.)를 지나면 오른편에 위치한다. 도보 3분. 홈페이지 www.marksandspencer.com

【 슈퍼마켓에서 찾아낸 보석 같은 제품들 】

콜만
Colman's
—
미식가들의 입맛을 사로잡은 머스타드소스

마마이트
Marmite
—
영국인이 사랑하는 잼

썰스데이코티지
Thursday Cottage
—
50년 전통의 잼 전문브랜드의 영국식 레몬잼 레몬커드

몰든
Maldon
—
영국의 스타셰프들이 즐겨 사용하는 시솔트

워커스
Walkers
—
타탄체크의 패키지가 인상적인 스코틀랜드 전통과자 쇼트브레드

캐드버리
Cadbury
—
로열워런트를 인증받은 초콜릿브랜드

제이미올리버
Jamie Oliver
—
오리지널브랜드 상품 페스토, 올리브 등 이탈리안 관련 상품이 많다.

막스앤스펜서
M&S
—
과자류는 패키지가 고급스러워 선물용으로 제격이다.

【 슈퍼마켓에서 찾는 홈애프터눈티 재료 】

본고장 런던에서 즐기는 애프터눈티를 완벽하지는 않지만 한국에서도 즐길 수 있다.
굳이 비싼 돈을 들이지 않아도 되고, 시중의 슈퍼마켓에서 쉽게 구할 수 있어 편리하다.

Jam

윌킨앤선즈(Wilkin&Sons)의 팁트리(Tiptree)
왕실인증 로열워런트를 획득한 브랜드.
인공착색료와 방부제를 일절 사용하지 않았다.

파트리지(Partridges)
첼시의 고급슈퍼마켓 파트리지의 핸드메이드 잼.
영국의 전통 레시피대로 만들어졌다.

더치오리지널(Duchy Originals)
찰스왕세자가 설립한 푸드전문브랜드.
유기농재료만을 사용하였다.

Clotted Cream

로다스(Rodda's)
콘월지방 크림전문브랜드.
콘월지역 방식으로 만들어졌으며 깊고 진한 맛이 특징이다.

테스코파이니스트(Tesco Finest)
슈퍼마켓체인 테스코의 오리지널브랜드.
엄선된 고급재료로 만들었으며 데본지역방식으로 만들어졌다.

Tea

테일러 오브 헤로게이트(Taylors of Harrogate)의 요크셔 골드티(Yorkshire Gold Tea)
맛과 향이 깔끔한 클래식 차

트와이닝(Twinings)의 레이디그레이(Lady Grey)
300년이 넘는 역사와 전통을 지닌 브랜드.
얼그레이의 달콤상큼한 버전.

테틀리티(Tetley Tea)
밀크티로 만들었을 때 맛있다는 평이 많다.

클리퍼 페어트레이드티(Clipper Fairtrade Tea)
공정무역을 통해 들여온 재료로 만든 유기농 차.

Scone & Teacake

스콘믹스(Scone mix)
대부분의 슈퍼마켓에서 스콘을 판매하지만 유통기한이 짧아
당장 먹지 않을 거라면 추천하지 않는다. 대신 직접 만들어
먹는 것에 관심이 있다면 믹스를 구입해도 좋다.

미스터키플링(Mr Kipling)
영국의 티케이크 전문브랜드.
달달한 맛을 좋아하는 사람들에게 추천한다.

【 영국왕실이 인정한 로열워런트 】

영국왕실인증, 로열워런트란 무엇인가?

로열워런트Royal Warrant는 5년 이상 영국왕실에 제품을 제공함으로써 그 품질을 인정받은 브랜드에게 발행되는 인증서를 말한다. 1155년 헨리2세 때부터 이어진 전통으로 현재 로열워런트를 수여할 수 있는 사람은 단 세 명으로 엘리자베스여왕과 여왕의 남편 필립공, 그리고 아들 찰스왕세자뿐이다. 로열워런트브랜드로 인정되는 순간부터 5년 동안 제품패키지와 가게 벽에 인증마크를 붙일 수 있으며, 왕실의 엄정한 심사를 거쳐 갱신되기도 한다.

▲ 실제 매장에 걸린 로열워런트 인증마크

찰스왕세자가 CEO?

찰스왕세자가 오가닉제품 브랜드의 CEO란걸 아는 사람은 많지 않을 것이다. 환경문제에 관심이 많아 영국의 환경보호단체인 내셔널 트러스트National Trust의 총재이기도 한 찰스왕세자는 코츠월드지방 테트버리Tetbury로 이주하면서 1990년 오가닉브랜드 더치오리지널Duchy Originals를 설립했다. 직접 재배하고 가꾼 유기농재료를 사용하여 보다 안전하고 보다 자연친화적인 제품을 만들고 있다. 잼과 쿠키, 홍차 등 더치오리지널 제품들은 고급슈퍼마켓인 웨이트로즈Waitrose에서만 판매하고 있으며, 가격은 비교적 저렴한 편이라 선물용으로 구입하기에 좋다.

영국왕실인증을 받은 브랜드

영국왕실이 인정한 로열워런트를 획득한 브랜드는 값비싼 최고급 명품브랜드부터 슈퍼마켓에서 흔히 구할 수 있는 식료품까지 종류가 매우 다양하다. 대표적인 브랜드로는 고급슈퍼마켓체인 웨이트로즈Waitrose와 영국을 대표하는 패션브랜드 버버리Burberry, 영국 최고의 식료품백화점으로 우리에게는 홍차로 잘 알려진 포트넘앤메이슨Fortnum and Mason 등이 있으며, 코카콜라Coca Cola와 트와이닝Twinings 홍차, 하인즈Heinz 케첩과 켈로그Kellogg 시리얼, 캐드버리Cadbury 초콜릿 등 일상생활에서 쉽게 볼 수 있는 식품들도 로열워런트로 인정받았다.

영국왕실재단 기념품, 로열컬렉션트러스트

버킹엄궁전에서 빅토리아역방면으로 가는 길, 로열뮤스 건너편에 위치한 버킹엄팰리스숍Buckingham Palace Shop은 영국왕실의 공식기념품 '로열컬렉션트러스트Royal Collection Trust'를 판매하는 매장이다. 주로 왕실인사와 왕관을 모티브로 한 상품을 판매하고 있다.

주소 7 Buckingham Palace Rd., Victoria, London, SW1W 0PP 영업시간 09:30~17:00 / 12월 25, 26일 휴무 문의 (44)020-7839-1377 찾아가기 TUBE 빅토리아(Victoria)역 7번 버킹엄팰리스로드(Buckingham Palace Road) 출구로 나와 오른쪽 방향으로 걷다보면 왼편에 위치한다. 도보 7분. 홈페이지 www.royalcollectionshop.co.uk

Made in UK! 영국 화장품을 소개합니다

영국은 자연친화적인 건강한 삶을 추구하는 유기농문화가 잘 정착된 곳이라 천연원료로 만든 오가닉 화장품브랜드가 유명하며, 고가의 프리미엄 향수브랜드가 눈에 띄게 많은 점도 흥미롭다. 중저가의 드럭스토어 브랜드부터 고급 브랜드까지 런던에서 구입하면 좋은 화장품을 모아 봤다.

01 펜할리곤스 Penhaligon's
왕실로부터 로열워런트를 받았으며, 140년 이상의 전통을 가진 영국을 대표하는 향수브랜드. 모든 향수를 수작업으로 만들 정도로 정성이 가득 담겨 있으며, 모던하고 엘레강스한 향을 추구한다.
- Artemisia Eau De Parfum Spray

02 조말론 Jo Malone
왕세손비 케이트 미들턴이 애용하는 프리미엄 향수브랜드. 라임바질&만다린의 폭발적인 인기에 힘입어 한국에도 2014년 정식으로 출시되었으나 영국이 3~4만 원 정도 저렴한 편이다.
- Lime Basil & Mandarin

03 크리드 Creed
중성적인 시크한 향으로 향수마니아들 사이에서는 유명하다. 영국왕실뿐만 아니라 프랑스, 오스트리아, 헝가리, 스페인, 덴마크 등 각국 왕실에서도 공식향수로 지정될 만큼 그 가치를 인정받았다.
- Spring Flower

04 닐스야드레미디스 Neal's Yard Remedies
1981년 영국 최초의 오가닉약국으로 출발하여 건강과 미용을 동시에 추구하고 있다. 영국의 오가닉인증마크인 소일어소시에이션(Soil Association)의 엄격한 기준을 통과한 원료를 사용하여 만든 제품으로 피부재생에 도움을 주는 와일드로즈뷰티엘릭서가 유명하다.
- Wild rose beauty elixir 30ml

05 러쉬 Lush
프레시핸드메이드 브랜드로 가격적인 면에서 한국보다 두 배 이상 싼 제품도 있을 정도로 영국이 압도적으로 저렴하다. 대표상품인 입욕제(Bath Bamb)는 £1.95~3.25로 구입가능하며, 여행에 지친 몸을 풀어주는 입욕제로 제격이다.
- 입욕제

06 솝앤글로리 Soap&Glory
피부미용전문가 마샤킬고어(Marcia Kilgore)가 만든 저가라인 화장품 브랜드. 바디케어를 중심으로 헤어, 페이스제품이 주를 이루고 있으며, 깜찍한 패키지디자인은 선물용으로도 안성맞춤이다.
- Thank inside the box

07 NO.7
드럭스토어 부츠의 오리지널 브랜드로 스킨케어부터 메이크업까지 다양한 제품군을 선보이고 있다. 특히 안티에이징성분이 함유된 세럼은 각종 상을 수상하면서 인기상품으로 자리 잡았다.
- Protect&Perfect Intense Serum 30ml

08 유시몰 EUTHYMOL
영국 치과의사가 추천하는 100년 전통의 치약으로 일반 드럭스토어에서도 쉽게 찾아볼 수 있다.
- 치약 75ml

09 슬릭 Sleek
드럭스토어에서 판매되는 중저가 메이크업브랜드. 세련된 패키지디자인과 고가브랜드 못지않은 뛰어난 발색으로 현지인들의 많은 호응을 얻고 있다. 12가지 색상의 아이섀도팔레트를 추천한다.
- MakeUp i-Divine Eyeshadow Palette

【 화장품을 구입하는 방법 】

셀프리지, 해롯 등 런던의 유명백화점 1층은 한국의 백화점과 마찬가지로 화장품코너가 차지하는데 샤넬, 크리스챤디올Christian Dior, 바비브라운Bobby Brown 등 유명 화장품브랜드와 크리드, 딥티크Diptyque 등 향수전문브랜드가 입점해 있다. 조말론, 펜할리곤스와 같은 향수브랜드와 닐스야드레미디스 등 오가닉 화장품브랜드는 개인부티크를 운영하고 있으며, 소호와 코벤트가든 등 교통이 편리한 관광명소에 위치하고 있다. 솝앤글로리, 슬릭 등 중저가브랜드를 비롯해 미용제품, 영양제 등을 판매하는 드럭스토어는 런던번화가 곳곳에서 만날 수 있으며, 파란색 간판 부츠가 대표적이다.

닐스야드레미디스 Neal's Yard Remedies
주소 15 Neal's Yard London WC2H 9ER 영업시간 10:00~20:00(월~토요일), 11:00~18:30(일요일) 문의 (44)020-7379-7222 찾아가기 TUBE 코벤트가든(Covent Garden)역 롱에이커(Long Acre) 출구로 나와 롱에이커거리 오른쪽 방향으로 걷다가 왼쪽 닐스트리트(Neal St.)로 진입 후 쇼츠가든스(Shorts Gardens)거리로 진입하면 오른편에 위치. 도보 3분. 홈페이지 www.nealsyardremedies.com

러쉬 Lush
주소 1/3 Quadrant Arcade, London W1B 5HA 영업시간 10:00~20:00(월~토요일), 11:00~19:00(일요일) 문의 (44)020-7434-3953 찾아가기 TUBE 피카딜리서커스(Piccadilly Circus)역 3A 피카딜리 남쪽(Piccadilly South Side) 출구로 나와 전광판을 바라보고 왼쪽 방향 리젠트스트리트를 따라 걷다보면 오른편에 위치한다. 도보 3분. 홈페이지 www.lush.co.uk

부츠 Boots
주소 361 Oxford St W1C 2JL 영업시간 08:00~22:00(월~토요일), 12:30~18:30(일요일) 문의 (44)020-7491-2697 찾아가기 TUBE 본드스트리트(Bond St.)역 옥스퍼드스트리트 남쪽(Oxford St. South Side) 출구로 나와 오른쪽 옥스퍼드스트리트를 따라 걷다보면 오른편에 위치한다. 도보 2분. 홈페이지 www.boots.com

조말론 Jo Malone
주소 23 Brook Street W1K 4HA 영업시간 09:30~19:00(월~수요일), 09:30~19:30(목요일) 09:30~19:00(금, 토요일), 12:00~18:00(일요일) 문의 (44)037-0192-5181 찾아가기 TUBE 본드스트리트(Bond Street)역 옥스퍼드스트리트 사우스 사이드(Oxford Street South Side)출구로 나와 오른쪽 방향으로 직진하다 오른쪽 뉴 본드스트리트(New Bond St)로 진입 후 브룩스트리트에서 오른쪽 방향으로 진입하면 왼편에 위치한다. 도보 4분. 홈페이지 www.jomalone.co.uk

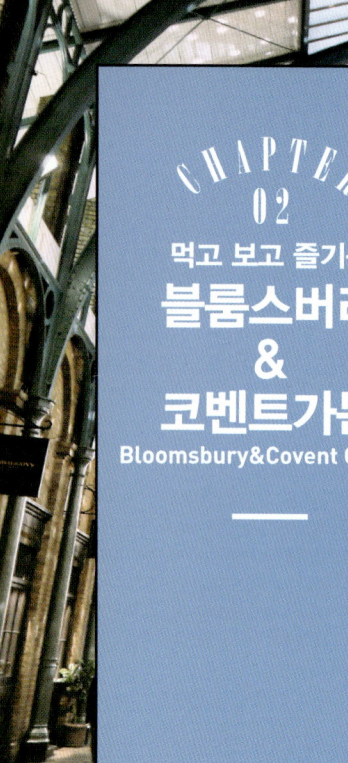

CHAPTER 02
먹고 보고 즐기는
블룸스버리
&
코벤트가든
Bloomsbury&Covent Garden

📷 ★★★★★
🍴 ★★★★
🛍 ★★★★

블룸스버리는 대영박물관과 런던 대학이 있는 곳으로 19세기부터 교육지구로 알려졌다. 찰스디킨스, 서머싯몸, 버나드쇼 등 문학계 거물들이 살았던 곳이며, 20세기 초 버지니아울프, 버트런드러셀, 존케인즈 등 당대 최고의 예술가와 지식인들로 구성된 블룸스버리그룹(Bloomsbery Group)의 거점이자 주요활동무대였다. 코벤트가든은 채소밭에서 시장으로 변모하였고, 현재는 런던을 대표하는 쇼핑중심지로 발전하였다.

블룸스버리&코벤트가든를 이어주는 교통편

블룸스버리
· TUBE 센트럴(Central), 노던(Northern) 라인의 토트넘코트로드(Tottenham Court Rd.)역 또는 센트럴(Central), 피카딜리(Piccadilly) 라인의 홀본(Holborn)역에서 하차한다.

코벤트가든
· TUBE 피카딜리(Piccadilly) 라인의 코벤트가든(Covent Garden)역 또는 디스트릭트&서클(District&Circle) 라인의 템플(Temple)역에서 하차한다.

블룸스버리&코벤트가든에서 이것만은 꼭 해보자

1. 세계 3대 박물관인 대영박물관을 관람하자!
2. 코벤트가든 맛집에서 세계음식을 맛보자!
3. 코벤트가든에서 마켓과 쇼핑매장들을 구경하자!
4. 분위기 좋은 카페에서 플랫화이트를 마셔보자!

사진으로 미리 살펴보는
블룸스버리&코벤트가든 베스트코스
예상 소요시간 7시간 이상

대영박물관에서 코벤트가든까지 남쪽으로 큰길을 따라 내려오면서 관광, 쇼핑, 맛집 탐방을 한꺼번에 할 수 있다. 대영박물관을 제외한 대부분의 명소가 도보 5분 이내에 위치하고 있어 동선구상이 매우 편리하다. 일정 마무리 후에는 뮤지컬을 관람하거나 펍이 몰려 있는 소호쪽으로 이동하기에도 좋은 위치이다.

SECTION 04
블룸스버리&코벤트가든에서 둘러봐야 할 명소

대영박물관에서 남쪽 코톨드갤러리까지 큰 길을 따라 직진하면 폴락토이뮤지엄과 웰컴컬렉션을 제외하고는 대부분 다 둘러볼 수 있다. 폴락토이뮤지엄은 대영박물관 서쪽, 웰컴컬렉션은 뒤쪽에 자리하고 있기 때문에 두 곳을 일정에 넣으려면 대영박물관과 묶어서 함께 가는 것이 좋다.

세계 3대 박물관 중 하나 ★★★★★
대영박물관 British Museum

동서고금을 막론한 세계 최대 규모의 문화유산을 소장하고 있는 대영박물관은 런던여행에서 빼놓을 수 없는 코스이다. 내과의사이자 과학자였던 한스슬론경Sir Hans Sloane의 컬렉션에 의해 비롯된 이 박물관은 지하 1층, 지상 2층 총 3개 층에 94개 전시실로 구성되어 있다. 세계 최고수준의 문화유산임에도 입장료가 무료라는 점은 대영박물관이 가지고 있는 큰 매력이며, 매년 전 세계에서 600만 명 이상의 관광객이 쉴 새 없이 발도장을 찍고 있다.

파리 루브르박물관과 마찬가지로 2~3시간 이상을 투자해도 다 돌아볼 수 없을 만큼 규모가 크기 때문에 미리 보고 싶은 전시품목과 그 위치를 파악해두면 훨씬 수월하게 관람할 수 있다. 평일, 주말 상관없이 항상 붐비는 곳이지만 개관하는 10시와 폐관시간이 다가오는 오후 3~4시가 비교적 한산한 편이다. 매주 금요일은 저녁 8시 30분까지 개관하므로 여유롭게 관람하고 싶다면 금요일에 방문하는 것이 좋다. 각 전시실마다 무료영어가이드투어도 있으므로 관심이 있다면 홈페이지에서 미리 확인하자. 전시품을 만지는 행위는 기본적으로 금지되어 있지만 직접 만지고 체험할 수 있는 핸즈온Hands On이벤트가 매일 열리고 있다.

주소 Great Russell St, London WC1B 3DG 강력추천 영화 〈박물관이 살아있다 : 비밀의 무덤(Night at the Museum: Secret of the Tomb)〉의 배경이 되었던 곳이다. 방문하기 전 영화를 감상하고 가면 또 다른 재미를 발견할 수 있다. 귀띔한마디 몇몇 전시관은 개보수로 인해 휴관하거나 전시물이 없을 수도 있다. 입장료 무료 운영시간 10:00~17:30(월~목, 토, 일요일), 10:00~20:30(금요일) / 1월 1일, 3월 30일, 12월 24~26일 휴무 문의 (44)020-7323-8299 찾아가기 TUBE 토트넘코트로드(Tottenham Court Rd.)역 3번 토트넘코트로드&뉴 옥스퍼드스트리트(Tottenham Court Rd.&New Oxford St.) 출구로 나와 토트넘코트로드를 따라 걷다가 오른쪽 그레이트러셀스트리트(Great Russell St.)로 진입하면 왼편에 위치한다. 도보 4분. 홈페이지 www.britishmuseum.org

대영박물관이 제안하는 관람 공략법

대영박물관 공식웹사이트에는 방문객들이 좀 더 편하게 관람할 수 있는 3가지 견학코스를 소개하고 있다. 대영박물관을 대표하는 9점의 전시품을 중심으로 돌아보는 1시간 코스, 시간적 여유가 있는 사람에게 추천하는 3시간 코스 그리고 아이와 함께 돌아보는 코스가 있다. 그 중 꼭 봐야 할 6점의 작품은 다음과 같다.

로제타스톤 The Rosetta Stone
- 4번방(Egyptian sculpture)

고대 이집트 상형문자를 풀 단 하나의 열쇠였던 이 검은 돌은 길이 114.4cm에 너비 72.3cm, 두께 27.9cm에 무게가 무려 760kg에 달한다. 1799년 이집트 알렉산드리아 동쪽 65km 떨어진 로제타마을에서 프랑스 나폴레옹원정군에 의해 발견되었다. 하지만 원정대가 1801년 알렉산드리아전투에서 영국의 넬슨제독에게 패배함에 따라 프랑스가 약탈했던 모든 이집트유물은 영국의 손에 들어가게 된다. 이집트 고고학사상 최대의 발견으로 평가받고 있다.

파르테논신전의 조각상 Elgin Marbles
- 18번방(Greece:Parthenon)

고대 그리스시대의 파르테논신전(Parthenon)을 장식했던 아름다운 부조물들이 한자리에 모여 있는 그리스 갤러리는 문화재약탈의 상징이다. 실제 그리스 아테네의 파르테논신전은 껍데기만 남겨진 상태로 내부를 장식했던 유물 대부분은 대영박물관이 소장하고 있다. 조각상 하나하나를 세세하게 살펴보면 금방이라도 살아 움직일 것 같은 디테일한 표현에 감탄사가 저절로 나올 것이다.

루이스체스맨 The Lewis Chessmen
- 40번방(Medieval Europe 1050-1500)

1831년 스코틀랜드 앞바다 루이스섬에서 발견된 78개의 체스말로 현재 11개는 스코틀랜드국립박물관에 소장되어 있고, 67개는 대영박물관이 소장하고 있다. 바다코끼리의 상아와 고래의 이빨로 만들어진 앙증맞은 크기의 조각들은 거의 원형 그대로 약 800년간 보존되어 있어 발견된 당시 전 세계를 놀라게 했다. 영화 〈해리포터와 마법사의 돌(Harry Potter And The Sorcerer's Stone)〉에 등장하기도 하였다.

옥서스의 보물 Oxus Treasure
- 52번방(Ancient Iran)

아프가니스탄의 옥서스강에서 발견된 고대 페르시아-아케메니아시대의 미술공예품으로 손바닥만한 크기가 인상적이다. 네 마리의 말이 끄는 이륜전차를 표현한 이 작품은 금으로 정교하게 만들어져 기원전 5-4세기 귀중한 사료로 평가된다.

우르왕조의 게임판 Royal Game of Ur
- 56번방(Mesopotamia BC6000-1500)

메소포타미아지역 수메르의 수도 우르(Ur)에서 발견된 것으로 세계에서 가장 오래된 보드게임판 중 하나이다. 기원전 2600년경에 만들어진 이 게임판은 우르왕무덤에서 게임방법이 적힌 돌과 함께 발견되었다.

죽어가는 사자 Assyrian Lion Hunt reliefs
- 10a방(Assyria)

메소포타미아지역에서 번성한 고대국가 아시리아의 돌에 새겨진 벽화로 사자를 사냥하는 모습이 사실적으로 표현됐다. 당시 왕은 사자로부터 자신의 부족을 지켜야 할 사명감이 있었고, 사자사냥은 왕의 용맹스러움을 보여주는 중요한 수단이자 연례행사였다고 한다.

※ 1시간 코스로 둘러보는 9점의 작품

지상층(Level Upper) - 로제타스톤(The Rosetta Stone), 죽어가는 사자(Assyrian Lion Hunt reliefs), 파르테논신전(Parthenon sculptures)
1층(Level Ground) - 루이스체스맨(Lewis Chessmen), 옥서스의 보물(Oxus Treasure), 우르왕조의 게임보드판(Royal Game of Ur), 미라(Mummy of Katebet), 사무라이갑옷(Samurai armour)
지하층(Level Lower) - 이페왕의 두상(King of Ife)

즐거운 장난감여행 ★★★★★
폴락토이뮤지엄 Pollock's Toy Museum

한적한 주택가, 장난감가게처럼 보이는 외관에 이끌려 문을 열고 들어서면 벽면 가득 빽빽하게 채워진 장난감이 방문자를 반긴다. 판매도 겸하는 이곳은 1956년 문을 연 장난감박물관이다. 유럽의 전통인형극 '토이시어터'를 생산했던 인쇄소 사장 벤자민폴락Benjamin Pollock의 이름에서 따왔으며, 폴락이 소장했던 컬렉션을 마거리트포드리Marguerite Fawdry가 인수하면서 박물관으로 탄생하게 되었다.

한 명이 겨우 지나갈 정도로 좁은 계단과 작은 방으로 이루어져 있지만 진귀하고 흥미로운 물건이 많아 한시도 눈을 뗄 수가 없다. 보드게임과 인형 등 18~19세기에 유행했던 장난감과 박물관건립의 계기가 되었던 토이시어터가 방 전체를 가득 메울 만큼 전시되어 있다.

주소 1 Scala St, Greater London W1T 2HL **귀띔한마디** 토이시어터에 마음을 뺏겼다면 코벤트가든에 있는 폴락토이숍(Benjamin Pollock's Toyshop)을 추천한다. 주소_44 The Market Covent Garden **입장료** 성인 £7.00, 학생/60세 이상 £6.00, 어린이 £4.00 **운영시간** 10:00~17:00(월~토요일)/매주 일요일 및 공휴일 휴무 **문의** (44)020-7636-3452 **찾아가기** TUBE 굿지스트리트(Goodge St.)역 토트넘코트로드(Tottenham Court Rd.) 출구로 나와 오른쪽 방향으로 걷다가 토트넘스트리트에서 왼쪽으로 진입 후 윗필드스트리트(Whitfield St.)에서 왼쪽 방향으로 걷다보면 오른편에 위치한다. 도보 3분. **홈페이지** pollockstoys.com

의학과 예술의 만남 ★★★★★
웰컴컬렉션 Wellcome Collection

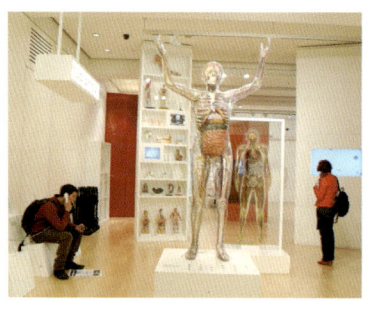

주제가 인간과 의학, 의료와 예술의 만남이라니 보지도 않았는데 벌써부터 머리가 아프다. 하지만 섣부른 단정은 금물이다. 주제가 어렵다고 재미가 없을 것이라는 편견은 버려야 한다. 이곳만큼 의학에 대해 알기 쉽고 재미있게 설명한 곳은 찾아보기 힘들기 때문이다. 가루약과 물약이 대세였던 시기, 처음으로 알약을 만들어 판매한 과학자 헨리웰컴Henry Wellcome의 자산으로 설립한 이곳은 의학을 독특한 콘셉트와 테마로 소개하고 있는 박물관이다.

특별한 배경지식이 없어도 누구나 쉽게 살펴볼 수 있도록 인체해부모형, 지방덩어리, X-ray사진 등으로 설명하고 있으며, 특히 현대미술과 접목하여 전시하는 센스가 탁월하다. 박물관 1층에 마련된 카페와 기념품숍 디스플레이는 마치 과학실을 연상케 한다. 해골, 약품, 링거 등 언뜻 기념품과는 거리가 있을 법한 독특한 모양의 제품은 이곳이 병원인지 숍인지 분간이 안 될 정도이다.

주소 183 Euston Rd, London NW1 2BE **입장료** 무료 **운영시간** 10:00~18:00(화, 수, 금, 토요일), 10:00~22:00(목요일), 11:00~18:00(일요일)/매주 월요일 휴무 **문의** (44)020-7611-2222 **찾아가기** TUBE 유스턴스퀘어(Euston Square)역 유스턴로드&고어스트리트(Euston Rd.&Gower St.) 출구로 나와 오른쪽 방향으로 걷다보면 오른편에 위치한다. 도보 2분. **홈페이지** www.wellcomecollection.org

CHAPTER 02
블룸스버리 & 코벤트가든

웨스트엔드의 대표적인 관광명소 ★★★★
코벤트가든 Covent Garden

중세시대, 웨스트민스터 수녀원Convent의 채소밭Garden이었다 하여 콘벤트가든Convent Garden이라 부르던 것이 코벤트가든으로 굳어졌다. 1660년대부터 과일, 채소 등을 팔던 유서 깊은 전통시장으로 1970년대 들어 심각한 교통체증 때문에 시장의 기능을 할 수 없게 되자 런던 서쪽 배터시Battersea로 옮겨가게 된다. 이후 그 자리에 쇼핑센터가 들어서며 오늘날의 모습으로 변모하였고 현재는 관광객들이 반드시 방문하는 런던의 대표관광지가 되었다.

패션, 생활잡화브랜드와 카페, 레스토랑 등 복합쇼핑몰로서의 역할을 하고 있으며, 건물 안 광장에서는 매일 다른 제품을 선보이는 애플마켓Apple Market이 열린다. 매주 월요일에는 앤티크제품, 화~일요일에는 가방, 액세서리, 장식품 등 손수 만든 수공예품을 전시, 판매하고 있다. 런던에서 유일하게 거리공연이 법적으로 허용된 구역이라 오디션을 통과한 수준 높은 예술가들의 공연도 즐길 수 있으며, 유명 레스토랑과 카페가 즐비하여 미식가들에게는 더할 나위 없이 좋은 공간이다.

주소 Covent Garden, London WC2E 8RF **귀띔한마디** 매일 10시, 11시, 13시경 코벤트가든광장(Covent Garden Piazza)에서 출발하는 무료투어가 있다. **운영시간** 10:00~20:00(월~금요일), 09:00~20:00(토요일), 12:00~18:00(일요일)/연중무휴 **문의** (44) 020-7420-5846 **찾아가기** TUBE 코벤트가든(Covent Garden)역 제임스스트리트(James St. Exit only) 출구로 나와 직진하면 바로 위치한다. 도보 2분. **홈페이지** http://www.coventgarden.london

꼭꼭 숨겨진 코벤트가든의 명소 ★★★★☆
닐스야드 Neal's Yard

좁은 골목을 통해서만 들어갈 수 있을 정도로 꼭꼭 숨어 있는 곳이지만 알 만한 사람은 다 아는 코벤트가든의 명소이다. 몬머스스트리트Monmouth St.와 쇼츠가든스트리트Shorts Gardens St. 사이에 위치한 그렇게 넓지 않은 공간에 부티크와 카페, 레스토랑 등 다양한 점포가 입점해 있다. 유기농화장품브랜드 닐스야드레미디스Neal's Yard Remedies의 본점이 있기도 하며 알록달록한 원색건물이 꽃들과 조화롭게 어우러져 있어 포토스폿으로도 인기가 높다.

주소 Neal's Yard, London WC2H 9DP **귀띔한마디** 닐스야드(Neal's Yard) 간판을 확인하면서 가지 않으면 찾기 쉽지 않다. **찾아가기** TUBE 코벤트가든(Covent Garden)역 롱에이커(Long Acre) 출구로 나와 롱에이커거리 오른쪽 방향으로 걷다가 닐스트리트(Neal St.)를 지나 왼쪽 쇼츠가든스(Shorts Gardens)로 진입하면 오른편에 위치한다. 도보 3분.

때로는 우아하게 ★★★★★
로열오페라하우스 Royal Opera House

런던은 1년 내내 수준 높은 오페라와 발레공연을 즐길 수 있는 축복받은 도시이다. 로열오페라단과 로열발레단, 로열오페라하우스 오케스트라의 본거지이며, 1731년에 처음 만들어져 베버Carl Maria von Weber, 바그너Wilhelm Richard Wagner 등의 작품을 초연한 유서 깊은 오페라극장이다. 코벤트가든에 위치하고 있다하여 '코벤트가든'으로도 불린다.

공연은 거의 매일 오페라와 발레를 번갈아 올리고 있다. 오페라 <리골레토Rigoletto>와 발레 <돈키호테Don Quixote> 등 정통 클래식작품부터 플레이보이모델 출신의 영화배우 안나니콜스미스Anna Nicole Smith의 삶을 그린 오페라 <Anna Nicole>과 소설 <이상한 나라의 앨리스>를 원작으로 한 발레 <Alice's Adventures in Wonder-land> 같은 창작극까지 다양한 무대를 선보이고 있다. 가격은 공연에 따라 조금씩 차이가 있으며 홈페이지에서 예매가능하다.

주소 Bow St, London WC2E 9DD **귀띔한마디** 팬서비스 차원에서 가끔 공연을 유튜브(www.youtube.com/user/royaloperahouse)로 무료 생중계한다. **문의 예약** (44)020-7304-2000, **정보** (44)020-7240-1200 **찾아가기** TUBE 코벤트가든(Covent Garden)역 롱에이커(Long Acre) 출구로 나와 롱에이커거리 오른쪽 방향으로 걷다가 오른쪽 엔델스트리트(Endell St.)로 진입 바우스트리트(Bow St.)로 연결되는 지점 오른편에 위치한다. **홈페이지** www.roh.org.uk

영국 2층 버스와 철도의 역사를 간직한 ★★★☆☆
런던교통박물관 London Transport Museum

1825년 세계 최초의 철도, 같은 해 세계 최초의 버스, 1863년 세계 최초의 지하철까지 개통하면서 대중교통의 역사적인 발자취를 남긴 나라가 바로 영국이다. 런던교통박물관은 이러한 대중교통의 역사를 알기 쉽게 소개하는 곳이다. 20세기 급속적인 발전을 이룩하면서 함께 성장한 런던의 문화와 사회를 한눈에 엿볼 수 있어 흥미롭다.

무려 45만 개의 유물이 세세하고 꼼꼼한 설명과 함께 전시되어 있으며, 실물크기의 철도와 버스까지 있어 직접 체험해 볼 수도 있다. 또한 가상의 횡단보도를 설치하여 아이들 스스로 교통흐름을 이해할 수 있도록 하는 등 교육적인 차원에서도 활용이 가능하여 어린이 손님이 많은 것도 특징이다.

주소 Covent Garden Piazza, London WC2E 7BB 귀띔한마디 교통박물관 입장권은 구입한 날짜로부터 1년간 무제한 입장이 가능하다. 단, 런던패스를 이용한 경우에는 제외된다. 입장료 성인 £18.00, 학생&60세 이상 £17.00, 17세 이하 무료(12세 이하는 성인동반 필수) 운영시간 10:00~18:00(월~목, 토, 일요일), 11:00~18:00(금요일), 마지막 입장 17:15 문의 (44)020-7379-6364 찾아가기 TUBE 코벤트가든(Covent Garden)역 제임스스트리트(James St. Exit only) 출구로 나와 직진한 후 코벤트가든을 바라보고 왼쪽 방향으로 걷다가 막다른 길에서 오른쪽 방향으로 진입하면 위치. 도보 4분. 홈페이지 www.ltmuseum.co.uk

규모는 작지만 강한 미술관 ★★★★
코톨드갤러리 The Courtauld Gallery

> 2018년 9월 3일부터 약 2년간 재개발로 인해 임시 휴관한다.

영국의 사업가 사무엘코톨드Samuel Courtauld의 컬렉션을 바탕으로 구성된 코톨드갤러리는 서머셋하우스Somerset House 안에 위치한 소규모 미술관이다. 런던의 여타 박물관이나 미술관과 달리 입장료를 받지만 가격이 저렴하다고 느낄 정도로 가치 있는 작품들을 전시하고 있다. 탁월한 안목의 소유자였던 사무엘코톨드는 당시 그다지 주목받지 못했던 인상파작품을 위주로 수집하였다.

갤러리에는 반고흐를 비롯한 고갱, 모네, 드가, 세잔느, 르누아르, 쇠라 등 인상파Impressionism와 후기인상파Post-Impressionism를 대표하는 거장들의 작품이 다수 전시되어 있어, 유럽 최고의 인상파컬렉션이라고도 불린다. 특히 반고흐의 〈귀에 붕대를 맨 자화상Self-Portrait with Bandaged Ear〉은 이 미술관의 대표작품 중 하나이다. 인상파와 후기인상파컬렉션 외에 세계적인 규모의 루벤스Rubens, 바로크the Baroque, 르네상스The Renaissance컬렉션도 잊지 말자.

주소 Somerset House, Strand, London WC2R 0RN **귀띔한마디** 사진촬영을 제한하지 않는 갤러리이므로 맘에 드는 작품은 카메라에 담아도 된다.(단, 일부 특별전은 제외되며, 플래시사용은 안 된다.) **입장료** 성인 £8.00, 학생&60세 이상 £7.00, 18세 이하 무료 **운영시간** 10:00~18:00(마지막 입장 17:30) / 12월 25, 26일 휴무 **문의** (44)020-7848-2526 **찾아가기** TUBE 템플(Temple)역에서 나와 템플플레이스(Temple Pl.)에서 역을 등지고 왼쪽 방향으로 직진한 후 오른쪽 서레이플레이스(Surray Pl.)로 진입한다. 스트랜드(Strand)에서 왼쪽 방향으로 걷다보면 왼편으로 입구가 보인다. 도보 5분. **홈페이지** www.courtauld.ac.uk/gallery

코톨드갤러리에서 놓치지 말아야 할 작품

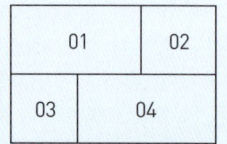

01.에두아르마네(Edouard Manet)의 '폴리베르제르 바(A Bar at the Folies-Bergère)' 02.빈센트반고흐(Vincent van Gogh)의 '귀에 붕대를 맨 자화상(Self-Portrait With Bandaged Ear)' 03.에드가드가(Edgar Degas)의 '무대 위의 두 댄서(Two Dancers On A Stage)' 04.폴세잔(Paul Cézanne)의 '카드놀이하는 사람들(The Card Players)'

CHAPTER 02
블룸스버리 & 코벤트가든

SECTION
05
블룸스버리&코벤트가든에서 먹어봐야 할 것들

영국의 전통음식은 물론 한국, 이탈리아, 그리스, 미국 등 세계 각국의 음식점이 있어 취향에 따라 선택의 폭이 넓다. 런던의 1, 2위를 다투는 번화가인 만큼 커피와 디저트를 즐길 수 있는 아기자기한 가게도 많다. 쇼핑을 끝내고 남은 시간을 즐기기에 최적의 장소들을 소개한다.

런던의 관광명소처럼 되어버린 카페 ★★★★★
몬머스 Monmouth Coffee Company

몬머스는 런던에서 가장 유명한, 또는 가장 맛있는 커피를 마실 수 있다는 카페이다. 1978년에 문을 연 카페로 세계 각지에서 엄선된 원두를 직접 공급받아 그날 그날 로스팅한 신선한 커피를 제공한다.

공정무역원두와 유기농 우유, 코스타리카 사탕수수로 만든 브라운슈가 등 커피에 사용되는 재료 모두 신경 쓴 흔적이 역력하다. 코벤트가든 본점과 버러마켓, 버몬시 두 군데 지점이 있으며, 테이블이 3개에 불과한 코벤트가든점보다는 버러마켓점이 조금 더 넓지만 항상 사람들로 북적거려 자리 잡기는 쉽지 않다.

주소 27 Monmouth St., Covent Garden, London WC2H 9EU **귀뜸한마디** 남미산부터 아프리카산까지 다양한 원두도 판매되고 있는데, 250g당 £6.00선에 구입가능하다. **영업시간** 08:30~18:30(월~토요일)/매주 일요일 휴무 **문의** (44)020-7232-3010 **찾아가기** TUBE 코벤트가든(Covent Garden)역 롱에이커(Long Acre) 출구로 나와 롱에이커거리에서 왼쪽 방향으로 걷다가 오른쪽 머서스트리트(Mercer St.)로 진입하여 세븐다이얼즈모뉴먼트(Seven Dials Monument)까지 직진한다. 세븐다이얼즈모뉴먼트가 있는 작은 광장이 나오면 오른쪽 몬머스스트리트(Monmouth St.)로 진입하면 오른편에 위치한다. 도보 5분. **홈페이지** www.monmouthcoffee.co.uk

런던에서 가장 오래된 레스토랑 ★★★★★
룰즈 Rules

제대로 된 영국정통요리를 맛볼 수 있는 곳으로 1798년 문을 연 런던에서 가장 오래된 레스토랑이다. 빅토리아시대의 고풍스러운 실내디자인과 벽면에는 엘리자베스여왕, 처칠, 찰리채플린 등 룰즈를 사랑했던 유명인사들의 사진과 신문기사가 걸려있다. 이 레스토랑은 사냥해서 잡은 육고기를 전통적인 요리법으로 만들며, 특히 꿩요리가 일품이다. 인기메뉴는 단연 로스트비프 Rib of Beef for two(인당 £34.95)로 주문은 2인분부터 가능하고, 굽는 정도를 선택할 수 있다. 사이드메뉴로 요크셔푸딩과 로스트포테이토가 나온다.

주소 35 Maiden Lane, Covent Garden, WC2E 7LB 귀띔한마디 서비스차지 12.5% 부가. 영업시간 12:00~23:45(월~토요일), 12:00~22:45(일요일)/연중무휴 문의 (44)020-7836-5314 찾아가기 TUBE 코벤트가든(Covent Garden)역 롱에이커(Long Acre) 출구로 나와 롱에이커거리를 따라 걸어서 왼편 로즈스트리트(Rose St.)로 들어선다. 막다른 길 개릭스트리트(Garrick St.)를 따라 걷다보면 베드포드스트리트(Bedford St.)로 연결되는데, 계속 직진하다 메이든레인(Maiden Lane)과 만나면 왼쪽 방향으로 진입하면 왼편에 위치한다. 도보 6분. 홈페이지 www.rules.co.uk

낮은 카페, 밤은 바 ★★★★★
코벤트가든그라인드 COVENT GARDEN GRIND

차분한 분위기 속에 세련된 감각이 묻어나는 카페&바로 낮에는 커피와 주스를 즐길 수 있는 카페로, 밤에는 와인과 칵테일을 마실 수 있는 바로 변신한다. 음료뿐만 아니라 쿠키, 케이크는 물론 간단한 아침식사메뉴도 충실하다. 으깬 아보카도와 수란을 얹은 토스트는 이곳 단골손님에게 가장 인기 있는 메뉴로 취향에 따라 페타치즈나 연어를 추가로 주문하여 함께 곁들여 먹는 것도 좋다. 와이파이는 이메일만 입력하면 무료로 무제한 사용이 가능하다.

주소 42 Maiden Lane, Covent Garden, London WC2E 7LJ 귀띔한마디 음식메뉴는 서비스차지 12.5%가 부과된다. 베스트메뉴 아보카도 토스트 £8.00 영업시간 07:30~23:00(월~목요일), 07:30~00:00(금요일), 09:00~00:00(토요일), 09:00~19:00(일요일)/부정기 문의 (44)020-3019-1801 찾아가기 TUBE 코벤트가든(Covent Garden)역 롱 에이커(Long Acre)출구로 나와 롱 에이커(Long Acre)거리를 따라 걸어서 왼편 로즈 스트리트(Rose St)로 들어선다. 막다른 길 개릭 스트리트(Garrick St)를 따라 걷다보면 베드포드 스트리트(Bedford St)로 연결되는데 계속 직진하다 메이든 레인(Maiden Ln)과 만나 왼쪽으로 진입하면 왼편에 위치. 도보 6분. 홈페이지 www.grind.co.uk/coventgardengrind

맛있는 이탈리안피자가 먹고 싶다면 ★★★★★
지지 Zizzi

◀ 피자루스티카

지지는 코벤트가든과 노팅힐, 타워브리지 등 유명 관광지 부근이라면 어렵지 않게 찾을 수 있다. 메뉴판을 보면 피자와 파스타, 리조또Risotto 등 구미를 돋는 이탈리안요리들로 가득하다.

메뉴 선택이 어렵진 않지만 만족스러운 식사를 원한다면 이곳 인기메뉴인 피자루스티카PIZZA RUSTICA를 먹어보자. 족히 30~40cm는 돼 보이는 기다란 도우 위에 한쪽은 새우와 애호박이 먹음직스럽게 올라간 크림피자, 다른 한쪽에는 소시지와 고추로 토핑한 토마토소스피자가 반반을 채우고 있다.

주소 20 Bow St, London WC2E 7AW 영업시간 11:30~ 23:00(월~토요일), 11:30~22:30(일요일)/연중무휴 문의 (44)020-7836-6101 찾아가기 TUBE 코벤트가든(Covent Garden)역 롱에이커(Long Acre) 출구로 나와 롱에이커(Long Acre)를 따라 걷다가 오른쪽 엔델스트리트(Endell St.)로 진입 후 바우스트리트(Bow St.)로 연결되면 왼편에 위치한다. 도보 3분. 홈페이지 www.zizzi.co.uk

런던에서 즐기는 그리스식 점심 ★★★★★
더리얼그릭 The Real Greek

그릭 스큐어 플레이트 ▶

그리스요리는 2010년 스페인과 이탈리아, 모로코요리와 함께 대표적인 지중해 음식문화로 유네스코 인류무형문화유산에 등록되었다. 그리스요리의 특징은 치즈와 올리브오일, 토마토, 요거트 등을 사용하여 신선한 식재료 본연의 맛을 그대로 유지하는데, 몸에 좋은 건강식으로도 알려져 있다.

더리얼그릭은 이러한 그리스요리를 합리적인 가격으로 맛볼 수 있는 곳이다. 특히 평일 오후 12시부터 5시 30분까지 제공되는 런치메뉴는 £8.95로 저렴하며, 세 가지 요리를 선택할 수 있는 더그릭트리오The Greek Trio와 그리스식 꼬치구이인 그릭스큐어플레이트Greek Skewer Plate 두 종류가 있다.

주소 60-62 Long Acre, London WC2E 9JE 귀띔한마디 디너메뉴로 그리스 전통음식 7가지를 한 번에 경험할 수 있는 아나톨리안(Anatolian, 2인 £27.75)을 추천한다. 영업시간 12:00~23:00(월~토요일), 12:00~22:30(일요일) 문의 (44)020-7240-2292 찾아가기 TUBE 코벤트가든(Covent Garden)역 롱에이커(Long Acre) 출구로 나와 롱에이커거리를 따라 걷다가 오른쪽 엔델스트리트(Endell St.)로 진입 후 바우스트리트(Bow St.)로 연결되는 입구 오른편에 위치한다. 도보 2분. 홈페이지 www.therealgreek.com

뉴욕발 브런치의 정석 ★★★★★
발타자르 Balthazar

뉴욕 소호의 유명맛집이 런던 코벤트가든에도 오픈했다. 메인 레스토랑과 블랑제리boulangerie(베이커리)를 그대로 옮겨 놓은 것처럼 고풍스런 건물과 빨간 차양간판이 뉴욕의 그곳과 꼭 닮아있다. 레스토랑 메뉴는 뉴욕과 마찬가지로 아침과 점심, 오후, 저녁으로 나뉘어져 있지만 오후 3시부터 5시까지 애프터눈 티(£29.95)를 즐길 수 있다는 점이 유일하게 다르다. 이 집은 주말 브런치가 맛있기로 정평이 나 있다. 레스토랑 바로 옆 블랑제리 또한 배가 부르더라도 꼭 방문해보자. 디저트로 좋은 먹음직스런 케이크가 눈앞에 펼쳐진다. 팽오쇼콜라Pain au Chocolat와 크루아상Croissant 등의 빵과 음료도 판매하고 있다.

주소 4-6 Russell St., London WC2B 5HZ **귀띔한마디** 레스토랑은 가격이 높은 편이지만 베이커리는 비교적 합리적인 가격에 즐길 수 있다. **영업시간** 레스토랑 07:30~20:00(월~금요일), 09:00~24:00(토요일), 10:00~23:00(일요일) 블랑제리 08:00~19:30(월~금요일), 09:00~19:30(토요일), 10:00~18:00(일요일) **문의** (44)020-3301-1155 **찾아가기** TUBE 코벤트가든(Covent Garden)역 제임스스트리트(James St. Exit only) 출구로 나와 왼쪽 방향으로 직진 후 코벤트가든에 다다르면 왼쪽 방향으로 진입한다. 막다른 길에서 오른쪽 방향으로 걷다가 왼쪽 러셀스트리트(Russell St.)가 나오면 오른편에 위치한다. 도보 5분. **홈페이지** www.balthazarlondon.com

직접 원두를 로스팅하는 카페 ★★★★★
탭커피 Tap Coffee

번지수만 커다랗게 적힌 간판과 문 앞을 장식한 검은색 자전거가 인상적인 카페이다. 가게 내부는 그림 몇 점과 클래식한 나무테이블, 의자가 전부지만 이런 간결함이 오히려 멋스러움을 풍긴다. 차분한 카페 분위기 속 책을 보거나 노트북을 두드리는 손님들과 조심스럽게 커피를 내리는 바리스타의 모습이 어느 때보다 여유로움을 선사한다.

니카라과, 케냐 등지에서 직접 들여온 신선한 원두를 매일 로스팅하는 로스터리카페Roastery Cafe이다. 인기메뉴는 플랫화이트와 카페라테. 커피 위를 수놓은 나뭇잎과 튤립 모양의 라테아트가 사랑스럽다. 커피 그대로의 진한 맛도 좋지만 테이블에 비치된 브라운슈가를 두 스푼 정도 넣어 달달하게 마시는 것도 괜찮다.

주소 26 Rathbone Pl, London W1T 1JD **귀띔한마디** 대영박물관 관람 후 휴식을 취하고 싶을 때 들르면 좋다. 도보 10분. **영업시간** 08:00~19:00(월~금요일), 10:00~18:00(토요일)/매주 일요일 휴무 **문의** (44)020-7580-2163 **찾아가기** TUBE 토트넘코트로드(Tottenham Court Rd.)역 1번 옥스퍼드스트리트 남쪽(Oxford St. South Side) 출구로 나와 옥스퍼드스트리트를 따라 걷다가 오른쪽 레스본플레이스(Rathbone Pl.)로 진입하면 오른편에 위치한다. 도보 5분. **홈페이지** www.tapcoffee.co.uk

우아하고 고풍스런 펍 ★★★★★
프린세스루이스 Princess Louise

영국의 펍들은 언뜻 보기엔 별 다를 것 없이 비슷비슷한 모습이지만 실제 똑같은 펍을 찾아보기 힘들 정도로 저마다의 특색을 띄고 있다. 프린세스루이스는 고상한 멋과 기품을 한껏 풍기는 펍이다. 전통적인 빅토리아시대의 화려한 인테리어가 우수하여 셜록홈즈박물관, 배터시발전소 Battersea Power Station와 더불어 영국정부로부터 2등급 중요건축물 Grade II Listed Building로 지정되어 있다.

높은 천장 아래 가스등, 거울, 그림이 새겨진 타일과 유리로 꾸며진 내관, 하나부터 열까지 모든 인테리어가 이방인의 눈길을 사로잡는다. 바 카운터가 높은 테이블로 구성된 일반적인 펍과 달리 각 테이블별로 부스형태의 개별공간이 있어 사적인 시간을 보낼 수 있는 것도 매력 중의 하나이다.

주소 208 High Bloomsbury, London WC1V 7EP 귀뜸한마디 월~금요일 12:00~14:30에는 피시앤칩스와 스테이크 등 점심메뉴를 판매한다. 영업시간 11:00~23:00(월~금요일), 12:00~23:00(토요일), 12:00~18:45(일요일)/연중무휴 문의 (44)020-7405-8816 찾아가기 TUBE 홀본(Holborn)역 하이홀본(High Holborn) 출구로 나와 왼쪽 방향으로 직진하면 왼편에 위치한다. 도보 1분. 홈페이지 www.princesslouisepub.co.uk

고급스런 분위기의 한국음식점 ★★★★★
김치 Kimchee

분명 음식점이름은 우리나라를 대표하는 김치인데 한국말은 통하지 않는다. 메뉴판도 전부 영어로 되어 있고, 요리를 하는 사람과 서빙하는 사람 모두 외국인이다. 실내 벽 한쪽을 가득 채운 한글장식만이 이곳이 한국음식점이라는 것을 상기시킨다.

독특한 실내분위기와 모던한 인테리어마저 친숙하게 느껴지는 이 레스토랑은 일식 테이크어웨이전문점 와사비 Wasabi의 사장인 김동현씨가 만든 곳으로 영국인 입맛에 맞춘 한국음식을 선보이고 있다. 현지화된 한국음식이지만 본래의 맛에서 크게 벗어나지 않아 우리 입맛에도 잘 맞는다.

주소 71 High Holborn, London WC1V 6EA 귀뜸한마디 To-Go(테이크어웨이)전문점인 스트랜드점과 뉴옥스포드스트리트지점은 한식도시락도 판매하고 있다. 영업시간 점심 12:00~15:00, 저녁 17:00~22:30(월~금요일), 12:00~22:30(토요일), 12:00~22:00(일요일) 문의 (44)020-7430-0956 찾아가기 TUBE 홀본(Holborn)역 하이홀본(High Holborn) 출구로 나와 오른쪽 방향으로 직진하면 왼편에 위치한다. 도보 4분. 홈페이지 www.kimchee.uk.com

PART 02
LONDON CENTRAL

SECTION 06
블룸스버리&코벤트가든에서 놓치면 후회하는 쇼핑

튜브 코벤트가든역을 기점으로 해서 남쪽은 코벤트가든 빌딩중심으로 마켓과 상점이 즐비하고, 북쪽은 7개의 거리가 한 교차로에서 만나는 세븐다이얼즈(Seven Dials)를 중심으로 쇼핑가가 형성되어 있다. 100여 곳이 넘는 패션매장과 매일 광장에서 열리는 마켓들을 구경하다 보면 하루가 모자랄 정도이다.

핀란드요정을 만나러 가는 길 ★★★★★
무민숍 The Moomin Shop

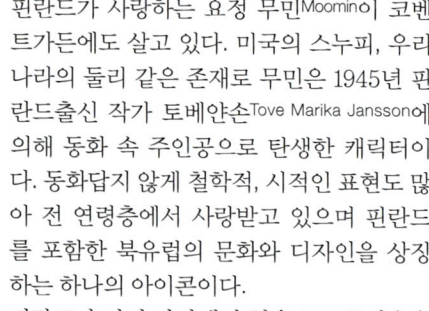
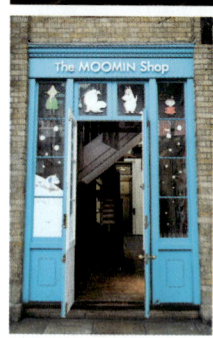

핀란드가 사랑하는 요정 무민Moomin이 코벤트가든에도 살고 있다. 미국의 스누피, 우리나라의 둘리 같은 존재로 무민은 1945년 핀란드출신 작가 토베얀손Tove Marika Jansson에 의해 동화 속 주인공으로 탄생한 캐릭터이다. 동화답지 않게 철학적, 시적인 표현도 많아 전 연령층에서 사랑받고 있으며 핀란드를 포함한 북유럽의 문화와 디자인을 상징하는 하나의 아이콘이다.

핀란드가 아닌 나라에서 처음으로 무민숍을 오픈한 곳이 바로 영국 런던의 코벤트가든이다. 입구는 1층이지만 캐릭터숍으로 가려면 계단을 타고 2층으로 올라가야 한다. 자그마한 숍이지만 없는 것이 없을 정도로 다양한 무민 관련 상품이 갖춰져 있다. 무민 캐릭터인형은 물론 각종 문구류와 주방용품, 패션상품까지, 구경하는 것만으로도 충분히 행복해진다.

주소 43 Covent Garden Market, London WC2E 8RF **영업시간** 10:00~20:00(월~토요일), 10:00~19:00(일요일) **문의** (44)020-7240-7057 **찾아가기** TUBE 코벤트가든(Covent Garden)역 제임스스트리트(James St. Exit only) 출구로 나와 왼쪽 방향 제임스 스트리트를 따라 직진하면 코벤트가든 내 1층에 위치한다. 도보 2분. **홈페이지** www.themoominshop.com

세계에서 가장 오래된 홍차전문점 ★★★★
트와이닝 Twinings on the Strand

홍차브랜드의 대표주자인 트와이닝은 1707년 스트랜드Strand 216번가에 런던 최초의 찻집 톰스커피하우스Tom's Coffee House를 오픈하면서 첫 발을 내딛었다. 당시 유행하던 커피하우스로 시작하였지만 다른 곳과 차별화를 위해 홍차를 판매하면서 폭발적인 인기를 누리게 된다. 이후 최초의 홍차전문점이자 트와이닝의 전신인 골든라이온Golden Lyon을 오픈하면서 영국에 홍차문화를 전파하게 되었다.

300년이 넘는 기간 동안 한자리에서 꿋꿋하게 홍차를 판매해온 본점 스트랜드 216번가는 현재도 활발하게 영업 중이다. 가장 대중화된 브랜드인 만큼 슈퍼마켓과 백화점 등에서도 손쉽게 접할 수 있지만 오리지널제품을 비롯하여 티백이 아닌 리프티Leaf Tea와 커피, 한정상품 등 본점에서만 구입할 수 있는 제품들을 만나고 싶다면 반드시 방문해야 하는 곳이다. 뿐만 아니라 가게 안쪽에는 트와이닝과 홍차의 역사를 담은 작은 박물관과 티 마스터Tea Master가 있는 시음공간이 마련되어 있어 관광명소로도 인기를 얻고 있다.

주소 216 Strand, London WC2R 1AP **귀띔한마디** 영국 홍차맛이 짐작가지 않을 경우 시음을 추천한다. **영업시간** 09:30~19:30(월~금요일), 10:30~17:30(토요일), 11:00~17:00(일요일) **문의** (44)020-7353-3511 **찾아가기** TUBE 템플(Temple)역을 나와 템플플레이스(Temple PL.)에서 역을 등지고 오른쪽 방향으로 걷다가 왼쪽 아룬델스트리트(Arundel St.)로 진입 후 스트랜드(Strand)를 만나 오른쪽 방향으로 직진하면 오른쪽 더조지(THE GEORGE) 펍 옆 건물 귀퉁이에 위치한다. 도보 6분. **홈페이지** www.twinings.co.uk

PART 02
LONDON CENTRAL

선물용으로 좋은 홍차브랜드 ★★★★☆
위타드 Whittard

1886년 런던의 작은 홍차전문점으로 시작하여 현재는 영국을 비롯해 전 세계 30여 개국에서 판매되는 위타드는 독특하고 특별하지만 최고 품질의 홍차를 내세워 많은 사랑을 받고 있다. 또한 합리적인 가격과 세련된 패키지로 지인용 선물이나 기념품으로 구입하기 좋은 브랜드로도 알려져 있다.

코벤트가든 점 이외에 옥스퍼드스트리트와 리젠트스트리트, 노팅힐 등 유명 관광명소에서 지점을 운영 중이므로 쉽게 찾을 수 있으며 어느 지점이든 시음공간이 마련되어 있다. 총 130여 종에 이르는 제품 중 우리나라에서도 유명한 후르스티 베리베리베리Very Very Berry와 캐러멜, 헤이즐넛, 스토로베리화이트 등 다양한 맛의 핫 초콜릿Hot Chocolate이 인기상품이다.

주소 18b The Marketplace, The Piazza. Covent Garden, London, WC2E 8RB 영업시간 09:30~21:00 문의 (44)020-7240-3532 찾아가기 TUBE 코벤트가든(Covent Garden)역 제임스스트리트(James St. Exit only) 출구로 나와 왼쪽 방향으로 제임스스트리트를 따라 직진하면 코벤트가든 내 1층에 위치한다. 도보 2분. 홈페이지 www.whittard.co.uk

카카오의 깊은 맛을 즐길 수 있는 ★★★☆☆
호텔쇼콜라 Hotel Chocolat

브랜드명에 호텔이 들어가 있는 만큼 실제로 북중미 카리브해에 위치한 섬으로 이루어진 도서국가 세인트루시아St. Lucia에 부티크호텔도 경영하고 있다. 호텔쇼콜라는 초콜릿전문점으로서는 드물게 직접 재배한 나무에서 수확한 카카오로 모든 상품을 만들고 있다. 설탕은 줄이고 카카오의 비중을 높여 더욱 진하고 깊은 맛을 내는데, 마치 하나의 예술작품처럼 디자인이 인상적인 슬랩Slab, 초콜릿 속에 과일이 통째로 들어간 인로브후르츠&넛Enrobed Fruit&Nuts, 100여 가지가 넘는 핸디사이즈패키지 셀렉터스Selectors 등 종류도 다양하다.

주소 4 Monmouth St Covent Garden, London WC2H 9HB 귀띔한마디 셀렉터스(£3.85)는 동일가격의 상품을 세 가지 이상 구입했을 경우 개당 £3.25로 할인도 받을 수 있다. 영업시간 08:00~20:00(월~금요일), 10:00~20:00(토요일), 10:00~19:00(일요일) 문의 (44)020-7209-0659 찾아가기 TUBE 코벤트가든(Covent Garden)역 롱에이커(Long Acre) 출구로 나와 롱에이커길에서 왼쪽 방향으로 걷다가 오른쪽 머서스트리트(Mercer St.)로 진입 후 세븐다이얼즈모뉴먼트(Seven Dials Monument)까지 직진한다. 작은 광장이 나오면 오른쪽 얼햄스트리트(Earlham St.)와 쇼츠가든스(Shorts Gardens) 진입로를 지나 몬머스스트리트(Monmouth St.)로 진입하면 왼편에 위치한다. 도보 5분. 홈페이지 www.hotelchocolat.com

셜록, 닥터후마니아라면 꼭 가야하는 ★★★★★
포비든플래닛 Forbidden Planet

영국드라마 셜록과 닥터후를 비롯해 해리포터, 스타워즈, 마블코믹스, DC코믹스 등 전 세계적으로 마니아를 확보한 영화 및 만화 관련 상품을 판매하는 숍이다. 특히 SF, 판타지, 호러 등의 장르에 특화되어 있다.

영국 전역과 미국 뉴욕, 아일랜드 더블린에 지점을 운영하는 프랜차이즈 업체로 이곳 런던 플래그십스토어가 가장 규모가 크며 제품군도 풍부하다. 기념품이 될 만한 머그컵, 키홀더, 티셔츠, DVD, 책, 피규어 등이 총망라되어 있어 해당 작품의 팬이라면 구경만 해도 시간 가는 줄 모를 것이다.

주소 179 Shaftesbury Avenue, Covent Garden, London, WC2H 8JR 운영시간 10:00~19:00(월, 화요일), 10:00~19:30(수요일), 10:00~20:00(목요일), 10:00~19:30(금, 토요일), 12:00~18:00(일요일) 문의 (44)020-7420-3666 찾아가기 TUBE 토트넘 코트 로드(Tottenham Court Road)역 1번 옥스퍼드스트리트 사우스 사이드(Oxford Street (South Side))출구로 나와 오른쪽으로 직진 후 오른쪽 다이오트스트리트(Dyott St.)로 진입하여 막다른 길에서 오른쪽으로 진입하면 오른편에 위치한다. 도보 5분. 홈페이지 forbiddenplanet.com

유기농제품을 총망라 ★★★★★
플래닛오가닉 Planet Organic

일상생활에 필요한 제품을 유기농으로 만나볼 수 있는 전문 슈퍼마켓이다. 시리얼, 견과류, 향신료, 소스, 음료수 등 각종 식료품과 한끼 식사로 즐길 수 있는 빵, 샐러드, 샌드위치 등 매일 섭취하는 먹거리를 구입할 수 있다. 또한 샴푸, 로션, 클렌징오일, 향수와 같은 화장품과 비타민, 오메가, 마그네슘 등 건강보조식품이 매장 안을 꽉꽉 채우고 있다. 진열대 앞 가격표에는 제품명과 함께 Dairy Free(유제품 미함유), Gluten Free(밀, 호밀에 들어있는 단백질 미함유), Wheat Free(밀 미함유), Vegetarian(채식주의자용) 등을 친절히 표시해 더욱 편리하게 쇼핑할 수 있다.

주소 23-24 Tottenham Court Rd, London W1T 1BJ 영업시간 07:30~21:00(월~금요일), 08:00~21:00(토요일), 12:00~18:00(일요일) 문의 (44)020-3073-1038 찾아가기 TUBE 토트넘 코트 로드(Tottenham Court Road)역 1번 옥스퍼드스트리트 사우스 사이드(Oxford Street (South Side))출구로 나와 건너편 큰 길로 직진하면 왼편에 위치한다. 도보 2분. 홈페이지 www.planetorganic.com

CHAPTER 03

주택가 속 숨은 놀이터

말리본
&
베이커스트리트

Marylebone&Baker Street

📷 ★★★
🍴 ★★★
🛍 ★★★

말리본하이스트리트는 베이커스트리트역과 리젠트파크역 사이에 위치한 쇼핑가이다. 고급주택가 말리본에 있는 거리로 BBC라디오 청취자투표에서 런던 최고의 거리로 선정되었으며, 웨스트엔드의 숨겨진 비밀의 장소로 묘사되기도 한다. 예쁜 외관에 디스플레이까지 멋진 부티크와 카페, 레스토랑이 즐비하여 쇼핑이나 산책을 즐기기 좋다. 베이커스트리트는 코난도일의 추리소설 〈셜록홈즈〉의 배경이 되었던 곳으로 유명하다.

말리본&베이커스트리트를 이어주는 교통편

TUBE 바커루(Bakerloo), 쥬빌리(Jubilee), 메트로폴리탄(Metropolitan), 노던(Northern) 라인의 베이커스트리트(Baker St.)역에서 하차한다.

말리본&베이커스트리트에서 이것만은 꼭 해보자

1. 셜록홈즈박물관에서 셜록과 왓슨이 사는 집도 구경하고 예쁜 기념품도 구입하자.
2. 마담투소에서 세계적인 스타들과 인증샷을 남기자.
3. 월리스컬렉션에서 영국귀족이 소장하고 있던 회화작품을 무료로 감상하자.
4. 말리본하이스트리트에서 맛집, 카페, 쇼핑을 한 번에 즐기자.

사진으로 미리 살펴보는
말리본&베이커스트리트 베스트코스
예상 소요시간 7시간 이상

아침에 가야 대기시간을 줄일 수 있는 셜록홈즈박물관을 첫 일정으로 잡고, 인접한 마담투소를 다음 일정으로 두는 것이 좋다. 건너편 말리본하이스트리트로 넘어가서 점심을 먹거나 쇼핑을 즐기고 카페에 앉아 휴식을 취해도 좋다. 스트리트 끝자락에 자리한 월리스컬렉션에서 회화를 감상하고 골든하인드에서 저녁으로 피시앤칩스를 즐기는 일정으로 마무리한다.

셜록홈즈박물관 1시간 코스 — 5분 — **리젠트파크** 30분 코스 — 5분 — **마담투소** 1시간 코스 — 1분 — **내추럴키친** 1시간 코스

말리본하이스트리트 30분 코스 — 동일장소 — **월리스컬렉션** 1시간 코스 — 7분 — **골든하인드** 1시간 코스 — 4분 — **세인트크리스토퍼** 30분 코스 — 10분

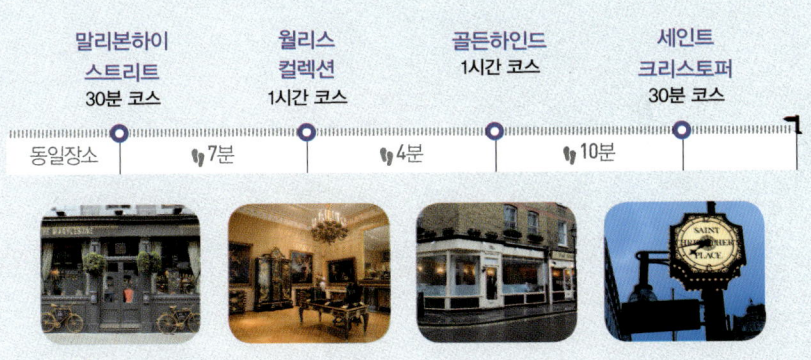

CHAPTER 03
말리본 & 베이커스트리트

SECTION
07
말리본&베이커스트리트에서 둘러봐야 할 명소

말리본&베이커스트리트는 셜록홈즈박물관, 런던주, 마담투소 등 아이들과 즐길 수 있는 굵직한 관광명소들이 몰려 있는 곳이다. 가족여행으로 런던을 방문했다면 반드시 들려야 할 지역이다.

런던에서 가장 아름다운 공원 ★★★★
리젠트파크 Regent's Park

런던에서 가장 큰 로열파크이다. 총면적 2천 제곱미터가 넘는 녹지공간에는 럭비와 축구, 크리켓 등 스포츠경기장과 동물원, 야외극장 등이 있어 다양한 볼거리와 즐길거리를 제공한다. 도보로 둘러보기에는 약간 넓은 편이므로 공원서쪽 하노버게이트Hanover Gate 근처 보트하우스카페The Boathouse Cafe에서 보트를 대여하여 보팅호Boating Lake를 따라 유유히 산책하는 것도 좋은 방법이다.

리젠트파크에서 꼭 가봐야 할 곳은 공원남쪽에 동그랗게 자리 잡은 퀸메리가든Queen Mary's Garden이다. 베이커스트리트역에서 가까운 요크게이트York Gate로 입장하여 테니스코트를 지나면 400여 종의 3만 송이 장미가 방문객을 반긴다. 장미가 활짝 만개한 리젠트파크의 아름다운 모습을 보고 싶다면 매년 5월 중순에서 6월 중순에 방문하는 것이 좋다.

주소 Chester Rd, London NW1 4NR 운영시간 05:00~해 질 녁 문의 (44)030-0061-2300 찾아가기 TUBE 리젠트파크(Regent's Park)역 말리본로드(Marylebone Rd.) 출구로 나와 말리본로드에서 왼쪽 방향으로 이동하여 마담투소를 지나 왼쪽 요크게이트(York Gate)에서 왼쪽 방향으로 진입하면 입구가 나온다. 도보 5분. 홈페이지 www.royalparks.org.uk

피크닉 기분으로 야외에서 보는 연극, 오픈에어시어터 Open Air Theatre

리젠트파크 중심부에 위치한 오픈에어시어터는 이름 그대로 하늘과 숲의 경계가 없는 야외극장이다. 풀내음과 새들의 지저귐이 여과 없이 전해지는 열린 공간에서 매년 5~9월까지 거의 매일 연극무대를 올린다. 총 1,250개의 계단식 좌석을 갖추고 있으며, 위치에 따라 £25.00~60.00로 가격이 다양하다. 야외극장 내에는 레스토랑과 바까지 마련되어 있으며 피크닉, 프리시어터 등 테마별로 메뉴가 준비되어 있다. '런던에서 가장 익사이팅한 장소_데일리텔레그라프', '야외에서 즐기는 가장 황홀한 체험_이브닝스탠다드' 등 영국의 주요매체에서도 극찬한 아름다운 경험을 반드시 해보길 바란다.

주소 Inner Cir, Westminster NW1 4NU 문의 (44)084-4826-4242 찾아가기 리젠트파크 요크게이트(York Gate)에서 직진하여 이너서클(Inner Circle)로 진입 후 퀸메리가든(Queen Mary's Garden)를 지나면 정면에 위치한다. 도보 5분. 홈페이지 www.openairtheatre.org

평화로운 공원 속 동물의 왕국 ★★★★★
런던주 ZSL London Zoo

런던 중심부 리젠트파크 내에 있는 런던주는 1828년 개장한 세계에서 가장 오랜 역사를 자랑하는 동물원이다. 우리가 흔히 볼 수 있는 동물원과는 조금 다른 분위기의 건축양식과 사육방식으로 동물들을 좀 더 가까이에서 지켜볼 수 있는 점이 특징이다. 총 1만 9천여 마리의 동물이 살고 있는 동물원은 최근 고릴라왕국과 펭귄수영장, 호랑이구역 등이 새롭게 문을 열어 볼거리가 더욱 풍성해졌다.

파충류관Reptile House은 영화 〈해리포터와 마법사의 돌Harry Potter And The Sorcerer's Stone〉에서 어린 해리가 뱀과 대화를 하면서 동물과도 소통할 수 있는 능력이 있음을 깨닫는 장면이 촬영된 곳이다. 트램펄린Trampoline, 회전목마 등 아이들을 위한 오락시설과 각종 이벤트가 수시로 진행되므로 어른들도 동심의 세계로 빠져 들 수 있다. 런던동물원의 또 다른 볼거리 중 하나는 매일 진행되는 데일리쇼이다. 평소보다 좀 더 가까이에서 동물들을 관찰할 수 있고, 덤으로 동물들과 즉석 퍼포먼스까지 진행되므로 잊지 못할 추억을 만들 수 있다. 인기 프로그램으로는 펭귄쇼Penguin Beach Live!와 타이거쇼Tigers Live!가 있다. 각 쇼프로그램은 홈페이지와 동물원 내 안내문을 통해 확인할 수 있다.

주소 Regent's Park, Outer Cir, London NW1 4RY **귀띔한마디** 기프트숍은 동물원 곳곳에 있지만 출구 쪽 숍이 가장 크다. **입장료 온라인예매** 성인 £27.00~29.25, 3~15세 £17.55~19.01 **현장판매** 성인 £30.00~32.50, 3~15세 £19.50~21.12(시기마다 가격이 달라지므로 방문 전 미리 홈페이지에서 확인하고 가는 것을 추천한다.) **운영시간** 10:00~17:00(시기마다 다르므로 홈페이지 참조)/12월 25일 휴무 **문의** (44)020-7722-3333 **찾아가기** TUBE 캠든타운(Camden Town)역 캠든하이스트리트(Camden High St.) 출구로 나와 왼쪽 뒷골목 두 번째 블록에서 오른쪽 방향으로 진입한다. 앞에 보이는 버스정류장(Camden Town Stop T)에서 274번을 타고 런던주(ZSL London Zoo) 정류장에서 하차하면 바로 맞은편에 위치한다. **홈페이지** www.zsl.org

CHAPTER 03
말리본 & 베이커스트리트

전 세계 유명인들을 한자리에서 만나는 ★★★☆☆
마담투소 Madame Tussauds London

1835년 밀랍조각가 마리투소Marie Tussauds에 의해 설립된 밀랍인형박물관이다. 현재는 마리투소의 후손들이 전승하여 트렌드에 맞춰 새로운 밀랍인형을 계속 제작하고 있다. 영국출신의 유명인 비틀즈와 찰리채플린은 물론, 역사적 인물, 정치가, 스포츠스타까지 얼굴만 봐도 누구인지 알만한 유명인사들의 밀랍인형들이 모여 있다.

영화 속 배우와 가수, 영국왕실인물까지 300여 체의 밀랍인형을 비롯해 마담투소판 귀신의 집, 영국택시모양의 놀이기구를 타고 떠나는 역사여행, 4D 영화체험관 등 즐겁고 알차게 보낼 수 있는 14개의 테마존이 있다. 여기서는 인형을 만질 수도 있고, 함께 사진을 찍어도 되므로 카메라는 필수 준비물이다. 인기 많은 인형은 줄을 서서 기다려야 하는데, 특히 영국출신 아이돌 원다이렉션One Direction 앞은 항상 소녀팬들로 북적인다. 런던 최고의 관광명소답게 오픈시간부터 행렬이 끊이지 않아 몇 시간을 기다려야 하는 일도 많지만 폐관시간이 다가오는 오후 5시 이후는 비교적 한산하다.

주소 Marylebone Rd, London NW1 5LR **귀띔한마디** 마담투소판 귀신의 집 스크림(Scream)은 이전에는 살꼼마, 고문장면, 사형집행 장면 등 잔인하고 무서운 모습을 재현한 공포의 방이었는데 현재는 귀신의 집으로 리뉴얼되었다. 담력이 세고 기괴한 것을 좋아하는 사람만 들어가는 것이 좋다.(12세 이상) **입장료 현장판매** 성인(16세 이상) £30.00, 어린이(15세 이하) £24.00 / 인터넷예약 성인(16세 이상) £27.00, 어린이(15세 이하) £22.00 **운영시간** 매일 달라지므로 홈페이지 참조 **문의** (44)087-1894-3000 **찾아가기** TUBE 베이커스트리트(Baker St.)역 말리본로드(Marylebone Rd.) 출구로 나와 왼쪽 말리본로드를 따라 걷다보면 왼편에 위치한다. 도보 3분. **홈페이지** www.madametussauds.com/london

> **TIP 웹사이트에서 예약하기**
>
> 온라인에서 티켓을 예약하고 가면 예약전용입구를 통해 훨씬 수월하게 입장할 수 있으며, 가격도 25%까지 할인받을 수 있다. 예약을 하려면 반드시 입장할 날짜와 시간대를 지정해야 한다. 선물용티켓은 날짜와 시간대 지정 없이 원하는 날, 원하는 시간대에 입장할 수 있지만 가격이 약간 비싸다. 런던아이(London Eye)와 시라이프아쿠아리움(SeaLife Aquarium), 런던던전(London Dungeon)과 함께 입장할 수 있는 세트티켓으로도 예약할 수 있다. 마담투소 포함 네 곳의 입장권을 따로 구입할 경우 성인기준 £96.75이지만 세트티켓은 £65.00(온라인 £55.00)로 40%나 저렴하다. 세트티켓의 옵션이 다양하므로 홈페이지에서 꼭 체크해 보자.

셜록홈즈 팬이라면 꼭 가봐야 할 명소 ★★★☆☆
셜록홈즈박물관 The Sherlock Homes Museum

셜록홈즈 옆모습으로 도배된 베이커스트리트역으로 나와 왼편을 보면 셜록홈즈동상이 있고, 그길 오른편으로 쭉 걸으면 셜록홈즈박물관을 발견할 수 있다. 아서코난도일 Arthur Conan Doyle의 작품 속 명탐정 셜록과 왓슨박사가 1881년부터 1904년까지 살았던 베이커스트리트 221b번지에 박물관이 1990년에 세워졌고 셜록홈즈라는 블루플라크 Blue Plaque도 붙여졌다. 1815년 지어진 이 건물은 영국정부로부터 2등급 중요건축물로 지정될 만큼 건축과 역사적인 면에서도 인정을 받았다. 건물 안에 들어서자마자 보이는 17개 계단을 오르면 2층 셜록과 왓슨의 집이 잘 재현되어 있는데, 19세기 런던생활상도 엿볼 수 있어 흥미롭다. 한 번에 입장할 수 있는 인원수가 제한되므로 대기시간은 각오해야 한다. 대기시간을 줄이려면 오픈시간 전인 오전 9시쯤 가는 것이 좋으며 주요관광명소와 인접해 있어 런던의 하루를 이곳에서 시작해도 좋다.

도착하면 바로 1층 기념품숍에서 입장권부터 구매한 뒤 줄을 서자. 줄부터 섰다가 대기시간을 이중으로 허비하는 일이 종종 있으므로 주의하자. 입구에는 경찰복장을 한 직원이 박물관을 지키고 있는데 셜록과 왓슨의 모자가 구비되어 있어 함께 기념촬영도 가능하다. 건물 내 모든 곳은 사진촬영이 가능하며, 1층 기념품숍에서는 각종 기념품을 구입할 수 있다. 엽서, 열쇠고리뿐만 아니라 드라마 셜록 관련 상품도 있어 구경하는 재미가 쏠쏠하다.

주소 221b Baker St. London NW1 6XE **귀띔한마디** 박물관 1층 기념품숍은 티켓이 없어도 입장 가능하다. **입장료** 성인 £15.00, 어린이(16세 이하) £10.00 **운영시간** 09:30~18:00 / 12월 25일 휴무 **문의** (44)020-7244-3688 **찾아가기** TUBE 베이커스트리트(Baker St.)역 베이커스트리트 북쪽(Baker St. North) 출구로 나와 오른쪽 방향으로 걷다가 횡단보도에서 맞은편으로 건너 직진하면 왼편에 위치한다. 도보 2분. **홈페이지** www.sherlock-holmes.co.uk

CHAPTER 03
말리본 & 베이커스트리트

셜록홈즈박물관에서 발견한 기념품

셜록홈즈의 팬이라면 지갑이 절로 열리게 될 몇 가지 기념품을 소개한다.

01. 셜록의 옆모습과, 모자, 파이프 모양의 열쇠고리 £6
02. 블루플라크 모양의 핀 뱃지 £0.50
03. 주소판 마그넷 £6
04. 파이프 £20
05. 셜록홈즈 인형 마그넷 £12
06. 셜록홈즈 모양 오리 £5

셜록홈즈박물관 기념품숍 내부 ▼▶

전시실 자체가 하나의 작품 같은 ★★★★☆
월리스컬렉션 The Wallace Collection

15~19세기에 걸친 세계적인 회화작품과 장식미술품 그리고 18세기 프랑스 회화작품 등 약 5,500여 점에 이르는 소장품을 전시한 국립미술관이다. 소장품은 허트퍼드Hertford후작 집안이 수집한 것으로 후손인 리차드월리스 경Sir Richard Wallace의 유언에 따라 국가에 기증되었고, 그 후 허트퍼드저택을 미술관으로 개조하여 1900년에 개관하였다.

회화작품, 가구, 무기, 도자기 등 25개의 전시실로 나뉘어져 있으며, 각 전시실마다 우아한 샹들리에와 화려한 색의 커튼과 벽면이 인상적이다. 벽에 걸린 작품뿐만 아니라 전시실 자체가 마치 잘 어우러진 하나의 작품처럼 우리 눈을 즐겁게 한다. 가구와 식기, 꽃병, 보석함 등 여성이 좋아할 만한 아기자기한 예쁜 소품도 눈길을 끈다. 소장된 작품들은 하나같이 렘브란트, 루벤스, 반다이크와 같은 거장들의 작품이다. 아직 우리나라 여행자들에게는 인지도가 낮은 미술관이지만 후회하지 않을 방문이 될 것이다.

주소 Hertford House, Manchester Square, London W1U 3BN **입장료** 무료 **운영시간** 10:00~17:00 / 12월 24~26일 휴무 **문의** (44)020-7563-9500 **찾아가기** TUBE 본드스트리트(Bond St.)역 옥스퍼드스트리트 남쪽(Oxford St. South Side) 출구로 나와 왼쪽 방향으로 걷다가 제임스스트리트(James St.)로 진입 후 왼쪽 힌데스트리트(Hinde St.)가 나올 때 까지 직진하다 맨체스터스퀘어(Manchester Square)에서 오른쪽 방향으로 진입하면 오른편에 위치한다. 도보 7분. **홈페이지** www.wallacecollection.org

Special

리젠트운하 산책하기

패딩턴에서 시작하여 동쪽으로 리젠트파크를 거쳐 캠든타운, 이슬링턴, 해크니를 지나 라임하우스에서 템즈강으로 흐르는 리젠트운하(Regent Canal)는 런던과 버밍엄을 연결하는 거대한 그랜드유니온운하의 일부이다. 산업혁명기 운반수단으로 중요한 역할을 담당했지만 현재는 산책과 사이클링을 즐기는 코스로 변모하였다. 리젠트운하를 즐기는 방법은 보트와 산책 두 가지가 있으므로 취향에 맞게 선택하자.

【 산책로 따라 여유롭게 걸어보기 】

모든 구간이 산책로로 조성되어 있지만 3~40분 내외로 가볍게 산책하려면 리틀베니스Little Venice와 리젠트파크사이 구간을 추천한다. 한 시간 정도면 리틀베니스에서 캠든타운까지 갈 수 있으므로 산책을 끝내고 캠든록마켓Camden Lock Market에서 쇼핑과 식사를 즐기는 일정으로 잡으면 좋다. 운하를 따라 형성된 산책로는 봄과 여름에는 아름다운 꽃들이 만발하고 가을에는 알록달록 단풍을 즐길 수 있다.

산책로 곳곳에 그려진 수많은 그래피티아트가 자연경관과 어우러져 리젠트운하만의 독특한 분위기를 만들어 낸다. 운하 가장자리에는 개인용 내로우보트Narrow Boat가 여러 대 정박되어 있는데 놀랍게도 현지인들의 주거공간으로 활용되는 보트이다. 정년퇴직 후 집을 팔고 보트를 구입해 보트하우스로 꾸미는 노부부들이 매해 늘어나고 있다. 런더너들은 운하산책로에서 주로 조깅을 하나 자전거하이킹을 즐기지만 출퇴근시간대에는 자전거로 출퇴근하는 사람들이 속도를 내며 쌩쌩 달리기 때문에 산책하기에 좋지 않다. 길은 평탄하고 산책로만 따라가면 되므로 길을 잃어버릴 걱정은 없다. 리젠트파크 부근에서는 런던주를 지나게 되면서 철창 속 동물들과 만나게 되는 진풍경이 일어나기도 한다.

【 내로우보트타고 유유히 즐기는 리젠트운하 】

롱보트Long Boat 또는 워터버스Water Bus라고 부르는 기다랗고 좁은 형태의 내로우보트를 타고 유유히 리젠트운하를 산책한다면 세느강 유람선 못지않게 특별한 낭만을 즐길 수 있다. 런던패스London Pass 소지자는 패딩턴의 리틀베니스에서 제이슨오리지널 커널보트트립이란 보트투어를 이용할 수 있고 캠든록으로 향하는 편도여정과 리틀베니스로 다시 돌아오는 왕복여정 중 하나를 선택할 수 있다.

런던패스가 없어도 이용할 수 있으며 예약을 해놓으면 더 편리하게 이용가능하다. 런던워터버스에서 운행하는 내로우보트는 런던동물원입장권과 함께 구성된 투어를 이용할 수 있다. 리틀베니스에서 런던동물원구간은 35분, 캠든록에서 런던동물원 구간은 15분이 소요된다.

제이슨오리지널커널보트트립(Jason's Original Canal Boat Trip) 가격 성인 편도 £9.50, 왕복 £14.50 / 어린이 편도 £8.50, 왕복 £13.50 예약문의 www.jasons.co.uk
런던워터버스(London Waterbus) 가격 성인 편도 £9.00, 왕복 £14.00 / 어린이 편도 £7.50, 왕복 £12.00 예약문의 www.londonwaterbus.com

SECTION 08
말리본&베이커스트리트에서 먹어봐야 할 것들

100년 전통의 피시앤칩스 맛집 더골든하인드와 파리의 인기제과점 라파티스리데헤브만으로도 말리본하이스트리트를 방문해야 될 이유는 분명하다. 심플한 카페들도 여행자들을 유혹하기에 충분하다.

런던의 미식가를 사로잡은 수제버거집 ★★★★☆
패티앤번 Patty&Bun

말리본에서 시작한 작은 햄버거가게는 입소문을 통해 인기를 얻어 현재는 소호, 노팅힐, 쇼디치, 해크니 등 런던의 주요 지역에 6개 지점을 낼 만큼 성장했다. 국내산 신선한 식재료를 사용하고 브리오슈부터 패티, 소스, 테이블에 구비된 케찹과 마요네즈까지 모두 직접 만들어 말 그대로 진짜 '수제'버거를 제공한다. 메뉴에는 버거마다 들어가는 재료가 상세하게 표기되어 있으니 취향에 따라 주문하도록 하자. 로즈메리 소금으로 간을 한 감자튀김을 함께 곁들여 먹으면 이보다 더 완벽한 조합은 없다.

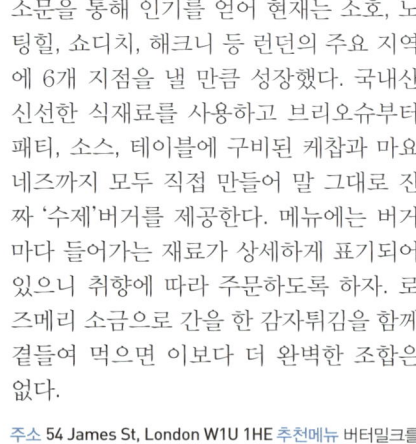

주소 54 James St, London W1U 1HE **추천메뉴** 버터밀크를 발라 구운 닭고기와 코우슬로가 잘 어우러진 핫시크 치킨버거(Hot Chic Chicken Burger) £9.25 **운영시간** 12:00~22:30(월~토요일), 12:00~22:00(일요일)/부정기 **문의** (44)020-7487-3188 **찾아가기** 본드스트리트(Bond Street)역 옥스퍼드스트리트 남쪽(Oxford Street, South Side)출구로 나와 왼쪽으로 걷다 오른편에 갭(GAP)과 보디숍(Body Shop) 사이 골목 제임스 스트리트(James St)로 진입하여 직진하면 오른편에 위치. 도보 3분. **홈페이지** www.pattyandbun.co.uk

배부르게 피시앤칩스를 먹고 싶다면 ★★★★☆
골든하인드 The Golden Hind

◀ 스포티드딕

말리본하이스트리트에서 가까운 거리에 위치한 골든하인드는 2014년 개업 100주년을 맞이한 오랜 전통의 피시앤칩스전문점이다. 저녁시간이면 줄을 서야 할 정도로 인기가 높은데, 생선튀김은 다른 가게보다 약 1.5배 크기로 바삭한 튀김옷과 비린내가 없는 깔끔한 맛으로 정평이 나 있다.

이곳에서 빼놓을 수 없는 또 한 가지는 스포티드딕 Spotted Dick(£4.50)으로 단골들이 손꼽는 인기 디저트이다. 건포도가 들어간 스펀지케이크에 커스터드크림을 듬뿍 얹어 오묘한 맛의 조화를 이룬다.

주소 73 Marylebone Lane London W1U 2PN 귀띔한마디 가게손님 대부분이 1인당 피시앤칩스 1개를 시킨다. 가격 Large Cod £12.90, Chips £2.60 영업시간 점심 12:00~15:00, 저녁 06:00 ~ 22:00(월~금요일), 18:00~22:00(토요일)/매주 일요일 휴무 문의 (44) 020-7486-3644 찾아가기 본드스트리트(Bond St.)역 옥스퍼드스트리트 남쪽(Oxford St. South Side) 출구로 나와 왼쪽 방향으로 걸어서 오른쪽 갭(GAP)과 보디숍(Body Shop) 사이 골목으로 진입하다 오른편 말리본레인(Marylebone Ln)으로 들어가면 오른편에 위치한다. 도보 7분. 홈페이지 www.goldenhindrestaurant.com

치킨을 배불리 먹고 싶다면 ★★★☆☆
치킨 CHIK'N

바삭바삭 잘 튀겨진 닭고기 중심의 메뉴가 주를 이루는 패스트푸드 전문점. 다양한 종류의 햄버거는 물론이고 텐더, 윙 등 부위별 닭튀김 그리고 감자튀김과 나초 등 사이드 메뉴를 제공한다. 닭장에 가둬 기른 닭이 아닌 방목한 닭이 낳은 달걀을 자연방사란Free-Range Egg이라고 하는데 이 달걀로 만든 팬케이크와 머핀을 판매하는 점도 이곳만의 독특한 매력이다.

주소 134 Baker St, Marylebone, London W1U 6SH 영업시간 11:00~23:30(월~목요일), 11:00~00:00(금~토요일), 11:00~22:30(일요일) 문의 (44)020-7935-6648 찾아가기 TUBE 베이커스트리트(Baker Street)역 베이커스트리트 북쪽(Baker St. North) 출구로 나와 맞은편 베이커스트리트로 들어서면 왼편에 위치한다. 도보 3분. 홈페이지 chikn.com

PART 02
LONDON CENTRAL

영국 미디어기업이 오픈한 카페 ★★★★★
모노클카페 The Monocle Café

◀ 그린티 스트로베리 케이크

글로벌 이슈, 라이프스타일을 다룬 매거진을 시작으로 24시간 라디오, 정보웹사이트 등 다양한 매체에서 활약 중인 미디어기업 모노클Monocle이 카페사업에도 진출했다. 2011년 일본 도쿄 1호점에 이어 본고장 런던 말리본에 두 번째 지점을 오픈했다. 일본인 디자이너가 실내인테리어를 담당하였고, 커피는 뉴질랜드의 유명한 유기농커피회사 올프레스 에스프레소Allpress Espresso, 케이크는 북런던의 유명 케이크숍 란카Lanka, 우동과 카츠샌드 등 음식메뉴는 일본인 셰프, 그야말로 글로벌한 분위기다. 인기 메뉴는 그린티스트로베리케이크Greentea Strawberry Cake(£5.50)이며, 카페체인점 외에는 찾아보기 힘든 아이스커피(£4.00)도 많이 찾는 메뉴 중의 하나이다.

주소 18 Chiltern St. London W1U 7QA 귀띔한마디 메뉴판에 적힌 메뉴들은 hot drink의 가격이며 cold drink로 주문할 경우 가격이 £1.00~1.50 추가된다. 영업시간 07:00~19:00(월~수요일), 07:00~20:00(목~금요일), 08:00~20:00(토요일), 08:00~19:00(일요일) 문의 (44)020-7135-2040 찾아가기 TUBE 베이커스트리트(Baker St.)역 말리본로드(Marylebone Rd.) 출구로 나와 역 앞 횡단보도를 건너 왼쪽 방향으로 걷다가 오른쪽 칠턴 스트리트(Chiltern St.)로 진입하면 왼편에 위치한다. 도보 7분. 홈페이지 cafe.monocle.com

주택가 전체가 맛집과 쇼핑공간 ★★★★★
세인트크리스토퍼플레이스 St Christopher's Place

자동차를 주차할 공간은커녕 오가는 것도 불편한 1차선 좁은 도로에 번화가가 형성되어 있다. 세인트크리스토퍼플레이스는 셀프리지백화점 동쪽 제임스스트리트에 자리한다. 좁은 도로를 사이에 두고 20여 곳의 상점이 오밀조밀 모여 있는데 이탈리안, 프렌치, 일식 등을 전문으로 하는 음식점과 H&M, 포에버21Forever21, 멀버리Mulberry, 마리메코Marimekko 등 유명브랜드 플래그십스토어 그리고 스타벅스, 워크숍커피Workshop Coffee Co. 등 분위기 좋은 카페까지 몰려 있어 쇼핑과 맛집을 동시에 즐길 수 있다.

주소 St Christopher's Place., Marylebone, London W1U 1LT 귀띔한마디 자세한 골목지도는 홈페이지에서 PDF파일로 다운로드할 수 있다. 문의 (44)020-7493-3294 찾아가기 본드스트리트(Bond St.)역 옥스퍼드스트리트 남쪽(Oxford St. South Side) 출구로 나와 왼쪽 방향으로 조금 걷다 오른쪽 갭(GAP)과 보디숍(Body Shop) 사이 골목으로 진입하여 바렛스트리트(Barrett St.)를 만날 때까지 직진하면 오른쪽 보라색 건물부터 시작된다. 도보 3분. 홈페이지 www.stchristophersplace.com

말리본&베이커스트리트에서 놓치면 후회하는 쇼핑

말리본하이스트리트는 인테리어용품과 주방용품 등 생활잡화전문점이 유독 많은 편이다. 깔끔하고 고급스러운 디자인의 제품이 많으므로 가격대가 다소 높은 편이다. 마음에 드는 제품을 발견했다면 큰맘 먹고 자신만의 기념품을 구입하는 것도 여행의 즐거움 중의 하나이다.

아름다운 서점 ★★★★★
던트북스 Daunt Books

세련된 부티크와 카페가 즐비한 거리에 조금은 색다른 영국전통건축양식의 고풍스런 분위기를 풍기는 던트북스는 1990년 제임스 던트James Daunt가 문을 연 여행책 전문서점이다. 스테인드글라스로 이루어진 창문과 유리지붕에서 내리쬐는 따스한 햇살은 서점분위기를 더욱 더 아름답게 만들어준다.

국가별, 대륙별로 분류되어 있고 가이드북, 지도, 여행에세이, 사진집, 어학서적 등 세계 각지의 다양한 종류의 여행서적을 갖추고 있어 전문서점다운 면모를 볼 수 있다. 여행서 외에 문학, 라이프스타일에 관한 서적도 있으며 지명도나 출판사 규모와 상관없이 던트북스만의 독자적인 진열방식으로 다른 서점에서는 볼 수 없었던 책들도 쉽게 만날 수 있다.

주소 83 Marylebone High St., London, W1U 4QW 귀띔한마디 여행서 전문서점답게 한국 여행서도 소량이지만 판매한다. 영업시간 09:00~19:30(월~토요일), 11:00~18:00(일요일, 공휴일)/부정기 휴무 문의 (44)020-7224-2295 찾아가기 TUBE 베이커스트리트(Baker St.)역 말리본로드(Marylebone Rd.) 출구로 나와 왼쪽 말리본로드(Marylebone Rd.)를 따라 걷다가 마담투소 앞 횡단보도를 건너 왼쪽 방향으로 들어선다. 계속해서 오른편 럭스보로스트리트(Luxborough St.)로 진입하여 왼쪽 노팅엄스트리트(Nottingham St.)에서 왼쪽 방향으로 진입 후 말리본하이스트리트(Marylebone High St.)에서 오른쪽 방향으로 걷다보면 왼편에 위치한다. 도보 8분. 홈페이지 www.dauntbooks.co.uk

본고장에서 만나는 비틀즈기념품 ★★★☆☆
비틀즈스토어 London Beatles Store

영국이 낳은 세계적인 슈퍼스타 비틀즈. 오늘도 어김없이 전 세계 각지의 비틀즈팬들은 그들의 흔적을 찾아 런던을 방문한다. 비틀즈팬이라면 애비로드와 함께 꼭 들러야 할 곳이 있다. 베이커스트리트역 셜록홈즈박물관 바로 옆에 위치한 비틀즈스토어이다. 가게 문을 들어서자마자 보이는 열쇠고리는 어느 것을 골라야 할지 모를 정도로 다양해서 보고만 있어도 행복해진다.

핀뱃지, 기타피크, 마그넷, 스티커, 엽서 등 작은 기념품부터 헤아릴 수 없을 정도로 다양한 디자인의 티셔츠와 가방 등의 패션잡화, 머그컵, 슬리퍼, 쿠션 등의 생활용품 그리고 포스터와 사인까지 비틀즈에 관한 기념품이라면 없는 게 없을 정도이다.

주소 231-233 Baker St, London, NW1 6XE **귀띔한마디** 애비로드 근처역인 튜브 세인트존스우드역(St. John's Wood) 내 비틀즈커피숍(Beatles Coffee Shop)에서도 비틀즈기념품을 판매하고 있다. 제품의 수는 비틀즈스토어보다 적은 편이다. **영업시간** 10:00~18:30 / 12월 25일 휴무 **문의** (44)020-7935-4464 **찾아가기** TUBE 베이커스트리트(Baker St.)역 베이커스트리트 북쪽(Baker St. North) 출구로 나와 오른쪽 방향으로 걷다가 횡단보도에서 맞은편으로 건너 직진하면 왼편에 위치한다. 바로 옆 건물은 셜록홈즈박물관이다. 도보 2분. **홈페이지** www.beatlesstorelondon.co.uk

01.비틀즈코스타 £12.00 02.랩탑슬리브 £20.00 03.각종 마그넷 £5.00 04.테디베어 L £15.00, S £10.00 05.벽시계 £25.00 06.트래블머그 £15.00 07.펜케이스 £10.00 08.머니클립 £8.00

전 세계의 엄선된 주거상품이 가득한 곳 ★★★★★
콘란숍 The Conran Shop

가구디자이너 겸 사업가인 테렌스콘란Terence Conran 의 탁월한 안목으로 엄선된 아이템부터 직접 디자인한 오리지널상품까지 주거에 관련된 상품이 총망라된 인테리어숍이다. 쾌적한 주거공간과 삶의 질을 높이기 위한 디자인을 목표로 새로운 가구디자인의 세계를 창조하고 있다.

현대적 가구와 조명, 부엌 및 정원관리용품, 잡화, 문구류까지 톡톡 튀는 아이디어와 센스 넘치는 생활용품을 한꺼번에 만날 수 있다. 참신하고 세련된 디스플레이는 각 상품이 지닌 개성과 기능정보를 간접적으로 전달하고 있어 감탄을 자아내며, 구경하는 내내 지루할 틈이 없다. 집안을 꾸미는 데 참고할 만한 힌트를 매장 곳곳에서 발견할 수 있으니 빠짐없이 둘러보자.

주소 55 Marylebone High St., London W1U 5HS 귀띔한마디 매장 정면과 실내촬영이 금지되어 있다. 영업시간 10:00~19:00(월~토요일), 11:30~18:00(일요일) 문의 (44)020-7723-2223 찾아가기 TUBE 베이커스트리트(Baker St.)역 말리본로드(Marylebone Rd.) 출구로 나와 말리본로드(Marylebone Rd.)를 따라 걷다가 마담투소 앞 횡단보도를 건너 두 블록을 지나 오른쪽 골목으로 들어서면 막다른 길 정면에 위치한다. 도보 6분. 홈페이지 www.conranshop.co.uk

북유럽풍 인테리어소품을 만나는 곳 ★★★★★
스칸디움 Skandium

스칸디움에서 펴낸 인테리어북 ▶

숍 이름만으로도 상상할 수 있는 스칸디나비아 스타일의 인테리어 셀렉트숍이다. 마리메코Marimekko, 이딸라Iittala, 게오르그엔센Georg Jensen, 아르텍Artek, 아라비아핀란드Arabia Finland 등 북유럽 최고의 브랜드가 총집합 되어 있으며, 핀란드의 요정 무민컬렉션도 다양하게 선보인다.

북유럽감성의 인테리어가구와 조명, 잡화가 가득하며, 북유럽 특유의 실용적이면서 따뜻한 색감과 소박하고 심플한 디자인으로 눈길을 사로잡는다. 매장은 생활잡화로 구성된 1층과 가구들이 전시된 지하 1층으로 이루어져 있다. 웨딩셀렉션 코너도 마련되어 있어 결혼을 앞둔 사람이라면 참고하자.

주소 86 Marylebone High St. London W1U 4QS 영업시간 10:00~18:30(월~수, 금, 토요일), 10:00~19:00(목요일), 11:00~17:00(일요일) 문의 (44)020-7935-2077 찾아가기 TUBE 베이커스트리트(Baker St.)역 말리본로드(Marylebone Rd.) 출구로 나와 말리본로드를 따라 걷다가 마담투소 앞 횡단보도를 건너 왼쪽 방향으로 들어선다. 럭스보로스트리트(Luxborough St.)로 진입하여 노팅엄스트리트(Nottingham St.)에서 왼쪽 방향으로 진입 후 말리본하이스트리트(Marylebone High St.)에서 오른쪽 방향으로 걷다보면 오른편에 위치한다. 도보 8분. 홈페이지 www.skandium.com

오가닉 슈퍼마켓, 카페, 레스토랑이 하나로 ★★★★★
내추럴키친 The Natural Kitchen

유기농을 애용하는 현지인이 즐겨 찾는 곳으로 슈퍼마켓과 델리, 카페, 레스토랑이 한곳에 모여 있는 원스톱숍One-stop Shop이다. 여러 가지 상품과 서비스를 한곳에서 해결할 수 있는데, 지하 1층은 생활용품, 지상 1층은 델리와 카페, 슈퍼마켓 그리고 2층은 미니레스토랑이다.

근처 직장인들이 자주 찾는 1층 슈퍼마켓에는 테이크어웨이용 유기농샐러드와 샌드위치가 먹음직스럽게 진열되어 있다. 1층의 카페와 델리에서는 케이크와 빵, 샐러드, 파스타 등을 판매하며, 2층 레스토랑에서는 각종 유기농 아침식사와 브런치 그리고 과일주스와 스무디 등을 즐길 수 있다. 지하 1층에서 판매하는 오리지널 에코백도 인기상품 중의 하나이니 꼭 체크해보자.

주소 77/78 Marylebone High St, London W1U 5JX 귀띔한마디 매장 내 카페는 16:00까지 영업한다. 영업시간 07:00~20:00(월~금요일), 08:00~19:00(토요일), 09:00~19:00(일요일) 문의 (44)020-7486-8065 찾아가기 TUBE 베이커스트리트(Baker St.)역 말리본로드(Marylebone Rd.) 출구로 나와 왼쪽 말리본로드(Marylebone Rd.)를 따라 걷다가 마담투소 앞 횡단보도를 건너 왼쪽 방향의 럭스보로스트리트(Luxborough St.)로 진입한다. 노팅엄스트리트(Nottingham St.)에서 왼쪽 방향으로 걷다가 말리본하이스트리트(Marylebone High St.)에서 오른쪽 방향으로 진입하면 오른편에 위치한다. 도보 7분. 홈페이지 www.thenaturalkitchen.com

깜찍한 유기농 수제초콜릿 ★★★★★
로코코 Rococo Chocolates

초콜릿의 원료인 카카오를 비롯해 넛츠, 과일 등 첨가하는 재료 모두 유기농상품만을 사용하는 수제 초콜릿전문점이다. 런던에 3개 지점을 비롯해 입점하기 까다롭다고 알려진 리버티백화점과 고급 슈퍼마켓 웨이트로즈에서도 판매하고 있다. 동식물을 모티브로한 패키지디자인은 텍스타일을 전공한 주인장이 모두 그린 것으로 오가닉초콜릿이라는 아이덴티티가 명확하게 드러난다.

영국 아카데미오브초콜릿Academy of Chocolates에서 2011년 금상을 수상한 시솔트오가닉밀크초콜릿Sea Salt Organic Milk Chocolate(£5.50)은 너무 달지도 짜지도 않아 매력적이며, 2013년 은상을 수상한 로즈밀크초콜릿Rose Milk Chocolate은 입안에서 은은하게 퍼지는 장미향이 일품이다.

주소 3 Moxon St. London W1U 4EW 영업시간 10:00~18:30(월~토요일), 10:00~18:00(일요일) 문의 (44)020-7935-7780 찾아가기 TUBE 베이커스트리트(Baker St.)역 말리본로드(Marylebone Rd.) 출구로 나와 말리본로드(Marylebone Rd.)를 따라 걷다가 마담투소 앞 횡단보도를 건너 왼쪽 방향의 럭스보로스트리트(Luxborough St.)로 진입한다. 패딩턴스트리트에서 왼쪽 애슐랜드플레이스(Ashland Pl.)로 진입하여 걷다가 목스스트리트(Moxon St.)에서 왼쪽 방향으로 걷다보면 오른편에 위치. 도보 8분. 홈페이지 www.rococochocolates.com

셜록홈즈동상

CHAPTER 04
과거와 현재의 공존
뱅크 & 서더크
Bank & Southwark

📷 ★★★★★
🍴 ★★
🛍 ★

웨스트민스터&소호에 이어 주요 볼거리가 많은 곳으로 이 지역을 하루에 돌아보기란 사실상 불가능하다. 영국의 역사를 한눈에 알 수 있는 런던탑부터 런던을 대표하는 랜드마크 타워브리지, 그리고 마켓을 얘기할 때 가장 먼저 거론되는 버러마켓과 런던의 3대 미술관인 테이트 모던까지 런던의 과거와 현재를 만끽할 수 있는 볼거리들이 대거 몰려 있다.

뱅크&서더크를 이어주는 교통편

TUBE 디스트릭트&서클(District&Circle)라인의 타워힐(Tower Hill)역 또는 맨션하우스(Mansion House)역, 쥬빌리(Jubilee), 노던(Northern) 라인의 런던브리지(London Bridge)역, 센트럴(Central) 라인의 세인트폴(St.Paul's)역에서 하차한다.

뱅크&서더크에서 이것만은 꼭 해보자

1. 런던탑에서 영국의 역사를 배워보자!
2. 서더크의 여러 전망대에 올라 템즈강 전경을 바라보자!
3. 버러마켓에서 길거리음식을 즐겨보자!

사진으로 미리 살펴보는
뱅크&서더크 베스트코스
예상 소요시간 7시간 이상

런던탑과 타워브리지가 있는 타워힐에서 세인트폴대성당까지 버스로 15분, 도보로도 30분이 안 걸리는 매우 짧은 거리이다. 하지만 바로 이동하기보다는 사이사이에 관광명소가 있으므로 차근차근 둘러볼 것을 권한다. 중간에 런던브리지나 밀레니엄브리지 등 다리를 건너 건너편으로 넘어갈 때 템즈강 풍경도 함께 감상하면 좋다.

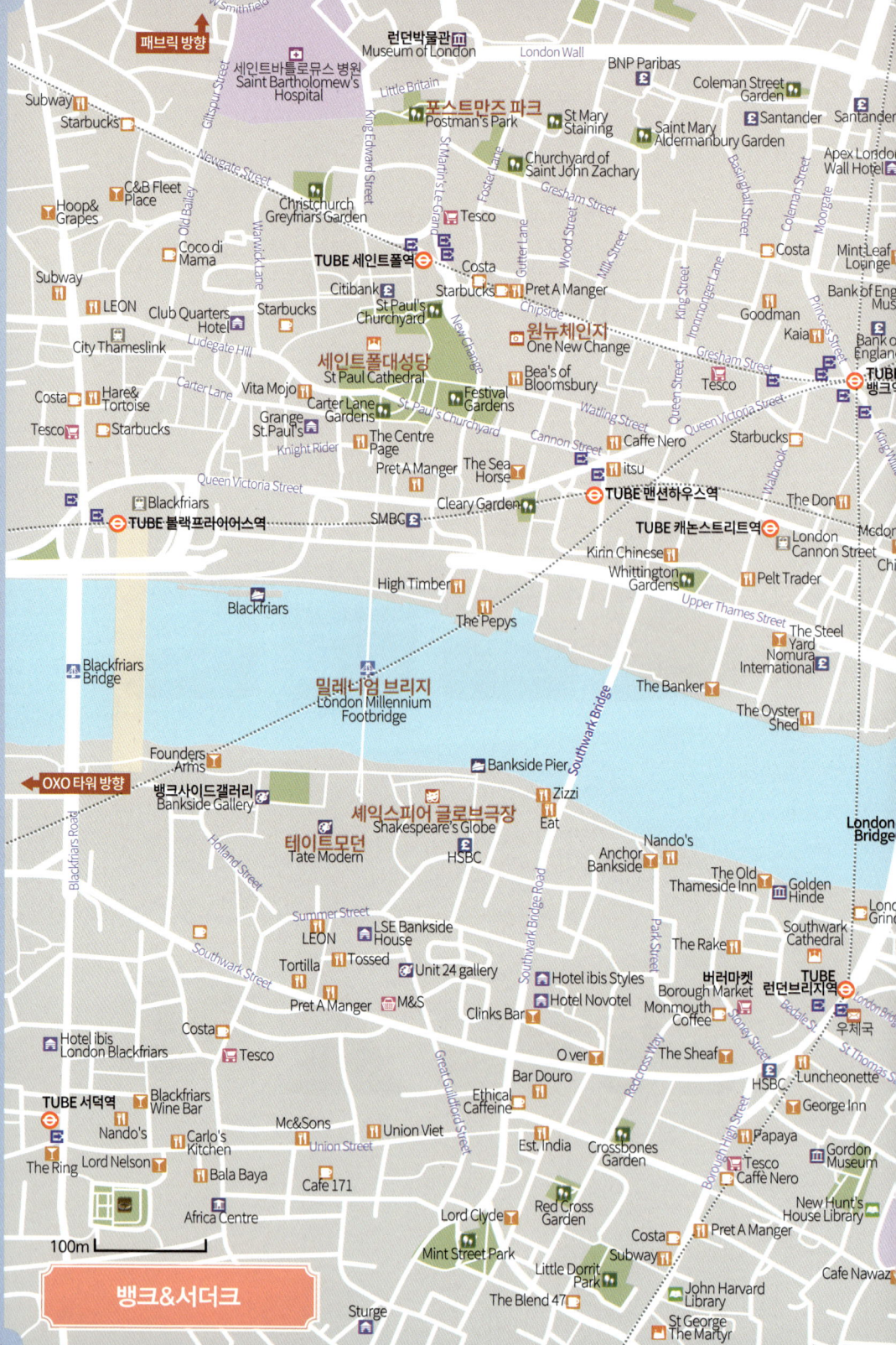

SECTION 10
뱅크&서더크에서 반드시 둘러봐야 할 명소

런던탑, 버러마켓, 세인트폴대성당 등 웨스트민스터만큼 런던의 주요 관광지가 모여 있는 곳이다. 템즈강을 가로질러 북쪽을 뱅크, 남쪽을 서더크라고 한다. 타워브리지가 있는 타워힐을 시작으로 런던브리지와 밀레니엄브리지를 건너면서 지그재그로 관광하면 효율적으로 주요 명소를 전부 돌아볼 수 있다.

영국의 역사를 간적접으로 체험해보는 ★★★★★
런던탑 Tower of London

1070년대에 만들어져 궁전으로 또는 감옥, 보석보관소, 동물원 등 다양하게 사용돼 온 런던탑은 유네스코 세계유산으로 지정된 영국역사의 상징이다. 중세시대의 갑옷과 무기를 전시한 화이트타워White Tower, 왕과 여왕이 착용했던 장신구를 전시한 크라운주얼The Crown Jewels, 군인과 군대관련 수집품을 모은 퓨질리어박물관The Fusilier's Museum, 감옥으로 사용되었던 블러디타워Bloody Tower와 비첨타워Beauchamp Tower 등 역사적으로도 중요한 유물과 건축물이 한곳에 모여 있다.

총 13개의 탑과 6만 6천 제곱미터가 넘는 규모를 자랑하므로 꼼꼼하게 모든 부분을 둘러보고 싶다면 반나절 정도를 할애해야 한다. 런던탑에 대한 좀 더 알고 싶거나 재미있게 즐기고 싶다면 이곳 지킴이 요만워더의 가이드투어Yeoman Warder guided tour에 참가해보자. 매시 30분마다 탑 입구에서 시작하는 투어는 한 시간 동안 진행되며, 런던탑 구석구석을 자세하게 설명해 준다.

주소 Tower Hill, City, London EC3N 4AB **귀띔한마디** 크라운주얼 내부는 사진촬영 금지이다. **입장료** 성인 £28.00, 어린이(15세 이하) £13.00, 학생 및 60세 이상 £22.00, 가족(어른 2, 15세 이하 3명) £70.00 **운영시간** 10:00~17:30(월, 일요일), 09:00~17:30(화~토요일)/1월 1일, 12월 24~26일 휴무 **문의** (44)084-4482-7777 **찾아가기** TUBE 타워힐(Tower Hill)역 메인출구로 나와 오른쪽 런던탑을 바라보고 계단을 내려와 타워힐(Tower Hill)도로에서 왼쪽 방향으로 걷다보면 왼편에 위치한다. 도보 4분. **홈페이지** www.hrp.org.uk/TowerOfLondon

01.화이트타워 02.03.화이트타워에는 헨리8세의 갑옷과 무기가 전시되어있다. 04.크라운주얼 05.퓨질리어박물관 06.블러디타워 07.앤 불린이 살았던 타워그린 08.앤 불린을 추모하는 기념비

헨리8세와 런던탑

11세기 윌리엄1세에 의해 만들어진 런던탑은 영국의 역사를 대변하는 산증인과도 같다. 그 중에서도 새로운 궁전을 짓고 런던탑을 감옥으로 사용했던 헨리8세(Henry VIII of England)는 영국역사상 가장 충격적인 인물이다. 그가 통치하면서 시작된 비극적인 사건들은 대부분 런던탑에서 일어났다. 헨리8세는 두 번째 부인 앤불린(Anne Boleyn)과 다섯 번째 부인 캐서린하워드(Catherine Howard), 영국의 정치가이자 〈유토피아(Utopia)〉의 저자 토머스모어(Thomas More) 등 자신을 거역하는 사람에게는 죄를 뒤집어 씌어 감옥에 수감시켰고, 고문도 모자라 결국엔 처형시키기까지 했다. 이 때문에 런던탑에는 현재까지도 유령이 출몰한다는 소문이 돌고 있다.

이처럼 런던탑을 배경으로 한 사건은 영화와 드라마로도 제작되었는데, 가장 대표적인 작품이 3시즌으로 제작된 드라마 〈튜더스(The Tudors, 2007~2010)〉와 나탈리포트만, 스칼렛요한슨 등 초호화 캐스팅으로 화제를 모은 영화 〈천일의 스캔들(The Other Boleyn Girl, 2008)〉이다. 드라마와 영화를 보고 나서 런던탑을 방문한다면 영국의 역사를 한층 쉽게 이해할 수 있다.

 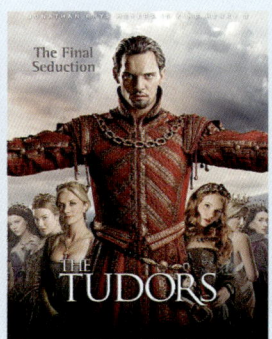 

템즈강을 더욱 아름답게 만드는 ★★★★★
타워브리지 Tower Bridge

빅벤, 런던아이와 함께 런던하면 떠오르는 상징적인 랜드마크 중의 하나이다. 1984년 완성된 이 다리는 런던탑 근처에 있다하여 타워브리지라는 이름이 붙었고, 좌우로 솟은 고딕 양식의 탑은 런던탑과 조화롭도록 설계되었다. 어느 각도에서 사진을 찍어도 그림엽서처럼 아름답게 나오는 이 다리를 봐야 비로소 런던에 왔다는 실감이 든다. 특히 노을과 어우러진 풍경이나 조명을 받아 빛나는 야경은 감탄사를 자아낼 정도로 아름답다.

차도와 인도가 구분되어 있어 걸어서 다리를 건너갈 수 있으며, 입장권을 구입하면 다리 탑 안으로 들어가 전망대와 전시관을 둘러볼 수 있다. 전시테마는 매번 바뀌므로 홈페이지에서 확인하도록 하자. 템즈강변의 런던브리지 London Bridge와 이름을 혼동하는 경우가 많으므로 착각하지 않도록 주의하자.

주소 Tower Bridge Rd., London, SE1 2UP 귀띔한마디 Tower Bridge Glass Floor가 새로 생겨 바닥유리를 통해 발아래로 다리 위를 오가는 차량이나 사람을 볼 수 있다.(입장료 성인 £9.00, 어린이(15세 이하) £3.90) 찾아가기 TUBE 타워힐(Tower Hill)역에서 나와 오른쪽 런던탑을 바라보고 계단을 내려와 타워힐(Tower Hill)도로에서 왼쪽으로 걸어서 오른쪽 타워브리지어프로치(Tower Bridge Approach)로 그대로 직진하면 된다. 도보 5분. 홈페이지 www.towerbridge.org.uk

> ### TIP 타워브리지의 또 다른 전경, 버틀러스워프 Butlers Wharf
>
> 수많은 관광객들이 타워브리지를 감상하려고 런던탑과 시청이 자리한 포터스필즈파크(Potters Fields Park)로 몰린다. 물론 이 두 군데에서 바라보는 타워브리지는 아름답지만 조금 다른 각도에서, 다른 느낌으로 타워브리지를 감상하려면 버틀러스워프(Butler's Wharf)로 가보자. 시청을 등지고 왼쪽 방향으로 걷다가 보면 보이는 이 커다란 건물은 1873년 만들어져 100년간 창고로 사용되었고, 그 후 1980년대 영국을 대표하는 인테리어디자이너 테렌스콘란(Terence Conran)을 만나면서 새로운 공간으로 거듭나게 된다. 1층은 레스토랑, 2층부터 꼭대기까지는 고급 주거지로 사용되고 있으며 영국의 디자인역사를 한눈에 볼 수 있는 디자인박물관도 버틀러스워프에 있다.
>
>

CHAPTER 04
뱅크 & 서더크

단돈 £5로 즐기는 런던의 전경 ★★★☆☆
모뉴먼트 The Monument to the Great Fire of London

◀ 모뉴먼트 등정 증명서

지상에서 약 61.5m, 기둥이 없는 탑으로서는 세계 최고의 높이를 자랑한다. 1666년 4일간에 걸쳐 일어난 런던대화재의 진압과 재건을 기념하기 위해 찰스2세의 명으로 만들어진 기념비로 영국 고전건축의 거장 크리스토퍼렌Christopher Wren이 건설을 담당하였다. 높이는 탑이 세워진 모뉴먼트에서 화재의 진원지였던 푸딩레인의 한 빵집까지의 거리를 참고하여 설계하였으며, 맨 꼭대기에는 전망대가 있다.

311개의 계단을 올라야 하지만 입장권은 단돈 £5.00로 £10.00가 넘는 유명관광지의 전망대가 부담스러웠다면 모뉴먼트를 놓치지 말자. 세인트폴대성당과 타워브리지 등의 유명관광명소부터 72층짜리 더샤드The Shard, 오이지를 닮은 빌딩 거킨The Gherkin, 무전기를 닮은 워키토키 등 런던을 대표하는 현대건축물까지 £5.00의 모뉴먼트가 선사하는 전경은 과히 놀라울 정도이다. 전경을 실컷 감상하고 내려오면 모뉴먼트를 올랐다는 증명서까지 발급해준다. 런던 재건에 힘쓴 찰스2세의 모습이 새겨진 입구 반대편 앞부분과 불을 형상화한 탑꼭대기의 보주도 중요한 포인트이니 눈여겨봐야 한다.

주소 Fish St. Hill, London EC3R 8AH **귀띔한마디** 안전을 위해 보호철망으로 둘렀지만 카메라렌즈를 철망에 바짝 붙여 촬영하면 깔끔하게 풍경을 담을 수 있다. **입장료** 성인 £5.00, 60세 이상&학생 £3.30, 어린이(16세 이하) £2.50(13세 이하는 성인동반 필수) **운영시간** 09:30~18:00(4~9월), 09:30~17:30(10~3월)/연중무휴 **문의** (44)020-7626-2717 **찾아가기** TUBE 모뉴먼트(Monument)역에서 나와 왼쪽 방향으로 걷다보면 바로 위치한다. 도보 1분. **홈페이지** www.themonument.info

35층 공중정원에서 즐기는 런던뷰 ★★★★☆
스카이가든 Sky Garden

2013년 건물 전체가 유리인 한 빌딩에서 반사된 태양광으로 인해 근처에 주차되어 있던 고급승용차가 녹아버리는 사고가 발생했다. 이 문제의 주인공이 바로 무전기를 닮아 워키토키Walkie-talkie라는 닉네임으로 알려진 20펜처치20 Fenchurch빌딩이다. 우크라이나의 건축가 라파엘비놀리Rafael Vinoly가 설계한 20펜처치빌딩은 이 사고로 인해 세간의 이목을 집중시켰다.

하지만 2015년 1월 다시 한 번 뉴스의 중심에 서는 일이 생겼는데 바로 이 건물 35층에 관광명소 스카이가든이 오픈한 것이다. 가든 앞쪽은 유리로 둘러싸인 테라스가 있어 런던의 전경을 한눈에 감상할 수 있고, 측면에 위치한 정원에 가득한 꽃과 나무들은 하늘과 어우러져 있어 눈이 즐겁다. 36층과 37층에는 카페와 시푸드바, 그릴레스토랑 등의 음식점도 오픈하여 시각뿐만 아니라 미각도 즐길 수 있게 되었다. 런던의 아름다운 풍경을 무료로 감상할 수 있다는 점에서 앞으로 런던여행의 필수명소로 자리 잡게 될 것이다.

주소 20 Fenchurch St., London EM3M 3BY **귀띔한마디** 무료입장이지만 반드시 홈페이지에서 미리 예약을 해야 한다. **입장료** 무료 **운영시간** 10:00~18:00(월~금요일), 11:00~21:00(토, 일요일)/연중무휴 **문의** (44)033-3772-0020 **찾아가기** TUBE 모뉴먼트(Monument)역에서 오른쪽 방향으로 나와 이스트칩(Eastcheap)거리에서 오른쪽 방향으로 직진한 후 왼쪽 필폿레인(Philpot Ln)골목을 들어서면 바로 오른편에 위치한다. 도보 3분. **홈페이지** skygarden.london

런던의 제일 높은 곳에서 즐기는 도심풍경 ★★★★☆
더샤드 The Shard

현존하는 유럽의 최고층빌딩이다. 런던브리지역에서 도보로 1분 거리에 있어 런던브리지타워London Bridge Tower라고도 부른다. 높이 310m로 빅벤보다 세배나 높으며, 건물 내에는 오피스와 레스토랑, 쇼핑공간뿐만 아니라 2014년 5월에는 최고급 호텔브랜드 샹그릴라Shangri-La Hotel가 런던에는 처음으로 오픈하여 많은 관심을 모으고 있다. 68~69층과 72층에는 360도로 런던뷰를 즐길 수 있는 전망대가 있다. 특히 72층에는 야외로 나가 볼 수 있어 좀 더 다양한 각도에서 런던을 내려다 볼 수 있다. 전망대 서쪽에 보이는 템즈강과 타워브리지의 풍경을 놓치지 말자.

주소 32 London Bridge St, London SE1 9SG **귀띔한마디** 티켓에 입장시간은 정해져있지만 퇴장시간은 자유이다. **입장료 예약예매** 성인 £27.20, 어린이 £21.25 **현장판매** 성인 £32.00, 어린이 £25.00 **운영시간** 10:00~22:00(4~10월, 마지막 입장 20:30), 10:00~19:00(11~3월 월~수, 일요일, 마지막 입장 17:30), 10:00~22:00 (11~3월 목~토요일) / 12월 25일 휴무 **문의** (44)084-4499-7111 **찾아가기** TUBE 런던브리지(London Bridge)역 런던브리지(Lodnon Bridge) 출구로 나오면 바로 위치한다. **홈페이지** www.theviewfromtheshard.com

런던 최대의 푸드마켓 ★★★★★
버러마켓 Borough Market

런던에서 가장 오래된 마켓으로 13세기부터 시장이 형성되었고, 산업혁명을 거치면서 오늘날의 형태를 갖추게 되었다. 각종 채소와 생선, 치즈 등을 판매하는 식료품구역과 영국전통요리와 스페인, 태국 등 세계 각국의 다양한 음식을 판매하는 먹거리구역으로 나뉘며, 영국 최고의 셰프라 불리는 제이미 올리버Jamie Oliver와 TV요리쇼 헬스키친Hell's Kitchen으로 우리에게 친숙한 고든램지Gordon Lamsay도 이곳에서 재료를 구입하는 것으로 유명하다.

런던 최대의 푸드마켓인 만큼 유기농식재료를 구입하러 온 현지인들은 물론 끼니를 해결하는 직장인과 관광객들까지 어우러져 항상 인산인해를 이룬다. 일요일을 제외하면 매일 오픈하지만 월요일과 화요일은 런치를 즐기러 온 손님을 대상으로 한 먹거리구역만 문을 연다. 마켓을 제대로 둘러보고 싶다면 마켓 내 모든 가게가 문을 여는 금요일이나 토요일에 방문하는 것이 좋다.

주소 8 Southwark St, London SE1 1TL 운영시간 런치 10:00~17:00(월, 화요일) / 풀마켓 10:00~17:00(수, 목요일), 10:00~ 18:00 (금요일), 08:00~17:00(토요일)/매주 일요일 휴무 문의 (44)020-7407-1002 찾아가기 TUBE 런던브리지(London Bridge)역 버러하이스트리트 서쪽(Borough High St. West) 출구로 나와 왼쪽 방향으로 걷다가 서더크스트리트(Southwark St.)로 진입하여 스토니 스트리트(Stoney St.)에서 오른쪽 방향으로 진입하면 오른편에 위치. 도보 4분. 홈페이지 www.boroughmarket.org.uk

---

TIP 식재료와 먹거리 두 마리 토끼를 한 번에 잡는다!

싱싱한 식재료를 저렴하게 구입하고 싶거나 맛있는 스트리트푸드를 다양하게 골라 먹고 싶다면 토요일에 방문하는 것이 좋다. 월~목요일까지 쉬었던 가게들도 주말이 되면 문을 열어 손님을 맞이하는데, 특히 토요일에 가장 많은 먹거리 종류를 만날 수 있다. 밥과 빵, 케이크부터 주스와 커피 그리고 와인까지 그야말로 골라먹는 재미가 있는데, 마켓관리자들의 엄격한 심사를 통해 입점한 만큼 맛과 신선도 역시 보장되어 있다.

버러마켓의 거의 모든 가게가 오픈하는 날은 금요일과 토요일이지만 식재료세일은 주로 토요일 오후에 이루어진다. 일요일이 정기휴일이기 때문에 폐점 직전에는 물건을 거의 반값에 내놓는 가게도 많다. 비싼 영국물가로 엄두도 못 냈던 해산물과 채소를 저렴하게 구입하여 저녁을 만들어 먹는 것도 여행에서 좋은 추억이 된다. 가장 붐비는 시간인 만큼 소매치기에 주의하자.

영국 현대미술의 중심 ★★★★☆
테이트모던 Tate Modern

영국의 미술작품을 소장하고 관리하는 정부 조직 테이트TATE에서 운영하는 미술관이며 뱅크사이드 화력발전소를 개조하여 만든 국립현대미술관이다. 본관 '보일러하우스BOILER HOUSE'에서는 매번 세계적인 아티스트들의 굵직한 기획전시와 상설전시가 이뤄지며 가장 넓은 전시공간을 갖춘 1층 터바인홀Turbine Hall에서는 매년 글로벌기업의 후원으로 초대형 설치미술을 전시한다. 이는 테이트모던의 핵심 프로젝트이면서 가장 인기가 높은데, 2014년부터 10년간 현대자동차의 후원을 받게 되면서 더욱 주목받았다. 또한 2016년 '스위치하우스SWITCH HOUSE'란 이름의 신관을 본관 앞에 개관하면서 이전보다 다양한 전시회를 개최하고 있다. 본관과 마찬가지로 신관 10층에서는 런던의 전경을 조망할 수 있는 테라스가 마련되어 있다. 본관 1층에 터바인홀이 있다면 신관 1층에는 '더탱크스THE TANKS'가 있다. 원형 원료탱크를 전시공간으로 개조한 것으로 비디오아트를 중심으로 한 작품을 선보인다.

주소 Bankside, London SE1 9TG 귀띔한마디 유료 특별전의 경우, 기부금이 포함된 입장권과 불포함된 입장권 두 종류가 있다. 입장료 무료(특별전은 유료) 운영시간 일~목요일 10:00~18:00(마지막입장 17:15) 금~토요일 10:00~22:00(마지막입장 21:15)/ 연중무휴 문의 (44)020-7887-8888 찾아가기 TUBE 맨션 하우스(Mansion House)역 3A번 퀸빅토리아스트리트 웨스트사이드(Queen Victoria Street(West Side))출구로 나와 왼쪽으로 퀸 빅토리아 스트리트(Queen Victoria St)를 약 5분 정도 걷다 왼편 피터스힐(Peter's Hill)거리에서 꺾어 밀레니엄브릿지를 건넌 후 오른쪽으로 나오면 바로. 도보 11분. 홈페이지 www.tate.org.uk/visit/tate-modern

밤이면 더욱 아름답게 빛나는 다리 ★★★★★
밀레니엄브리지 London Millennium Footbridge

런던의 밀레니엄기념사업의 일환으로 2000년 완성된 밀레니엄브리지는 테이트모던과 세인트폴대성당 사이를 연결하는 보행자전용다리이다. 1894년 런던브리지 개통 이후 약 백년 만에 템즈강에 새롭게 세워진 이 다리는 영국건축의 거장 노먼포스터가 설계했다. 밤이 되면 조명을 받아 형형색색으로 바뀌며 멋진 야경을 연출하는데 세인트폴대성당과 더불어 압도당할 만큼의 장관을 만날 수 있다.

주소 Thames Embankment, London 귀띔한마디 강풍이 부는 날에는 다리가 흔들린다 하여 흔들다리(Wobbly Bridge)라고도 부른다. 찾아가기 TUBE 맨션하우스(Mansion House)역 3A번 퀸빅토리아스트리트 서쪽(Queen Victoria St. West Side) 출구로 나와 왼쪽방향으로 걷다가 왼쪽 피터스힐(Peter's Hill)거리에서 직진하면 바로 위치한다. 도보 7분.

영국국교회를 대표하는 대성당 ★★★★★
세인트폴대성당 St Paul's Cathedral

영국국교회(성공회)의 대성당이자 기독교 사상가이며 신학자인 성바오로St. Paul를 기리기 위해 만들어진 곳으로 성당 가운데 커다란 돔이 특징이다. 1981년 찰스왕세자와 고 다이애나비의 결혼식으로 세계적인 유명세를 탔으며, 중세시대 초기인 604년 처음으로 이곳에 성당이 만들어졌지만 1666년 발생한 런던대화재로 대부분의 건물이 소실되었다.

이후 건축가 크리스토퍼렌Christopher Wren에 의해 오늘날의 모습이 갖추어졌는데, 이때 만들어진 커다란 돔은 그 길이만 해도 직경 34.2m, 높이 65.3m로 바티칸의 성베드로대성당 다음으로 큰 크기를 자랑한다. 성당 안으로 들어서면 보이는 커다란 파이프오르간과 성바오로의 일생이 그려진 벽화, 윈스터처칠 등 영국의 저명인사들이 잠들어 있는 지하납골당 순으로 둘러본 후 돔까지 올라가보도록 하자.

주소 St. Paul's Churchyard, London EC4M 8AD **귀띔한마디** 일요일은 예배가 진행하므로 돔에 올라갈 수 없다. 하지만 무료로 입장가능하며, 오후 4시 45분부터 30분간 'Sunday Organ Recital'이 열리므로 클래식음악을 들을 수 있는 좋은 기회도 있다. **입장료 현장판매** 성인 £20.00, 학생&60세 이상 £17.50, 17세 이하 £8.50, 5세 이하 무료 **온라인예매** 성인 £17.00, 학생&60세 이상 £15.00, 17세 이하 £7.20, 5세 이하 무료 **운영시간** 08:30~16:30(월~토요일)/매주 일요일 휴무 **문의** (44)020-7246-8350 **찾아가기** TUBE 세인트폴(St. Paul)역 1A번 세인트마틴스르그랑/칩사이드(St. Martin's le Grand/Cheapside) 출구로 나와 칩사이드(Cheapside)도로를 따라 걷다가 뉴체인지(New Change)도로로 접어들면 바로 오른편에 위치한다. 도보 2분. **홈페이지** www.stpauls.co.uk

---

세인트폴대성당의 하이라이트 돔오르기

성당 지상에서 돔까지의 높이는 111.5m이다. 돔꼭대기까지는 위스퍼링갤러리(Whispering Gallery), 스톤갤러리(Stone Gallery)와 골든갤러리(Golden Gallery) 등 세 부분으로 나눠져 있다. 257개의 계단을 올라야 하는 위스퍼링갤러리는 벽에 대고 속삭이면 그 속삭임이 반대편으로 전해지는 신비스런 체험을 할 수 있는 곳으로 유명하며, 화려한 금빛장식과 벽화 등의 성당내부를 자세히 볼 수 있다.

다음으로 376개 계단을 오르면 스톤갤러리를 만나는데, 런던 전경을 360도로 감상할 수 있게 전망대가 마련되어 있다. 대성당 건너편 테이트모던을 비롯해 런던의 금융가와 템즈강변을 한눈에 볼 수 있다. 마지막으로 528개 계단을 오르면 도달하는 골든갤러리는 스톤갤러리보다 더 확트인 전경을 볼 수 있다. £18.00라는 비싼 가격과 꽤 많은 계단을 타고 올라야 하는 점이 부담스러울 수도 있으나 절대 후회하지 않을 풍경이 펼쳐지므로 꼭 한번 올라보자.

셰익스피어의 대표작품을 £5.00로 즐기는 ★★☆☆☆
셰익스피어글로브극장 Shakespeare's Globe

셰익스피어의 작품을 최초로 초연한 역사적으로도 의미 있는 극장이다. 셰익스피어의 대표작을 현대식으로 재해석한 양질의 공연을 저렴한 가격으로 감상할 수 있는데 단돈 £5.00라는 믿을 수 없는 매력적인 가격이다. 16세기 말 극장스타일을 그대로 재현한 목조 원형극장에서 상연되기 때문에 마치 중세시대의 관객이 된 것처럼 연극을 감상할 수 있다. 극장 내 모든 좌석이 £5.00인 것은 아니다. 극장 안을 둘러싼 정규좌석은 £20.00~45.00이며, 스테이지 바로 앞 야드Yard라 불리는 스탠딩좌석만 £5.00이다. 1만 원도 안 되는 비용으로 수준 높은 연극을 감상할 수 있다는 장점은 있지만 두 시간이 넘는 공연을 서서 관람해야 한다는 것과 우천 시 야드에서 비를 맞으며 봐야 한다는 단점이 있다. 전시회관람과 극장투어로도 원형극장을 둘러볼 수 있다.

주소 21 New Globe Walk, Bankside, London SE1 9DT **귀띔한마디** 스탠딩좌석인 야드는 연극관람 도중 다리가 아프다고 땅바닥에 앉거나 앉았다 일어섰다 하는 행동이 금지되어 있다. **입장료** 전시&투어 성인 £17.00, 60세 이상 £15.50, 학생 £13.50, 어린이(15세 이하) £10.00 / 5세 이하 무료 **운영시간** 전시회 09:00~17:30 / 극장투어 09:00~17:00/12월 24, 25일 휴무 **문의** 예매 (44)020-7401-9919 / 정보 (44)020-7902-1400 **찾아가기** TUBE 맨션하우스(Mansion House)역 3A번 퀸빅토리아스트리트 서쪽(Queen Victoria St. West Side) 출구로 나와 왼쪽 방향으로 걷다가 왼쪽 피터스힐(Peter's Hill)거리로 진입 후 밀레니엄브리지를 건너면 왼편에 위치한다. 도보 11분. **홈페이지** www.shakespearesglobe.com

잠깐 쉬어가기 좋은 작은 부두 ★★☆☆☆
세인트캐서린독 St Katharine Docks

런던탑에서 타워브리지를 지나 좀 더 걸으면 작은 부두가 보인다. 아는 사람만 안다는 세인트캐서린독은 개인용 선박을 정박하는 곳으로 호텔과 음식점들이 들어서 있어 현지인들에게는 휴식공간으로 알려져 있다. 이곳에서는 매주 금요일마다 포르투갈, 자메이카, 모로코 등의 다국적 요리를 판매하는 굿푸드마켓Good Food Market이 열리는데, 요리대회 수상경력이 있는 음식을 중심으로 진행되므로 양질의 요리를 맛볼 수 있다.

주소 50 St Katharine's Way, London E1W 1LA **운영시간** 굿푸드마켓 11:00~15:00(금요일), 일반 상점은 상이 **문의** (44)020-7264-5312 **찾아가기** TUBE 타워힐(Tower Hill)역에서 나와 런던탑을 바라보고 타워힐(Tower Hill)도로로 진입하여 왼쪽으로 걷다 오른쪽의 타워브리지를 건너기 직전 왼쪽 계단으로 내려와 세인트케서린즈웨이(St. Katharine's Way) 안으로 더 들어가면 된다. 도보 10분. **홈페이지** www.skdocks.co.uk

수도 런던의 역사를 한눈에 ★★★★★
런던박물관 Museum of London

영국의 수도 런던의 역사를 엿볼 수 있는 박물관이다. 매번 다양한 주제로 개최되는 특별전시관과 런던의 역사를 소개한 상설전시관으로 나뉘어 있다. 상설전시관에서는 런던이 탄생하기 전인 기원 전부터 현재까지 시대별 역사를 상세하게 전시하고 있다.

역사에 관심 없는 이라면 고대, 중세시대보다는 빅토리아시대의 생활상을 재현한 '빅토리안 워크 VICTORIAN WALK'와 영국의 1850년대부터 2000년대 후반까지의 유행을 센스있게 전시한 '모던런던 MODERN LONDON' 등 런던의 근현대를 알 수 있는 코너를 위주로 돌아보도록 하자.

주소 150 London Wall, London EC2Y 5HN 입장료 무료(특별전 별도) 운영시간 10:00~18:00/12월 24~26일 휴관 문의 (44)020-7001-9844 찾아가기 TUBE 세인트폴(St. Paul)역 1A번 세인트 마틴즈 르 그랑/칩사이드(St. Martin's le Grand / Cheapside)출구로 나와 앞쪽 큰길로 직진하면 박물관 건물이 보인다. 도보 5분. 홈페이지 www.museumoflondon.org.uk

영국 현대 미술계의 새로운 바람 ★★★★★
화이트큐브 White Cube Bermondsey

유명 미술상 제이 조플링Jay Jopling이 1993년 문을 연 갤러리이다. 화이트큐브 갤러리는 타고난 그의 안목으로 재능있는 아티스트를 발굴, 전시함으로써 전 세계에 널리 알리는 발신지 역할을 톡톡히 한 곳이다.

처음에는 갤러리가 포진해있던 웨스트엔드의 듀크스트리트에 있었지만, 2000년대로 들어서고 이스트엔드 혹스턴으로 과감히 자리를 옮겼다. 가난했지만 열정만은 누구에게도 지지 않았던 예술가들이 값싼 이곳으로 몰리고 있었기 때문이었다. 화이트큐브가 이전한 후 이스트엔드는 점점 예술문화 공간으로 탈바꿈하였으며 화이트큐브는 영국 예술업계에 영향을 주는 큰손으로 거듭나게 되었다. 현재는 또다시 자리를 옮겨 새롭게 떠오르고 있는 런던브릿지 근처 버몬지와 본래 자리했던 웨스트엔드 메이슨즈 야드 2군데에서 아티스트들의 작품을 전시하고 있다.

주소 144-152 Bermondsey St, London SE1 3TQ 입장료 무료 운영시간 10:00~18:00(화~토요일), 12:00~18:00(일요일)/매주 월요일 휴관 문의 (44)020-7930-5373 찾아가기 TUBE 버러(Borough)역 메인출구로 나와 오른쪽 롱레인(Long Ln.)도로를 따라 직진 후 왼쪽 시티워크(City Walk)로 진입하면 오른편에 위치한다. 도보 13분. 홈페이지 whitecube.com

재미있고 즐겁게 패션을 접하자 ★★★★★
패션&텍스타일박물관 Fashion & Textile Museum

패션&텍스타일박물관은 현대패션과 텍스타일, 쥬얼리 변천사를 소개하는 곳으로, 1970년대 글램록과 펑크스타일을 유행시켰던 패션 디자이너 잔드라 로즈Zandra Rhodes의 의해 탄생하였다. 대학에서 텍스타일을 공부한 그녀는 프린트 텍스타일에 기초한 의상을 주로 선보이면서 자신의 패션세계를 구축하였다. 결국 패션&텍스타일은 곧 그녀를 대변하는 단어인 것이다.

최근 몇 년간 재개발로 인하여 패셔너블한 지역으로 변모한 버몬시에 설립한 이 박물관은 화려한 색상의 건물 외관이 자유분방하고 색다른 스타일을 추구했던 그녀와 어딘가 모르게 닮아있다. 전시는 매번 다른 주제로 이뤄지며, 이벤트와 워크샵도 정기적으로 열린다.

주소 83 Bermondsey St, London SE1 3XF 입장료 성인 £9.90, 60세 이상 £8.80, 학생 £7.00, 12세 이하 무료 운영시간 11:00~18:00(화, 수, 금, 토요일), 11:00~20:00(목요일), 11:00~17:00(일요일)/매주 월요일 휴관 문의 (44)020-7407-8664 찾아가기 TUBE 런던브리지(London Bridge)역 툴리스트리트(Tooley St.) 출구로 나와 오른쪽으로 직진 후 오른쪽 첫 번째 골목으로 진입하면 왼편에 위치한다. 도보 8분. 홈페이지 www.ftmlondon.org

가장 핫한 푸드마켓 ★★★★★
몰트비스트리트마켓 Maltby Street Market

서덕지역은 물론 런던을 대표하는 푸드마켓 버러마켓 부근에서 이제 막 떠오르고 있는 핫한 푸드마켓이다. 현재 런던에서 주목받고 있는 스트리트푸드를 맛볼 수 있어 현지인에게 큰 인기를 얻고 있는 몰트비스트리트마켓은 철도가 지나다니는 고가 밑에서 주말마다 열린다.
햄버거, 빵 등 한 끼 식사로 좋은 음식부터 케이크, 와플, 커피 등 간단히 즐길 수 있는 음식까지 가득해 보는 것만으로 행복한 고민에 빠지게 한다. 11시부터 14시 사이에 가장 붐비는 편이며 좁다란 골목 사이로 많은 인파가 오가므로 여유롭게 돌아보고 싶다면 이 시간대를 피하는 것이 좋다.

주소 41 Maltby Street, London SE1 3PA 운영시간 10:00~17:00(토요일), 11:00~16:00(일요일) 찾아가기 TUBE 런던브리지(London Bridge)역 툴리스트리트(Tooley St.) 출구로 나와 오른쪽으로 직진 후 오른쪽 첫 번째 골목으로 진입한다. 또다시 직진하다 왼쪽 태너스트리트(Tanner St.)로 진입하면 오른편에 위치한다. 도보 15분. 홈페이지 www.maltby.st

런던시청

SPECIAL

FREE

뱅크&서더크의 숨은 전망대 찾기

런던의 아름다운 풍경을 감상할 수 있는 곳은 세인트폴대성당과 모뉴먼트만 있는 게 아니다. 게다가 무료로 즐길 수 있는 곳이 런던 곳곳에 숨어 있다. 뱅크&서더크의 보물같은 풍경을 찾아가보자.

【 테이트모던 3층과 6층 】

우선 현대미술관 테이트모던Tate Modern으로 가보자. 3층과 6층에 위치한 카페와 레스토랑은 런던 유명일간지 이브닝 스탠다드에서 뽑은 가장 아름다운 뷰(One of the best views in London)로 선정되었을 정도로 빼어난 경관을 자랑한다. 세인트폴대성당과 밀레니엄브리지가 한눈에 들어오는 이곳에서 따뜻한 커피 한잔을 음미하거나 애프터눈 티를 즐겨보는 것도 좋다.

주소 Bankside, London SE1 9TG 운영시간 10:00~18:00(일~목요일, 마지막 입장 17:15), 10:00~22:00(금, 토요일, 마지막 입장 21:15)/연중무휴 문의 (44)020-7887-8888 찾아가기 TUBE 맨션하우스(Mansion House)역 3A번 퀸빅토리아스트리트 서쪽(Queen Victoria St. West Side) 출구로 나와 왼쪽 방향으로 걷다가 왼쪽 피터스힐(Peter's Hill)거리로 진입 후 밀레니엄브리지를 건너 오른쪽 방향으로 나오면 바로 위치한다. 도보 11분. 홈페이지 www.tate.org.uk/visit/tate-modern

【 옥소타워 8층 】

테이트모던 서쪽에 위치한 옥소타워Oxo Tower 8층에서도 템즈강변의 아름다운 전경을 감상할 수 있다. 유명백화점 하비니콜스Harvey Nichols가 입점해 있는 이곳은 테라스레스토랑과 카페 외에도 복도벽면이 유리로 제작되어 있어 풍경을 감상하면서 쇼핑을 즐길 수 있다.

주소 OXO Tower Wharf, Barge House St, South Bank, London SE1 9PH 영업시간 11:00~18:00/연중무휴 문의 (44)020-7021-1686 찾아가기 TUBE 서더크(Southwark)역 더 컷(The Cut) 출구로 나와 왼쪽방향으로 걷다가 메이모트스트리트(Meymott St.)에서 해트필즈(Hatfields)거리까지 걸어서 오른쪽 방향으로 진입한다. 어퍼그라운드(Upper Ground)에서 바지하우스스트리트(Barge House St.)로 진입 후 오른쪽 골목으로 들어서면 바로 위치한다. 도보 10분. 홈페이지 www.oxotower.co.uk

【 원뉴체인지 6층 】

세인트폴대성당의 비싼 입장료가 부담된다면 바로 옆에 위치한 쇼핑몰 원뉴체인지One New Change가 대안이 될 수 있다. 이곳 6층 옥상에 마련된 루프테라스The Roof Terrace는 세인트폴대성당의 돔 바깥 부분을 자세히 볼 수 있으며, 성당과 어우러진 풍경이 왠지 모르게 경건하게 보인다.

주소 1 New Change, London EC4M 9AF 영업시간 06:00~24:00/연중무휴 문의 (44)020-7002-8900 찾아가기 TUBE 세인트폴(St. Paul)역 1A번 세인트마틴스르그랑/칩사이드(St. Martin's le Grand/Cheapside) 출구로 나와 칩사이드(Cheapside)도로를 따라 걷다가 뉴체인지(New Change)도로로 진입하면 바로 오른편에 위치한다. 도보 2분. 홈페이지 www.onenewchange.com

CHAPTER 05

자연과 예술의 만남
켄싱턴
Kensington

런던의 중앙부, 특별지구인 로열 버러 오브 켄싱턴 앤 첼시(Royal Borough of Kensington and Chelsea)에 속한 켄싱턴은 런던에서 두 번째로 높은 땅값을 자랑한다. 이곳에는 주택뿐만 아니라 고급백화점과 카페, 분위기 좋은 레스토랑 등이 밀집되어 있어 생활하기 편리하다. 이들 상점가는 건물소유자들의 엄격한 심사를 통과해야 하므로 거리 분위기와 조화를 이루도록 관리된다.

켄싱턴을 이어주는 교통편

· TUBE 피카딜리(Piccadilly), 디스트릭트&서클(District &Circle) 라인의 사우스켄싱턴(South Kensington)역 또는 디스트릭트&서클(District&Circle) 라인의 하이스트리트켄싱턴(High St. Kensington)역에서 하차한다.

켄싱턴에서 이것만은 꼭 해보자

1. 즐길거리로 풍성한 엑시비션로드의 박물관들은 반드시 방문하자.
2. 하이드파크와 켄싱턴가든에서 볼거리도 즐기면서 휴식을 취하자.
3. 해롯백화점에서 홍차, 초콜릿, 명품브랜드 등 쇼핑을 즐겨보자.

사진으로 미리 살펴보는
켄싱턴 베스트코스
예상 소요시간 6시간 이상

런던을 대표하는 박물관 세 곳이 인접해있으므로 하루를 투자해서 꼼꼼하게 관람하거나 짧은 시간 안에 보고 싶은 부분만 둘러봐도 좋다. 엑시비션로드를 따라 북쪽으로 올라가면 켄싱턴가든과 하이드파크가 나란히 붙어있어 지친 다리를 쉬어가기 좋다. 휴식이 끝나면 해롯백화점에서 쇼핑을 하거나 맛있는 음식을 먹는 것으로 하루를 마무리하자.

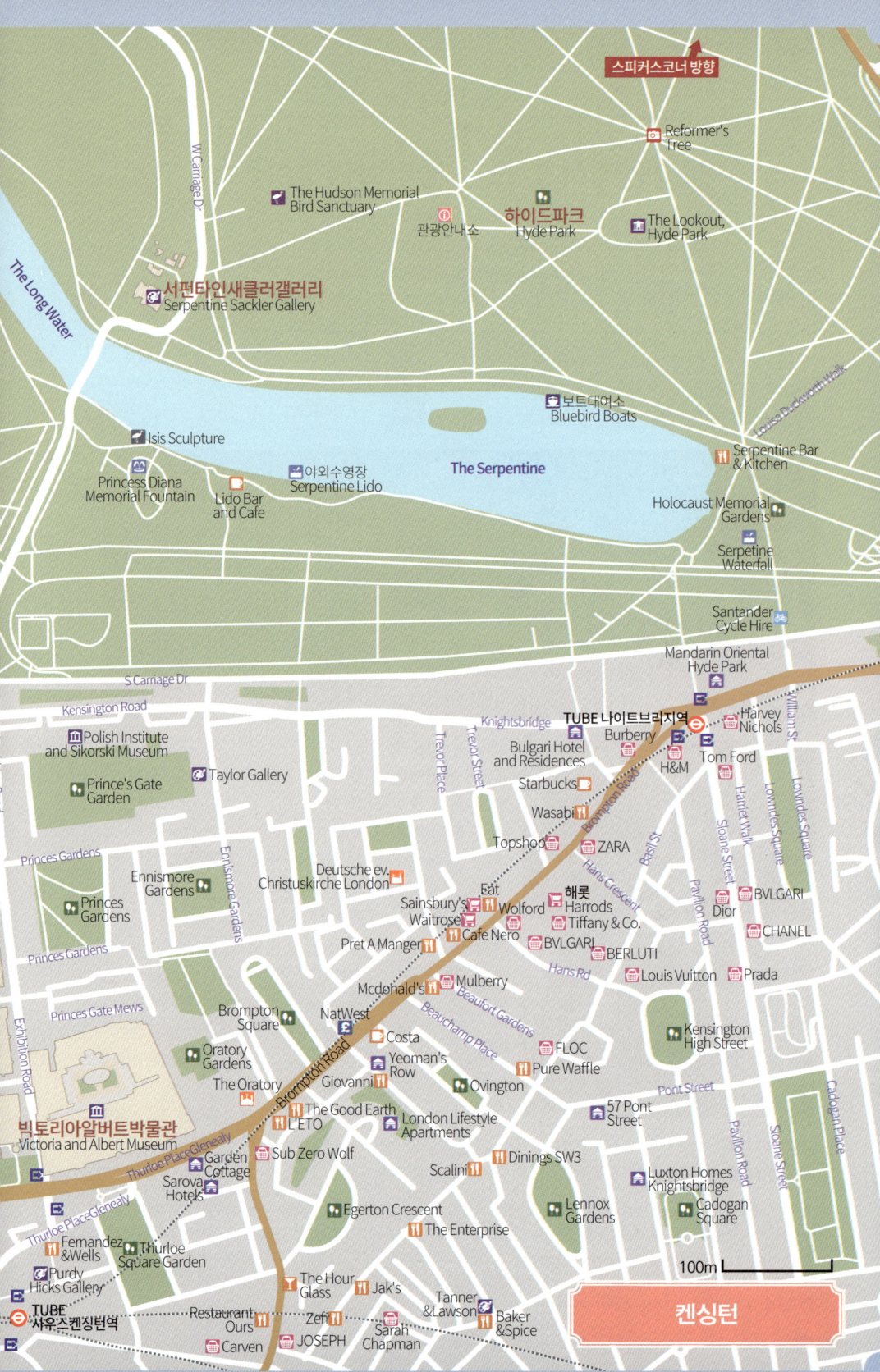

SECTION 11
켄싱턴에서 반드시 둘러봐야 할 명소

런던을 대표하는 공원 하이드파크와 켄싱턴가든, 그리고 두 공원 남쪽에 위치한 엑시비션로드의 박물관들이 이 지역의 주요 관광명소이다. 이곳에 위치한 공원과 박물관 모두 규모가 크기 때문에 하루 정도를 투자해서 여유롭게 둘러보는 것이 좋다.

박물관이 살아있다! ★★★★★
자연사박물관 Natural History Museum

◀ 찰스다윈상

테마파크에 버금가는 재미가 있어 매일 긴 대기행렬이 이어지는 곳으로, 어른아이 할 것 없이 전 연령층에서 큰 인기를 얻고 있는 박물관이다. 대영박물관측은 아일랜드출신 한스슬론경Sir Hans Sloane이 기증한 유물들을 보관할 장소가 부족해지자 이를 계기로 1880년 자연과학분야 전시품들을 그대로 옮겨와 현재의 박물관을 완성한다.

동식물과 곤충, 화석표본을 비롯해 실제 크기로 재연된 동물모형, 그리고 이곳의 하이라이트라고 할 수 있는 거대공룡까지 볼거리가 풍성하다. 박물관은 크게 공룡과 포유동물을 테마로 한 블루존Blue Zone과 지구생태환경을 다룬 그린존Green Zone, 화산과 지진을 중심으로 한 지질학체험관인 레드존Red Zone 마지막으로 다윈센터와 야생정원이 있는 오렌지존Orange Zone 네 구역으로 나뉜다. 가장 많은 인파가 몰리는 공룡전시관은 블루존에 위치하지만 박물관아이콘인 거대한 공룡뼈대 디피Dippy는 메인홀인 그린존에 있다.

주소 Cromwell Rd, London SW7 5BD **귀띔한마디** 입장까지 대기행렬이 긴 편이지만 정문보다는 엑시비션로드쪽 측면입구가 상대적으로 대기행렬이 짧다. **입장료** 무료 **운영시간** 10:00~17:50(마지막 입장 17:30) / 12월 24~26일 휴관 **문의** (44)020-7942-5511 **찾아가기** TUBE 사우스켄싱턴(South Kensington)역 2번 크롬웰로드&내추럴히스토리뮤지엄(Cromwell Rd.&Natural History Museum) 출구로 나와 크롬웰로드(Cromwell Rd.) 방향으로 직진하여 크롬웰로드에서 왼쪽 방향으로 진입하면 오른편에 위치한다. 도보 3분. **홈페이지** www.nhm.ac.uk

자연사박물관에서 반드시 봐야 할 Best 8

자연사박물관에서는 어린이 방문객을 위해서 반드시 봐야 할 명물 8가지를 소개하고 있다. 시간이 충분하지 않지만 야무지게 챙겨보고 싶은 성인들도 체크하고 간다면 박물관을 더욱 더 유익하게 즐길 수 있을 것이다.

디플로도쿠스(Diplodocus) 자연사박물관의 아이콘인 디피(Dippy). 26m에 달하는 초식공룡 디플로도쿠스의 뼈대를 살펴 볼 수 있다. -그린존

슈퍼센싱티렉스(Super-Sensing T. rex) 육식공룡을 대표하는 티라노사우르스이다. - 블루존

어스퀘이크룸(Earthquake Room) 지진을 체험해 볼 수 있는 곳으로 1995년 발생한 일본 고베대지진을 체험할 수 있도록 당시 슈퍼마켓을 그대로 재현했다. - 레드존

자이언트슬로스(Giant Sloth) 지금은 멸종돼버린 포유동물 큰늘보의 실제 뼈대이다. - 그린존

블루웨일(Blue Whale) 지구상에서 가장 거대한 동물인 흰긴수염고래의 실제크기 표본이다. -블루존

슈퍼크로커다일(Super Crocodile) 거대 악어의 실제 뼈로 7100~8300만 년 전의 것으로 추정된다. -레드존

자이언트세콰이아(Giant Sequoia) 세상에서 가장 큰 나무로 알려진 자이언트세콰이어의 단면으로 1300년이나 된 커다란 나이테를 볼 수 있다. - 그린존

코모도드래곤(Komodo Dragon) 살아있는 용이라 불리는 코모도드래곤의 표본이다. - 블루존

직접 만져보며 배우는 과학의 세계 ★★★★☆
과학박물관 Science Museum

1857년 사우스켄싱턴박물관으로 시작하여 과학을 중심으로 의학, 발명, 예술과 관련된 모든 것을 총망라했다. 전시품을 보는 것에서만 그치지 않고 직접 만지고 느끼고 체험할 수 있는 점이 특징이다. 총 7층 건물 중에서 지하 1층부터 3층까지 과학분야, 4층과 5층은 의학부분을 다루고 있고 우주에 관한 3D영화를 상영하는 아이맥스영화관IMAX Cinema(1층)과 비행기 조종을 시뮬레이션할 수 있는 플라이존Fly Zone(3층)도 마련되어 있다. 자동차와 비행기, 우주선 등의 실제 모델을 전시한 메이킹더모던월드Making the modern world은 어린이 방문객이 가장 많이 몰리는 곳으로 포토스팟으로도 인기가 높다.

유료로 이용 가능한 곳

아이맥스를 비롯해 3D, 4D 영화를 관람할 수 있는 아이맥스 영화관(IMAX Cinema)은 두 종류의 티켓이 있다. 현재 영화관에서 상영되고 있는 모든 작품을 감상할 수 있는 티켓은 성인 £22.00, 어린이 £19.00이며, 영화 한 편을 관람할 경우 £6.00~11.00의 비용이 든다. 비행기 조종을 시뮬레이션할 수 있는 플라이 존에는 두 종류의 비행기가 있다. 초고속 제트기를 조종할 수 있는 타이푼 포스(Typhoon Force)는 성인 £5.00, 어린이 £4.00이며, 360도 회전하는 비행기 곡예 아크로바틱 Fly 360°는 성인 £12.00, 어린이 £2.00이다. 스타토일갤러리는 기부금이 포함된 데이패스는 17세 이상 £8.00, 4세 이상 £6.00이며, 기부금 미포함된 데이패스는 £7.20, 4세 이상 £5.40이다. 3세 이하는 무료이다.

2016년에 2층과 3층 일부를 리뉴얼하였는데, 2층에 수학을 주제로 한 전시실 '윈튼갤러리Winton Gallery'는 세계적인 건축가이자 대학에서 수학을 전공하기도 했던 자하하디드Zaha Hadid가 설계하여 화제된 바 있다. 3층은 어린이를 위한 신비롭고 아름다운 과학쇼가 펼쳐지는 '스타토일갤러리Statoil Gallery'(유료)를 신설해 더욱 풍성한 즐길거리를 제공한다. 관람 중 잠시 쉬어갈 수 있도록 로비에 자리한 과학실 분위기의 에너지 카페 Energy Cafe, 3층에 새롭게 꾸며진 휴식공간 피크닉 에리어Picnic Area와 셰이크바Shake bar도 마련되어 있다.

주소 Exhibition Rd, London SW7 2DD **귀띔한마디** 매월 마지막 주 수요일(12월제외) 18:45~22:00에는 나이트뮤지엄을 운영 중이다. **입장료** 무료(일부 유료) **개관시간** 09:00~18:00(마지막입장 17:15)/12월 24~26일 휴관 **문의** (44)087-0870-4868 **찾아가기** TUBE 사우스켄싱턴(South Kensington)역 3번 엑시비션 로드&사이언스 뮤지엄(Exhibition Road & Science Museum)출구에서 바로. **홈페이지** www.sciencemuseum.org.uk

영국의 디자인을 한눈에 ★★★★★
디자인박물관 Design Museum

세계적인 인테리어 회사 헤비타트 그룹을 이끄는 테렌스콘란이 디자인장려를 도모하는 사회공헌의 일환으로 1989년 만들어졌다. 디자인박물관의 모태가 된 곳은 빅토리아&알버트 박물관. 콘란은 디자인 관련 사회활동을 위해 재단을 설립한 뒤 82년부터 빅토리아&알버트 박물관 지하 공간에서 디자인 관련 전시를 주최한다. 몇 번의 굵직한 전시회를 거치고 난 후 템즈강 버틀러스 워프로 자리를 옮겨 본격적으로 영국의 디자인 역사를 알리기 시작한다. 주로 건축과 도시계획 등 공공, 상업디자인 관련 작품이나 폴스미스, 크리스찬루부탱과 같은 유명 디자이너나 디자인으로 유명세를 타고 있는 기업과의 협업전시를 진행한다. 공간 확충을 위해 2016년 11월부터 사우스 켄싱턴에 새로운 둥지를 틀고 폭넓은 내용을 다루고 있다.

주소 E224-238 Kensington High St, London W8 6AG **귀띔한마디** 매월 첫째 주 금요일은 20시까지 개관한다. **입장료** 유료(전시마다 상이) **개관시간** 10:00~18:00(마지막입장 17:00)/12월 24~26일 휴관 **문의** (44)087-0870-4868 **찾아가기** TUBE 하이스트리트켄싱턴(high street kensington)역 출구에서 왼쪽으로 직진하면 오른편에 위치. 도보 8분. **홈페이지** www.designmuseum.org

세계 최고의 수공예박물관 ★★★★★
빅토리아앤알버트박물관 Victoria and Albert Museum

세계에서 가장 큰 규모를 자랑하는 고전과 현대아트, 디자인전문박물관으로 빅토리아 여왕과 그의 남편 알버트공의 이름을 합쳐 명명되었다. 145개의 전시실에 건물 넓이는 무려 50,000㎡에 이른다. 본고장 영국을 비롯해 아프리카, 아시아 등 전 세계에서 수집한 450만여 점에 달하는 전시품을 소장하고 있으며, 전시분야만 해도 패션, 건축, 사진, 가구, 조각, 직물, 보석 등 일일이 나열하기 힘들 정도이다. 때문에 제대로 둘러보려면 하루 정도 시간을 할애하거나 관심분야만을 선별하여 둘러보는 것이 좋다.

박물관을 더욱 확실하게 즐기고 싶다면 방문하기 전 우선 공식홈페이지의 더컬렉션 The Collections 코너를 참조하자. 각 분야의 역사를 비롯하여 전문가에 의한 전시품의 정보와 지식을 자세하게 소개하고 있으며, 추천도서와 오디오설명 등 방대한 자료는 혀를 내두를 정도이다. 또한 매번 아티스트의 패션세계나 웨딩드레스의 역사를 다루는 등 흥미로운 주제의 기획전시를 열기도 하며, 매달 마지막 주 금요일에는 밤 10시까지 오픈하여 다양한 이벤트를 여는 프라이데이레이트 Friday Late를 진행하고 있으니 놓치지 말고 살펴보자.

주소 Cromwell Rd., London SW7 2RL **귀띔한마디** 박물관 내 레스토랑은 아름답고 고급스러운 분위기로 정평이 나있다.(p.32 참조) **입장료** 무료(일부 기획전 유료) **운영시간** 10:00~17:45(월~목, 토, 일요일), 10:00~22:00(금요일) / 12월 24~26일 휴관 **문의** (44)020-7942-2211 **찾아가기** TUBE 사우스켄싱턴(South Kensington)역 2번 크롬웰로드&내추럴히스토리뮤지엄(Cromwell Rd.&Natural History Museum) 출구로 나와 크롬웰로드(Cromwell Rd.) 방향으로 직진하여 엑시비션로드(Exhibition Rd.)를 진입하면 왼편에 위치한다. 도보 4분. **홈페이지** www.vam.ac.uk/

궁전이라고 부르기엔 너무나도 소박한 ★★★★★
켄싱턴궁전 Kensington Palace

켄싱턴가든 서쪽 끝자락에 자리한 켄싱턴궁전은 소박하지만 단아한 아름다움을 지니고 있다. 고 다이애나왕세자비가 생을 마감하기 전까지 살았으며 현재는 그의 아들 윌리엄왕자 부부가 살고 있는 곳이다. 19세기 빅토리아여왕의 인생과 20세기 왕실의 패션트렌드를 소개한 전시관으로도 유명하며, 주로 윌리엄3세와 메리2세가 공동으로 통치했던 스튜어트왕조부터 빅토리아여왕이 통치했던 하노버왕조까지의 문화를 엿볼 수 있다.

빅토리아여왕이 어린 시절을 보낸 방으로 현재는 여성, 아내 그리고 어머니로서의 빅토리아여왕의 삶을 전시한 빅토리아리빌드Victoria Revealed, 킹윌리엄3세와 퀸메리2세의 거처였으며 현재는 당시의 생활상을 엿볼 수 있는 퀸즈스테이트아파트먼트The Queen's State Apartment, 킹즈스테이트아파트먼트The King's State Apartment, 마지막으로 2013년 새롭게 오픈한 기획전시실 모던로열즈Modern Royals까지 볼거리가 가득하다. 아름다운 궁전 앞 정원과 우아한 식사를 즐길 수 있는 레스토랑 오랑제리The Orangery 또한 빼놓을 수 없는 명소이다.

주소 Kensington Palace Kensington Gardens, London W8 4PX 귀띔한마디 영국의 중세시대를 배경으로 한 영화(센스 앤 센서빌리티, 엠마, 셰익스피어 인 러브 등)를 좋아하는 사람이라면 훨씬 흥미롭게 관람할 수 있다. 입장료 현장판매 성인 £19.30, 5~15세 £9.60, 60세 이상&학생 £15.30 온라인예매 성인 £17.50, 5~15세 £8.70, 60세 이상&학생 £13.90 운영시간 10:00~18:00(3~10월), 10:00~17:00(11~2월) / 12월 24~26일, 1월 26~30일 휴무 문의 (44)084-4482-7799 찾아가기 TUBE 하이스트리트 켄싱턴(High St. Kensington)역에서 나와 오른쪽 방향으로 직진한 후 켄싱턴가든 입구로 들어서서 직진하다 다이얼워크(Dial Walk)에서 왼쪽 방향으로 직진하면 정면에 위치한다. 도보 10분. 홈페이지 www.hrp.org.uk/KensingtonPalace

켄싱턴궁전에서 우아하게 즐기는 애프터눈티, 오랑제리 Orangery Restaurant

켄싱턴궁전 앞 정원을 구경하다 보면 옆에 자리 잡은 오렌지색건물이 자연스럽게 눈에 들어오는데 이곳이 바로 오랑제리이다. 오렌지나무를 키우던 온실을 개조하여 만든 곳이라 하여 붙여진 이름으로, 오렌지색 외관과 달리 실내는 전체적으로 흰색이라 깔끔한 분위기를 풍긴다. 메뉴는 간소한 편이지만 비교적 저렴한 애프터눈티를 즐길 수 있어 인기를 끌고 있다. 특히 오랑제리에서 직접 재배하여 만든 오렌지티를 꼭 마셔보자. 주말보다는 평일이 한산한 편이다.

런던사람들이 사랑하는 공원 ★★★★☆
하이드파크 Hyde Park

바쁜 일상에 지친 심신을 달래기 위해 모여든 현지인들의 힐링장소이자 매년 마라톤대회와 크리스마스마켓, 뮤직 페스티발 등 크고 작은 행사가 열리는 문화공간이다. 그 중 인상적인 곳은 공원 북동쪽 마블아치역 근처 스피커스 코너Speakers' Corner이다. 매주 일요일 누구나 다양한 주제로 연설을 펼치는 자유발언대로, 영국왕실이나 영국정부를 비판하는 내용 외에는 어떠한 연설도 허용된다고 한다.

소설가 조지오웰George Orwell, 정치가 블라디미르레닌Vladimir Lenin, 사상가 칼마르크스Karl Marx도 이곳에서 연설했다. 민감하고 무거운 주제로 고성이 오가는 모습부터 사랑하는 사람에게 달콤한 프러포즈까지 다양한 주제들만큼이나 지켜보는 것도 흥미롭다. 또 켄싱턴가든과 서펀타인호수Serpentine Lake 근처에 있는 고 다이애나왕세자비를 추모하는 분수Diana Memorial Fountain는 그녀의 파란만장했던 삶을 커다란 링모양 분수대와 흐르는 물로 표현하고 있다.

주소 Westminster, London W2 2UH 귀띔한마디 매년 11월 말부터 1월 초까지 크리스마스마켓 'Winter Wonderland'가 열린다. 운영시간 05:00~24:00/연중무휴 문의 (44)030-0061-2000 찾아가기 TUBE 마블아치(Marble Arch)역 파크레인 서쪽&하이드파크(Park Lane Westside&Hyde Park) 또는 파크레인 서쪽&스피커스코너(Park Lane Westside&Speakers Corner) 출구로 나오면 바로 위치한다. 도보 1분. 홈페이지 www.royalparks.org.uk

동화 속 피터팬이 사는 공원 ★★★☆☆
켄싱턴가든 Kensington Garden

켄싱턴궁전 뒤로 넓게 펼쳐진 로열파크로 알버트공의 기념비와 함께 켄싱턴가든을 대표하는 피터팬동상The Peter Pan Statue이 있는 곳이다. 작가 제임스배리J.M.Barrie는 켄싱턴가든에서 소설을 구상하던 중 우연히 만난 데이비스부인과 그의 네 아들에게서 영감을 받아 소설 〈피터팬Peter Pan〉을 집필하였다.

소설이 성공하자 배리는 부인의 넷째 아들 마이클을 본떠 피터팬동상을 제작하였고, 1912년 5월 켄싱턴가든에 세웠다. 참고로 이 이야기를 다룬 영화 〈네버랜드를 찾아서Finding Neverland〉도 이곳에서 촬영되었다. 어린 시절의 동심을 느끼고 싶다면 다이애나메모리얼 플레이그라운드Diana Memorial Playground로 가보자. 고 다이애나왕세자비를 기리기 위해 조성된 공원이지만 해적선이나 인디언캠프같이 소설 피터팬에서 모티브를 따서 만든 놀이기구와 모래사장 등 어린이를 위한 다양한 놀이시설이 잘 갖춰져 있다.

주소 Greater London, London W2 2UH 귀띔한마디 다이애나메모리얼 플레이그라운드는 아이를 동반해야만 입장이 가능하다. 운영시간 06:00~17:15/연중무휴 문의 (44)030-0061-2000 찾아가기 TUBE 퀸즈웨이(Queensway)역 또는 랑카스터게이트(Lancaster Gate)역에서 나오면 바로 위치한다. 홈페이지 www.royalparks.org.uk

영국판 예술의 전당 ★★★★★
로열알버트홀 Royal Albert Hall

8천 명을 수용할 수 있는 원형극장으로 빅토리아여왕의 남편 알버트공을 기리기 위해 지어졌다. 세계적인 음악가의 연주회를 비롯해 발레, 오페라공연 등도 진행되며, 한국의 예술의 전당과 마찬가지로 권위 있는 뮤지션들이 콘서트를 열기도 하는데 최근 영국의 싱어송라이터 아델Adele의 콘서트가 열려 화제가 되기도 하였다.

주소 Kensington Gore, London SW7 2AP **귀띔한마디** 홀 내부를 돌아볼 수 있는 투어도 있다.(홈페이지 참조) **문의** (44)020-7589-8212 **찾아가기** TUBE 사우스켄싱턴(South Kensington)역 3번 엑시비션로드&사이언스뮤지엄(Exhibition Rd.&Science Museum) 출구로 나와 엑시비션로드(Exhibition Rd.) 왼쪽 방향으로 걷다가 켄싱턴로드(Kensington Rd.)에서 왼쪽으로 진입하면 바로 왼편에 위치한다. 도보 10분. **홈페이지** www.royalalberthall.com

---

여름에 만나는 클래식음악축제, BBC PROMS

매년 여름 런던은 클래식음악으로 물든다. 7월 중순에서 9월 중순까지 8주간에 걸쳐 진행되는 비비씨프롬즈(BBC Proms)는 관중들이 바닥에 앉거나 자리에 서서 음악을 듣는 프롬나드콘서트(Promenade Concert)의 약자로 1895년 시작되어 120주년을 맞은 전통과 역사의 클래식음악축제이다. 이 축제를 기획한 로버트뉴먼(Robert Newman)은 비싼 가격 탓에 평소 클래식음악을 접하지 못했던 사람들에게 저렴한 가격으로 공연을 제공함으로써 클래식음악 대중화를 이끌어내고자 했다고 말한다. 로열알버트홀을 비롯한 다양한 장소에서 8주간 총 100여 회의 콘서트가 매일 열리며, 정통 클래식음악부터 만화, 드라마와의 컬래버레이션(Collaboration) 등 다양한 연령층이 즐길 수 있는 기획연주회가 마련되어 있다.

클래식계의 거장이 참가하는 콘서트와 축제 마지막 날 엘가의 위풍당당 행진곡을 다 함께 합창하면서 대미를 장식하는 라스트나이트오브더프롬즈(Last Night of The Proms)는 티켓 구하기가 하늘의 별따기만큼 힘들다. 클래식음악팬의 구미를 당기는 콘서트가 열리는 점 이외에도 비비씨프롬즈의 또 다른 특징은 당일권 티켓이다. 매년 주최측은 정규좌석과 함께 1층 무대 앞 아레나(Arena)와 꼭대기 층 갤러리(Gallery)에서 공연을 감상 할 수 있는 입석티켓을 단돈 £5.00에 판매하고 있다. 공연이 열리는 당일 아침에만 판매하므로 새벽부터 줄을 서서 기다리는 사람이 많을 정도로 인기가 높고, 좌석에 따라 누워서 보거나 서서 보는 것도 가능하다. 정규좌석은 홈페이지와 런던 현지 박스오피스에서 예매가능하며, 가격은 좌석에 따라서 £5.00~95.00로 매우 다양하다. 전체 공연은 BBC 인터넷라디오로 생중계되며 방송 후 1주일간 음원을 무료로 공개하므로 공연을 보러 가지 못한 사람들도 들을 기회는 얼마든지 열려 있다.

공원 속 숨은 갤러리 ★★★★★

서펀타인갤러리 Serpentine Gallery

작은 탄약고를 개조해서 만든 현대미술관이다. 앤디워홀Andy Warhol, 데미안허스트Damien Hirst 등 현대미술을 대표하는 거장들의 전시회를 적극적으로 개최하면서 이름을 알렸으며, 현재도 흥미로운 테마들로 전시회를 이어가고 있다. 매년 여름 세계적인 건축가들이 참여하는 파빌리온Pavilion과 2013년 가을 갤러리 건너편 하이드파크에 새롭게 오픈한 별관 서펀타인새클러갤러리Serpentine Sackler Gallery 또한 빼놓을 수 없는 관람포인트이다.

건축과 디자인 분야를 전시하는 새클러갤러리는 최근 건축물을 증축하여 눈길을 끌고 있는데, 눈썰미가 있는 사람이라면 서울의 한 건물이 연상될 것이다. 바로 서울 동대문디자인플라자 DDP를 담당했던 자하하디드Zaha Hadid가 설계한 곳으로 하얀 곡선형 건물이 숲과 묘한 조화를 이룬다. 현재 더매거진The Magazine이라는 레스토랑으로 운영되고 있으며, 실력 있는 셰프가 다양한 요리를 선보인다.

주소 Kensington Gardens, London W2 3XA 귀띔한마디 공원입구 또는 공원 내에 설치된 지도를 참고하면 훨씬 쉽게 돌아볼 수 있다. 입장료 무료 운영시간 10:00~18:00(화~일요일, 공휴일)/매주 월요일 휴무 문의 (44)020-7402-6075 찾아가기 TUBE 하이스트리트켄싱턴(High St. Kensington)역 앞에서 9번이나 10번 버스를 타고 켄싱턴로열알버트홀(Kensington Royal Albert Hall)에서 하차 후 켄싱턴가든 입구로 들어가 오른쪽 대각선 방향으로 직진하면 위치한다. 도보 4분. 홈페이지 www.serpentine galleries.org

런던의 유명 고급백화점 ★★★★★

해롯 Harrods

명품 부티크가 즐비한 나이트브리지에 위치한 해롯은 세계적으로 유명한 고급백화점으로 패션스타들이 명품쇼핑을 즐기기 위해 반드시 방문하는 곳이다. 330여 개의 업체가 입점한 영국 최대 규모이며, 상류층을 타깃으로 하는 곳인 만큼 대부분 고가의 명품브랜드가 입점해 있다. 또한 런던에서 모피를 판매하는 유일한 백화점이기도 하다. 한국에는 입고되지 않은 제품을 미리 만날 수 있다는 점과 텍스리펀이 백화점 내에서 바로 처리된다는 것이 장점이다. 한국보다 10~20% 저렴한 가격에 구입할 수 있고, 파리의 라파예트Lafayette백화점과 비교해도 큰 차이가 없다. 이 외에도 1층에 마련된 푸드홀은 세계적으로 유명한 푸드코너로 영국을 대표하는 홍차와 초콜릿, 최고급 품질의 음식을 판매하고 있다. 특히 기념품으로 많은 사랑을 받고 있는 해롯의 독자적인 홍차상품과 훌륭한 요리 때문이라도 한 번쯤 방문해야 할 충분한 이유가 된다.

주소 87-135 Brompton Rd, London SW1X 7XL 귀띔한마디 명품쇼핑을 한 곳에서 즐길 수 있기 때문에 시간이 촉박하거나 걷는 것이 부담되는 여행자에게 추천한다. 영업시간 11:00~21:00(월~토요일), 11:30~18:00(일요일) 문의 (44)020-7730-1234 찾아가기 TUBE 나이트브리지(Knightsbridge)역 브롬턴로드&해롯(Brompton Rd.&Harrods) 출구로 나오면 바로 위치한다. 홈페이지 www.harrods.com

해롯 야경

PART 03

LONDON
WEST, NORTH, EAST

Chapter 01
노팅힐
Chapter 02
첼시
Chapter 03
프림로즈&캠든
Chapter 04
엔젤
Chapter 05
쇼디치
Chapter 06
해크니&베스널그린

CHAPTER 01

낭만이 넘치는 주택가
노팅힐
Notting Hill

★★★
★★
★★

휴그랜트와 줄리아로버츠 주연의 로맨틱코미디영화 제목으로 널리 알려진 노팅힐은 런던 최대 규모의 포토벨로마켓과 매년 8월 마지막 주 뱅크홀리데이(일요일과 월요일)에 열리는 유럽 최대의 길거리축제 노팅힐카니발을 보기 위해 여행자라면 반드시 방문하는 곳이다. 하지만 마켓과 축제에서 풍기는 서민적 느낌과는 달리 오래된 고급주택가이기도 하여 곳곳에 스타일리시한 가게가 자리 잡고 있다.

노팅힐을 이어주는 교통편

· **TUBE** 센트럴(Central), 디스트릭트&서클(District&Circle) 라인의 노팅힐 게이트(Notting Hill Gate)역에서 하차한다. 또는 해머스미스&시티(Hammersmith&City), 서클(Circle) 라인의 래드브로크 그로브(Ladbroke Grove)역에서 도보로 이동할 수 있을 만큼 가깝다.

노팅힐에서 이것만은 꼭 해보자

1. 포토벨로마켓에서 앤티크 기념품도 사고 맛있는 길거리 음식도 먹자!
2. 허밍버드베이커리에서 레드벨벳 컵케이크를 맛보자.
3. 제이미올리버가 운영하는 레시피즈에서 예쁜 주방용품을 구입하자.

사진으로 미리 살펴보는
노팅힐 베스트코스
예상 소요시간 4시간 이상

노팅힐게이트역 출구를 나가면 바로 보이는 레시피즈를 시작으로 포토벨로마켓을 탐방해보자. 마켓 사이사이에 디저트집, 카페, 맛집 등이 모두 몰려 있어 자연스럽게 구경하면서 들리기에 좋다.

SECTION 01
노팅힐에서 반드시 둘러봐야 할 명소

런던여행에서 빼놓지 않고 반드시 들려야 하는 포토벨로마켓과 영화 노팅힐의 촬영지 코로넷시네마는 노팅힐을 특별한 곳으로 기억되게 만들어 주는 필수명소이다.

런던여행에서 빼놓을 수 없는 마켓 ★★★★★
포토벨로마켓 Portobello Road Market

런던을 찾은 여행자라면 반드시 가본다는 포토벨로마켓은 런던 최대 규모의 마켓이다. 노팅힐게이트역 오른쪽 출구로 나와 인파가 북적거리는 곳으로 발걸음을 옮기면 자연스럽게 마켓이 열리는 포토벨로로드와 만나게 되는데 주택가 사이로 펼쳐진 풍경이 자신도 모르게 감탄사를 연발하게 된다. 아기자기하고 사랑스런 앤티크 소품부터 다양한 길거리공연, 형형색색 주택들까지 한순간도 놓치고 싶지 않은 풍경이다.

골동품, 채소과일, 음식, 패션 순으로 섹션이 구분되어 있으며 그 길이만도 1km에 달한다. 특히 고급식기브랜드를 좋아한다면 골동품 코너를 유심히 살펴보자. 지금은 쉽게 구할

수 없는 한정품을 발견하는 행운을 누릴 수도 있다. 주중에도 열리나 포토벨로마켓의 활기찬 모습을 보고 싶다면 모든 가게와 길거리 가판대가 영업하는 토요일에 방문하는 것이 좋다.

주소 Portobello Rd. London W10 5TA 귀띔한마디 앤티크, 골동품 관련 좌판들은 토요일만 오픈한다. **영업시간** 09:00~18:00(월~수요일), 09:00~13:00(목요일), 09:00~19:00(금~토요일)/매주 일요일, 12월 25~26일 휴무 **문의** (44)020-7727-7684 **찾아가기** TUBE 노팅힐게이트(Notting Hill Gate)역 노팅힐게이트 북쪽 포토벨로로드앤마켓(Notting Hill Gate North Side, Portobello Rd. and Market) 출구로 나와 오른쪽 펨브리지로드(Pembridge Rd.)를 따라 걷다가 왼쪽 포토벨로로드(Portobello Rd.)가 나오면 마켓이 시작된다. 도보 6분. **홈페이지** www.portobelloroad.co.uk

SECTION 02
노팅힐에서 먹어봐야 할 것들

포토벨로마켓이 열리는 포토벨로로드를 중심으로 유명 맛집이 포진해 있다.
메인음식은 마켓에서 해결하고 커피와 디저트를 즐기기에 좋은 곳을 추천한다.

런던에도 상륙한 호주 최고의 팬케이크 ★★★★
그랜저앤코 Granger&Co

레오나르도디카프리오, 톰크루즈 그리고 테일러스 위프트. 세 사람의 공통점은 한 가게의 팬케이크를 사랑한다는 점이다. 촬영차 호주 시드니를 방문했던 이들이 그 맛에 반해 매일 찾게 됐다는 브런치전문점 빌스Bills. 이곳의 인기가 호주를 넘어 일본 도쿄를 거쳐 새로운 이름으로 노팅힐 한 주택가에도 상륙했다. 그랜저앤코 역시 연일 만석을 이어가고 있을 만큼 런던에서도 대성공을 거두며, 인기를 끌고 있다.

주소 175 Westbourne Grove, London W11 2SB 귀띔한마디 리코타핫케이크는 저녁, 새우버거는 아침메뉴에는 없다. 서비스차지 12.5% 부가. 영업시간 07:00~23:00(월~목요일, 마지막 주문 22:30), 08:00~22:30(일요일, 공휴일) 문의 (44)020-7229-9111 찾아가기 TUBE 노팅힐게이트(Notting Hill Gate)역 노팅힐게이트 북쪽 포토벨로로드앤마켓(Notting Hill Gate North Side, Portobello Rd. and Market) 출구로 나와 오른쪽 펨브리지로드(Pembridge Rd.)를 따라 걷다 왼편 챕스토우크레센트(Chepstow Cres.)로 진입한다. 레드버리로드(Ledbury Rd.)까지 걸어 오른쪽 웨스트본그로브(Westbourne Grove)에서 오른쪽 방향으로 조금 더 걸으면 오른편에 위치한다. 도보 10분. 홈페이지 www.grangerandco.com

01　　　　　　　　　　02

01. 오동통한 새우패티와 한국고추장, 멕시코고추 마요네즈 소스가 만나 환상적인 궁합을 자랑하는 새우버거(Shrimp Burger) £15.75 02. 리코타 치즈를 넣어 폭신한 식감이 매력적인 팬케이크에 특제 허니콤소스와 바나나를 곁들여 달콤하고 고소한 리코타 핫케이크(Ricotta hotcakes) £12.75

현지인이 더 많이 찾는 카페 겸 레스토랑 ★★★★★
마이크스카페 Mike's Cafe

문을 연 지 40년도 넘은 노팅힐의 터줏대감으로 합리적인 가격에 영국식 식사를 즐길 수 있는 카페 겸 레스토랑이다. 관광객이 많은 노팅힐에 자리하고 있지만 이곳은 현지인이 더 많이 찾는 편이라 단골손님 대다수가 현지인이다. 특히 잉글리시 브랙퍼스트를 £10가 안 되는 가격에 즐길 수 있는데, 커피와 차도 포함되어 있다.

주소 12 Blenheim Cres, London W11 1NN London **베스트메뉴** 스페셜 잉글리시 브랙퍼스트(Special English Breakfast) **가격** £7.25 **영업시간** 월~토요일 07:30~18:30, 일요일 09:00~16:30 **찾아가기** TUBE 노팅힐게이트(Notting Hill Gate)역 노팅힐게이트 노스사이드 포토벨로드앤마켓(Notting Hill Gate, North Side Portobello Road and Market) 출구로 나와 조금 걸어 왼편의 켄싱턴 파크로드(Kensington Park Rd)로 진입하여 약 10여 분 정도 직진하면 오른편에 위치한다. 도보 13분.

브루톤 타일이 멋스러운 카페 ★★★★★
팜걸 Farm Girl

현지인의 열렬한 지지로 SNS에서도 핫한 카페 겸 레스토랑으로 떠올랐다. 친절한 점원의 서비스와 더불어 블루톤 타일로 꾸며진 가게 내부가 멋스럽다. 그래놀라, 요거트, 아사이볼, 팬케이크, 오믈렛 등 가벼운 건강식 식사메뉴가 주를 이루며, 런던의 로스팅커피 전문업체인 더로스팅파티 THE ROASTING PARTY의 원두로 내린 커피를 제공한다. 이른 시간부터 아침식사와 커피를 즐기러 오는 현지인들로 문전성시를 이룬다.

주소 59A Portobello Rd, London W11 3DB London **베스트메뉴** 아보카도토스트 Avocado Toast **가격** £8 **문의** (44)0207-229-4678 **영업시간** 월~금요일 08:30~16:30, 토~일요일 09:00~18:00 **찾아가기** TUBE 노팅힐게이트(Notting Hill Gate)역 노팅힐게이트 북쪽 포토벨로드앤마켓(Notting Hill Gate North Side, Portobello Rd. and Market) 출구로 나와 오른쪽 펨브리지 로드(Pembridge Rd.)를 따라 걷다가 왼쪽 포토벨로드(Portobello Rd.)가 나오면 왼편에 위치한다. 도보 8분. **홈페이지** www.thefarmgirl.co.uk

런던에서 가장 유명한 컵케이크 ★★★★☆
허밍버드베이커리 The Hummingbird Bakery

2004년 오픈하여 런던에 컵케이크 붐을 일으킨 주인공이다. 방목하여 키운 닭의 계란과 무방부제 밀가루 등을 사용하여 맛에 신선함을 더했고 다른 재료들도 질 좋은 것들로 특별히 신경을 쓴다. 컵케이크뿐만 아니라 치즈케이크, 파이 또한 많은 이에게 사랑받고 있다.

포토벨로마켓이 열리는 노팅힐 외에도 소호와 엔젤, 사우스켄싱턴 등 런던시내 5곳에서 만날 수 있으며, 최근 두바이에도 진출하면서 점차 영역을 세계로 확대해 나가고 있다. 노팅힐본점은 가게가 비좁고 테이크어웨이 전문이므로 여유롭게 즐기고 싶다면 테이블이 있는 소호지점을 추천한다. 컵케이크 종류도 본점보다 오히려 소호지점이 더 많은 편이다.

주소 133 Portobello Rd, London W11 2DY **베스트메뉴** 초콜릿, 크림치즈의 깊은 풍미를 느낄 수 있는 붉은 빛 레드벨벳(Red Velvet) £2.75 **귀띔한마디** 마켓이 활발한 토요일은 줄을 서야 하지만 대기시간은 그다지 길지 않다. **영업시간** 10:00~18:00(월~금요일), 09:00~18:30(토요일), 11:00~17:30(일요일) **문의** (44)020-785-1795 **찾아가기** TUBE 노팅힐게이트(Notting Hill Gate)역 노팅힐게이트 북쪽 포토벨로로드앤마켓(Notting Hill Gate North Side, Portobello Rd. and Market) 출구로 나와 오른쪽 펨브리지로드(Pembridge Rd.)를 따라 걷다 왼쪽 포토벨로로드(Portobello Rd.)로 계속 직진한다. 마켓을 둘러보다 웨스트본그로브(Westbourne Grove) 다음 블록 왼편에 위치한다. 도보 10분. **홈페이지** www.hummingbirdbakery.com

포토벨로에서만 만날 수 있는 오가닉카페 ★★★☆☆
커피플랜트 Coffee Plant

포토벨로로드 끝자락에 자리한 커피플랜트는 사실 테이크어웨이가 많은 곳이라 음료는 기본적으로 종이컵에 제공되며, 인테리어랄 것도 없는 딱딱한 의자와 테이블 몇 개가 자리하고 있을 뿐이다. 그럼에도 이곳을 소개하는 이유는 스탠다드사이즈(싱글샷) 음료가 다른 곳에 비해 저렴하면서도 커피 맛 또한 뒤지지 않기 때문이다.

커피콩과 찻잎을 비롯해 설탕, 코코아 등 카페에서 사용하는 모든 재료가 유기농제품이고, 50가지가 넘는 커피와 차는 특별히 엄선한 제품들로 모두 공정무역을 통해 들여온다. 직접 로스팅한 원두도 판매하며, 개인카페에서는 드물게 무료 와이파이를 제공한다.

주소 180 Portobello Rd, London W11 2EB **가격** 모카치노 £2.20, 핫초코 £1.95 **영업시간** 07:00~17:15(월~금요일), 07:00~18:00(토요일), 08:00~17:15(일요일) **문의** (44)020-8453-1144 **찾아가기** 노팅힐게이트(Notting Hill Gate)역 노팅힐게이트 북쪽 포토벨로로드앤마켓(Notting Hill Gate North Side, Portobello Rd. and Market) 출구로 나와 오른쪽 펨브리지로드(Pembridge Rd.)를 따라 걷다 왼편 포토벨로로드(Portobello Rd.)방향으로 계속 직진한다. 마켓을 둘러보다 오른쪽 콜빌테라스(Colvill Terrace)도로가 나오면 다음 블록 오른편에 위치한다. 도보 13분. **홈페이지** www.coffee.uk.com

SECTION 03
노팅힐에서 놓치면 후회하는 쇼핑

노팅힐 주민들이 애용하는 주택가 곳곳에 숨은 상점들을 주목하자.
아기자기한 과자, 유기농 식품, 세련된 주방용품 등 판매되는 상품들마저 노팅힐답다.

영화 〈노팅힐〉을 추억하는 곳 ★★★★★
노팅힐북숍 The Notting Hill Bookshop

세계에서 가장 유명한 독립서점이라고 해도 과언이 아닌 곳으로 영화 〈노팅힐Notting Hill〉에서 휴그랜트와 줄리아로버츠가 운명적으로 만나는 장면이 촬영된 서점이다. 비록 휴그랜트는 없지만 대신 친절한 스텝들이 전세계 관광객들을 맞이하고 있다.

영화 속에서는 여행서적을 전문적으로 취급하는 서점으로 등장하였지만 실제로는 여행서적은 물론 독자적으로 엄선한 책과 어린이를 위한 동화책, 교육용 장난감 등도 함께 판매하고 있다. 영화 촬영 당시에는 노팅힐의 중심가인 포토벨로로드에 자리하고 있었지만 현재는 주택가 사이로 이전하였다. 영화 〈노팅힐〉의 팬이라면 반드시 방문해봐야 할 곳이다.

주소 주소 13 Blenheim Crescent, London W11 2EE **영업시간** 09:00~19:00(월~토요일), 10:00~18:00(일요일) **문의** (44)020-7229-5260 **찾아가기** TUBE 노팅힐게이트(Notting Hill Gate)역 노팅힐게이트 노스사이드 포토벨로 로드앤마켓(Notting Hill Gate, North Side Portobello Road and Market) 출구로 나와 조금 걸어 왼편의 켄싱턴 파크로드(Kensington Park Rd)로 진입하여 약 10여 분 정도 직진하면 오른편에 위치한다. 도보 13분. **홈페이지** www.thenottinghillbookshop.co.uk

리얼푸드를 지향하는 그로서리마켓 ★★★☆☆
데일스포드오가닉 Daylesford Organic

유기농Organic, 신선Fresh, 제철Seasonal, 현지Local, 친환경Sustainable 5가지 원칙을 우선으로 재료 본연의 맛을 그대로 살린 진정한 리얼푸드Real Food를 지향하는 식료품점이다. 코츠월즈Cotswolds에 있는 8천 제곱미터 규모의 농장에서 농약과 화학비료 등을 일절 사용하지 않은 친환경농법으로 재배한 각종 유기농제품을 주로 판매한다. 2층에는 간단한, 제철의, 자연의(Simple, Seasonal, Natural)를 콘셉트로 한 유기농음식을 즐길 수 있는 카페도 마련되어 있다.

주소 208-212 Westbourne Grove Notting Hill London W11 2RH **영업시간** 08:00~19:00(월요일), 08:00~21:30(화~토요일), 10:00~16:00(일요일) **문의** (44)020-7313-8050 **찾아가기** TUBE 노팅힐게이트(Notting Hill Gate)역 노팅힐게이트 북쪽 포토벨로로드앤마켓(Notting Hill Gate North Side, Portobello Rd. and Market) 출구로 나와 오른쪽 펨브리지로드(Pembridge Rd.)를 따라 걷다 왼쪽 챕스토우크레센트(Chepstow Cres.)로 진입하여 레드버리로드(Ledbury Rd.)까지 걸어간 후 왼쪽 웨스트본그로브(Westbourne Grove)로 진입하면 오른편에 위치한다. 도보 10분. **홈페이지** www.daylesford.com/notting-hill

방금 만든 따끈따끈한 초콜릿을 바로 맛 볼 수 있는 ★★★★☆
멜트 Melt Chocolates

신선한 재료를 이용해 만든 수제초콜릿을 판매하는 곳으로 현지인들이 즐겨 찾는다. 마크힉스와 소피콘란 등 영국을 대표하는 스타셰프들과의 협업으로 화제를 모으기도 했다. 가게에서 쇼콜라티에들의 초콜릿을 만드는 모습을 지켜보는 것도 재미있다. 만든 지 얼마 되지 않은 신선한 초콜릿을 구입할 수 있다는 것이 인기비결이다. 따뜻한 우유에 녹인 진한 핫초콜릿블럭스Hot Chocolate Blocks(개당 £2.50, 4개 £8.00)로 여행에 지친 몸과 마음을 사르르 녹여보자.

주소 59 Ledbury Rd, London W11 2AA **영업시간** 10:00~18:30(월~토요일), 11:00~17:00(일요일) **문의** (44)020-7727-5030 **찾아가기** 노팅힐게이트(Notting Hill Gate)역 노팅힐게이트 북쪽 포토벨로로드앤마켓(Notting Hill Gate North Side, Portobello Rd. and Market) 출구로 나와 오른쪽 펨브리지로드(Pembridge Rd.)를 따라 걷다 왼쪽 챕스토우크레센트(Chepstow Cres.)로 진입하여 레드버리로드(Ledbury Rd.)까지 걸어가다 보면 왼편에 위치한다. 도보 10분. **홈페이지** www.meltchocolates.com

CHAPTER 01
노팅힐

달콤한 비스킷으로 만나는 영국의 아이콘 ★★★★★
비스키티어즈 Biscuiteers

가게 이름으로 짐작할 수 있듯 비스킷전문점이다. 단순히 비스킷을 판매하는 곳으로 유명해진 것은 아니다. 런던의 랜드마크인 빅벤과 타워브리지 나아가 근위병과 빨간색 공중전화박스는 물론 동물모양이나 유명 만화캐릭터까지 영국을 대표하는 다양한 분야의 상징물들을 비스킷으로 만날 수 있다.

비록 비스킷이지만 하나하나에 디테일이 살아있어 먹기 아까울 정도로 섬세하다. 아이싱쿠키Icing Cookies는 전부 수작업으로 만들어지고 있으며, 독자적인 레시피를 고수하고 있다. 이 집의 파티시에들은 그 실력을 인정받아 버버리, 멀버리 등 패션브랜드 이벤트에 참여하기도 하였다. 다양한 주제별 9~16개들이 틴케이스 세트가 £30.00~45.00이고, 낱개(£3.00~)로도 구입할 수 있다.

주소 194 Kensington Park Rd., London W11 2ES 귀띔한마디 만든 지 일주일이 안 된 제품만 취급하며, 유통기한은 구입 후 약 6개월 정도로 긴 편이다. **영업시간** 10:00~18:00(월~토요일), 11:00~17:00(일요일) **문의** (44)020-7727-8096 **찾아가기** TUBE 래드브로크그로브(Ladbroke Grove)역에서 나와 오른쪽 방향으로 걷다 왼쪽 블렌하임크레센트(Blenheim Cres.)로 진입하여 다음 블록 오른편에 바로 위치한다. 도보 6분. **홈페이지** www.biscuiteers.com

▲ 런던의 랜드마크를 비스킷으로 만든 런던컬렉션
London Collection, £20.00

CHAPTER 02

스타와 귀족이 사는 곳
첼시
Chelsea

런던의 대표적인 고급 주택가이자 우리나라에서는 명문구단 첼시 FC의 연고지로 유명한데, 휴그랜트, 믹재거 등 유명연예인과 영국의 상류층이 많이 거주하는 곳이다. 심지어 스타일리시함과 럭셔리의 아이콘인 007의 주인공인 제임스본드 역시 첼시킹스로드에 살고 있는 것으로 설정되어 있다.

첼시를
이어주는 교통편

· TUBE 디스트릭트&서클(District&Circle) 라인의 슬론스퀘어(Sloane Square)역에서 하차한다. 슬론스퀘어역 앞과 메인 도로인 킹스로드(King's Rd.)에도 버스정류장이 밀집되어 있어 많은 2층 버스들이 오간다.

첼시에서
이것만은 꼭 해보자

1. 영국이 주목하는 현대미술관 사치갤러리를 관람하자.
2. 로열패밀리도 자주 쇼핑한다는 고급 슈퍼마켓 파트리지를 둘러보자.
3. 꽃의 도시 런던인 만큼 첼시피직가든에서 아름다운 꽃을 감상하자.

사진으로 미리 살펴보는
첼시 베스트코스
예상 소요시간 4시간 이상

슬론스퀘어를 지나 피터존스(Peter Jones)백화점 건너편에 위치한 듀크오브요크스퀘어 (The Duke Of York Square) 내에 대부분의 명소가 밀집되어 있다. 매 분기별로 테마가 달라지는 사치갤러리를 관람한 후 인근에 위치한 꽁뚜와에서 점심을 즐기고 고급슈퍼마켓인 파트리지를 둘러보면 좋다. 첼시피직가든까지는 도보로 가거나 버스를 타도 이동시간은 별 차이가 없으며, 인근에 정류장이 없으므로 버스를 타더라도 한참을 걸어야 한다.

| Go! | 사치갤러리 1시간 코스 | 꽁뚜와 1시간 코스 | 파트리지 1시간 코스 | 첼시피직가든 1시간 코스 |

1분 · 1분 · 15분

SECTION 04
첼시에서 반드시 둘러봐야 할 명소

다른 지역에서는 찾아볼 수 없는, 오직 첼시에만 있는 명소들이 있다.
그만큼 이곳의 개성이 뚜렷하다는 증거일 것이다.

차세대 신인 아트스트들의 등용문 ★★★★★
사치갤러리 Saatchi Gallery

세계적인 광고회사 사치앤사치Saatchi&Saatchi 창업자이자 아트컬렉터로도 유명한 찰스사치의 개인컬렉션을 전시하는 미술관이다. 총 15개의 전시관이 있으며, 매년 3~4차례 전시작품을 변경한다. 명성 있는 유명아티스트의 작품을 전시하고 있는 기존의 미술관과는 달리 YBAs Young British Artists라고 불리는 영국의 젊고 도전정신이 강한 차세대 신인아티스트의 작품을 볼 수 있는, 조금은 새로운 타입의 미술관이라고 할 수 있다.

무명아티스트의 가능성을 보고 그들의 작품을 사들이며, 적극적으로 후원하였던 찰스사치는 정체되어 있던 영국미술계에 큰 반향을 불러 일으켰다. 그는 현대미술에 강한 영향력을 행사하며 더불어 그가 소장한 YBAs 작품의 예술적 평가와 시장가치도 높아졌다. 살아있는 현대미술의 전설이자 값비싼 미술품의 주인공인 데미안허스트Damien Hirst는 그가 발굴한 대표적인 아티스트이다.

주소 Duke Of York's HQ, King's Rd, London SW3 4RY **귀띔한마디** 갤러리입구 왼편에 위치한 갤러리메스레스토랑(GALLERY MESS RESTAURANT)은 예술작품이 실내 곳곳에 전시되어 있어 독특한 실내분위기로 인기가 높다. **입장료** 무료 **운영시간** 10:00~18:00(마지막 입장 17:30) / 부정기 휴무 **문의** (44)020-7811-3070 **찾아가기** TUBE 슬론스퀘어(Sloane Square)역에서 나와 BOSS매장 앞 킹스로드(King's Rd.)를 따라 걷다보면 왼편에 위치한다. 도보 3분. **홈페이지** www.saatchigallery.com

첼시가 간직한 비밀의 화원 ★★★★★
첼시피직가든 Chelsea Physic Garden

첼시의 중심가 킹스로드를 따라 템즈강변으로 가는 길에 위치한 첼시피직가든은 유심히 살펴보지 않으면 찾기 힘들 정도로 한적한 주택가 사이에 숨어 있다. 높은 벽을 지나 안으로 들어서야 감춰져 있던 정원이 눈에 들어오는데, 마치 비밀의 화원에 온 것 같은 느낌이 든다. 런던에서는 첫 번째로, 영국에서는 옥스포드대학식물원University of Oxford Botanic Garden에 이어 두 번째로 오래된 식물원이다. 1673년 약사명예협회Worshipful Society of Apothecaries에서 약초재배와 연구를 목적으로 설립하였다.

현재도 약 5,000여 종의 식물이 식재되어 있으며, 식물의 가장 아름다운 모습과 싱그러운 꽃향기를 제대로 즐길 수 있도록 시즌마다 운영시간을 다르게 하고있다. 정원을 산책하고 내부에 위치한 탠저린드림카페Tangerine Dream Café에서 명물 라벤더스콘을 먹어보는 것도 잊지 말자.

주소 66 Royal Hospital Rd., Chelsea, London SW3 4HS **귀띔한마디** 겨울시즌에는 카페, 숍을 제외한 정원만 오픈한다. **입장료** 성인 £11.00(기부 미포함 £10.00), 학생 £7.50(기부 미포함 £6.50) / 5세 이하 무료 **운영시간** 11:00~17:00(월요일, 정원만), 11:00~17:00(화~금요일), 11:00~18:00(일요일, 공휴일) **문의** (44)020-7352-5646 **찾아가기** TUBE 슬론스퀘어(Sloane Square)역에서 나와 왼쪽 홀바인플레이스(Holbein Pl.)를 피밀리코로드(Pimlico Rd.)가 나올 때 까지 걷다 피밀코 로드(Pimlico Rd.)에서 오른쪽 방향으로 계속 걷는다. 로열호스피탈로드(Royal Hospital Rd.)를 따라 조금 더 걷다 스완워크(Swan Walk)를 진입하면 오른편에 위치한다. 도보 15분. **홈페이지** chelseaphysicgarden.co.uk

첼시FC 팬이라면 놓칠 수 없는 ★★★★★
스탬포드브리지 Stamford Bridge

잉글랜드축구 프리미어리그의 소속클럽 첼시FC ChelseaFC의 홈구장이다. 1877년 개장하여 오랜 역사를 지닌 이곳은 원래 풀햄FC의 홈구장으로 건설되었지만 재정난으로 풀햄FC가 거부하자 1905년부터 첼시FC의 홈구장으로 사용되고 있다.

첼시서포터들에게 The Bridge라는 애칭으로 불리며, 인기 클럽팀답게 수용인원에 가까운 높은 평균 관중수를 자랑한다.(수용인원 41,837명, 평균관중

41,462명) 첼시FC의 드레스룸과 선수들이 지나다니는 터널, 박물관탐방이 포함된 가이드 투어 프로그램도 매일 진행되므로 첼시팬이라면 가슴 벅찬 방문이 될 것이다.

주소 Stamford Bridge, Fulham Rd, London SW6 1HS **귀띔한마디** 스타디움투어(Stadium Tour)는 10:00~15:00까지 시간당 2차례 투어를 진행한다. **입장료** 현장판매 성인(16세 이상) £22.00, 60세 이상&학생 £16.00, 어린이(15세 이하) £15.00, 아동(5세 이하) 무료 / 온라인예약 성인 £19.00, 60세 이상&학생 £14.00, 어린이 £13.00, 아동(5세 이하) 무료 / 박물관만 입장 성인 £11.00, 60세 이상&학생 £10.00, 어린이 £9.00, 아동(5세 이하) 무료 **운영시간** 09:00~17:00 **문의** (44)087-1984-1955 **찾아가기** TUBE 풀햄브로드웨이(Fulham Broadway)역 매치데이엔트런스(Match day entrance) 출구로 나와 왼쪽 방향으로 가면 경기장으로 향하는 길이다. 도보 7분. **홈페이지** www.chelseafc.com

영국 미술전문갤러리 ★★★★☆
테이트브리튼 Tate Britain

테이트브리튼은 전 세계 근현대미술작품이 다수 소장된 영국의 국립미술관이다. 1889년 헨리테이트경이 자신의 소장품을 국가에 기부하면서 내셔널갤러리에 전시될 예정이었으나, 전시공간이 부족하여 분관을 설립하였고, 1897년 밀뱅크지역의 한 감옥을 개조하여 현재 테이트브리튼의 전신인 미술관National Gallery of British Art이 오픈하였다. 이후 1955년 내셔널갤러리에서 완전히 분리된 독립적인 미술관으로 탄생하였다. 1500년대 튜더시대부터 현대에 이르기까지 영국의 유수 회화작품을 시대별로 전시하고 있어 영국미술을 체계적으로 이해하기 좋은 곳이다. 특히, 영국미술의 자존심 조지프 말로드 윌리엄 터너Joseph Mallord William Turner의 아름다운 회화작품들이 다수 전시되어 있으므로 꼭 챙겨보도록 하자.

테이트브리튼은 영국의 현대미술을 적극 후원하기 위해 1984년부터 매년 젊은 작가들의 작품을 선정하여 터너상The Turner Prize을 수여하고 있다. 19세기 낭만주의 대표화가 윌리엄 터너의 이름에서 따온 이 상은 매번 논란이 될 만한 충격적인 작품들이 다수 선정되기도 하는데 그 대표적인 사례가 1995년 수상한 데미안허스트Damien Hirst의 〈분리된 엄마와 아이Mother and Child Divided〉라는 작품이다.

주소 Millbank, London SW1P 4RG **귀띔한마디** 전시실이 많아 복잡한 편이다. 박물관에서 지도(£1.00)를 구입하거나 방문 전 홈페이지에서 다운로드하여 지참하는 것이 좋다. (홈페이지) www.tate.org.uk/download/file/fid/45039 **입장료** 무료 **운영시간** 10:00~18:00(마지막 입장 17:15)/연중무휴 **문의** (44)020-7887-8888 **찾아가기** TUBE 핌리코(Pimlico)역 메인출구로 나와 오른쪽으로 걷다가 베스보로가든스(Bessborough Gardens)로 진입하여 밀뱅크(Millbank)로드에서 왼쪽 방향으로 걷다보면 왼편에 위치한다. 도보 10분. **홈페이지** www.tate.org.uk/visit/tate-britain

놓치지 말아야 할 회화작품

01. 존에버렛밀레이John Everett Millais의 〈오필리어Ophelia〉 02. 존 싱어 사전트John Singer Sargent의 〈카네이션 백합 백합 장미Carnation Lily Lily Rose〉 03. 존 윌리엄 워터하우스John William Waterhouse의 〈레이디샬롯The Lady of Shalott〉

첼시에서 먹어봐야 할 것들

첼시에는 고급주택이 밀집된 지역적 특성인지 고급스러운 느낌의 맛집이 몰려 있다.
분위기와 달리 다른 지역 맛집의 가격과 크게 다를 바 없이 즐길 수 있는 점이 매력적이다.

커다랗고 맛있는 팬케이크가 먹고 싶다면 ★★★★★
마이올드더치 My Old Dutch

오렌지색 튤립간판과 네덜란드인을 뜻하는 더치Dutch라는 가게이름에서 알 수 있듯 네덜란드 풍의 팬케이크전문점이다. 종류는 크레페 위에 치즈와 소시지, 채소를 얹은 세이버리팬케이크 Savoury Pancakes(£9.25~11.50)와 과일과 소스, 크림이나 아이스크림을 얹은 스위트팬케이크 Sweet Pancakes(£6.25~8.25) 등 2가지로 나뉜다. 전자가 피자 같은 느낌이라면 후자는 주위에서 흔히 볼 수 있는 달콤한 팬케이크를 떠올리면 된다.

모든 팬케이크는 커다란 접시에 말지 않은 상태로 나오기 때문에 크기를 보는 순간 혹여나 남기지 않을까 걱정될 법도 하지만 팬케이크의 두께가 얇은 편이라 1인 1판은 충분히 가능하다 기본메뉴 외에 직접 토핑을 선택할 수 있는 메뉴(You Choose, £5.50~)와 누텔라, 킨더초콜릿, 오레오쿠키 등을 넣어서 만든 셰이크(£3.95)도 인기가 높다.

주소 221 Kings Rd. Chelsea London SW3 5EJ **영업시간** 10:00~22:30(월~토요일), 10:00~22:00(일요일) **문의** (44)020-7376-5650 **찾아가기** TUBE 슬론스퀘어(Sloane Square)역에서 나와 역 바로 앞 킹스로드(King's Rd.) BOSS매장 앞 버스정류장(Stop H Sloane Square)에서 19, 22, 319번 버스를 탄 후 4정류장을 지나 컬리스퀘어첼시(Carlyle Square Chelsea)에서 하차하면 맞은편에 위치한다. **홈페이지** www.myolddutch.com

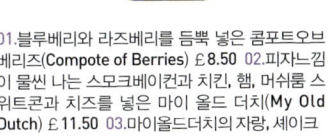

01.블루베리와 라즈베리를 듬뿍 넣은 콤포트오브베리즈(Compote of Berries) £8.50 02.피자느낌이 물씬 나는 스모크베이컨과 치킨, 햄, 머쉬룸 스위트콘과 치즈를 넣은 마이 올드 더치(My Old Dutch) £11.50 03.마이올드더치의 자랑, 셰이크

세련된 인테리어와 맛있는 레바논요리 ★★★☆☆
꽁뚜와 Comptoir Libanais

중동계 이민자들이 많은 런던거리 곳곳에는 케밥과 팔라펠Falafel, 할랄푸드Halal Food를 파는 가게들도 눈에 띈다. 특히 레바논음식은 우리에게는 다소 낯설지만 유럽과 북미에서는 건강식과 다이어트식으로 많은 사람이 찾는 음식이다.

고급 주택가 첼시에서도 찾아볼 수 있는 레바논레스토랑 꽁뚜와는 사치갤러리가 위치한 듀크오브요크스퀘어Duke of York Square 초입에 자리한다. 대부분의 이슬람음식점들이 현지교민을 대상으로 하기 때문에 인테리어 등을 특별히 신경 쓰지 않는 데 반해 꽁뚜와는 깔끔하고 세련된 인테리어부터 합리적인 가격까지 교민이 아닌 현지인들에게도 인기가 높다. 또한 쿡북으로 소개될 정도로 정갈하고 맛있는 요리로 소문난 곳이라 가게 안은 항상 여유롭게 브런치를 즐기는 현지인들로 붐빈다.

주소 53-54 Duke of York Square, London SW3 4LY 귀띔한마디 병아리콩소스 호무스(Hummus), 중동식 야채샐러드 타불러(Tabbouleh), 콩으로 만든 고기를 튀긴 팔라펠(Falafel)로 구성된 메제플래터는 채식주의자들에게 추천한다. 영업시간 08:00~22:00 문의 (44)020-7967-1961 찾아가기 TUBE 슬론스퀘어(Sloane Square)역에서 나와 BOSS매장 앞 킹스로드(King's Rd.)를 따라 걷다가 오른쪽 맞은편에 피터존스(Peter Jones)백화점이 보이면 왼쪽 듀크오브요크스퀘어(Duke of York Square)라고 적힌 입구 안으로 들어서면 바로 위치한다. 도보 4분. 홈페이지 www.lecomptoir.co.uk

01.레바논요리를 대표하는 메한 접시, 메제플래터(Mezze Platter) 1인분 £9.95, 2인분 £16.95 02.치킨랩(Chicken Taouk Wrap) £8.50

CHAPTER 02
첼시

영국 셀러브리티가 극찬한 맛 ★★☆☆☆
페기포션 Peggy Porschen Parlour

영국의 유명 케이크디자이너 겸 슈가아티스트인 페기포션Peggy Porschen이 운영하는 베이커리이다. 그녀는 깜찍한 비주얼과 독특한 맛으로 주목을 받았는데, 엘튼존과 스텔라매카트니의 웨딩케이크, 앤소니홉킨스의 생일케이크, 그리고 스팅과 마돈나, 기네스팰트로의 파티 케이크를 담당하면서 유명세를 탔다. 베이커리 관련 책과 베이킹 도구도 판매하고 있으며, 1일 코스로 아카데미도 운영하므로 참가를 원하면 홈페이지에서 신청하면 된다.

주소 116 Ebury St., Belgravia, London SW1W 9QQ **베스트메뉴** 바닐라스펀지 위에 딸기와 샴페인시럽으로 만든 크림을 얹은 스트로베리&샴페인(Strawberry&Champagne, £4.20), 바나나초코칩을 넣은 스펀지에 바나나와 토피크림을 올리고 바나나를 얹은 바노피(Banoffee, £4.20) **영업시간** 10:00~18:00/연중무휴 **문의** (44)020-7730-1316 **찾아가기** TUBE 빅토리아(Victoria)역 7번 버킹엄팰리스로드(Buckingham Palace Rd.) 출구로 나와 왼쪽 방향으로 걷다가 에클레스톤스트리트(Eccleston St.)로 진입 후 왼쪽 에보리스트리트(Ebury St.)에서 한 블록을 지나면 오른편에 위치한다. 도보 6분. **홈페이지** www.peggyporschen.com

엄선된 상품만을 취급하는 고급슈퍼마켓 ★★★★☆
파트리지 Partridges

사치갤러리 맞은편에 위치한 고급슈퍼마켓으로 오리지널상품을 비롯해 미국과 이탈리아, 독일 등 세계 각지의 최고급 제품만을 엄선하여 판매한다. 1994년 엘리자베스여왕으로부터 로열워런트를 받아 품질의 우수함을 인정받은 바 있다. 오리지널상품 중 홍차, 커피류와 영국의 전통방식으로 만든 수제잼과 마멀레이드Marmalade는 좋은 품질을 저렴하게 판매하고 있어 기념품으로 안성맞춤이다.

특히 세계적인 꽃 축제가 열리는 첼시답게 그윽한 마리골드 꽃향기와 망고, 사과의 상큼한 맛이 조화를 이루는 첼시플라워티Chelsea Flower Tea(£2.75)를 추천한다. 외국제품코너에는 신라면을 비롯한 각종 한국라면을 비교적 저렴하게 판매하고 있으니 꼭 한번 둘러보길 바란다. 매장에는 델리카페도 운영하고 있어 간단하게 식사를 할 수도 있다.

주소 2-5 Duke of York Square London, SW3 4LY **영업시간** 08:00~22:00 / 12월 25, 26일 휴무 **문의** (44)020-7730-0651 **찾아가기** TUBE 슬론스퀘어(Sloane Square)역에서 나와 BOSS매장 앞 킹스로드(King's Rd.)로 직진한 후 왼편 분수대가 있는 광장 앞 정면에 위치한다. 도보 3분. **홈페이지** www.partridges.co.uk

▶ 파트리지 숏브레드 핑거즈
▶▶ 첼시플라워 망고&애플티

CHAPTER 03
주택가 속 새로운 명소
프림로즈
&
캠든
Primrose & Camden

📷 ★★★
🍴 ★★
🛍 ★★

프림로즈 힐에서 멋진 풍경을 감상하고 리젠트 파크 로드 쪽으로 빠져 나오면 하이스트리트를 중심으로 곳곳에 멋스러운 상점들이 즐비하다. 런던의 대표적인 고급 부촌으로 알려져 있지만 주말만 되면 한적했던 주택가는 활기가 넘쳐나는 거리로 변신한다. 최근 카페와 레스토랑, 셀렉트숍 등이 형성되면서 즐길 거리가 더욱 풍성해져 여유롭게 쇼핑과 식사를 함께할 수 있다. 프림로즈에서 얼마 떨어져 있지 않은 거리에 위치한 캠든지역은 고급 부촌과는 상반된 분위기와 매력으로 젊은층에게 인기를 누리고 있다.

프림로즈&캠든을 이어주는 교통편

· **TUBE** 노던(Northern) 라인의 캠든타운(Camden Town)역 또는 초크팜(Chalk Farm)역에서 하차한다. 프림로즈하이스트리트는 초크팜역, 캠든 쪽은 캠든타운역을 주로 이용한다.

프림로즈&캠든에서 이것만은 꼭 해보자

1. 프림로즈힐에서 여행에 활력을 재충전하자!
2. 커피를 마시며 프림로즈하이스트리트 산책하자.
3. 캠든마켓에서 펑키스타일의 젊음을 느껴보자.

사진으로 미리 살펴보는
프림로즈&캠든 베스트코스
예상 소요시간 3시간 이상

프림로즈에서 큰 길을 내려오면 프림로즈하이스트리트로 들어서게 된다. 천천히 산책을 즐기면서 하이스트리트를 구경하다 보면 캠든마켓으로 자연스럽게 접어들게 된다. 마켓을 둘러보고 실크앤스파이스에서 월~수요일 오후에 50% 할인되는 딤섬을 즐기자.

Go!	프림로즈힐 30분 코스	프림로즈 하이스트리트 30분 코스	캠든마켓 1시간 코스	실크앤스파이스 1시간 코스
		3분	5분	1분

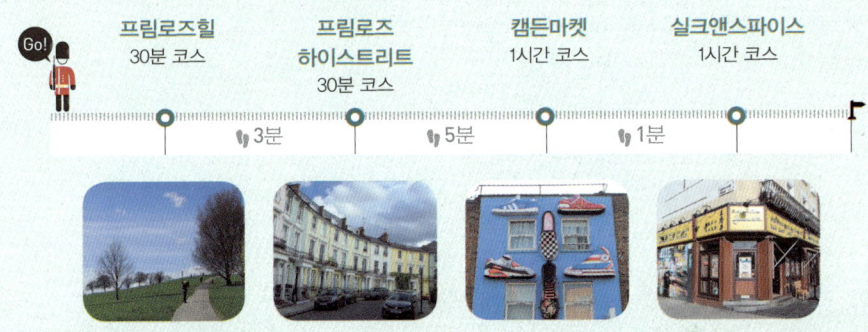

SECTION 06
프림로즈&캠든에서 반드시 둘러봐야 할 명소

숨겨진 명소에서 이제는 필수 명소가 된 프림로즈힐과 런던여행의 또 다른 즐거움 캠든마켓에서 마켓탐방을 제대로 즐겨보자. 프림로즈힐에서 도보로 15분 거리에 위치한 캠든마켓은 항상 많은 사람들로 북적이는데, 펑키스타일의 매장분위기가 프림로즈와는 색다른 풍경을 연출한다.

작은 언덕에서 여유롭게 즐기는 런던의 전경 ★★★★★
프림로즈힐 Primrose Hill

런던 캠든지구 리젠트파크 북쪽에 위치한 78m 높이의 작은 언덕 프림로즈힐은 현지인들이 힐링스폿으로 손꼽는 곳이다. 주택가에 인접해 있어 아침 조깅을 하거나 아이들과 강아지를 데리고 산책을 즐기는 등 현지인들에게는 운동과 휴식공간으로 활용된다. 안개 자욱한 흐린 날이 일상인 런던에도 가끔 파란 하늘이 빠끔히 고개를 내밀 때가 있다. 이런 날은 간단한 요깃거리를 챙겨 미니피크닉을 즐겨보는 것도 좋다. 실제 따사로운 햇살이 비추는 휴일에는 일광욕을 즐기러 모여든 많은 현지인들을 곳곳에서 보게 된다.

새하얀 솜털구름과 파란 하늘이 어우러진 멋진 런던의 전경을 보고 싶다면 꼭 맑은 날에 방문하자. 이런 날 프림로즈힐 정상에 오르면 런던아이, 세인트폴, 런던탑, 거킨빌딩, BT타워 등 런던 중심부의 랜드마크들이 한눈에 들어온다. 여유롭게 풍경을 바라보는 것만으로도 여행으로 지쳐가던 심신이 활기를 되찾게 될 것이다.

주소 Primrose Hill, London NW1 4NR **귀띔한마디** 보이는 것과 달리 언덕의 경사가 가파른 편이므로 구두보다는 활동하기 편한 운동화를 착용하는 것이 좋다. **찾아가기** TUBE 초크팜(Chalk Farm)역에서 나와 오른쪽 애들레이드로드(Adelaid Rd.)를 따라 걷다가 프림로즈힐로드(Primrose Hill Rd.)에서 왼쪽 방향으로 진입하면 입구가 보인다. 도보 10분. **홈페이지** www.primrosehill.com

런던 젊은이들의 패션을 책임지는 핫플레이스 ★★★★★
캠든마켓 Camden Market

펑키스타일의 감성과 젊음이 느껴지는 캠든마켓은 런던 북쪽에 위치한 대규모 마켓이다. 젊은 연령층이 주고객이며 빈티지와 앤티크 패션은 물론 다양한 먹거리를 한번에 즐길 수 있는 종합마켓이다. 캠든하이스트리트를 중심으로 크게 5개의 구역으로 나눌 수 있는데, 캠든마켓 중 가장 큰 규모를 자랑하는 캠든록마켓Camden Lock Market은 수문을 뜻하는 록Lock이라는 이름에서 알 수 있듯 마켓 옆으로 리젠트운하가 흐르고 있다. 의류잡화, 각종 잡동사니 그리고 길거리음식을 판매하는 노점까지 분주하게 손님을 맞고 있다. 바로 옆 스테이블스마켓Stables Market은 빈티지의류와 앤티크잡화 등 캠든에서 가장 영국스러운 마켓풍경을 느낄 수 있는 곳으로 160년 전통을 자랑한다. 캠든록마켓 건너편 캠든록빌리지마켓Camden Lock Village Market은 가게 하나하나가 오두막처럼 디자인되어 있어 마치 자그마한 마을을 거니는 듯한 느낌을 주며, 노점 앞에 놓인 오토바이 모양의 의자들이 인상적으로 시선을 끈다. 거리 하나를 두고 서로 마주보는 벅스트리트마켓Buck St. Market과 인버네스스트리트마켓Inverness St. Market은 의류잡화, 액세서리 등을 판매하는 노점들이 모여 있다. 저마다 개성 있는 상품을 판매하며, 규모가 큰 만큼 다양한 볼거리를 제공한다.

주소 Camden High St, London NW1 8NH **영업시간** 10:00~18:00 **문의** (44)020-7485-5511 **찾아가기** TUBE 캠든타운(Camden Town)역 캠든하이스트리트(Camden High St.) 출구로 나와 오른쪽 방향으로 걷다보면 오른편 더캠든마켓(The Camden Market)을 비롯하여 화려한 간판의 가게들이 보이고, 5분 정도 더 걸어가면 왼편에 캠든록마켓(Camden Lock Market)이 나온다. 도보 7분. **홈페이지** www.camdenmarket.com

TIP 캠든마켓을 야무지게 즐기는 법

첫 번째, 각각의 매장을 들어서기 전 먼저 캠든하이스트리트를 둘러보는 것이 좋다. 이곳의 특징 중의 하나인 화려한 간판도 캠든마켓에서 빼놓을 수 없는 구경거리다. 무엇을 파는지 한눈에 알아볼 수 있도록 간판 위에 의자(인테리어), 운동화(신발전문), 청바지(의류) 모양의 오브제를 설치해 포인트를 줬다.

두 번째, 캠든마켓의 패션상품들은 최근 유행하는 패러디티셔츠를 비롯해 핸드메이드제품도 판매하고 있어, 독특하고 특별한 상품을 만날 수 있는 기회이다. 가격은 대체로 저렴한 편이지만 가끔 더 깎아주기도 한다.

세 번째, 쇼핑 중 허기가 진다면 마켓 안에서 해결할 수 있다. 각 마켓마다 아메리칸, 멕시칸, 차이니즈, 터키시 등 세계의 음식들이 총망라된 푸드코트가 있어 입맛대로 골라 먹는 재미가 있다. 한 접시 당 1~2가지 음식을 골라 담을 수 있는데, £4.00~6.00 정도면 한 끼 식사를 즐길 수 있다.

SECTION 07
프림로즈&캠든에서 먹어봐야 할 것들

거리 분위기가 극과 극인만큼 가게의 분위기도 큰 차이를 보인다.
아기자기한 느낌이 매력적인 프림로즈의 맛집과 개성강한 매력이 넘치는 캠든의 맛집은
취향에 따라 골라 먹을 수 있는 재미가 있다.

고급주택가에서 만나는 컵케이크 ★★★★☆
프림로즈베이커리 Primrose Bakery

마사스위프트Martha Swift와 리사토마스Lisa Thomas 두 영국인이 오픈한 프림로즈베이커리는 컵케이크를 메인으로 다양한 베이커리를 판매하는 곳이다. 그녀들은 미국과 호주, 필리핀 등 세계 각국을 여행하면서 보고 느낀 자연과 동물로부터 영감을 얻어 컵케이크를 디자인 했으며, 착색료와 방부제, 인공향료 등을 전혀 사용하지 않고 오로지 천연성분의 원료로만 빵을 만들고 있다. 정해진 메뉴 외에도 매일 데일리스페셜로 새로운 컵케이크를 선보이고 있다.

주소 69 Gloucester Ave, London NW1 8LD **귀띔한마디** 코벤트가든에도 지점을 운영중이다(주소_42 Tavistock St., London WC2E 7PB이다. **베스트메뉴** 짠맛과 단맛의 절묘한 조화 솔티캐러멜(Salted Caramel), 베이커리로고에도 등장하며 데일리 한정으로 선보이는 얼그레이(Earl Grey) **영업시간** 08:30~18:00(월~토요일), 09:30~18:00(일요일) / 12월 25, 26일, 1월 1일 휴무 **문의** (44)020-7483-4222 **가격** £2.45~3.50 **찾아가기** TUBE 초크팜(Chalk Farm)역에서 나와 왼쪽 방향으로 걷다 오른쪽 리젠트파크로드(Regent Park Rd.)로 진입 후 다리를 건너 오른쪽 글로스터애비뉴(Gloucester Ave.)를 걷다 보면 오른편에 위치한다. 도보 10분. **홈페이지** www.primrose-bakery.co.uk

매일 매일 색다른 메뉴를 제공하는 ★★★★★
그린베리카페 Greenberry Café

오픈한 지 2년이 채 되지 않았지만 입소문을 통해 알려지기 시작하여 많은 언론에도 소개된 카페이다. 특히 화창한 날은 레스토랑 앞 테이블이 이른 시간에도 빈자리가 없을 정도로 인기이다.
매일 다르게 선보이는 데일리 스페셜과 오너가 직접 만든 홈메이드디저트 등 다양한 메뉴를 만날 수 있다. 커피는 이스트엔드를 대표하는 카페인 클림슨앤선즈Climpson&Sons의 원두를 사용하고, 차는 미슐랭레스토랑에서 사용되는 고급 유기농차 레어티컴퍼니Rare Tea Company를 사용한다.

주소 101 Regents Park Rd London NW1 8UR **베스트메뉴** 데일리스페셜메뉴(Daily SpecialMenu) **영업시간** 09:00~15:00(일~월요일), 09:00~22:00(화~토요일) **문의** (44)020-7483-3765 **찾아가기** TUBE 초크팜(Chalk Farm)역에서 나와 왼쪽 방향으로 걷다가 오른쪽 리젠트파크로드(Regent Park Rd.)로 진입 후 다리를 건너 걷다보면 오른편에 위치한다. 도보 7분. **홈페이지** www.greenberrycafe.co.uk

프림로즈의 비밀 아지트 ★★★★★
리틀원 The Little One

2010년 오픈한 이 아담한 카페는 처음에는 크레페와 커피를 팔던 푸드트럭이었다. 리젠트파크로드의 명물로서 지역주민들의 사랑을 받던 트럭은 그 인기에 힘입어 번듯한 매장을 운영하게 되었다. 이곳이 바로 프림로즈에서 아는 사람만 안다는 숨은 인기카페 리틀원이다.
몬머스Monmouth 원두로 만든 커피와 오리지널 크레페, 빵 등을 판매하며, 특히 캐럿머핀과 플랫화이트(£2.20)가 인기이다. 가게 앞 노천테이블 3~4개가 좌석의 전부라 서서 마시는 사람들을 종종 보게 된다. 사람이 많을 때는 테이크어웨이로 하이스트리트나 프림로즈힐을 산책하며 마시는 것도 좋다.

주소 115 Regents Park Rd London NW1 8UR **영업시간** 08:00~16:30(월~금요일), 09:00~17:30(토요일), 09:30~17:30(일요일) **찾아가기** TUBE 초크팜(Chalk Farm)역에서 나와 왼쪽 방향으로 걷다 오른쪽 리젠트파크로드(Regent Park Rd.)로 진입 후 다리를 건너 걷다보면 오른편에 위치한다. 도보 5분.

복고풍 분위기에서 즐기는 특별한 피시앤칩스 ★★★★☆
포피스 Poppies

영국 피시앤칩스의 최강자를 가리는 내셔널피시앤칩스어워드The National Fish&Chip Awards에서 2014년 최고의 자리에 오른 음식점이다. 피시앤칩스는 치피Chippy라고도 불리는데 포피스는 2013년에는 런던의 베스트 치피, 그 이듬해엔 영국의 베스트 치피로 선정되었다.

가게 안 실내디자인은 1950년대를 떠오르게 하는 레트로스타일로, 여종업원의 유니폼과 화장, 헤어스타일은 물론 흘러나오는 음악, 주크박스 등의 내부 장식품까지 가게 안은 온통 복고풍이다. 바삭바삭하게 튀긴 흰살생선은 비린내가 없이 깔끔하며, 취향에 따라 타르타르소스, 케첩, 비네가Vinegar를 더해 더욱 맛있게 즐길 수 있다. 매주 금요일과 토요일 저녁에는 재즈라이브(자리 예약필수, 홈페이지 예약가능)를 무료로 진행하므로 보다 특별한 피시앤칩스를 만끽할 수 있다.

주소 30 Hawley Crescent, London, NW1 8NP **귀띔한마디** 길거리에서 먹을 수 있게 포장하여 테이크어웨이로도 판매하는데, 양이 적은 대신 가격은 저렴하다. 레귤러 £12.20 라지 £16.90 **가격** 레귤러 £11.70, 라지 £14.90 **영업시간** 11:00~24:00(월~토요일), 11:00~23:00(일요일) **문의** (44)020-7267-0440 **찾아가기** TUBE 캠든타운(Camden Town)역 캠든하이스트리트(Camden High St.) 출구로 나와 오른쪽 방향으로 캠든하이스트리트를 따라 걷다 캠든마켓(Camden Market)을 지나 오른쪽 홀리크레센트(Hawley Cres.)로 진입하면 바로 왼편에 위치한다. 도보 4분. **홈페이지** www.poppiesfishandchips.co.uk

카페를 겸한 유기농제품 전문마켓 ★★★☆☆
멜로즈앤모건 Melrose and Morgan

초콜릿과 잼, 홍차, 과일, 치즈 등 유기농 제품과 식료품은 물론 빵과 샐러드 등 런치메뉴와 각종 차를 판매하는 카페의 기능도 갖춘 식료품전문마켓이다. 소규모 생산농가와 직접 계약을 맺어 신선하고 좋은 품질의 식료품을 제공받고 있으며, 닐스야드 다이어리치즈, 로코코초콜릿, 핀즈앤큐컴버 젤리 등 유명 유기농업체들의 제품도 만날 수 있다.

매일 아침 만드는 오리지널델리 또한 빼놓을 수 없다. 샌드위치, 스프, 디저트 등은 홈페이지에 레시피를 공개할 정도로 많은 사랑을 받고 있다. 점심시간대에는 스프, 샐러드 또는 샌드위치종류를 두 개 구입하면 할인해주는 행사를 진행하므로 간단한 요기를 하기에도 좋다.

주소 42 Gloucester Ave, London NW1 8JD **귀띔한마디** 허니, 애플, 피클 등이 적힌 이곳 에코백(Echo Back, £7.50)은 해외직구로도 인기가 높으니 마음에 들면 구입하자. **영업시간** 08:00~19:00(월~금요일), 08:00~18:00(토요일), 09:00~17:00(일요일) / 12월 25~28일, 1월 1일 휴무 **문의** (44)020-7722-0011 **찾아가기** TUBE 초크팜(Chalk Farm)역에서 나와 왼쪽 방향으로 걷다 오른쪽 리젠트파크로드(Regent Park Rd.)로 진입 후 다리를 건너 오른쪽 글로스터애비뉴(Gloucester Ave.)로 진입하여 걷다보면 왼편에 위치한다. 도보 10분. **홈페이지** www.melroseandmorgan.com

유럽 최초의 액체질소 아이스크림 ★★★★★
친친랩 The Chin Chin Labs

가게 안을 들어서면 온통 비커와 플라스크 같은 과학실험실 도구들이 시선부터 잡아챈다. 실험실가운을 입은 종업원들이 자욱한 연기에 둘러싸여 분주하게 무언가를 만들고 있다. 캠든마켓의 명물로 자리 잡은 액체질소 아이스크림숍 친친랩의 실내 풍경이다.

액체질소를 이용해 급속냉각한 아이스크림이라 더욱 더 부드럽고 모양도 독특하다. 주문을 받아 바로 만들어주므로 그 과정을 지켜보는 것도 즐겁다. 바닐라와 초콜릿 이외에 매주 다른 맛의 제품을 내놓고 있다.

주소 49-50 Camden Lock Pl., London, NW1 8AF **귀띔한마디** 매주 메뉴가 변경되므로 방문 전 홈페이지에서 확인하는 것이 좋다. **영업시간** 12:00~19:00/연중무휴 **문의** (44)078-8560-4284 **찾아가기** TUBE 캠든타운(Camden Town)역 캠든하이스트리트(Camden High St.) 출구로 나와 오른쪽 방향으로 캠든하이스트리트를 따라 걷다 노란색으로 Camden Lock이라 쓰인 연두색 철로에서 왼쪽으로 진입하여 다음 블록의 왼편에 위치한다. 도보 7분. **홈페이지** www.chinchinlabs.com

런던의 새로운 펍문화 ★★★★
브루독 Brewdog

시중에서 판매되는 맥주와는 다른 색다른 맛으로 승부하는 것이 크래프트비어Craft Beer이다. 소규모 양조장에서 독자적인 방식으로 제조하는 맥주로 흔하지 않고 맛이 다양한 것이 특징이다. 덕분에 크래프트비어 전문펍이 런던에서도 인기를 끄는데 그 중 성장세가 눈에 띄는 곳이 브루독이다.

2007년 스코틀랜드에서 시작하여 이탈리아, 브라질, 스웨덴 등 무서운 기세로 세력을 확장해 나가고 있다. 흑맥주 스타우트비어Stout Beer로 각종 맥주대회에서 상을 휩쓸었으며, 영국인 입맛을 사로잡는 다양한 제품으로 마니아층까지 형성하고 있다. 현재 런던에는 캠든과 노팅힐, 쇼디치, 셰퍼드부시, 배터시 등 다섯 군데 지점이 있으며 블랙톤 인테리어와 친숙한 분위기가 매력포인트이다.

주소 113 Bayham St., Camden Town London, NW1 0AG **베스트메뉴** PUNK IPA, Dogma **영업시간** 12:00~23:30(월~목요일), 12:00~24:00(금, 토요일), 12:00~22:30(일요일) **문의** (44)020-7485-6145 **찾아가기** TUBE 캠든타운(Camden Town)역 캠든하이스트리트(Camden High St.) 출구로 나와 왼쪽 방향으로 캠든하이스트리트를 따라 걷다 왼쪽 그린랜드스트리트(Greenland St.)로 진입 후 막다른 길 오른편 코너에 위치한다. 도보 4분. **홈페이지** www.brewdog.com

SPECIAL
광대한 자연공원, 햄스테드히스

도심에 자리한 크고 작은 공원이 많은 런던. 덕분에 여행 도중 휴식을 취하기도 하고 일부러 그곳을 찾아가 자연풍광을 즐기기도 한다. 이들 가운데 관광명소가 모여 있는 중심가에서 거리가 있지만 번잡한 도시와는 확연히 다른 풍경이 펼쳐져 현지인 사이에서 인기를 누리고 있는 곳이 있다. 런던의 대표적인 고급주택가 부근에 천연 원시림이 그대로 보존되어 있어 풍요로운 자연을 만끽할 수 있는 '햄스테드히스(Hampstead Heath)'가 그곳이다.

팔러먼트힐 뷰포인트 Parliament Hill Viewpoint

햄스테드히스는 런던 북부에 위치한 100만 평에 달하는 드넓은 광야로 영국 국가는 이 지역을 중요자연보호구역으로 지정하고 있다. 다듬어지지 않은 야생 숲과 연못들 사이로 각종 운동기구를 설치한 광장, 전시 공간을 갖춘 정원 등이 곳곳에 자리하고 있다. 이중 오버그라운드역 가까이에 있는 98m의 경사진 언덕은 런던에서 가장 지대가 높은 곳으로 도심의 전경을 한눈에 내다볼 수 있어 전망대의 역할도 하고 있다. 연날리기에 좋은 장소로도 꼽혀 '카이트힐Kite Hill'이란 애칭으로도 불린다. 햄스테드히스 자체가 공원 중에서는 런던 최대라고 할 만큼 규모가 매우 큰 편이므로 모든 구역을 둘러보기에는 다소 무리가 있다. 시간이 넉넉지 않을 땐 이 부분만 둘러보는 것이 좋다.

주소 Parliament Hill Viewpoint, London NW5 1QR **개관시간** 24시간 **찾아가기** TUBE 햄스테드히스(Hampstead Heath)역 출구에서 오른쪽 팔러먼트힐 도로를 따라 직진하면 위치. 도보 10분.

켄우드하우스 Kenwood House

시간이 허락한다면 햄스테드히스 북쪽 끝자락에 있는 신고전주의양식의 멋스러운 건축물도 꼭 한 번 방문해보자. 18세기 영국의 건축가 로버트아담Robert Adam이 설계한 우아하면서도 귀품 있는 대저택의 내부를 감상하는 것만으로도 즐거운데 방 일부를 전시공간으로 활용하고 있어 보는 재미가 있다. 작품 수가 많은 것은 아니지만 내용은 매우 알차다. 램브란트의 자화상, 베르메르의 '기타를 치는 여인'와 같은 유명 화가의 회화를 비롯해 조각상, 가구, 보석 등 17세기부터 19세기에 걸쳐 탄생한 걸작들을 만나볼 수 있다. 영화 '노팅힐'에 등장한 촬영지로도 유명한 건물 앞 정원에서 잠깐의 휴식도 즐겨보자.

주소 Hampstead Lane, Hampstead, NW3 7JR **귀띔한마디** 매월 첫째 주 금요일은 20시까지 개관한다. **입장료** 무료 **개관시간** 10:00~17:00(4~9월), 09:00~17:00(10~3월)/12월 24, 25일 휴관 **문의** (44)020-8348-1286 **찾아가기** 팔러먼트힐 뷰포인트에서 우드연못(Wood Pond)를 향해 북쪽으로 직진하면 위치. 도보 25분. **홈페이지** www.english-heritage.org.uk/visit/places/kenwood

CHAPTER 04
고즈넉함, 소소한 즐거움

엔젤
Angel

📷 ★★★
🍴 ★★★
🛍 ★★★

Angel Inn이란 펍 이름에서 따온 지하철 엔젤역은 이슬링턴지역의 중심가인 어퍼스트리트 시작점에 위치한다. 매주 수요일과 토요일 앤티크마켓이 열리는 캠든패시지를 비롯한 크고 작은 거리에는 아기자기한 가게들이 옹기종기 모여 있다. 또한 이 지역의 상징 엔젤윙을 만날 수 있는 엔젤센트럴쇼핑센터와 월요일을 제외하고 매일 열리는 재래시장 채플마켓도 하루정도 시간을 들여 천천히 둘러보자.

엔젤을
이어주는 교통편

· TUBE 노던(Northern) 라인의 엔젤(Angel)역에서 하차하거나 빅토리아(Victoria) 라인의 하이버리&이슬링턴(Highbury &Islington)역에서 내려 도보로 어퍼스트리트(Upper St.)까지 이동이 가능하다.

엔젤에서
이것만은 꼭 해보자

1. 캠든패시지마켓에서 숨어 있는 앤티크제품을 찾아보자.
2. 알피노에서 저렴하지만 맛있는 정통 풀잉글리시브렉퍼스트를 맛보자.
3. 골목골목에 위치한 아기자기한 인테리어숍을 구경하자.

사진으로 미리 살펴보는
엔젤 베스트코스
예상 소요시간 5시간 이상

엔젤역부터 어퍼스트리트까지 이어지는 큰 도로에 대부분의 명소가 집중되어 있다. 엔젤역 서쪽 채플마켓과 동쪽 캠든패시지마켓을 둘러본 후 어퍼스트리트를 따라 북쪽으로 올라가면서 먹거리와 생활용품 쇼핑을 즐겨보자.

엔젤에서 반드시 둘러봐야 할 명소

SECTION 08

엔젤은 쇼핑과 문화 두 가지로 설명이 가능하다. 런던에서 골동품으로 유명한 캠든패시지마켓과 거리 곳곳에 위치한 인테리어숍은 집 꾸미기에 관심이 있다면 반드시 둘러봐야 할 곳이다. 아스날FC의 연고지인 만큼 에미레이트스타디움이 위치해 있어 축구팬이라면 이 또한 솔깃하다.

엔젤을 반짝반짝 빛나게 하는 ★★★☆☆
캠든패시지마켓 Camden Passage Market

이슬링턴의 작은 골목 캠든패시지에서는 아담하지만 알찬 앤티크마켓Antique Market이 열린다. 거리에 즐비한 골동품상점들은 가게 안 꽁꽁 숨겨뒀던 제품들을 꺼내 보이며 적극적으로 새주인을 찾는다. 가게 앞을 비롯해 구석구석 공간들을 활용하여 화려한 액세서리와 고풍스런 가구, 오래된 도자기 등 크고 작은 제품들을 깔끔하게 진열해 두었는데, 고즈넉한 거리풍경과 잘 어우러져 멋스러운 분위기를 자아낸다. 가게 사이에 있는 좁은 골목길에서도 다양한 제품들을 만날 수 있으므로 천천히 둘러보면서 자신이 찾는 상품이 있는지 꼼꼼하게 살펴보자.

주소 Camden Passage, London N1 0PD **귀띔한마디** 캠든패시지 주변에서도 또 다른 앤티크마켓이 열린다. 자세한 사항은 홈페이지를 참고하자. **운영시간** 09:00~18:00(수, 토요일), 10:00~18:00(금요일), 11:00~18:00(일요일) **문의** (44)020-7359-0190 **찾아가기** TUBE 엔젤(Angel)역 어퍼스트리트(Upper St.) 출구로 나와 오른쪽 방향으로 이슬링턴하이스트리트(Islington High St.)를 따라 걷다 오른쪽 첫 번째 골목 던칸스트리트(Duncan St.)를 진입하면 마켓이 시작된다. 도보 4분. **홈페이지** www.camdenpassageislington.co.uk

아기자기한 인테리어숍들로 즐비한 ★★★★★
어퍼스트리트 Upper Street

01.02.아리아(Aria) 03.아비게일아한(Abigail Ahern)
04.루프(Loop) 05.스머그(Smug)

엔젤에는 앤티크마켓만 있는 것은 아니다. 아기자기한 주방용품점과 인테리어상점들도 옹기종기 모여 있어 이들을 구경하는 재미 또한 쏠쏠하다. 디자이너이기도 한 주인장의 심미안으로 센스 넘치는 아이템을 모은 리빙편집숍 '스머그Smug', 뜨개질에 관한 모든 상품을 총망라하고 있는 뜨개질전문숍 '루프Loop'가 자리한다.

또한 커다란 홀을 개조하여 필립스탁Philippe Starck, 마리메꼬Marimekko, 이딸라Iittala 등 세계 각국의 인테리어 제품을 모은 숍 '아리아Aria', 영국의 유명 인테리어디자이너가 자신의 이름을 내걸고 운영하는 숍 '아비게일아한Abigail Ahern' 등 인테리어상품에 관심이 있다면 이곳을 구경하는 것만으로도 엔젤을 방문할 이유가 충분하다.

주소 Upper St., London N1 1XR **찾아가기** TUBE 엔젤(Angel)역 어퍼스트리트(Upper St.) 출구로 나와 오른쪽 방향 이슬링턴하이스트리트(Islington High St.)를 따라 걷다보면 어퍼스트리트(Upper St.)로 자연스럽게 연결된다. 도보 3분.

CHAPTER 04
엔젤

지금까지 보지 못했던 새로운 스타일의 공연 ★★★★★
알메이다시어터 Almeida Theatre

알메이다극장은 완성도 높은 작품성에 스타일리시한 감각까지 겸비한 21세기형 작품을 올리는 곳으로 유명하다. 독특한 세계관과 실험적인 시도로 여태까지 없었던 새로운 스타일의 연극을 선보이며, BBC드라마 셜록의 주인공 베네딕트컴버배치Benedict Cumberbatch나 닥터후 주인공 맷스미스Matt Smith도 이 무대에 올랐던 경험이 있다.

알메이다에서 공연된 작품 중 조지오웰의 소설 〈1984〉를 원작으로 한 〈1984〉와 영국연극계 가장 권위 있는 상으로 알려진 로렌스올리비에어워드Laurence Olivier Awards에서 2014년 최우수 연극상을 수상한 〈차이메리카Chimerica〉는 폭발적인 인기에 힘입어 웨스트엔드까지 진출하였다. 입장료가 다른 곳에 비해 비싼 편이지만 기존의 연극과는 차별화된 스타일로 여행에서 결코 돈이 아깝지 않은 멋진 추억을 만들 수 있다.

주소 Almeida St, London N1 1TA 귀띔한마디 티켓의 종류 중 리스트릭트뷰(Restricted view)는 무대보다 낮은 자리거나 기둥이 있어 시야가 방해되는 자리라 저렴하게 판매하는 티켓을 말한다. 문의 (44)020-7359-4404 찾아가기 TUBE 엔젤(Angel)역 어퍼스트리트(Upper St.) 출구로 나와 오른쪽 방향으로 이슬링턴하이스트리트(Islington High St.)를 따라 걷다 어퍼스트리트(Upper St.)에서 맞은편으로 건넌 후 오른쪽 방향으로 직진한다. 알메이다스트리트(Almeida St.)에서 왼쪽으로 들어서면 바로 왼편에 위치한다. 도보 13분. 홈페이지 www.almeida.co.uk

아스날FC의 홈구장 ★★★★★
에미레이트스타디움 Emirates Stadium

에미레이트스타디움은 잉글랜드축구 프리미어리그 아스날FCArsenal FC의 홈구장이다. 100여 년간이나 홈구장으로 사용했던 하이버리스타디움High-bury Stadium의 바통을 이어받아 2006년부터 아스날의 새로운 홈구장이 되었다. 첫 경기는 아스날FC의 핵심선수이자 정신적 지주였던 데니스베르캄프의 은퇴를 기념하는 아스날FC 대 AFC아약스의 경기였다.

후원기업 에미레이트항공과 명명권(네이밍라이츠)계약을 체결하여 구장이름에 에미레이트가 들어가 있지만 보통 아스날스타디움이라고도 부른다. 스탬포드브리지와 마찬가지로 수용인원에 가까운 높은 평균관중수(수용인원 60,361명, 평균관중수 60,079명)를 자랑한다. 경기가 없는 날에는 투어가 진행되는데 오디오가이드를 들으며 스타디움 및 박물관을 둘러보는 방식의 투어와 역대 아스날의 레전드선수들이 직접 안내하는 레전드투어Legend Tour가 있다.

주소 Emirates Stadium, Hornsey Rd, London N7 7AJ 입장료 레전드투어 성인(17세 이상) £40.00, 어린이(16세 이하) £20.00, 5세 이하 무료 / 셀프가이드오디오투어 성인 £22.00, 어린이(16세 이하) £14.00 / 박물관만 입장 성인 £10.00, 어린이(16세 이하) £7.00, 5세 이하 무료 운영시간 셀프가이드오디오투어 09:30~18:00(월~토요일, 마지막 입장 17:00), 10:00~16:00(일요일, 마지막 입장 15:00) / 레전드투어 홈페이지 참조 / 박물관 10:30~18:30(월~토요일, 마지막 입장 18:15), 10:30~16:30(일요일, 마지막 입장 16:15) 문의 (44)020-7619-5000 찾아가기 TUBE 아스날(Arsenal)역 출구에서 오른쪽 방향으로 걷다보면 오른편에 박스오피스와 공식 숍이 보인다. 도보 3분. 홈페이지 www.arsenal.com/emirates-stadium

SECTION 09
엔젤에서 먹어봐야 할 것들

엔젤지역의 맛집은 다국적 이민자출신이 운영하는 가게가 유독 많다. 이탈리안이 만든 영국식 아침식사를 먹고, 오스트리안이 만든 오스트리아식 커피를 마신 후 이스라엘인이 만든 디저트까지 챙긴다면 어디에서도 하지 못한 특별한 체험이 될 것이다.

심플하지만 개성 넘치는 요리의 세계 ★★★★★
오토렝기 Ottolenghi

이스라엘출신 영국스타셰프 중의 한 사람인 요탐오토렝기Yotam Ottolenghi가 운영하는 델리숍이다. 철학과 저널리즘을 전공한 그는 박사과정을 위해 런던에 왔다가 우연한 계기로 르꼬르동블루Le Cordon Bleu에서 6개월간 요리를 공부하였고, 이후 여러 레스토랑 셰프를 거쳐 자신의 이름으로 델리숍을 오픈하였다.

이스라엘과 터키, 시리아 등 이슬람과 웨스턴스타일을 접목한 퓨전요리를 주로 선보이는데, 이스라엘에서 보낸 유년시절과 이탈리안과 독일인인 부모 밑에서 자란 영향이 그의 요리에 묻어난다고 할 수 있다. 이러한 오토렝기의 매력이 가장 잘 드러나는 메뉴는 런치타임이다. 신선한 유기농재료로 만든 샐러드로 가볍게 즐길 수 있는 샐러드셀렉션Salad Selection(Small 3가지 £11.50, Normal 4가지 £14.00)과 간판메뉴인 패션후르츠머랭타르트Passion Fruit Meringue Tart와 같은 상큼한 디저트를 추천한다. 엔젤을 비롯한 노팅힐과 벨그라비아, 스피탈필즈 3군데 지점 이외에 2011년 레스토랑사업에 본격적으로 뛰어 들어 노피NOPI를 오픈하였고 본래의 전공을 살려 펴낸 요리책은 베스트셀러를 기록하였다.

주소 287 Upper St, London N1 2TZ **귀띔한마디** 엔젤 이슬링턴(Islington)지점이 가장 넓다. **영업시간** 08:00~22:30(월~토요일), 09:00~19:00(일요일) **문의** (44)020-7288-1454 **찾아가기** TUBE 엔젤(Angel)역 어퍼스트리트(Upper St.) 출구로 나와 오른쪽 방향으로 이슬링턴하이스트리트(Islington High St.)를 따라 걷다 어퍼스트리트(Upper St.)에서 맞은편으로 건너 직진 후 왼쪽 알메이다스트리트(Almeida St.) 바로 맞은편에 위치한다. 도보 13분. **홈페이지** www.ottolenghi.co.uk

저렴하지만 풍성한 잉글리시브렉퍼스트 ★★★★★
알피노 Alpino

◀ 점보

이슬링턴의 재래시장을 지나 한적한 거리에 다다르면 소박한 빨간색 벽돌건물과 하얀색 간판이 손님을 기다린다. 가게로 들어서면 이탈리아 스포츠선수들의 신문기사로 도배된 벽면과 이탈리안 주인장의 상냥한 아침인사 '본 죠르노~'를 들으면 마치 이탈리아 로마라도 온 듯한 일시적 착각이 든다. 하지만 종업원이 내놓는 메뉴판을 보면 이곳은 잉글리시브렉퍼스트 전문점이 맞다.

기본 잉글리시브렉퍼스트인 풀리잉글리시Fully English는 음료를 포함하여 £5.00이고, 여기에 소시지와 블랙푸딩, 해쉬브라운Hash Brown이 추가된 점보Jumbo메뉴가 £6.00로 매우 저렴한 편이다. 가격이 저렴해도 양이 적지 않아 커다란 접시에 한가득 담겨 나오는 음식을 보면 입이 절로 벌어진다. 연어를 좋아한다면 스크램블에그에 구운 연어를 곁들인 에그앤샐몬Eggs N Salmon(£5.00)도 추천한다.

주소 97 Chapel Market, Islington, London, N1 9EY **영업시간** 06:30~15:00(월~금요일), 07:00~13:00(토~일요일) **문의** (44)020-7837-8330 **찾아가기** TUBE 엔젤(Angel)역 어퍼스트리트(Upper St.) 출구로 나와 오른쪽 이슬링턴하이스트리트(Islington High St.)를 따라 걷다 왼쪽 화이트라이온스트리트(White Lion St.)로 진입하여 오른쪽 배런스트리트(Baron St.)로 진입 후 막다른 길 채플마켓(Chapel Market)에서 왼쪽 방향으로 조금 더 걸으면 왼편에 위치한다. 도보 6분

부담 없이 즐기는 멕시칸 푸드 ★★★★★
칠랭고 Chilango

◀ 토토포스

멕시칸 속어로 멕시코시티사람을 뜻하는 칠랭고는 미국 시카고출신 에릭Eric과 댄Dan이 만든 멕시칸요리전문점이다. 멕시칸스타일로 제대로 요리하기 위해 이 둘은 멕시코를 여행하며 길거리음식부터 고급레스토랑 셰프까지 철저하게 연구하였다. 레스토랑가이드 자가트Zagat에서 런던 넘버원 멕시칸 레스토랑으로 2년 연속 선정되면서 이러한 노력이 헛되지 않았음을 증명하였다.

£10.00 이하의 가격으로 푸짐하게 한 끼 식사를 해결할 수 있다는 점과 컬러풀하고 개성 있는 실내분위기, 친절하고 신속한 서빙까지 맛과 서비스 모두 만족할 수 있다. 주문 방식도 매우 간단하여 부리토Burrito, 타코Tacos, 샐러드와 바삭하게 튀긴 나초칩 토토포스Totopos 중 메인메뉴를 고른 뒤 속에 들어갈 재료와 소스만 선택하면 된다.

주소 27 Upper St., Islington, London N1 0PN **영업시간** 11:00~22:00(월요일), 11:30~22:00(화, 일요일), 11:30~23:00(수~토요일) **문의** (44)020-7704-2123 **찾아가기** TUBE 엔젤(Angel)역 어퍼스트리트(Upper St.) 출구로 나와 오른쪽 방향으로 이슬링턴하이스트리트(Islington High St.)를 따라 걷다 어퍼스트리트(Upper St.)에서 맞은편으로 건너 직진하면 왼편에 위치한다. 도보 4분. **홈페이지** www.chilango.co.uk

먹지 않고는 못 베길 타르트 ★★★☆☆
유포리엄 Euphorium

1999년 엔젤에 1호점을 오픈한 이래 현재는 런던 시내에만 16개 지점을 운영하고 있을 정도로 성장한 베이커리이다. 매일 아침 막 구워낸 빵과 케이크를 맛볼 수 있으며, 이 집의 인기상품 타르트는 그 종류만도 십여 가지가 넘어 행복한 고민에 빠지게 한다.

특히 아삭하고 달콤한 사과의 식감이 그대로 전해지는 브램리애플타르트Bramley Apple Tart(E.I £3.60, T.A £2.95)는 큼직한 크기에 신선한 과육이 가득 담겨 있다. 깜찍한 모양의 스트로베리크림타르트 Strawberry & Cream Tart(E.I £4.60, T.A £3.95)는 신선한 딸기와 블루베리, 라즈베리 등에 휘핑크림이 환상의 하모니를 이룬다. 엔젤역에서 도보 5분 거리에 위치한 지점에는 1층과 지하에 테이블이 마련되어 있으므로 커피나 홍차와 함께 즐기며 잠시 쉬어 갈 수 있다.

주소 79 Upper St, London N1 1RQ 영업시간 07:00~18:00(월~금요일), 08:00~18:00(토~일요일) 문의 (44)020-7288-8788 찾아가기 TUBE 엔젤(Angel)역 어퍼스트리트(Upper St.) 출구로 나와 오른쪽 방향으로 이슬링턴하이스트리트(Islington High St.)를 따라 걷다 어퍼스트리트(Upper St.)로 들어서 맞은편으로 건너 직진하면 왼편에 위치한다. 도보 7분. 홈페이지 euphorium.uk.com

오스트리안커피의 향기 ★★★☆☆
킵펠 Kipferl

비엔나커피하우스를 표방한 오스트리안스타일의 커피와 음식, 디저트를 제공하는 카페로, 캠든패시지의 사랑방 역할을 하고 있다. 아메리카노 위에 생크림을 얹은 아인슈페너Einspnner나 모카커피에 우유를 섞은 멜랑주Melange 같은 오스트리아 정통커피는 물론, 오스트리아식 돈가스인 슈니첼Schnitzel과 초코케이크인 자허토르테Sacher Torte 등 오스트리아를 대표하는 음식도 맛볼 수 있다. 모던하고 깔끔한 원목 인테리어와 친절한 직원들이 주는 편안한 분위기 또한 매력적이다.

주소 20 Camden Passage, London N1 0PD 영업시간 12:00~22:00(월요일), 09:00~22:00(화~토요일), 10:00~20:00(일요일), 10:00~22:00(공휴일) 문의 (44)020-7704-1555 찾아가기 TUBE 엔젤(Angel)역 어퍼스트리트(Upper St.) 출구로 나와 오른쪽 방향으로 이슬링턴하이스트리트(Islington High St.)를 따라 걸어간다. 어퍼스트리트(Upper St.)까지 계속 직진하다 오른쪽 캠든패시지(Camden Passage)에서 오른쪽으로 진입 후 막다른 길에서 왼쪽으로 걷다보면 오른편에 위치한다. 도보 5분. 홈페이지 www.kipferl.co.uk

엔젤센터열 쇼핑센터 내에 설치된 천사의 날개(Angel's Wings)

CHAPTER 05
이스트엔드의 중심
쇼디치
Shoreditch

📷 ★★★
🍴 ★★★
🛍 ★★★

패션은 물론 음식, 미술, 음악까지 영국의 최신 트렌드를 이끌고 있으며, 현재도 가장 주목받는 곳이지만 애초에 문화발생지와는 거리가 먼 풍경 일색이었다. 버려진 공장과 주택가, 불안한 치안 등 선뜻 가기 꺼려지는 요소가 많았지만 최근 지방자치단체의 주도로 디자인거리가 조성되었다. 덕분에 젊은 예술가들이 모이고 새로운 상점들이 생겨나면서 점점 스타일리시하고 예술적인 지역으로 변모하고 있다.

쇼디치를 이어주는 교통편

· TUBE 해머스미스&시티(Hammersmith&City), 디스트릭트(District) 라인의 알게이트이스트(Aldgate East)역에서 하차하거나 해머스미스&시티(Hammersmith&City), 센트럴(Central), 서클(Circle), 메트로폴리탄(Metropolitan) 라인의 리버풀스트리트(Liverpool St.)역에서 하차한다.

쇼디치에서 이것만은 꼭 해보자

1. 브릭레인마켓에서 다국적 길거리음식들을 맛보자!
2. 빈티지숍에서 나만의 패션센스를 뽐내보자.
3. 골목골목에 그려진 그래피티와 함께 포토타임을 갖자!

사진으로 미리 살펴보는
쇼디치 베스트코스
예상 소요시간 6시간 이상

리버풀스트리트역 바로 앞에 위치한 올드스피탈필즈마켓을 시작으로 브릭레인도로를 따라 올라가면서 브릭레인마켓을 즐기자. 거리 사이사이에 위치한 크고 작은 마켓과 맛집, 빈티지숍을 즐기며 천천히 걸어 쇼디치의 진면목을 느낄 수 있는 하이스트리트와 올드스트리트도 들러보자.

SECTION 10
쇼디치에서 반드시 둘러봐야 할 명소

쇼디치하면 브릭레인마켓이 떠오를 정도로 쇼디치에서 이 마켓을 빼놓을 수 없다. 브릭레인과는 다른 매력을 느낄 수 있는 올드스피탈필즈마켓과 이스트엔드의 현대미술을 책임지는 화이트채플갤러리 또한 함께 방문하면 좋다. 그래피티로 가득한 골목이 인상적인 쇼디치하이스트리트는 쇼디치를 대표하는 거리이자 포토스폿으로도 인기가 높다.

이스트엔드 최대의 마켓 ★★★★★
브릭레인마켓 Brick Lane Market

런던의 최신 유행을 이끌어 가는 이스트엔드의 대표적인 마켓이다. 알게이트이스트역을 왼쪽으로 끼고 돌아 조그만 올라가면 긴 도로 브릭레인이 펼쳐지는데 이곳에서 매주 일요일에 대형마켓이 선다. 평소에는 방글라타운이라 부를 정도로 방글라데시 이민자들이 운영하는 음식점과 상점들이 즐비하며, 다소 조용한 분위기지만 일요일은 쏟아져 나오는 인파로 인해 뜨거운 열기 가득한 곳으로 변신한다.

브릭레인마켓은 크게 두 구역에서 진행되는데, 브릭레인 노상에서 이뤄지는 브릭레인스트리트마켓 Brick Lane St. Market과 옛 맥주 양조장을 개조한 올드트루먼브루어리 Old Truman Brewery에서 열리는 선데이업마켓Sunday UpMarket, 백야드마켓Backyard Market, 티룸Tea Room, 보일러하우스Boiler House, 빈티지마켓Vintage Market이 대표적이다. 이들 마켓에서는 빈티지패션과 앤티크 관련 상품을 비롯하여 세계 각국의 음식을 맛볼 수 있으며, 거리 곳곳에서 스치게 되는 패션피플들도 눈요깃거리가 된다.

주소 Brick Lane, London E1 5HA **귀띔한마디** 건물 안 마켓은 붐비는 인파로 인해 소매치기 위험이 높으므로 주의하자. **영업시간** 일요일 09:00~17:00 **문의** (44)020-7364-1717 **찾아가기** TUBE 알게이트이스트(Aldgate East)역 화이트채플갤러리(White-chapel Gallery) 출구로 나와 왼쪽 방향으로 걷다 오스본스트리트(Osborn St.)로 진입 후 조금 더 걸어가면 마켓이 시작된다. 도보 5분. **홈페이지** www.visitbricklane.org

날마다 마켓의 테마가 바뀌는 ★★★★☆
올드스피탈필즈마켓 Old Spitalfields Market

브릭레인마켓을 보러 쇼디치에 왔다면 반드시 함께 들러야 할 마켓이다. 역사적으로 중요한 가치를 지녀 영국 정부로부터 2등급 중요건축물로 지정된 호너스퀘어Horner Square와 호너빌딩Horner Building에서 매일 열린다. 이 마켓은 요일마다 다른 테마로 가판이 서는데, 목요일은 빈티지와 앤티크 제품, 금요일은 수제패션과 아트제품, 토요일에는 매번 다른 테마로 마켓데이가 열린다. 시간이 허락한다면 매일 방문해도 좋겠지만 그렇지 않다면 특별한 주제 없이 대부분의 제품을 만날 수 있는 주말마켓을 추천한다.

특히 이곳은 수공예로 만든 상품이 많아 독특하고 흔하지 않은 자신만의 아이템을 찾는 사람들에게는 최고의 장소가 된다. 쇼핑을 하다가 허기가 진다면 마켓 근처의 음식점에서 해결할 수 있다. 잘 나가는 푸드트럭이 대거 참여하는 스트리트푸드마켓이나 아프리카의 토산품을 주로 판매하는 아프리칸마켓 등 다양한 이벤트마켓도 진행된다.

주소 16 Horner Square, Spitalfields, London E1 6EW 영업시간 10:00~ 17:00(월~수요일), 09:00~17:00(목, 일요일), 10:00~16:00(금요일), 11:00~ 17:00(토요일) 문의 (44)020-7247-8556 찾아가기 TUBE 알게이트이스트(Aldgate East)역 토인비홀(Toynbee Hall) 출구로 나와 바로 왼쪽 커머셜스트리트(Commercial St.)로 진입하여 직진하면 왼편에 위치한다. 도보 7분. 홈페이지 www.oldspitalfieldsmarket.com

이스트엔드의 대표 갤러리 ★★★☆☆
화이트채플갤러리 Whitechapel Gallery

금빛 나뭇잎조각으로 꾸며진 외관부터가 인상적인 현대미술관으로 1901년 개관한 이래 줄곧 이스트엔드를 대표하는 예술공간이다. 외관의 나뭇잎조각은 터너상Turner Prize을 수상했던 영국 아티스트 레이첼 화이트리드Rachel Whiteread의 작품이다.

과거 파블로피카소와 잭슨폴락, 프리다칼로부터 소피칼, 루시앙프로이트 등 세계 유수의 작가들의 작품을 전시해 왔으며, 현재는 현대미술가들의 작품들을 주로 전시하고 있다. 수시로 참신하고 기발한 작가들의 기획전시가 이뤄지고 있으며, 매달 첫째 주 목요일 저녁에는 무료 아트버스투어나 각종 이벤트가 진행되는 퍼스트썰스데이First Thursdays를 주최하고 있다.

주소 77-82 Whitechapel High St, London E1 7QX 입장료 무료 운영시간 11:00~18:00(화, 수, 금~일요일), 11:00~21:00(목요일)/매주 월요일 휴무 문의 (44)020-7522-7888 찾아가기 TUBE 알게이트이스트(Aldgate East)역 화이트채플갤러리(White chapel Gallery) 출구로 나오면 바로 오른편에 보인다. 도보 1분. 홈페이지 www.whitechapelgallery.org

브릭레인의 벽을 수놓은 그래피티

SPECIAL BANKSY

얼굴 없는 게릴라아티스트 뱅크시

[거리예술을 대표하는 예술가 뱅크시 Banksy]

런던거리를 걷다보면 흔히 보게 되는 그래피티Graffiti는 벽이나 건물의 담벼락에 스프레이페인트 등을 이용해 그린 그림으로 '낙서'를 일컫는다. 하지만 낙서라고 정의할 수 없는 그 나름대로의 의미와 메시지를 담은 것도 많다. 대표적인 예가 브리스톨Bristol 출신 스트리트아티스트인 뱅크시의 그래피티이다. 뱅크시는 자신을 드러내지 않은 채 늦은 밤 런던시내 곳곳에 사회풍자성 그래피티를 그리고 사라지는데, 그리는 속도가 너무 빨라 영국경찰의 단속에 걸린 적도 없다.

뱅크시를 단순한 낙서꾼으로 치부하기엔 그의 영향력은 상상이상이다. 2007년 소더비경매에 출품된 그의 작품 6점은 무려 £372,000.00(한화 약 6억 원)에 낙찰되었다. 그때부터 경매 시장에 나올 때마다 수억 원을 호가할 정도로 인기이며, 할리우드 여배우 안젤리나졸리도 그의 그림을 구매한 것으로 유명하다. 2010년 타임지는 세계에서 가장 영향력 있는 100인 중 한명으로 그를 선정했으며, 2013년 런던 우드그린의 한 상점 벽에 그려졌던 그의 그래피티가 벽째 뜯겨 사라지는 일도 있었다. 약 1주일 뒤 미국 마이애미경매시장에 출품되었지만 지역주민들의 반환요구에 결국 경매는 철회되었다. 뱅크시의 그래피티는 시당국에 의해 지워지거나 그의 행동에 반대하는 사람들에 의해 훼손되는 일이 허다하지만 반대로 지역주민들은 그것을 지키고자 보호아크릴까지 설치하기에 이르렀다.

[런던의 숨은 보물, 뱅크시의 그래피티를 찾아서]

많이 지워지긴 하였지만 남겨진 그의 그래피티를 찾아보는 일은 아직도 그리 어렵지 않다.

Made You Look

주소 55 Portobello Rd London W11 **찾아가기** TUBE 노팅힐게이트(Notting Hill Gate)역 노팅힐게이트 북쪽 포토벨로로드앤마켓(Notting Hill Gate North Side, Portobello Rd. and Market) 출구로 나와 오른쪽 펨브리지로드(Pembridge Rd.)까지 걸은 후, 왼쪽 포토벨로로드(Portobello Rd.)로 진입하면 왼편에 위치한다. 도보 6분.

If Graffiti Changed Anything

주소 30 Clipstone St London W1W **찾아가기** TUBE 구지스트리트(Goodge St.)역 토트넘코트로드(Tottenham Court Rd.) 출구로 나와 오른쪽으로 걷다 토트넘스트리트(Tottenham St.)에서 왼쪽으로 들어선다. 클리브랜드스트리트(Cleveland St.)를 만나면 오른쪽으로 직진하여 BT타워가 보이면, 맞은편 길에 위치한다. 도보 8분.

Choose Your Weapon
주소 12 The Grange London SE1 **찾아가기** 타워브리지로드 시티홀P(Tower Bridge Rd. City Hall) 버스정류장에서 78번 버스를 타고 4번째 정류장 팬덜스트리트(Fendall St.)에서 하차한 후 버스 진행 방향으로 걷다 왼쪽 더그랜지(The Grange)로 진입하면 바로 보인다.

Falling Shopper
주소 25 Bruton Ln London W1J 6PU **찾아가기** TUBE 옥스퍼드서커스(Oxford Circus)역 3번 옥스퍼드스트리트 서쪽/리젠트스트리트 남쪽(Oxford St. West/Regent St. South) 출구로 나와 리젠트스트리트(Regent St.)를 따라 걷다 오른쪽 콘두이트스트리트(Conduit St.)로 진입한 후 왼쪽 브루던레인(Bruton Ln.)을 따라 걷다보면 왼편에 위치한다. 도보 8분.

Guard Dog&His Masters Voice
주소 83 Rivington St London EC2A 3AY **찾아가기** 쇼디치하이스트리트(ShoreditchHighSt.)역 출구로 나와 왼쪽 방향으로 걷다 큰 도로인 베스널그린로드(Bethnal Green Rd.)로 나와 바로 왼쪽 방향으로 직진하여 막다른 길 쇼디치하이스트리트(Shoreditch High St.)에서 오른쪽으로 걸어서 왼쪽 리빙턴스트리트(Rivington St.)로 진입하면 오른편에 위치한다. 도보 7분.

Sorry! The lifestyle you ordered is currently out of stock.
훼손된 뱅크시의 그래피티 중 하나.

SPECIAL 이스트엔드의 BEST PHOTO SPOT

이스트엔드지역은 그래피티Graffiti를 합법적으로 허용하고 있는 곳으로 골목 구석구석에서 한 폭의 그림 같은 벽화를 자주 발견할 수 있다. 이러한 사회적 분위기는 스트리트아티스트 뱅크시Banksy 영향이 크다. 그는 거리의 벽을 캔버스 삼아 정치, 사회적 풍자메시지를 게릴라식으로 그려왔다. 그의 등장으로 그래피티는 더 이상 낙서가 아닌 예술의 한 영역으로 인정받고 있다.

우리나라는 이러한 그래피티를 사회문화단체에서 공공프로젝트로 진행하면서 소외된 달동네를 아름다운 벽화마을로 탈바꿈시켰다. 이처럼 그래피티는 문화와 개성을 나타내는 수단이자 활기를 불어넣는 중요한 역할을 하고 있다. 우리나라도 그렇지만 멋진 그래피티는 일부러라도 찾아가서 감상하거나 사진을 찍게 된다. 골목골목을 화려하게 수놓은 멋진 그래피티를 배경으로 한껏 포즈를 취해보자.

추천거리 찬스스트리트(Chance Street), 클럽로우(Club Row), 에보스트리트(Ebor Street), 레드처치스트리트(Redchurch Street), 위트비스트리트(Whitby Street), 리빙턴스트리트(Rivington Street), 그림스비스트리트(Grimsby Street), 한버리스트리트(Hanbury Street), 그레이트이스턴(Great Eastern)

London E2 7JB
Chance Street

London E1 6JX
Club Row

London E1
Ebor Street

London E2 7DJ
Redchurch Street

London E1 6JU
Whitby Street

📍 London EC2A 3AY
Rivington Street

📍 London E2 6ES
Grimsby Street

📍 London E1
Hanbury Street

📍 London EC2A 3JT
Great Eastern

MAP
쇼디치하이스트리트역 부근

SECTION 11
쇼디치에서 반드시 먹어봐야 할 것들

영국, 페루, 인도 등 여러 인종이 함께 살아가는 지역적 특성이 음식에서도 드러나며, 시간제 카페와 갤러리바, 이벤트펍 등 다른 지역에서는 볼 수 없었던 독특한 콘셉트의 맛집이 많다. 특히 안디나부터 시작되는 레드처치스트리트는 이스트엔드의 유행을 이끄는 맛집과 카페, 부티크가 포진한 곳이므로 꼭 한번 둘러보자.

브릭레인의 필수코스 ★★★★★
베이글베이크 브릭레인베이커리 Beigel Bake Brick Lane Bakery

1977년 오픈한 이래 이스트엔드를 대표하는 랜드마크 같은 존재인 베이글베이크는 쫄깃하고 맛있는 베이글을 365일 24시간 내내 쉬지 않고 판매한다. 오븐에 구워낸 베이글 사이에는 다양한 재료를 넣는데 특히 훈제연어와 크림치즈를 넣어 짭조름하고 부드러운 맛이 일품인 스모크샐먼&크림치즈 Smoke Salmon&Cream Cheese(£1.60)와 두툼한 살코기와 머스타드소스가 듬뿍 들어간 핫솔트비프 Hot Salt Beef(£3.70)가 인기 높다.

가게 바로 옆에 위치한 노란색 간판의 베이글숍 Beigel Shop도 똑같은 메뉴를 판매하지만 오리지널은 하얀색 간판의 베이글베이크 브릭레인베이커리이므로 확인하고 들어가자.

주소 159 Brick Ln, London E1 6SB **귀띔한마디** 주말에는 긴 대기행렬 때문에 옆 가게로 가는 손님도 많다. **영업시간** 24시간/연중무휴 **문의** (44)020-7729-0616 **찾아가기** Overground 쇼디치하이스트리트(ShoreditchHighSt.)역 출구로 나와 왼쪽 방향으로 걷다 베스널그린로드(Bethnal Green Rd.)에서 오른쪽 방향으로 걸어 브릭레인(Brick Ln.)에서 오른쪽 방향으로 조금 더 걸어가면 오른편에 위치한다. 도보 5분. **홈페이지** www.beigelbake.com

건강한 음식을 지향하는 페루비안요리 ★★★★☆
안디나 Andina

◀ 퀴노아버거

쇼디치의 번화한 거리 레드처치스트리트Redchurch St. 시작점에 위치한 안디나는 페루 안데스지방의 전통음식을 재해석한 요리를 선보이는 곳이다. 소호에서 인기 있는 페루비안레스토랑 세비체Ceviche의 세컨레스토랑으로 쌀과 비슷한 곡물의 어머니 퀴노아Quinoa, 안데스의 산삼이라 불리는 마카Maca, 신이 내린 작물 아마란스Amaranth 등 남미를 대표하는 식재료로 만든 건강한 음식을 지향한다. 페루음식과 함께 시그니처메뉴이자 건강음료인 슈퍼푸드 스무디(£5.00)를 마신다면 더욱 완벽한 식사를 즐길 수 있다.

주소 1 Redchurch St. London E2 7DJ 베스트메뉴 키위요거트와 칠리 마요네즈소스를 넣어 만든 채식주의자를 위한 버거 퀴노아버거(Quinoa Burger) 영업시간 08:00~23:00(월~금요일), 10:00~23:00(토, 일요일) 문의 (44)020-7920-6499 찾아가기 Overground 쇼디치하이스트리트(ShoreditchHighSt.)역 출구로 나와 왼쪽 방향으로 걷다 베스널그린로드(Bethnal Green Rd.)로 나와 왼쪽의 박스파크 앞 횡단보도에서 맞은편으로 건너 에보스트리트(Ebor St.)로 진입 후 레드처치스트리트(Redchurch St.)에서 왼쪽 방향으로 직진하면 길 끝 오른편 코너에 위치한다. 도보 4분. 홈페이지 www.andinalondon.com

영국에서 즐기는 정통인도카레 ★★★☆☆
디슘 Dishoom

화이트채플, 브릭레인 등 이스트런던의 길거리를 배회하거나 푸드마켓에 가면 심심찮게 보이는 커리요리는 인도, 파키스탄, 방글라데시 등 각 나라별로 특성과 종류도 다양하다. 사실 어느 가게를 들어가더라도 현지인들이 직접 요리하므로 본고장 커리를 그대로 맛볼 수 있지만 스타일리시한 커리레스토랑은 찾아보기 힘들다. 그래서 현지인의 단골집으로 더욱 인기를 끌고 있는 곳이 디슘이다.
디슘은 정통인도요리 레스토랑이지만 외관부터 깔끔하고 세련된 분위기가 눈길을 끈다. 여타 레스토랑과 차별화된 음식세팅, 식기 디자인 등이 인상적이며, 기본에 충실한 메뉴들로 구성되어 있어 정통인도의 맛을 제대로 느낄 수 있다.

주소 7 Boundary St., London E2 7JE 귀띔한마디 페이스북에 가끔 무료음료 이벤트를 진행하므로 참고하자. 영업시간 08:00~23:00(월~수요일), 08:00~24:00(목, 금요일), 09:00~24:00(토요일), 09:00~23:00(일요일) / 12월 24~26일, 1월 1, 2일 휴무 문의 (44)020-7420-9264 찾아가기 Overground 쇼디치하이스트리트(ShoreditchHighSt.)역 출구로 나와 왼쪽으로 걷다 베스널그린로드(Bethnal Green Rd.)에서 왼쪽 박스파크 앞 횡단보도를 건너 에보스트리트(Ebor St.)로 들어서 레드처치스트리트(Redchurch St.)에서 왼쪽으로 걷다 오른쪽 바운더리스트리트(Boundary St.)로 진입하면 왼편에 위치한다. 도보 4분. 홈페이지 www.dishoom.com

런던 힙스터가 사랑하는 카페 ★★★★☆
어텐던트 The Attendant

직접 로스팅한 원두로 커피를 만드는 독립카페로 2013년 문을 연 이래 런던 커피문화의 중심축으로 활약하고 있다. 소호의 1호점에 이어 동쪽지역 가운데 가장 뜨거운 상업지구인 쇼디치에 2호점을 오픈하였다. 여느 카페와는 조금 다르게 커피의 맛과 더불어 음식메뉴에도 상당히 공을 들이고 있는데, 식사메뉴를 미슐랭 스타 셰프가 고안한 점이 인상적이다. 천장에 매달린 화분, 식물로 뒤덮인 벽, 초록색 타일의 카운터 등 그린 인테리어로 꾸며진 공간이 주는 아늑함 또한 이곳의 매력 포인트 중 하나다.

주소 74 Great Eastern St, London EC2A 3JL 귀띔한마디 음식메뉴는 서비스차지 12.5%가 부과된다. 베스트메뉴 서양배와 헤즐넛이 환상적인 조합을 자랑하는 프렌치토스트 £7.50 영업시간 08:00~18:00(월~금요일), 09:00~18:00(토, 일요일), 공휴일 10:00~17:00/부정기 휴무 문의 (44)020-7729-0052 찾아가기 팔러먼트 힐 뷰포인트에서 우드연못(Wood Pond)를 향해 북쪽으로 직진하면 위치. 도보 25분. 홈페이지 the-attendant.com

자전거카페의 원조 ★★★★☆
룩맘노핸즈! Look Mum No Hands!

귀여운 카페이름 '엄마 이것 좀 봐, (자전거에서) 손 뗐어!'에서 이 카페의 아이덴티티가 느껴진다. 좋아하는 커피와 자전거를 동시에 즐길 수 있는 카페를 만들고 싶었다는 주인장 의도대로 카페는 사이클링숍도 겸하고 있다. 카페 오리지널상품을 비롯해 각종 자전거 관련 제품을 판매하고 있으며, 고장 난 자전거를 수리해주기도 한다. 그래서인지 라이딩복장을 한 바이커의 모습도 종종 눈에 띈다. 낮에는 커피와 음식을 판매하는 카페이지만 밤에는 맥주를 비롯한 주류를 판매하는 바로 바뀐다. 자전거정비 관련 워크숍도 열리고 있으니 관심 있는 사람은 홈페이지를 참고하자.

주소 49 Old Street, London EC1V 9HX 영업시간 07:30~22:00(월~금요일), 08:30~22:00(토요일), 09:00~22:00(일요일) 문의 (44)020-7253-1025 찾아가기 TUBE 올드스트리트(Old Street)역 4번 출구로 나와 반대방향으로 직진하면 오른편에 위치한다. 도보 8분. 홈페이지 www.lookmumnohands.com

새로운 형태의 문화공간 ★★★☆
더북클럽 The Book Club

핫플레이스가 한데 모인 쇼디치에서도 독특한 콘셉트로 독보적인 인기를 누리는 곳이다. 낮과 밤의 모습이 180도 달라지는데, 낮에는 간단한 음식과 커피 등의 음료를 판매하는 카페이지만 밤에는 미니콘서트와 영화상영, 아트워크숍 등 다양한 이벤트와 파티를 여는 라운지바로 바뀐다.

내부에는 신진 아티스트들의 작품들을 전시하고 있어 마치 갤러리에 온 듯한 느낌도 든다. 한두 달에 한 번씩 아티스트를 선정해 전시하여 매번 가게 분위기가 달라지는 점도 독특하다. 또 가게 한편에 탁구대, 당구대가 설치되어 있어 스포츠바 느낌도 물씬 난다. 그야말로 즐길거리 가득한 종합선물세트 같은 곳이다. 이곳을 제대로 즐기려면 일정부터 확인하여 페이스북을 통해 예약을 하도록 하자.

주소 100-106 Leonard St, London EC2A 4RH **영업시간** 08:00~24:00(월~수요일), 08:00~26:00(목, 금요일), 10:00~26:00(토요일), 10:00~24:00(일요일) **문의** (44)020-7684-8618 **찾아가기** Overground 쇼디치하이스트리트(Shoreditch High St.)역 출구로 나와 왼쪽 방향으로 걷다 베스널그린로드(Bethnal Green Rd.)에서 왼쪽 방향으로 직진 후 맞은편으로 건너 오른쪽 홀리웰레인(Holywell Ln.)길로 진입한다. 그레이트이스턴스트리트(Great Eastern St.)에서 오른쪽으로 걷다가 왼쪽 레오나드스트리트(Leonard St.)로 진입하면 바로 위치한다. 도보 7~8분. **홈페이지** www.wearetbc.com

루프탑에서 즐기는 밤 ★★★☆
퀸오브혹스턴 Queen of Hoxton

쇼디치와 해크니에 인기 카페를 보유한 마더십그룹Mother Ship Group이 야심차게 선보인 곳으로 더북클럽과 마찬가지로 아티스트 공연과 전시회 등 다양한 이벤트를 개최한다. 특히 가게 맨 꼭대기에 루프탑이 있는데, 매년 여름 이곳에서 크리에이티브워크숍과 요가교실, DJ파티 등을 여는 루프탑섬머클럽Rooftop Summer Club이 진행되고, 은은한 불빛에 둘러싸여 바비큐를 즐기는 한 겨울의 캠프파이어 같은 이스턴라이트WIGWAMBAM: The Eastern Lights가 열린다. 워낙 인기가 많은 이벤트라 늦게 가면 자리를 잡기 힘들고, 예약이 불가능하므로 가급적 일찍 방문하는 것이 좋다.

주소 1-5 Curtain Rd, London EC2A 3JX **영업시간** 16:00~24:00(월~수요일), 16:00~26:00(목~토요일)/매주 일요일 휴무 **문의** (44)020-7422-0958 **찾아가기** Overground 쇼디치하이스트리트(Shoreditch High St.)역 출구로 나와 왼쪽으로 걷다 베스널그린로드(Bethnal Green Rd.)에서 왼쪽으로 직진 후 맞은편으로 건너 오른쪽 홀리웰레인(Holywell Ln.)길로 진입한다. 커튼로드(Curtain Rd.)에서 왼쪽으로 진입하면 바로 보인다. 도보 8분. **홈페이지** www.queenofhoxton.com

PART 03
LONDON WEST, NORTH, EAST

SECTION 12
쇼디치에서 놓치면 후회하는 쇼핑

최신 트렌드에 민감한 이들이라면 박스파크는 반드시 방문해야 할 곳이다. 영국음악을 좋아한다면 방문하는 것만으로도 좋은 추억이 될 러프트레이드도 놓치지 말자. 특별한 기념품을 남기고 싶다면 나만의 액세서리를 만드는 테티디바인을 추천한다.

신개념의 쇼핑몰 ★★★★★
박스파크 BOXPARK

쇼디치하이스트리트에 들어서면 가장 먼저 보이는 것이 커다란 검은색 컨테이너박스가 즐비한 풍경이다. BOXPARK라고 큼지막하게 적힌 이름 그대로 컨테이너박스에 숍들을 한데 모은 곳으로 세계에서 처음으로 생긴 팝업몰이다. 팝업몰Pop-up Mall이란 홍보를 목적으로 한정기간 운영되는 팝업스토어 중심의 쇼핑몰을 말한다.

박스파크 1층은 고가의 디자이너 브랜드부터 캐주얼한 스포츠브랜드까지 매번 다양한 브랜드의 팝업스토어가 입점하며, 특히 이름만 들어도 누구나 아는 유명브랜드를 중심으로 신상품을 판매한다. 브랜드의 독자성과 이스트엔드만의 개성을 살린 내부는 일반매장들과는 다른 스타일로 꾸며져 구경하는 재미도 있다. 2층에는 각종 레스토랑과 카페가 운영되며, 특히 오픈된 야외 공간에서 음식을 즐길 수 있는 곳이 많은 것이 특징이다. 주말에는 박스 옆에 마련된 무대에서 다양한 공연도 펼쳐진다.

주소 2-10 Bethnal Green Rd London, E1 6GY **귀띔한마디** 이벤트성 팝업스토어가 많은 편이므로 한정품이나 신상품을 빠르게 접할 수 있다. **영업시간** 패션구역 11:00~19:00(월~수, 금, 토요일), 11:00~20:00(목요일), 12:00~18:00(일요일) / 푸드구역 08:00~23:00(월~토요일), 10:00~22:00(일요일) **문의** (44)020-7033-2899 **찾아가기** Overground 쇼디치하이스트리트(ShoreditchHighSt.)역 출구로 나와 왼쪽 방향으로 걷다 베스널그린로드(Bethnal Green Rd.)로 나오면 바로 왼편에 위치한다. 도보 1분. **홈페이지** www.boxpark.co.uk

아날로그 감성을 깨우는 ★★★★★
러프트레이드 ROUGH TRADE

온라인 음원 사이트로 듣고 싶은 음악을 스마트폰으로 고르는 디지털 시대에도 여전히 시디와 레코드판으로 잊고 있던 아날로그 감성을 자극하는 음반가게이다. 비틀즈, 앨비스프레슬리, U2 등 월드팝스부터 우리에게는 다소 생소한 인디음악까지 총망라되어 있다. 음반뿐만 아니라 음악과 런던에 관한 서적도 판매되고 있으며, 레코드가게 입구는 카페도 겸하고 있어 만남의 장소로도 유명하다. 스티커사진을 연상시키는 4컷 흑백사진 포토부스에서의 기념촬영도 여행에 즐거움을 더한다.

주소 Old Truman Brewery, 91 Brick Lane, London, E1 6QL **귀띔한마디** 인디밴드나 신인가수의 홍보성 미니콘서트도 자주 열리는 편이다. **영업시간** 09:00~21:00(월~목요일), 09:00~20:00(금요일), 10:00~20:00(토요일), 11:00~19:00(일요일) **문의** (44)020-7392-7788 **찾아가기** Overground 쇼디치하이스트리트(ShoreditchHighSt.)역 출구로 나와 오른쪽 방향으로 걷다 퀘이커스트리트(Quaker St.)에서 왼쪽 방향으로 직진 후 오른쪽 브릭레인(Brick Ln.)에서 오른쪽으로 걸어가면 오른쪽 골목 안쪽에 위치한다. 도보 6분. **홈페이지** www.roughtrade.com

깜찍한 액세서리브랜드 ★★★★★
테티디바인 Tatty Devine

펑키한 감성과 유니크한 디자인으로 많은 팬을 보유하고 있는 테티디바인은 디자이너 로지울펜덴Rosie Wolfenden과 해리엣바인Harriet Vine이 의기투합하여 만든 액세서리 전문브랜드이다. 원색의 팝컬러와 아크릴소재가 특징이며, 액세서리 제조를 모두 수작업으로 진행하고 있다.

2001년 오픈한 브릭레인 본점을 비롯해 코벤트가든과 셀프리지백화점에 지점이 있다. 본점에서는 가장 많은 종류의 상품을 만날 수 있으며, 코벤트가든점과 셀프리지에서는 자신의 영문이름으로 제작된 목걸이도 만들 수 있다. 자신만의 액세서리를 가지고 싶거나 누군가에게 색다른 선물을 하고 싶다면 이곳이 제격이다.

주소 236 Brick Lane London E2 7EB **귀띔한마디** 코벤트가든점 주소_ 44 Monmouth St. London WC2H 9EP 셀프리지백화점_Ground Floor(1층) **영업시간** 10:00~18:30(월~금요일), 11:00~18:00(토요일), 10:00~17:00(일요일) **문의** (44)020-7739-9191 **찾아가기** Overground 쇼디치하이스트리트(ShoreditchHighSt.)역 출구로 나와 왼쪽 방향으로 걷다 베스널그린로드(Bethnal Green Rd.)에서 오른쪽 방향으로 진입 후 브릭레인(Brick Ln.)에서 왼쪽으로 걸어가면 오른편에 위치한다. 도보 5분. **홈페이지** www.tattydevine.com

SPECIAL
Made in U.K.

브리티시 빈티지 총출동
- British Vintage in London -

런던을 방문했다면 빈티지쇼핑 또한 빼놓을 수 없다. 런던의 관광명소를 둘러보다 보면 빈티지 관련 제품을 판매하는 곳이 눈에 띄게 많다는 것을 알 수 있다. 옛것을 소중히 여기고, 오래된 문화를 보존해야 한다고 생각하는 영국인들에게 빈티지는 자연스레 피어날 수밖에 없는 문화인 것이다. 복고문화의 중심인 7~80년대는 물론, 세월을 거슬러 올라가 5~60년대 물건들도 만날 수 있는 빈티지숍은 주로 이스트엔드에 몰려있다. 옛날 물건이라고 촌스럽거나 유치하다고 생각하면 오산이다. 스타일에 포인트를 줄 수 있는 아기자기한 아이템부터 최신 트렌드와도 잘 어울리는 의류와 잡화까지 다양한 제품을 총망라해 유명 브랜드만큼이나 인기가 높다. 빈티지쇼핑을 통해 자신의 패션센스를 가늠해 보는 시간을 가져보도록 하자.

★ 런던의 대표 빈티지숍 BEST 5

앱솔루트빈티지 Absolute Vintage

주소 15 Hanbury St., London E1 6QR 영업시간 11:00~19:00 문의 (44)020-7247-3883 찾아가기 Overground 쇼디치하이스트리트(ShoreditchHighSt.)역 출구로 나와 오른쪽으로 걷다 커머셜스트리트(Commercial St.)에서 왼쪽으로 진입하여 왼쪽 한버리스트리트(Hanbury St.)로 들어가면 왼편에 위치한다. 도보 7분. 홈페이지 www.absolutevintage.co.uk

비욘드레트로 Beyond Retro

주소 110-112 Cheshire St, London E2 6EJ 영업시간 10:00~19:00(월~수, 금, 토요일), 10:00~20:00(목요일), 11:30~18:00(일요일) / 12월 25, 26일 휴무 문의 (44)020-7613-3636 찾아가기 Railway 베스널그린(Bethnal Green)역 에서 나와 쓰리콜츠레인(Three Colts Ln.)을 왼쪽 방향으로 걷다보면 왼편에 위치한다. 도보 8분. 홈페이지 www.beyondretro.com

블릿츠 Blitz

주소 55-59 Hanbury St., London E1 5JP 영업시간 11:00~19:00(월~토요일), 12:00~18:00(일요일) 문의 (44)020-7377-8828 찾아가기 Overground 쇼디치하이스트리트(Shoreditch HighSt.)역 출구로 나와 오른쪽으로 걷다 커머셜스트리트(Commercial St.)에서 왼쪽으로 진입한 후 왼쪽 한버리스트리트(Hanbury St.)로 들어가면 왼편에 위치한다. 도보 9분. 홈페이지 www.blitzlondon.co.uk

레트로마니아 Retromania London

주소 6 Upper Tachbrook St., London SW1V 1SH 영업시간 10:00~18:00 문의 (44)020-7377-8828 찾아가기 TUBE 빅토리아(Victoria)역 1번 허드슨플레이스(Hudson's Pl.) 출구로 나와 오른쪽 방향으로 걷다 왼쪽 니트하우스플레이스(Neathouse Pl.)로 진입하여 복스홀브리지플레이스(Vauxhall Bridge Pl.)로 나와 오른쪽으로 조금 더 걸어가면 오른편에 위치한다. 도보 5분. 홈페이지 www.facebook.com/retromania.vintage

로킷 Rokit

주소 101 Brick Lane London E1 6SE 영업시간 11:00~19:00(월~금요일), 10:00~19:00(토, 일요일) 문의 (44)020-7375-3864 찾아가기 Overground 쇼디치하이스트리트(Shoreditch HighSt.)역 출구로 나와 왼쪽으로 걷다 베스널그린로드(Bethnal Green Rd.)에서 오른쪽으로 직진한 후 브릭레인(Brick Ln.)에서 오른쪽으로 진입하면 오른편에 위치한다. 도보 6분. 홈페이지 www.rokit.co.uk

CHAPTER 06

런던의 트렌드를 만든다

해크니 & 베스널그린
Hackney&Bethnal Green

몇 년 새 물가가 감당할 수 없을 만큼 폭등한 쇼디치를 벗어나 가난한 아티스트들은 새로운 대안을 찾아 해크니로 모여들었다. 큰 공원(빅토리아 파크와 런던필즈)과 빅토리아 양식의 고풍스런 주택이 많은 것도 한몫을 했고, 2012년 런던올림픽 주요경기장과도 가까이 있어 더욱 핫한 곳으로 부상할 수 있었다. 올드스트리트역을 시작해 베스널그린역을 아우르는 이 구역 또한 뚜렷한 콘셉트의 특색 있는 거리가 군데군데 포진한 보물창고와도 같은 곳이다.

해크니&베스널그린을 이어주는 교통편

해크니
· Railway 런던필즈(LondonFields)역에서 하차한다.

베스널그린
· TUBE/Railway 혹스턴(Hoxton)역 또는 케임브리지히스(Cambridge Heath)역에서 하차한다. 혹스턴역은 콜럼비아 로드에서 서쪽, 케임브리지히스역은 동쪽에 위치한다.

해크니&베스널그린에서 이것만은 꼭 해보자

1. 킨포크(Kinfolk)감성을 좋아한다면 브로드웨이마켓을 꼭 방문하자!
2. 특색 있고 개성 가득한 콜럼비아로드를 둘러보자.

사진으로 미리 살펴보는
해크니&베스널그린 베스트코스
예상 소요시간 5시간 이상

이스트엔드를 빛내는 주말마켓 두 군데를 중심으로 토요일과 일요일 코스로 나눌 수 있다. 해크니지역은 런던필즈공원을 중심으로 명소 대부분이 브로드웨이마켓 쪽에 집중되어 있다. 베스널그린지역 또한 콜럼비아로드를 중심으로 10분 이내에 이동가능하여 둘러보기가 편하다.

※ **토요일코스**

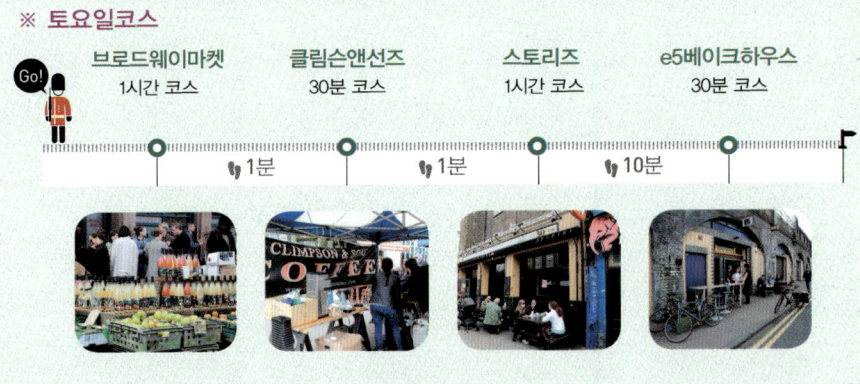

브로드웨이마켓 1시간 코스 — 1분 — 클림슨앤선즈 30분 코스 — 1분 — 스토리즈 1시간 코스 — 10분 — e5베이크하우스 30분 코스

※ **일요일코스**

콜럼비아로드 플라워마켓 1시간 코스 — 1분 — 릴리바닐리 30분 코스 — 10분 — 송께카페 1시간 코스 — 1분 — 제프리뮤지엄 1시간 코스

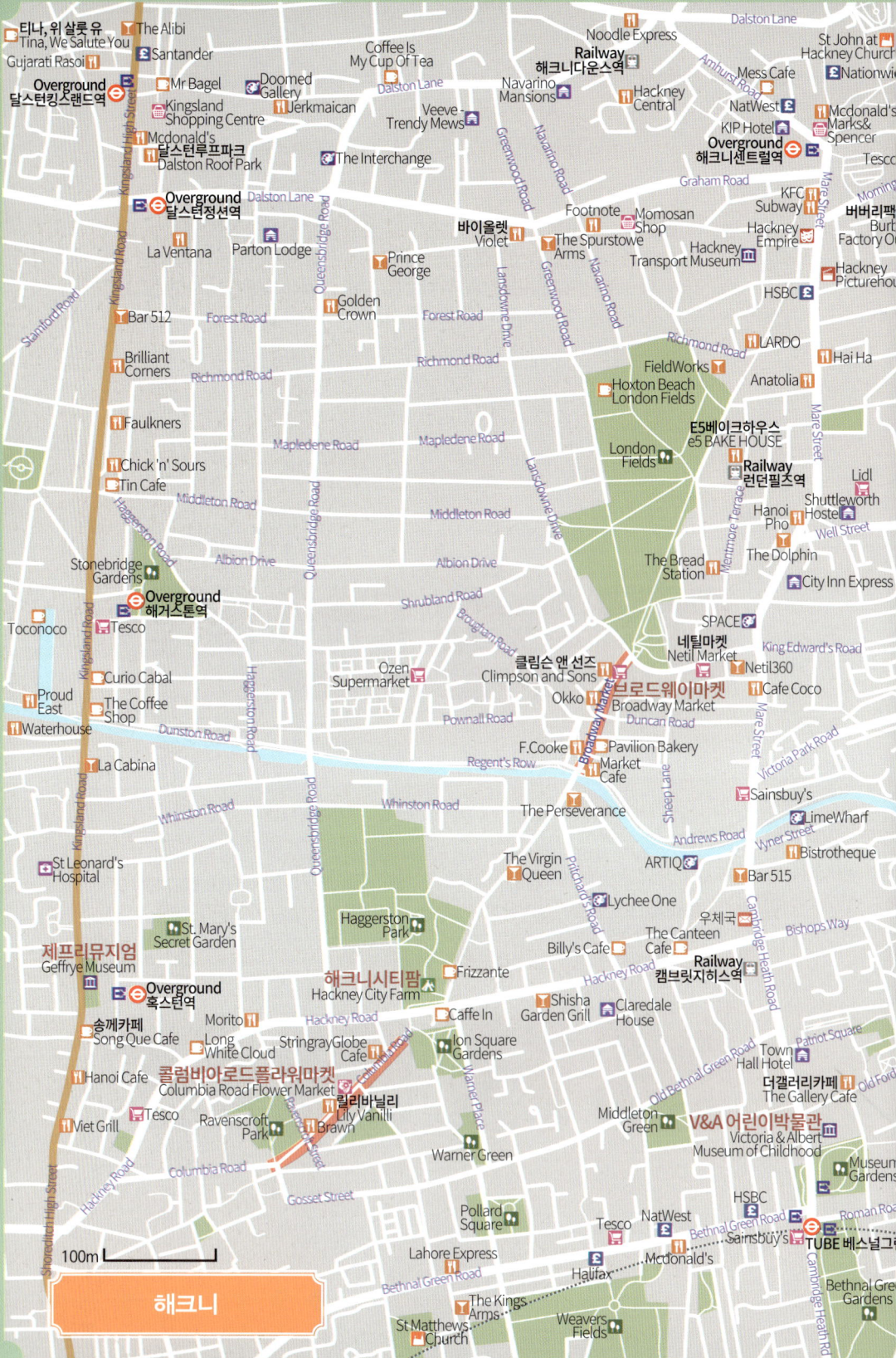

CHAPTER 05
해크니 & 베스널그린

SECTION
13
해크니&베스널그린에서 반드시 둘러봐야 할 명소

해크니를 대표하는 브로드웨이마켓과 전통과 역사를 지닌 콜럼비아로드 꽃시장,
아이들과 함께 즐기면 좋은 농장, 박물관 등 도심지역 못지않은 즐길 거리들로 가득하다.

도심 속 농장체험 ★★★★★
해크니시티팜 Hackney City Farm

농촌에서만 경험할 수 있던 자연과의 교류를 도심에서도 체험할 수 있는 곳이 바로 시티팜이다. 시티팜이란 이름 그대로 도심 한가운데에 있는 농장이다. 런던의 주요관광지에서 조금 벗어난 이스트엔드에서 이러한 농장체험을 직접 해볼 수 있는 해크니시티팜이 인기를 끌고 있다.

마치 작은 공원 같은 농장에는 양과 돼지, 당나귀 등 다양한 동물과 정원, 논밭 등이 평화롭게 펼쳐져 있다. 농장 이곳저곳을 누비는 동물들을 직접 만져도 보고 먹이도 줄 수 있다. 농장 한쪽에 마련된 논밭에선 각종 채소를 직접 가꿔볼 수도 있다. 물론 이 모든 것은 무료라는 점이 매력적이다. 여행지에서 독특한 체험을 해보고 싶다면 시티팜을 일정에 넣어보자. 아이와 함께하는 여행이라면 자연의 소중함을 일깨워주는 교육공간으로 안성맞춤이다.

주소 1a Goldsmith's Row, London E2 8QA **귀띔한마디** 농장입구 쪽에 손을 씻을 수 있도록 세면대가 마련되어 있다. **입장료** 무료 **운영시간** 10:00~16:30(화~일요일)/매주 월요일 휴무(월요일이 공휴일이면 오픈) **문의** (44)020-7729-6381 **찾아가기** Railway 케임브리지히스(Cambridge Heath)역에서 나와 왼쪽 해크니로드(Hackney Rd.)로 진입하여 직진하다 오른쪽 골드스미스로우(Goldsmith's Row)가 나오면 길 입구에 위치한다. 도보 9분. **홈페이지** www.hackneycityfarm.co.uk

콜럼비아로드플라워마켓 Columbia Road Flower Market

일요일마다 활짝 피어나는 향기로운 거리 ★★★☆☆

런던 각지에 잘 조성된 공원들과 많은 이들의 취미생활로 꼽히는 정원가꾸기, 그리고 매해 대규모로 펼쳐지는 꽃축제 등 영국인들에게 있어 꽃은 떼려야 뗄 수 없는 존재이다. 이러한 인기를 반영하듯 이스트엔드 콜럼비아로드에서는 매주 일요일 오전 8시부터 오후 3시까지 다양한 종류의 꽃과 화분, 가드닝재료를 판매하는 플라워마켓이 열린다.

거리를 수놓은 다채로운 꽃의 향연은 보는 이들의 맘까지 화사하게 만들고, 시기마다 달라지는 꽃을 보며 계절의 변화를 몸소 느낄 수 있다. 꽃의 특성상 파장시간이 다가올수록 저렴해지는 가격 또한 매력이다. 품에 한아름 안길 정도의 꽃다발을 £5.00에 판매할 때도 있으니 상인들의 외침에 귀 기울여 보자. 마켓 이외에도 갤러리, 부티크, 카페 등 60여 곳에 이르는 상점들이 있으므로 시간을 내어 천천히 둘러보자.

주소 Columbia Rd, London E2 7RG **영업시간** 일요일 08:00~15:00 **문의** (44)020-7613-0876 **찾아가기** Railway 혹스턴(Hoxton)역에서 나와 크레머스트리트(Cremer St.)에서 왼쪽 방향으로 걷다 오른쪽 해크니로드(Hackney Rd.)에서 오른쪽 방향으로 진입 후 레이븐스크로프트스트리트(Ravenscroft St.)를 따라 오른쪽 방향으로 걷다보면 위치한다. 도보 8분. **홈페이지** www.columbiaroad.info

주말에만 문을 여는 콜럼비아로드 상점가

마켓 측면에 즐비한 상점가 또한 다양한 즐길거리가 넘쳐나므로 잠깐 시간을 내서라도 꼭 한 번 둘러보자. 페이퍼 컷팅 아티스트 중에서 큰 인기를 얻고 있는 롭 라이언(Rob Ryan)의 작품을 전시, 판매하고 있는 갤러리숍 라이언타운(Ryantown)과 전 세계의 우수하고 독특한 문구류를 선별해 판매하는 츄징키핑(Choosing Keeping), 영국전통캔디를 판매하는 빈티지감성의 귀여운 숍 석앤츄(Suck and Chew) 등 가게마다 특색 있고 개성이 넘친다. 놈(NôM)은 베트남과 캄보디아의 디자인제품을 판매하는 수공예전문점이다. 코코넛껍질로 만든 식기와 버려진 나무로 만든 주방용품 등 재활용제품이라는 사실이 믿기지 않을 만큼 감각적이다. 특히 컬러풀한 식기류는 주방분위기까지 밝게 해줄 만한 강추 아이템이다. 이 외에도 원예 관련 제품을 판매하는 전문점과 빈티지숍, 카페도 있으니 시간여유가 있다면 차근차근 둘러보자.

01.02.놈(NôM) 03.04.석앤츄(Suck and Chew) 05.06.츄징키핑(Choosing Keeping) 07.라이언타운(Ryantown)

PART 03
LONDON WEST, NORTH, EAST

소박하지만 볼거리가 많은 ★★★★
브로드웨이마켓 Broadway Market

이름 있는 유명마켓에 비해 비교적 덜 알려져 있지만 런던을 방문하는 여행자에게 꼭 추천하고 싶은 마켓이다. 이스트엔드 대표공원인 런던필즈London Fields 근처에서 열리는 이 마켓은 소박하지만 없는 것이 없을 정도로 다양한 제품과 여유로움을 즐기는 사람들, 그리고 자연의 푸름까지 삼박자를 고루 갖추고 있다.

다양한 먹거리와 빈티지스타일의 패션제품, 유기농식재료 등을 파는 가판이 1.6km나 되는 도로를 가득 메운다. 클립슨앤선즈와 바이올렛 등 이스트엔드를 대표하는 가게도 매주 가판대를 설치하여 영업하고 있다. 마켓구경 중에 구입한 먹거리를 런던필즈에서 먹는 것도 또 다른 즐거움이 된다. 천천히 공원도 구경하면서 지친 몸과 마음의 여유를 가져보자.

주소 Broadway Market, London E8 4PH **영업시간** 토요일 09:00~17:00 **문의** (44)078-7246-3409 **찾아가기** Railway 런던필즈(LondonFields)역에서 나와 오른쪽 방향으로 멘트모어테라스(Mentmore Terrace)를 따라 걷다 램레인(Lamb Ln.)에서 오른쪽 방향으로 직진하면 런던필즈공원으로 연결된다. 왼쪽으로 진입하여 공원출구가 나오면 맞은편 브로드웨이마켓(Broadway Market)길로 들어선다. 도보 8분. **홈페이지** www.Broadwaymarket.co.uk

---
함께 방문하면 좋은 마켓, 네틸마켓 Netil Market

브로드웨이마켓에 인접한 작은 네틸마켓은 길모퉁이 작은 공터라 자칫 지나치기 쉽다. 매주 토요일 런던의 젊은 디자이너들이 만든 의류와 액세서리 등의 제품을 판매하고 있으며, 간단한 먹을거리도 판매한다. 마켓에서 가장 인기 높은 좌판은 럭키칩(lucky Chip)의 햄버거이다. 해크니의 유명펍 세브라이트암(Sebright Arms)의 대표메뉴인 이 햄버거 이름은 케빈베이컨, 빌머레이 등 할리우드배우의 이름에서 따온 것이 특징이다.

제프리뮤지엄 Geffrye Museum

영국 하우스인테리어의 변화를 살펴볼 수 있는 ★★★★★

> 2020년 초까지 공사 중인 관계로 휴관한다.

영국 가정집의 내부인테리어를 직접 체험해볼 수 있는 박물관이다. 런던시장을 역임한 로버트제프리경Sir Robert Geffrye이 기증한 건물을 개조하여 만든 곳으로 2014년에 100주년을 맞이하였다. 하우스인테리어의 역사를 한눈에 살펴볼 수 있도록 시대별로 방 한 칸을 그대로 재현하였다. 크게 고전양식과 현대양식 두 부분으로 나눠 소개하며, 아름다운 정원과 카페 등의 쉼터도 마련되어 있다.

고전양식을 다룬 부분은 1600~1890년대까지 시대별로 꼼꼼하게 재현되어 있으며, 가구와 장식품 또한 하나하나 공을 들인 정교함이 돋보인다. 기념품 숍과 카페를 지나치면 1900년대부터 현재까지의 모습을 재현한 현대양식 부분이 나오므로 놓치지 말고 끝까지 관람하도록 하자.

주소 136 Kingsland Rd., Shoreditch, London E2 8EA **입장료** 무료 **운영시간** 10:00~17:00(화~일요일)/매주 월요일 휴무(월요일이 공휴일인 경우 오픈) **문의** (44)020-7739-9893 **찾아가기** Railway 혹스턴(Hoxton)역에서 나와 크레머스트리트(Cremer St.)에서 오른쪽 방향으로 걷다 오른쪽 킹스랜드로드(Kingsland Rd.)로 진입 후 조금 더 걸어가면 오른편에 위치한다. 도보 4분. **홈페이지** www.geffrye-museum.org.uk

V&A어린이박물관 Victoria&Albert Museum of Childhood

추억의 장난감이 총망라된 ★★★★★

빅토리아알버트박물관의 분관으로 어린 시절 가지고 놀았던 추억의 장난감을 시대별, 종류별로 전시해놓은 장난감박물관이다. 박물관 안으로 들어서자마자 보이는 탁 트인 전시공간과 갤러리, 카페와 기념품숍이 오밀조밀 어우러진 모습이 마치 인형의 집을 연상케 한다.

박물관은 1400년대부터 현재까지 거의 모든 종류의 장난감을 전시한 무빙토이갤러리Moving Toys Gallery, 미래형 장난감을 소개한 크리에이티비티갤러리Creativity Gallery, 아기용품을 전시한 차일드후드갤러리Childhood Galleries, 박물관이 주최한 커뮤니티 프로젝트의 결과물을 전시한 프론트룸갤러리Front Room Gallery 등 크게 네 구역으로 나눠져 있다. 전시된 제품 중에는 아이보다 오히려 어른에게 익숙한 물건도 눈에 띄게 많다.

주소 Cambridge Heath Rd, London E2 9PA **귀띔한마디** 박물관카페에서는 평일 15시 30분부터 케이크와 따뜻한 음료세트를 £3.50에 판매하고 있다. **입장료** 무료 **운영시간** 10:00~17:45/12월 24~26일 휴무 **문의** (44)020-8983-5200 **찾아가기** TUBE 베스널그린(Bethnal Green)역 케임브리지히스로드 동쪽(Cambridge Heath Rd. East Side) 출구로 나와 걷다보면 오른편에 위치한다. 도보 3분. **홈페이지** www.vam.ac.uk/moc

SECTION 14
해크니&베스널그린에서 먹어봐야 할 것들

베트남 음식점 밀집지역인 킹스랜드로드, 큰 마켓이 위치한 콜럼비아로드와 런던필즈 부근에는 개성 강하면서 예술적인 카페와 클럽, 바가 밀집되어 있어 열기는 새벽까지 식을 줄을 모른다.

이스트엔드를 대표하는 카페 ★★★★★
클림슨앤선즈 Climpson and Sons

마켓구경으로 지쳐버린 몸과 마음을 달래주는 데 카페만큼 좋은 곳도 없을 것이다. 스타벅스와 같은 유명카페체인점에서 즐기는 커피 한잔도 좋지만 지역 여행 중에는 그 지역에서만 맛볼 수 있는 카페를 찾아보는 것도 좋은 방법이다. 그런 의미에서 소개하고 싶은 카페가 클림슨앤선즈이다. 마켓의 작은 가판으로 시작하여 2005년 정식 오픈한 이래 줄곧 이스트엔드를 대표하는 카페로 자리 잡았다.

이곳은 직접 로스팅한 커피가 런던 베스트커피로 뽑힐 만큼 정평이 나 있다. 가게가 아담한 편이라 평일 아침 시간대 이외에는 항상 붐비는 편이며, 특히 마켓이 열리는 토요일에는 커피를 사러 온 행렬로 대기시간이 길어진다. 카페 안에서 즐기는 것을 굳이 고집하지 않는다면 토요일에만 운영하는 가판대에서 테이크어웨이(플랫화이트 £2.60)로 구입하여 마켓부근이나 런던필즈에서 즐기는 것도 좋은 방법이다.

주소 67 Broadway Market, London E8 4PH **영업시간** 07:30~17:00(월~금요일), 08:30~17:00(토요일), 09:00~17:00(일요일) **문의** (44)020-7812-9829 **찾아가기** Railway 런던필즈(LondonFields)역에서 나와 오른쪽 방향으로 걷다 램레인(Lamb Ln.)에서 오른쪽으로 진입하여 런던필즈공원으로 들어선다. 왼쪽 공원출구로 나와 맞은편 브로드웨이마켓(Broadway Market)길로 들어서 조금 더 걸으면 오른편에 위치한다. 도보 10분. **홈페이지** www.climpsonandsons.com

CHAPTER 06
해크니 & 베스널그린

브로드웨이마켓에서도 만날 수 있는 ★★★★★
바이올렛 Violet

고즈넉하고 아담한 가게로 들어서면 분주하게 빵을 만들고 있는 파티시에들 사이로 깜찍한 컵케이크가 손님들을 반긴다. 해크니의 한적한 주택가 사이에 위치한 바이올렛은 미국 캘리포니아출신 클레어피탁Claire Ptak과 그의 영국인 남편이 함께 오픈한 베이커리이다.
미국 버클리의 유명레스토랑 셰파니즈Chez Pani-sse에서 일한 경험을 토대로 정통 아메리칸스타일의 컵케이크를 선보이며, 제철과일로 만든 아이싱과 글루텐프리초콜릿을 사용한 유기농케이크를 맛 볼 수 있다. 2층에도 테이블이 마련되어 있으며, 매주 토요일 브로드웨이마켓에서도 판매되고 있다.

주소 47 Wilton Way, London E8 3ED 베스트메뉴 캔디바이올렛컵케이크(candied violet cupcake), 달콤하고 알싸한 생강맛이 매력적인 진저컵케이크(Ginger cupcake) 영업시간 08:00~18:00(월~금요일), 09:30~18:00(토~일요일) 문의 (44)020-7275-8360 찾아가기 Railway 해크니다운(Hackney Downs)역에서 달스턴레인(Dalston Ln.) 방향으로 나와 왼쪽 방향으로 걷다 왼쪽 그린우드로드(Greenwood Rd.)를 직진하여 오른쪽 윌턴웨이(Wilton Way)로 진입하면 바로 위치한다. 홈페이지 www.violetcakes.com

유기농재료로 만든 베이커리 ★★★★★
e5베이크하우스 e5 Bakehouse

◀ 해크니와일드

런던필즈역 아래 아치를 개조해서 만든 공간에는 다양한 가게들이 들어서 있다. 그 중에서도 최근 오가닉브레드 유행에 불을 지핀 빵집을 주목하자. e5 베이크하우스는 이스트엔드에서 생산한 밀가루, 소금, 물 등 유기농재료만을 사용하여 무려 72시간의 공정을 거쳐 정성스럽게 베이커리를 만드는 곳이다.
빵은 그날그날 만들어 신선한 상태에서 즐길 수 있으며, 특히 간판상품인 해크니와일드Hackney Wild(레귤러 £3.50, 라지 £3.70)는 밀가루와 호밀, 통밀을 섞어서 만든 빵으로 적당히 간이 되어 있어 그냥 먹어도 맛있다. 카페도 겸해서 운영하는데 커피는 이스트엔드의 유명카페 누드에스프레소Nude Espresso의 원두를 사용한다. 빵이 진열된 카운터 너머는 오픈주방이라 제빵과정을 지켜볼 수 있다.

주소 Arch 395, Mentmore Terrace, London E8 3PH 귀띔한마디 주말에는 브런치용 소시지롤과 피자, 샌드위치도 판매한다. 영업시간 07:00~19:00 문의 (44)020-8525-2890 찾아가기 Railway 런던필즈(London Fields)역에서 나와 왼쪽 방향으로 걷다보면 왼편에 위치한다. 도보 1분. 홈페이지 www.e5bakehouse.com

일요일에만 여는 카페 ★★★
릴리바닐리 Lily Vanilli

영국 최고의 음식 'Great Taste'에 선정된 브라우니 ▶

일주일에 단 하루, 콜롬비아로드 플라워마켓이 열리는 일요일에만 문을 여는 카페이다. 제빵사이자 케이크디자이너인 릴리존스Lily Jones가 오픈한 이곳은 각종 케이크와 커피, 홍차를 판매하고 있으며, 특히 그녀의 오리지널 레시피로 만든 케이크가 큰 인기를 끌고 있다.

깔끔하고 아기자기한 인테리어가 특징이지만 공간이 그리 넓지가 않아 큰 테이블에 여러 사람이 옹기종기 앉아 있거나 가게 밖에 서서 즐기는 사람도 있다. 콜롬비아로드 동쪽 작은 샛길로 접어드는 주택가에 간판도 없이 자리한 곳이라 그냥 지나칠 수 있다. 이름이 적힌 칠판형태의 표지판만 덩그러니 있으니 눈을 크게 뜨고 찾아봐야 한다.

주소 6 The Courtyard, Ezra St. London E2 7RH 귀띔한마디 매장에는 대형 테이블만 있으므로 다른 사람과 동석해야 한다. 영업시간 일요일 08:30~16:30 문의 (44)020-3186-4356 찾아가기 콜롬비아로드(Columbia Rd.)에서 작은 골목 에즈라스트리트(Ezra St.)로 진입하면 바로 왼편에 위치한다. 홈페이지 www.lilyvanilli.com

베트남거리의 대표레스토랑 ★★★★
송께카페 Sông Quê Café

가난한 이민자들은 웨스트엔드의 비싼 집값을 피해 이스트엔드로 모여들었다. 그들은 나름의 방식으로 네트워크를 구축하였고 자연스럽게 하나의 작은 타운을 형성하였다. 이 때문에 곳곳에서 중동, 서남아와 동남아 등의 다양한 문화를 접할 기회가 많아졌고, 독특한 거리풍경은 이스트엔드의 또 다른 상징이 되었다. 혹스턴역이 위치한 킹스랜드로드Kingsland Road 일대는 포마일Pho Mile이라 불릴 정도로 베트남음식점이 즐비하다. 그 중에서도 유독 송께카페 앞은 항상 기다리는 손님들로 가득하다. 가게 외관이나 실내인테리어가 세련된 것도 아니고, 특별히 눈에 띄는 것이 없음에도 많은 사람이 찾는 이유는 바로 맛과 빠른 서비스에 있다.

베트남 전통방식 그대로 만들고 있으며, 특히 쌀국수(£8.40)와 스프링롤(£4.80)이 일품이다. 또한 주문하면 요리가 바로 나오므로 손님이 많더라도 오래 기다리지 않아도 된다.

주소 134 Kingsland Rd, London E2 8DY **영업시간** 점심 12:00~15:00, 저녁 17:30~23:00(월~금요일), 12:00~23:00(토요일), 12:00~22:30(일요일, 공휴일) **문의** (44)00-7613-3222 **찾아가기** Railway 혹스턴(Hoxton)역에서 나와 왼쪽 방향으로 걷다 크레머스트리트(Cremer St.)에서 오른쪽으로 직진하면 길 끝 코너 오른편에 위치한다. 도보 3분. **홈페이지** www.songque.co.uk

▲ 스프링롤

채식주의자를 위한 맛있는 점심 ★★☆☆☆
더갤러리카페 The Gallery Cafe

채식주의자, 특히 고기는 물론 유제품, 생선, 해물이 일체 들어가지 않은 비건푸드 Vegan Food를 판매하는 카페이다. 잉글리시 브렉퍼스트와 피자, 햄버거 등 한 끼 식사로 충분한 메뉴를 선보인다.

메인메뉴인 할루미랩Halloumi Wrap(£6.50)은 할루미에 호무스Hummus, 샐러드를 함께 넣어서 토르티야로 감싼 요리이다. 두툼하게 구운 쫄깃한 치즈 할루미는 마치 고기를 먹는 듯한 식감을 느낄 수 있다. 카페는 V&A 어린이박물관 오른편 세인트마가렛하우스 St Margaret's House 1층에 위치하며, 어려운 사람들을 돕기 위한 공간인 만큼 카페의 수익금 역시 기부활동에 사용된다.

▲ 할루미랩

주소 St. Margarets House Settlement, 21 Old Ford Rd, Bethnal Green, London E2 9PL **귀띔한마디** 주문은 저녁 7시까지 **영업시간** 08:00~20:00(월~금요일), 09:00~20:00(토요일), 09:00~19:00(일요일) **문의** (44)020-8980-2092 **찾아가기** Railway 케임브리지히스(Cambridge Heath)역에서 오른쪽으로 걷다 왼쪽 올드포드로드(Old Ford Rd.)로 진입하면 보인다. 도보 5분. **홈페이지** thegallerycafe.wordpress.com

예술작품에 둘러싸인 팬케이크 ★★★★★
티나, 위살룻유 Tina, We Salute You

핫케이크 ▶

달스턴의 조용한 주택가에 위치한 티나, 위살룻유는 브릭레인선데이업마켓에서 컵케이크를 판매하는 가판대로 시작하여 현재는 달스턴 동네주민들의 어엿한 아지트공간으로 사랑받고 있다. 맛있는 빵과 커피를 제공하는 카페이지만 작은 갤러리 같은 느낌도 준다.
카페는 실내벽면 전체를 아티스트들의 캔버스로 내놓아 그들의 예술활동을 적극 지원한다. 뿐만 아니라 가게의 외관 벽 또한 매번 아티스트의 작품으로 채워지는 점이 이색적이다. 주기적으로 바뀌는 벽화 때문에 매번 새로운 카페를 방문하는 기분이다. 멋진 작품에 둘러싸여 플랫화이트(£2.80)와 핫케이크(£6.50)로 상쾌한 아침을 맞이해보자.

주소 47 King Henry's Walk, London N1 4NH **영업시간** 08:00~18:00 (월~금요일), 10:00~18:00(토, 일요일)/12월 24, 26일 휴무 **문의** (44)020-3119-0047 **찾아가기** Railway 달스턴킹스랜드(Dalston Kingsland)역에서 달스턴킹스랜드스트리트(Kingsland High St.) 방향으로 나와 왼쪽 방향으로 걷다 왼쪽 브래드버리스트리트(Bradbury St.)로 진입하면 오른편에 위치한다. **홈페이지** www.tinawesaluteyou.com

옥상에서 즐기는 낭만 ★★★★★
달스턴루프파크 Dalston Roof Park

평범한 건물의 옥상이 멋진 문화의 장으로 변신했다. 달스턴의 한 건물 옥상에 만들어진 작은 공원 달스턴루프파크는 하늘에서 가장 가까운 지상낙원을 지향한다. £5를 내고 멤버십에 가입하면 여름밤에 펼쳐지는 영화상영회, 재즈페스티벌, 디스코파티 등 짜릿하고 풍성한 이벤트를 즐길 수 있다.
타이밍이 맞지 않아 이벤트에 참여할 수 없다고 해도 이곳의 매력은 충분히 느낄 수 있다. 평일 오전 9시부터 오후 3시까지 열리는 멀씨마리카페The Merci Marie Cafe에서 음료와 음식을 구입한 후 옥상 테이블에 앉아 달스턴의 전경을 감상하며 즐길 수 있다. 음료는 £1~2.50, 음식은 £3~5 사이로 가격도 저렴한 편이다.

주소 The Print House, 18-22 Ashwin St, London E8 3DL **영업시간** 런치 09:00~15:00(월~금요일), 디너 17:00~23:00(화~금요일), 15:00~24:00(토요일), 15:00~22:00(일요일) **문의** (44)020-7275-0825 **찾아가기** Railway 달스턴킹스랜드(Dalston Kingsland)역에서 달스턴킹스랜드스트리트(Kingsland High St.) 방향으로 나와 오른쪽 방향으로 걷다 왼쪽 아보트스트리트(Abbot St.)로 진입하여 오른쪽 아쉬윈스트리트(Ashwin St.)에 바로 위치한다. 도보 1분. **홈페이지** www.bootstrapcompany.co.uk

OUTLET SPECIAL

명품브랜드 아웃렛 쇼핑하기

유럽여행에서 빼놓을 수 없는 묘미 중 하나가 바로 명품쇼핑이다. 런던은 미국 CNN이 선정한 위치와 가격, 제품의 다양성 등을 종합평가한 'World's Best Shopping Cities' 조사에서 홍콩을 제치고 3위에 오를 만큼 파리, 밀라노에 뒤지지 않는 쇼핑천국이다. 명품브랜드를 저렴한 가격에 구입할 수 있는 아웃렛쇼핑몰 또한 런던여행에서도 빼놓을 수 없는데 그 대표적인 두 곳을 소개한다.

명품 버버리를 놀라운 가격에 만나는 버버리팩토리아웃렛 Burberry Factory Outlet

영국을 대표하는 브랜드라 하면 단연 버버리를 떠올리는 사람들이 많다. 버버리를 좋아한다면 꼭 들러야 할 곳이 이스트엔드의 해크니에 위치한 버버리직영 아웃렛 버버리팩토리이다. 버버리의 대표상품인 트렌치코트를 비롯하여 의류, 가방, 패션잡화 등 영국산 상품을 30~70% 할인된 가격으로 만날 수 있다.

주소 29-31 Chatham Pl., London E9 6LP **영업시간** 09:00~19:00(월~토요일), 영업시간 11:00~18:00(일요일) **문의** (44)020-8328-4287 **찾아가기** Overground 해크니센트럴(Hackney Central)역에서 나와 오른쪽 방향으로 걷다 오른쪽 레인웨이(Laneway)골목에서 나와 오른쪽으로 직진한다. 모닝레인(Morning Ln.)에서 왼쪽으로 걷다 오른쪽 쳇햄플레이스(Chatham Pl.)로 진입하면 오른편에 위치한다. 도보 10분. **홈페이지** uk.burberry.com

런던 최대의 아웃렛, 비스터빌리지 Bicester Village

구찌, 디올, 펜디 등 해외 명품브랜드를 비롯하여 버버리, 멀버리, 비비안웨스트우드, 폴스미스 등 영국발 패션브랜드, 그리고 몰튼브라운, 펜할리곤스 등 뷰티브랜드까지 이 모든 것이 총집합된 아웃렛 쇼핑몰이 런던 가까이에 자리하고 있다. 기차나 버스로 1시간이면 갈 수 있는 비스터빌리지는 약 100여 개의 브랜드가 입점한 영국 최대의 아웃렛쇼핑몰로 레스토랑과 카페도 충실하여 매일 수많은 관광객들로 북적거린다. 공식홈페이지에서 입점브랜드를 미리 확인해두는 것이 좋으며, 런던 빅토리아코치스테이션에서 출발하는 왕복셔틀버스도 예약 가능하므로 꼭 체크해두자.

주소 50 Pingle Drive, Bicester, Oxfordshire, OX26 6WD **영업시간** 09:00~19:00(월~금요일), 09:00~20:00(토요일), 10:00~19:00(일요일) **문의** (44)018-6936-6266 **찾아가기** 빅토리아코치스테이션(Victoria Coach Station)에서 매일 아침 9시 셔틀버스를 탑승한다. 왕복 성인(16세 이상) £28.00, 어린이(15세 이하) £23.00, 소요시간 약 90분 (단, 12월 25일은 휴무) **홈페이지** www.bicestervillage.com

PART 04

LONDON SHORT TRIP

Chapter 01
리버풀
Chapter 02
윈저&그리니치
Chapter 03
옥스퍼드&케임브리지
Chapter 04
브라이튼&라이
Chapter 05
바스
Special
코츠월즈

CHAPTER 01
변신을 거듭하는 항구도시
리버풀
Liverpool

과거 해운업으로 번영하여 세계의 주요 무역중심지였던 항구도시 리버풀. 현재는 전설적인 슈퍼스타 비틀즈와 전 세계 축구팬을 매료시킨 리버풀FC로 많은 이들에게 각인된 도시이다. 다양한 박물관과 미술관이 산재하고 탁 트인 바다풍경이 아름다워 런던에서 느끼지 못한 또 다른 매력을 느낄 수 있다.

LIVERPOOL

리버풀로 들어가는 교통편 안내

- 기차 : 런던 유스턴(London Euston)역에서 약 1시간 24분~29분 소요. 리버풀 라임스트리트(Liverpool Lime Street)역에서 중심가까지 도보 5분. 편도 £27.00~, 미리 예약할수록 저렴하게 구입할 수 있다. 온라인예매 www.virgintrains.co.uk/train-to/liverpool
- 버스 1 : 메가버스(Megabus) 이용. 빅토리아 코치 스테이션(Victoria Coach Station)에서 5~6시간 소요. 리버풀원 6번 버스정류장에서 중심가까지 도보 1분. £3.00~15.00, 출발 약 1개월 전부터 예매 오픈하므로 미리 예약할수록 저렴하게 구입할 수 있다. 온라인예매 uk.megabus.com
- 버스 2 : 내셔널익스프레스(National Express) 이용. 빅토리아 코치 스테이션(Victoria Coach Station)에서 5시간 30분 소요. 리버풀원 6번 버스정류장에서 중심가까지 도보 1분. £5.00~20.00, 출발 약 3개월 전부터 할인티켓 오픈. 온라인예매 coach.nationalexpress.com

리버풀 인포메이션센터

주소 Unit 34b, Anchor Courtyard, Albert Dock, Liverpool L3 4AS 운영시간 4~9월 10:00~17:30 10~3월 10:00~16:30/12월 25~26일, 1월 15일 휴일. 문의 (44)151-707-0729 찾아가기 알버트 독(Albert Dock) 내에 위치. 홈페이지 www.visitliverpool.com

PART 04
LONDON SHORT TRIP

SECTION 01
리버풀에서 반드시 둘러봐야 할 명소

리버풀 여행을 계획할 때 이 키워드만 기억해두면 된다. 바로 비틀즈, 리버풀FC, 성당, 박물관. 리버풀이 낳은 슈퍼스타와 전 세계적으로 큰 인기를 누리고 있는 축구팀의 발자취를 느낄 수 있는 장소부터 리버풀이라는 도시의 역사와 전통을 엿볼 수 있는 곳까지 찬찬히 따라가 보자.

리버풀 관광의 중심지
알버트독 Albert Dock

비틀즈스토리, 테이트리버풀, 머지사이드해양박물관, 노예박물관 등 리버풀의 주요 관광 명소와 레스토랑, 카페, 바 등 상업시설이 밀집한 문화단지. 값비싼 선박과 화물을 보관하기 위해 1846년 지어진 이 창고는 대형화재에 대비하여 목재를 사용하지 않고 벽돌, 철 등으로 건설되어 세계 최초 내화성 구조를 띤 건물이었다. 철도와 도로가 발달함에 따라 상업선박이 줄어들었고 이에 구실도 점점 잃어갔으나 1980년 재개발을 거치면서 지금의 형태로 자리 잡게 되었다. 대영제국 절정기인 18, 19세기에 해상무역이 번영했던 도시의 역사적인 증거로서 2004년 유네스코 세계문화유산으로 지정되었다. 이곳이 가진 문화와 역사적인 가치만으로도 방문하는데 큰 의미가 있지만 단순히 바라만 봐도 한 폭의 그림 같은 아름다운 풍경을 감상할 수 있어 더할 나위 없이 좋은 관광지로 꼽히고 있다.

주소 34 The Colonnades, Liverpool L3 4AA **문의** (44)151-706-0576 **찾아가기** Railway 리버풀라임스트리트역(Liverpool Lime Street Station)에서 나와 스켈론 스트리트(Skelhorne St)를 진입하여 엘리엇 스트리트(Elliot St)를 따라 직진 후 처치 스트리트(Church St)에서 오른쪽으로 걸어간다. 왼편에 파라다이스 스트리트(Paradise St)가 나오면 직진하다가 오른쪽 토마스 스티어즈 웨이(Thomas Steers Way)를 따라 걸어가면 나온다. 도보 18분. **홈페이지** www.albertdock.com

CHAPTER 01
리버풀

비틀즈의 모든 것이 담긴 박물관
비틀즈스토리 Beatles Story

리버풀이 낳은 세기의 아이콘 비틀즈the Beatles, 이 전설적인 밴드의 발자취를 더듬기 위해 전 세계에서 리버풀로 모여든 관광객이 적지 않다. 비틀즈 마니아가 반드시 방문한다는 필수명소 중 대표적인 곳으로 멤버들의 출생부터 탄생 비화, 눈부신 성공스토리, 해산 그리고 솔로 활동까지 그들의 모든 역사를 시간 순으로 전시한 박물관을 꼽을 수 있다. 조지해리슨의 첫 기타, 존레논의 안경과 피아노, 활동 당시의 의상 등 관련 물품과 더불어 주옥같은 명곡을 녹음했던 스튜디오, 결성 초기에 경험을 쌓은 캐번클럽Cavan Club 등을 그대로 재현한 전시공간으로 꾸며져 있는데 입장 시 무료로 빌려주는 오디오가이드를 이용하면 보다 자세한 설명을 들을 수 있다. 1960년대 영국 아티스트의 미국진출에 관한 역사와 비틀즈의 사진이 전시된 피어헤드의 별관은 본관 입장권으로 당일에 한해 무료로 이용 가능하므로 잊지 말고 방문하도록 하자.

주소 본관 Britannia Vaults, Albert Dock, Liverpool L3 4AD / 별관 Pier Head, Georges Pierhead, Liverpool L3 1DP **귀띔한마디** 오디오가이드는 한국어를 비롯해 영어, 독일어, 프랑스어, 스페인어, 이탈리아어, 포르투갈어, 러시아어, 폴란드어, 중국어, 일본어 등의 언어를 지원한다. **운영시간** 본관 09:00~19:00, 마지막 입장 18:00(4월~10월) 10:00~18:00, 마지막 입장 17:00(11월~3월) 별관 10:00~18:00, 마지막 입장 17:00/12월 25~26일 휴무 **입장료** 16세 이상 £16.95, 60세 이상/학생 £12.50, 15세 이하 £10.00, 4세 이하 무료 **문의** (44)151-709-1963 **찾아가기** 알버트독 내에 위치. **홈페이지** www.beatlesstory.com

---

매지컬미스테리투어 Magical Mystery Tour

비틀즈팬이거나 비틀즈에 대해 조금 더 알고 싶다면 그들과 관련된 스폿을 둘러보는 버스투어에 참여해보자. 비틀즈가 출연한 동명의 영화 제목에서 이름을 따온 이 투어는 약 2시간 동안 리버풀 구석구석을 돌아다니며 비틀즈에 특화된 성지순례가 진행된다. 전문 가이드의 명쾌한 해설과 함께 노래 속에 등장하는 페니 레인(Penny Lane)과 스트로베리필드(Strawberry Field), 폴매카트니, 존레논 등 비틀즈 멤버들이 살았던 집 그리고 캐번클럽을 방문한다. 투어인원이 정해져 있으므로 웹사이트를 통해 미리 신청해두는 편을 추천한다.

주소 Magical Mystery Tour Ticket Office, Anchor Courtyard, Albert Dock, Liverpool L3 4AS **귀띔한마디** 티켓오피스에서 투어 해설 번역본을 £1에 판매하고 있다. 포르투갈어, 러시아어, 프랑스어, 독일어, 이탈리아어, 스페인어, 중국어, 일본어 지원 **영업시간** 티켓오피스 9:30~16:30/12월 25~26일, 1월 1일 휴무. **투어** £18.95 **문의** (44)151-703-9100 **찾아가기** 알버트독 내에 위치. **홈페이지** www.cavernclub.org/the-magical-mystery-tour

현대미술을 감상하고 싶다면
테이트리버풀 TATE Liverpool

리버풀 항만 재개발지구 알버트독Albert Dock에 자리한 1840년대 창고를 개조하여 만든 국립현대미술관이다. 이름에서 알 수 있듯 런던의 테이트모던과 테이트브리튼으로 친숙한 정부산하조직 테이트TATE가 운영하는 곳으로 런던의 미술관들에 이어 가장 많은 현대미술작품을 소장하고 있다. 여느 현대미술관과 동일하게 테마를 주기적으로 바꿔가며 다양한 소장품을 선보이고 있는데 20세기 이후의 영국의 모던아트가 주를 이루고 있다.

주소 Albert Dock, Liverpool Waterfront, Liverpool, L3 4BB **귀띔한마디** 매월 첫 번째 수요일은 10시 30분에 개관한다. **운영시간** 10:00~17:00/12월 24~26일 휴무 **입장료** 기획전을 개최할 경우 유료 **문의** (44)151-709-1963 **찾아가기** 알버트독 내에 위치. **홈페이지** www.tate.org.uk/visit/tate-liverpool

옛 리버풀을 추억하는
머지사이드해양박물관 Merseyside Maritime Museum

세계 유수의 항구도시로서 무역의 거점으로 점유했던 시기의 리버풀의 모습을 엿볼 수 있는 박물관으로 영국 해운업의 역사, 노예무역, 세관 등 크게 3주제로 나누어 소개한다. 그 중 눈여겨봐야할 코너는 영화 〈타이타닉〉으로 잘 알려진 초호화 유람선 타이타닉호에 관한 부분으로 탄생계기를 시작으로 침몰의 과정, 사고 당시의 신문기사, 해저에서 건져낸 유물 등 다양한 자료를 전시하고 있다. 유람선과 리버풀은 무슨 관련이 있을까 의문점이 드는데 바로 타이타닉을 제작한 조선소가 리버풀항에 있었고 실제 승선했던 승무원의 대부분이 리버풀 출신이었다고 한다.

주소 127 Dale Street, Liverpool L2 2JH **귀띔한마디** 4층에는 노예박물관International Slavery Museum이 있다. **운영시간** 10:00~17:00 **문의** (44)151-207-0001 **찾아가기** 알버트독 내에 위치. **홈페이지** 머지사이드해양박물관 www.liverpoolmuseums.org.uk/maritime 노예박물관 www.liverpoolmuseums.org.uk/ism

아름다운 풍경은 덤
리버풀대성당 Liverpool Cathedral

높이 101m, 길이 201m에 달하는 영국 최대 규모의 고딕양식 대성당으로 어마어마한 크기에 압도당할 만큼 장엄하고 웅장한 위용을 자랑한다. 거대한 만큼 9,700개의 파이프가 사용된 영국에서 가장 큰 파이프 오르간과 가장 무거운 종을 보유하고 있다. 영국의 심벌인 빨간 공중전화박스를 디자인한 건축가 자일스 길버트 스코트Sir Giles Gilbert Scott가 설계하여 72년의 공사기간을 거쳐 1978년에 완성되었다. 내부를 구석구석 둘러보는 것만으로도 성당을 충분히 즐긴 것이라 볼 수 있지만 이곳의 하이라이트는 리버풀의 전망을 한눈에 감상할 수 있는 성당 탑이다. 어느 지점까지 엘리베이터를 타고 오른 후 108개의 계단을 걸어 올라가면 성당 꼭대기인 탑에 도달하는데 탑 틈 사이로 보이지만 리버풀의 모습을 즐기기에는 부족함이 없다.

주소 St James' Mount, Liverpool L1 7AZ **귀띔한마디** 탑전망대 입장권은 성당 안 기념품숍에서 구매할 수 있다. **운영시간 성당** 8:00~18:00(월~토요일), 12:00~18:00(일요일), 8:00~14:30(크리스마스) **탑전망대** 10:00~17:00, 마지막 입장 16:30(월~금요일), 09:00~17:00, 마지막 입장 16:30(토요일), 12:00~16:00, 마지막 입장 15:30(일요일) **입장료 탑전망대** 성인 £5.50, 60세 이상/16세 이하 £4.50, 가족(성인 2명, 아이 3명까지) £15.00, 5세 이하 무료 **문의** (44)151-709-6271 **찾아가기** Railway 리버풀라임스트리트역(Liverpool Lime Street Station)에서 나와 라임스트리트(Lime St)를 따라 왼쪽으로 약 10분간 직진하다 오른쪽 베리스트리트(Berry St)로 진입하여 어퍼 듀크 스트리트(Upper Duke St)가 나올 때까지 걷는다. 어퍼 듀크 스트리트(Upper Duke St)를 왼쪽으로 걸어가면 성당이 보인다. 도보 15분. **홈페이지** www.liverpoolcathedral.org.uk

리버풀대성당 내의 카페

리버풀대성당 내에 위치한 카페에서 식사와 커피 한 잔을 마시며 여유를 즐겨보자. 오전 10시부터 11시 45분까지는 풀잉글리쉬브렉퍼스트, 베지테리안 브렉퍼스트, 오믈렛 등 다양한 아침식사메뉴를 제공하며 오후 12시 이후에는 팔라펠, 햄버거, 샐러드 등 다양한 식사메뉴를 선보인다. 이곳의 모든 식사메뉴는 £10.00 이하로 합리적인 가격으로 한 끼를 배부르게 즐길 수 있다는 점이 특징이다. 식사메뉴 이외에도 홈메이드 케이크 등 디저트메뉴와 커피, 차는 물론이고 와인, 맥주 등 주류도 취급한다.

현대적인 감각이 돋보이는
리버풀메트로폴리탄대성당 Liverpool Metropolitan Cathedral

리버풀대성당과 함께 리버풀 성당의 양대산맥인 이곳은 종교건축물이라고는 믿겨지지 않을 정도로 현대적이다. 고딕양식을 띤 리버풀대성당은 영국의 국교인 성공회인데 반해 모더니즘 양식인 메트로폴리탄대성당은 가톨릭으로 종파와 건축양식도 다르다. 완공되기까지 35년의 세월이 걸렸는데 건설 당시 우여곡절을 많이 겪었다. 리버풀대성당에 대항하여 보다 더 큰 규모로 계획되었던 이 건물은 자금난으로 인해 도중에 공사가 중단되어 장기간 방치되었다가 비용과 시간을 대폭 축소시켜 지금의 모습으로 완성되었다. 현대적이고 세련된 감각이 공존하는 내부는 스테인드글라스마저 여느 성당에서는 볼 수 없는 새로운 느낌으로 신비롭고 오묘하다.

주소 Cathedral House, Mount Pleasant, Liverpool L3 5TQ **귀띔한마디** 건물 오른편에 위치한 기념품숍 겸 카페도 함께 둘러보자. **운영시간** 07:30~18:00(단, 겨울시즌의 일요일은 오후 5시까지) **문의** (44)151-709-9222 **찾아가기** Railway 리버풀라임스트리트역(Liverpool Lime Street Station)에서 나와 라임스트리트(Lime St)를 따라 왼쪽으로 걸어가다 오른편 브라운 로우 힐(Brownlow Hill)을 진입하여 직진하면 오른편에 위치. 도보 10분. **홈페이지** www.liverpoolmetrocathedral.org.uk

리버풀의 모든 것을 총망라
리버풀박물관 Liverpool Museum

리버풀의 역사, 문화에 관한 모든 것을 알 수 있는 박물관으로 독특한 형태의 외관에서도 느껴지듯 다른 박물관과는 비교적 최근인 2011년에 문을 열었다. 박물관 내부 역시 현대적인 건축디자인으로 입구에 들어서자 보이는 나선형 계단이 눈길을 사로잡는다.

리버풀하면 떠오르는 키워드, 비틀즈와 축구팀이 될 것이다. 이곳에서도 이와 관련된 전시들을 만나볼 수 있는데 3층의 Wondrous Place 코너에서 집중적으로 소개한다.

주소 Pier Head, Liverpool Waterfront, Liverpool L3 1DG **영업시간** 10:00~17:00 **입장료** 무료 **문의** (44)151-478-4495 **찾아가기** 알버트독에서 머지강(River Mersey)을 바라보고 오른쪽으로 걸어가면 바로 보인다. 도보 5분. **홈페이지** www.liverpoolmuseums.org.uk/mol

비틀즈의 전설이 시작된 곳
캐번클럽 The Cavern Club

1957년에 오픈한 라이브하우스로 비틀즈가 전 세계적으로 폭발적인 인기를 얻기 전인 결성 초기에 활동했던 곳으로 유명하다. 비틀즈는 1961년 2월 21일 첫 무대에 오른 후 마지막 공연이 있던 63년 8월 3일까지 2년 6개월 동안 약 300회의 라이브 공연을 가졌다. 이 외에도 롤링스톤즈, 엘튼존, 퀸, 오아시스 등 걸출한 뮤지션들이 이곳에서 퍼포먼스를 선보였다. 지금 현재도 다양한 록 공연이 관객들을 맞이하고 있는데 특히 한 달에 한 번 비틀즈를 오마쥬한 트리뷰트 밴드가 그들의 주옥같은 명곡을 들려주는 공연은 엄지손가락을 번쩍 치켜세우게 할 것이다.

주소 10 Mathew St, Liverpool L2 6RE **귀띔한마디** 입장권은 홈페이지를 통해 미리 구입이 가능하다. **영업시간** 10:00~00:00(일~수요일), 10:00~01:30(목요일), 10:00~02:00(금, 토요일) **입장료** 무료(월~수요일, 목요일 10:00~20:00, 금요일 10:00~20:00, 토~일요일 10:00~24:00), £4(목요일 20:00~01:30), £5(금요일 20:00~02:00), £2.50(토~일요일 24:00~), 종일입장 £4 **문의** (44)151-236-9091 **찾아가기** Railway 제임스스트리트역(James Street Station)에서 오른쪽으로 제임스 스트리트(James St)를 따라 걸어가다 왼편 노스 존 스트리트(N Johns St)로 진입한다. 첫 번째 오른편 골목으로 들어서면 왼편에 위치한다. 도보 5분. **홈페이지** www.cavernclub.org

매튜스트리트 Mathew Street

캐번클럽으로 인해 덩달아 유명해진 작은 골목길로 비틀즈 멤버들의 단골펍이었던 '더그레이프스(The Grapes)', 존레논의 동상, 길 입구 오른편에는 비틀즈를 테마로 한 '하드데이즈나이트호텔(Hard Day's Night Hotel)'이 자리하는 등 비틀즈 관련 명소가 몰려있다. 캐번펍 존레논의 동상 오른편 벽면에는 캐번클럽에서 공연한 뮤지션들의 이름이 벽돌 하나하나에 새겨진 '더캐번월오브페임(The Cavern Wall of Fame)'도 챙겨보자.

리버풀에서 두 번째로 높은 건물
세인트존스비콘 St Johns Beacon

리버풀 시내를 거닐다보면 하얀 탑이 우뚝 솟아있는 것을 발견할 수 있다. 1969년에 세워진 138m높이의 탑으로 140m인 웨스트타워에 이어 리버풀에서 두 번째로 높은 건물이다. 엘리베이터를 타고 순식간에 탑으로 올라가면 360도 파노라마뷰로 감상할 수 있는 시원시원한 리버풀 전경이 기다리고 있다. 이름에서 알 수 있듯 리버풀의 FM라디오방송국을 전망대로도 활용하고 있는데 시간이 맞으면 실제로 방송중인 라디오 프로그램의 진행모습도 지켜볼 수 있다.

주소 St Johns Beacon, Houghton Street, Liverpool L1 1RL 귀띔한마디 세인트존스비콘(St Johns Shopping Beacon) 입구 왼편에 전망대로 가는 입구가 따로 있다. 영업시간 10:00~17:00(마지막 입장 16:45)/12월 25, 26일 1월 1일 휴무. 입장료 성인 £6.00, 60세 이상/학생 £5.00, 15세 이하 £4.00, 가족(성인 2명, 아이 3명까지) £16.50 문의 (44)151-472-0967 찾아가기 Railway 리버풀라임스트리트역(Liverpool Lime Street Station)에서 나오면 바로 눈앞에 타워가 보인다. 도보 5분. 홈페이지 yourliverpoolview.com

리버풀의 대표 쇼핑명소
리버풀원 Liverpool ONE

영국의 유명백화점 '존루이스John Lewis'와 '데번햄스Debenhams'를 포함한 약 170개의 숍과 35개의 레스토랑과 바가 밀집된 쇼핑거리다. 호텔, 영화관, 공원 등 현지인과 관광객 모두가 편리하게 이용할 수 있는 상업시설과 휴식공간을 제공한다.
이 부근은 주중, 주말 상관없이 늘 수많은 인파로 붐비며 마치 서울의 명동거리를 연상케 한다. 시내 한가운데에 위치하고 알버트독Albert Dock과 피어헤드Pier Head 등 부둣가에서도 가까워 접근성이 뛰어나다.

주소 5 Wall St, Liverpool L1 8JQ 영업시간 숍 월~금요일 9:30~20:00, 토요일 9:00~19:00, 일요일 11:00~17:00(단, 부활절 시기에는 시간이 조정된다.) 음식점 매장마다 상이/12월 24~26일 휴무. 문의 (44)151-232-3100 찾아가기 Railway 리버풀라임스트리트역(Liverpool Lime Street Station)에서 나와 스켈혼 스트리트(Skelhorne St)를 진입하여 엘리엇 스트리트(Elliot St)를 따라 직진 후 처치 스트리트(Church St)에서 오른쪽으로 걸어간다. 왼편에 파라다이스 스트리트(Paradise St)가 나오면 바로 위치한다. 도보 10분. 홈페이지 www.liverpool-one.com

축구팀 리버풀FC의 성지
안필드 Anfield

한국에도 많은 팬을 보유하고 있는 잉글랜드 프리미어리그 축구팀 리버풀FC의 홈구장. 1892년에 창단한 이래 18회의 리그 우승, 5번의 UEFA 챔피언스리그 우승, 7회의 FA컵 우승 등 화려한 기록을 보유하고 있는 리버풀FC는 'You will never walk alone'이란 응원가와 콥The Kop이라 지칭하는 열성 서포터를 가진 축구팀으로도 유명하다.

1982년부터 홈구장으로 사용되고 있는 안필드는 수차례 확장공사를 거쳐 왔고 추후에도 증축 계획을 밝히고 있다. 새로운 경기장을 짓지 않고 안필드를 계속해서 홈구장으로 사용하겠다는 입장으로 봐서 이 축구팀에 있어 얼마나 상징적인 곳인지를 알 수 있다. 경기가 없는 날에는 스타디움투어에 참여할 수 있는데 경기장을 둘러보는 것 외에 리버풀의 역사가 담긴 박물관 'The LFC Story'와 팀의 전설적인 선수 스티븐제라드 Steve Gerrard의 콜렉션 전시도 더불어 보면 좋을 볼거리이다.

주소 Anfield Rd, Liverpool L4 0TH 귀띔한마디 온라인을 통해 티켓을 구매할 경우 박물관과 스티븐제라드 콜렉션 또는 스타디움투어와 스티븐제라드 콜렉션 중 선택하여 예매해야 한다. 영업시간 10:00~17:00(단, 매월 첫 번째 수요일은 10시 30분에 개관)/12월 24~26일 휴무. 입장료 상설전은 무료 문의 (44)151-260-6677 찾아가기 경기가 있는 날이라면 리버풀라임스트리트역(Liverpool Lime Street Station) 바로 앞 세인트 존스 레인(St Johns Lane)에 있는 버스정류장에서 안필드 전용버스인 917번을 타고 이동하자. 경기가 없는 날에는 리버풀라임스트리트역 앞 퀸 스퀘어(Queen Square) 버스정류장에서 17번 버스를 타고 리버풀FC에서 정차. 약 20분 소요. 홈페이지 stadiumtours.liverpoolfc.com

---
리버풀FC의 공식 기념품숍

리버풀FC의 기념품을 판매하는 공식숍은 홈구장 안필드 내 뿐만 아니라 리버풀 중심가에서도 운영되고 있다. 유니폼, 머플러, 축구공, 열쇠고리, 머그컵 등 다양한 제품군을 자랑한다.

주소 11 Williamson Square, Liverpool L1 1EQ 영업시간 09:00~17:30(월~토요일), 10:00~16:00(일요일) 문의 (44)151-330-3077 찾아가기 세인트존스비콘이 위치한 세인트존스쇼핑센터 내에 위치한다.

CHAPTER 02
1시간 이내로 떠나자
윈저
& 그리니치
Greenwich & Windsor

'그리니치 표준시'로 유명한 그리니치와 엘리자베스 여왕이 주말마다 머물고 있는 윈저는 각각 지하철과 기차로 1시간 이내에 도착할 수 있는 도시들이라 시간이 넉넉지 않은 여행자에겐 부담이 적은 곳이다. 런던에서 꽤 가까운 거리이지만 색다른 풍경이 펼쳐져 런던에서 느끼지 못한 분위기를 만끽할 수 있다.

WINDSOR

윈저로 들어가는 교통편 안내

- 기차 1 : 런던패딩턴(London Paddington)역에서 27~39분 소요. 슬로(Slough)역에서 환승하여 윈저&이튼센트럴(Windsor & Eton Central)역에서 하차. 기차역 동쪽 도보 1분 거리에 윈저성 및 윈저 중심가가 위치한다. 시간당 3대 운행. 편도 £9.90, 왕복 £10.40

- 기차 2 : 런던 워털루(London Waterloo)역에서 54분 소요. 환승 없이 윈저&이튼리버사이드(Windsor&Eton Riverside)역까지 운행한다. 기차역 남쪽 도보 5분 거리에 윈저성 및 윈저 중심가가 위치한다. 시간당 2대 운행. 편도 £10.00, 왕복 £11.70 온라인예매 www.nationalrail.co.uk

윈저 인포메이션센터

주소 The Old Booking Hall, Windsor Royal Shopping Thames St. Windsor, West Berkshire SL4 1PJ **운영시간** 4~5월 10:00~17:00(월~토요일), 10:00~16:00(일요일) / 6~10월 09:30~17:00(월~토요일), 10:00~16:00(일요일) / 11월~3월 10:00~16:00(일~금요일), 10:00~17:00(토요일) / 12월 25, 26일, 1월 15일 휴무 **문의** (44)017-5374-3907 **찾아가기** 기차 윈저&이튼센트럴(Windsor&Eton Central)역 윈저로열쇼핑(Windsor Royal Shopping) 내에 위치한다. 홈페이지 www.windsor.gov.uk

PART 04
LONDON SHORT TRIP

SECTION 02
여왕이 살고 있는 또 다른 보금자리
윈저

런던에서 차로 한 시간이면 갈 수 있는 잉글랜드 남동부에 위치한 윈저는 작은 도시이지만 윈저성 하나 때문이라도 가봐야 할 이유가 충분한 곳이다.

엘리자베스여왕의 공식별장
윈저성 Windsor Castle

윈저성은 정복왕 윌리엄 1세 때부터 현재 엘리자베스 2세에 이르기까지 약 900년간 영국왕실의 요새이자 거처로서 현재까지도 그 역할을 수행하고 있다. 윈저왕가 House of Windsor의 명칭에서 유래된 이곳은 실제 거주자가 있는 성 중에서 가장 큰 규모와 오랜 역사를 자랑한다. 현 엘리자베스여왕의 공식거주지로 주로 주말 휴식처로 사용되며, 외국 국가원수 등의 국빈을 맞는 장소이기도 하다. 2014년 4월 잉글랜드와 아일랜드간의 오랜 앙금을 풀어낼 마이클히긴스 아일랜드대통령의 역사적 방문이 이루어져 큰 화제를 모으기도 하였다.

영국왕실의 위엄이 깃든 윈저성은 웅장한 규모만큼이나 볼거리가 풍성하다. 역대 왕과 왕족들이 안치된 세인트조지예배당 St George's Chaple을 비롯하여 왕실에서 수집한 렘브란트, 루벤스, 반다이크 등의 작품이 있는 스테이트아파트먼트 The State Apartment, 레오나르도 다빈치의 데생 작품이 전시된 왕실도서관, 1924년부터 전해 내려오는 메리여왕의 인형의 집 Queen Mary's Dolls' House 등을 자유롭게 둘러볼 수 있다. 고딕양식의 장엄함과 화려한 내부는 마치 타임머신을 타고 중세시대로 날아온 것 같은 기분이 든다. 버킹엄궁전과는 조금 색다른 근위병교대식이 매일 오전 11시에 열리므로 이 또한 놓치지 말고 꼭 챙겨 보도록 하자.

주소 Windsor, Windsor and Maidenhead SL4 1NJ **귀띔한마디** 엘리자베스여왕이 방문했을 때는 왕실기, 그렇지 않을 때는 유니온잭이 게양된다. 여왕이 체류 중일 때는 윈저성 공개가 제한될 수 있으므로 홈페이지를 확인한 후 방문하자. **입장료 윈저성전체** 성인 £22.50, 60세 이상&학생 £20.30, 17세 이하 £13.00 / **스테이트룸이 닫힌 경우** 성인 £12.40, 학생&60세 이상 £11.20, 어린이 £7.30, 아동(5세 이하) 무료 **운영시간** 3~10월 10:00~17:15(마지막 입장 16:00), 11~2월 10:00~16:15(마지막 입장 15:00)/ 휴무일은 매번 바뀌므로 홈페이지 참조 **문의** 44(020)-7766-7300 **찾아가기** 기차역을 나오면 바로 보이는 성을 향해 걸으면 된다. 윈저&이튼센트럴(Windsor&Eton Central)역에서 도보 1분, 윈저&이튼리버사이드(Windsor& Eton Riverside)역에서 도보 5분. **홈페이지** www.royalcollection.org.uk

끝이 보이지 않는 길
롱워크 The Long Walk

윈저성 뒤편 시원스레 곧게 뻗은 왕족의 산책로 롱워크는 윈저성과 윈저그레이트파크 Windsor Great Park를 이어주는 길이다. 이름에서 알 수 있듯 길이가 약 4.2km 정도로 걸어가면 왕복 3시간이 걸리는 길고 긴 산책로이다. 17세기 찰스 2세에 의해 5년에 걸쳐 완성되었으며, 오로지 도보만 허용되므로 자전거나 스케이트보드는 탈 수 없다.

이 길에서 바라보는 윈저성의 경관은 감탄을 자아낼 정도라 누가 찍어도 멋진 사진이 나온다. 윈저성을 다 둘러보고도 시간이 남는다면 한 번쯤 들러 아름다운 풍경 속을 거닐어보자.

주소 The Long Walk, Windsor SL4 **귀띔한마디** 렌터카를 이용한 경우, 근처에는 주차공간이 없으므로 윈저 중심가에 세워두고 오자. **찾아가기** 윈저성 출입구 바로 앞에 위치한 세인트알반스트리트(St. Alban's St.)를 따라 걸어가다 왼쪽 파크스트리트(Park St.)로 진입하면 위치한다. 도보 4분.

시간여유가 있다면
이튼칼리지&리버사이드 Eton College & Riverside

윈저성만 보고 돌아서기가 아쉽다면 조금 더 발을 뻗어 이튼칼리지Eton College와 리버사이드Riverside도 방문해보자. 윈저역 근처에 위치한 리버사이드는 아름다운 템즈강의 풍경을 제대로 즐길 수 있는 곳이다. 유유자적 보트를 타는 청춘과 백조에게 먹이를 주는 아이들, 풍광을 감상하는 노부부 등 어디를 둘러봐도 평화롭고 한가로운 풍경이다.

윈저&이튼브리지Windsor and Eton Bridge를 건너면 한적하고 조용한 이튼하이스트리트가 나온다. 정돈된 느낌의 깔끔한 거리에는 학생들을 위한 서점, 문구점, 카페 등이 늘어서 있다. 10분 정도 걸어가면 영국의 명문사립 중등학교 이튼칼리지에 다다른다.

주소 Windsor, Berkshire SL4 6DW **귀띔한마디** 이튼칼리지 내에는 런던보다는 작지만 자연사박물관(Eton College Natural History Museum)이 있다. 매주 일요일 14:30~17:00까지 오픈한다. **찾아가기** 윈저성 출입구에서 왼쪽으로 걷다 오른쪽 템즈스트리트(Thames St.)로 진입하면 리버사이드이고, 윈저&이튼 브리지(Windsor&Eton Bridge)를 건너 하이스트리트(High St.)를 따라 걸으면 이튼칼리지이다. 도보 10분.

그리니치로 들어가는 교통편 안내

- **지하철** : DLR 그리니치 타운 센터/커티삭(Greenwich Town Centre/Cutty Sark Station)역에서 하차. 웨스트엔드 중심가에서 약 30분 소요.
- **유람선** : 그리니치 피어(Greenwich Pier) 정류장에서 하차. 일반유람선 웨스트민스터 피어(Westminster Pier)에서 1시간 소요. 시간당 1~2대 운행. 시티크루즈 런던아이피어(London Eye Pier)에서 약 1시간 30분 소요. 웨스트민스터 피어(Westminster Pier)에서 약 1시간 45분 소요. 시간당 2대 운행.

그리니치 인포메이션센터

주소 2 Cutty Sark Gardens, London SE10 9LW **운영시간** 10:00~17:00 **문의** (44)870-608-2000 **찾아가기** DLR 커티삭(Cutty Sark)역에서 오른쪽으로 나와 그리니치처지스트리트(Greenwich Church St.)에서 왼쪽 방향으로 진입한다. 커티삭이 보이면 왼쪽으로 집입하여 오른쪽 커티삭을 가로지르면 정면에 위치한다. 도보 3분. **홈페이지** www.visitgreenwich.org.uk

CHAPTER 02
윈저 & 그리니치

SECTION 03
마을 전체가 문화유산
그리니치

웨스트엔드에서 지하철로 약 30분만 이동하면 도착하는 그리니치는 도시 전체가 세계유산으로 지정될 만큼 역사적으로 가치가 있는 곳이다. 볼거리가 풍성할 뿐만 아니라 빼어난 풍광도 자랑하여 콧바람 쐬러 오기 딱 좋은 곳이다.

지구 경도의 원점 본초자오선이 있는
그리니치파크 Greenwich Park

국립해양박물관 뒤편으로는 광활한 자연의 푸름이 펼쳐져 있어 저절로 감탄사가 흘러나온다. 작지만 아름다운 언덕, 언덕 위로 보이는 구 그리니치천문대 Greenwich Observatory가 마치 한 폭의 그림처럼 펼쳐져 있다.

그리니치파크는 왕실이 관리하는 로열파크 중 한 곳으로, 경도 0도의 본초자오선 The Meridian Line이 있는 곳이다. 언덕 위에서 바라보는 그리니치는 물론, 템즈강과 건너편 카나리워프 Canary Wharf까지 아름다운 풍경을 자랑한다. 그리니치천문대는 현재 케임브리지로 옮겨졌지만 건물은 그대로 남아 박물관으로 활용되고 있다.

주소 Greenwich, London SE10 8QY **귀띔한마디** 구 그리니치천문대는 10:00~17:00까지 입장할 수 있다. **입장료** 구 그리니치천문대 현장판매 성인 £15.00, 5~15세 £6.50, 60세 이상&학생 £10.50, 4세 이하 무료 온라인예매 성인 £13.50, 5~15세 £5.85, 60세 이상&학생 £9.00, 4세 이하 무료 **운영시간** 06:00~18:00(11~2월)/월별로 폐장시간이 다르므로 홈페이지 참조할 것 **문의** (44)030-0061-2380 **찾아가기** DLR 커티삭(Cutty Sark)역에서 오른쪽 칼리지어프로치(College Approach)까지 걸어가다 킹윌리엄워크(King William Walk)에서 오른쪽으로 진입하면 공원입구가 나온다. 도보 7분. **홈페이지** www.royalparks.org.uk

실제 홍차를 실어 날랐던 범선
커티삭 Cutty Sark

그리니치에 도착하면 늘씬하지만 무게감 있는 선박 한 척이 먼저 주변의 시선을 끌어당긴다. 커티삭은 중국에서 영국으로 홍차를 운반하기 위해 만들어진 범선, 티클리퍼Tea Clipper 중의 하나로 1922년부터 1954년까지 사용되었다. 1957년부터 현 위치에서 일반공개되면서 그리니치의 상징적인 존재였지만 2006년 일부가 불에 타는 바람에 잠시 문을 닫았다. 이후 2012년까지 복원작업을 마치고 현재의 모습으로 관람객을 다시 맞이하고 있다.

커티삭 2층에서는 배 안의 구조를 구석구석 관람할 수 있으며, 차를 운반할 당시 사용하였던 각종 기자재 등은 지하 1층에서 전시하고 있다. 또한 배의 갑판인 3층에서 바라보는 그리니치 전경은 매우 아름다워 포토스폿으로도 인기가 높다.

주소 Cutty Sark, King William Walk, Greenwich SE10 9HT 귀띔한마디 배 안에서 열리는 작은 음악회와 연극공연 커티삭스튜디오시어터(Cutty Sark Studio Theatre, £15.00)도 기회가 된다면 놓치지 말자. 입장료 현장판매 성인 £13.50, 어린이(15세 이하) £7.00 온라인예매 성인 £12.15, 어린이(15세 이하) £6.30 운영시간 10:00~17:00(마지막 입장 16:00) 문의 (44)020-8312-6608 찾아가기 DLR 커티삭(Cutty Sark)역에서 오른쪽 컬리지어프로치(College Approach)까지 걷다 킹윌리엄워크(King Wiliam Walk)에서 왼쪽으로 진입하면 왼편에 위치한다. 도보 3분. 홈페이지 www.rmg.co.uk/cuttysark

규모는 작지만 있을 건 다 있는
그리니치마켓 Greenwich Market

그리니치여행 중 출출함을 느낀다면 다양한 국가의 요리를 맛 볼 수 있는 그리니치마켓을 찾아가보자. 언뜻 보기에는 동네마다 있을 법한 흔하고 작은 시장처럼 보이지만 음식, 식료품은 물론 일부 가판대는 매일 테마별로 상품을 바꿔서 파는 종합마켓이다.

화, 목, 금요일에는 앤티크, 주말에는 예술작품과 디자인제품을 주로 판매하며, 음식가판대도 있어 세계 각국의 요리와 더불어 유기농, 채식주의자를 위한 음식 등 매일 다양한 요리를 맛볼 수 있다.

주소 Greenwich Market London SE10 9HZ 귀띔한마디 마켓 전체 금연이므로 흡연자는 주의하자. 운영시간 09:30~17:00/부정기 휴무 문의 (44)020-8269-5096 찾아가기 DLR 커티삭(Cutty Sark)역에서 오른쪽 칼리지어프로치(College Approach)까지 걸어 킹윌리엄워크(King William Walk)에서 오른쪽으로 진입하면 왼편에 하얀색 간판이 보인다. 도보 3분. 홈페이지 www.greenwichmarketlondon.com

건물 외관에서 뿜어져 나오는 웅장함
구 왕립해군대학교 Old Royal Naval College

런던을 관통하는 템즈강 동남쪽에는 두 개의 돔이 마치 쌍둥이처럼 빼닮은 아름다운 건물이 위풍당당하게 서있다. 바로크양식의 장엄함이 느껴지는 이 건물은 영국 건축계의 거장 크리스토퍼렌Christopher Wren의 작품으로 처음에는 해군요양을 위한 병원으로 지어졌지만 1873년 왕립해군대학교로 변경되어 1998년까지 사용되다가 오늘에 이른다.

주요 볼거리는 크게 세 군데로 나눌 수 있다. 건물 왼편에 자리한 그리니치관광 인포메이션센터이자 해양관련전시실, 카페, 숍 등 다양한 시설을 갖춘 디스커버그리니치Discover Greenwich와 건물 내부 전체가 벽화로 둘러싸인 페인트홀Painted Hall 그리고 현재 예배당으로 사용되는 채플Chapel이다. 해군들 식당으로 사용됐던 페인트홀의 천장화는 화가 제임스톤힐경Sir James Thornhill이 19년을 꼬박 매달려 완성시킨 걸작이다. 그리스 건축양식과 디자인에서 영감을 받아 지은 예배당은 오늘날 네오클래식양식Neoclassic Style을 대표하는 건물로 손꼽힌다.

주소 King William Walk, London SE10 9NN **강력추천** 커티삭(Cutty Sark)역 바로 옆에 위치한 그리니치풋터널(Greenwich Foot Tunnel)을 통해 건너편 아일랜드가든(Island Gardens)으로 건너가 이곳의 전경을 감상해보자. **입장료** 무료 **운영시간** 10:00~17:00(정원은 08:00~23:00) /부정기 휴무 **문의** (44)020-8269-4799 **찾아가기** DLR 커티삭(Cutty Sark)역에서 오른쪽 방향으로 나와 그리니치처치스트리트(Greenwich Church St.)에서 왼쪽으로 진입 후 커티삭 끝부분까지 직진한다. 난도스(Nandos)를 바라보며 오른쪽으로 직진하면 오른편에 입구가 나온다. 도보 10분. **홈페이지** www.ornc.org

함께 둘러보면 좋은
그리니치의 박물관과 갤러리

그리니치는 그리 크지 않은 마을임에도 박물관과 갤러리가 곳곳에 있어 교육의 장으로 활용하기 좋다. 영국을 대표하는 국립해양박물관National Maritime Museum 또한 그리니치에 있다. 커다란 배 모형을 비롯해 배와 관련된 장비들을 전시하고 있으며, 바다를 둘러싼 역사적인 사건도 친절하게 설명되어 있다. 최첨단의 배를 조종해보는 시뮬레이션시스템도 있어 아이들과 즐겁게 체험해볼 수 있다.
국립해양박물관 건너편에는 퀸즈하우스 아트갤러리Queen's House Art Gallery가 있다. 제임스 1세James I 왕이 아내 앤Anne을 위해 지은 건축물로 영국에서는 첫 르네상스양식의 건물이다. 현재는 미술관으로 사용되고 있으며, 해양관련 그림이 많은 것이 흥미롭다.

국립해양박물관(National Maritime Museum) **주소** Park Row, Greenwich London SE10 9NF **귀띔한마디** 박물관 내 기념품 숍에는 독특한 상품이 많기로 유명하므로 꼭 한 번 들러보자. **입장료** 무료(특별전은 유료) **운영시간** 10:00~17:00 / 12월 24~26일 휴무 **문의** (44) 020-8858-4422 **찾아가기** DLR 커티삭(Cutty Sark)역에서 오른쪽 칼리지어프로치(College Approach)까지 걷다 킹윌리엄워크(King William Walk)에서 오른편으로 진입하면 왼쪽으로 박물관 입구가 보인다. 도보 7분. **홈페이지** www.rmg.co.uk

퀸즈하우스 아트갤러리(Queen's House Art Gallery) **주소** Romney Rd, Greenwich, London SE10 9NF **귀띔한마디** 건물 전체를 웨딩장소로 사용하는 경우 문을 닫을 때가 있으므로 방문 전 홈페이지에서 일정부터 확인하자. **입장료** 무료 **운영시간** 10:00~17:00 / 12월 24~26일 휴무. **문의** (44)020-8858-4422 **찾아가기** 국립해양박물관 바로 옆 건물에 위치한다. **홈페이지** www.rmg.co.uk/queens-house/art-galleries

템즈강을 가로지르는 런던의 첫 케이블카
에미레이트에어라인 Emirates Air Line

2012년 런던올림픽을 기념하여 오픈한 새로운 교통수단으로 템즈강을 남북으로 종단하는 케이블카이다. 올림픽주경기장이 있는 템즈강 북쪽과 남쪽의 다른 경기장을 단시간에 이동할 수 있도록 대안책을 떠올렸고, 런던시가 바로 공사에 착수하게 된다. 투자자를 찾는데 어려움을 겪던 중 에미레이트항공이 10년간 운영비를 투자하는 대신 명명권을 획득하여 에미레이트에어라인이 탄생하게 되었다. 에미레이트 그리니치페닌슐라역Emirates Greenwich Peninsula에서 에미레이트 로열독스역Emirates Royal docks까지 소요시간은 약 10분 정도이며, 사방이 유리로 되어 있어 런던의 전경을 360도로 감상할 수 있다.

탑승료 현금 성인 편도 £4.50, 왕복 £9.00, 어린이(15세 이하) 편도 £2.30, 왕복 £4.60 / **오이스터카드** 성인 £3.50 어린이 £1.70 **운영시간** 4~9월 07:00~21:00(월~금요일), 08:00~21:00(토요일), 09:00~21:00(일요일) / 10~3월 07:00~20:00(월~금요일), 08:00~20:00(토요일), 09:00~20:00(일요일) **찾아가기** TUBE 노스 그리니치(North Greenwich)역 **홈페이지** www.emiratesairline.co.uk

커티삭

CHAPTER 03
영국의 명문대학도시
옥스퍼드 & 케임브리지
Oxford & Cambridge

영국 명문대학의 양대산맥인 옥스퍼드대학교와 케임브리지대학교가 위치한 곳으로 우리에게도 명성이 높은 근교도시이다. 옥스퍼드는 영화 〈해리포터〉시리즈의 촬영지로 유명한 크라이스트처치가 대표적인 관광명소이다. 도시 전체가 하나의 대학캠퍼스 같은 분위기를 자아내는 케임브리지는 도시를 가로지르는 케임강을 배로 산책할 수 있는 '펀팅'이 대표적인 즐길거리이다.

옥스퍼드로 들어가는 교통편 안내

- 메가버스(Megabus) : 빅토리아코치스테이션(Victoria Coach Station)부근 버킹엄팔레스로드(Buckingham Palace Rd) 버스정류장 Stop10번에서 승차. 약 1시간 30분 소요. 옥스퍼드 버스정류장 글로스터그린(Gloucester Green)에서 중심가까지 도보 5분. 편도 £1.00~11.00 출발 약 1개월 전부터 예매 오픈하므로 미리 예약할수록 저렴하게 구입할 수 있다. 온라인예매 uk.megabus.com
- 내셔널익스프레스(National Express) 버스 : 빅토리아코치스테이션(Victoria Coach Station)에서 2시간 소요. 옥스퍼드 버스정류장 글로스터그린(Gloucester Green)에서 중심가까지 도보 5분. 편도 £16.00 온라인예매 coach.nationalexpress.com
- 기차 : 런던패딩턴(London Paddington)역에서 약 1시간~1시간 50분 소요. 옥스퍼드역에서 중심가까지 도보 10분. 편도 £9.00~, 왕복 £24.80~ 미리 예약할수록 저렴하게 구입할 수 있다. 온라인예매 www.nationalrail.co.uk

옥스퍼드 인포메이션센터

주소 15-16 BRd. St., Oxford OX1 3AS 운영시간 여름 09:30~17:30(월~토요일), 10:00~16:00(일요일) / 겨울 09:30~17:00(월~토요일), 10:00~15:30(일요일) / 12월 24~26일, 1월 1일 휴무 찾아가기 크라이스트처치(Christ Church) 출구에서 왼쪽 세인트알데이츠(St. Aldates)길을 따라 걷다 왼쪽 데번햄스(Debenhams)백화점에서 반대편 오른쪽으로 진입하면 오른편에 위치한다. 도보 8분. 홈페이지 www.visitoxfordandoxfordshire.com

PART 04
LONDON SHORT TRIP

SECTION
04
꿈꾸는 첨탑의 도시
옥스퍼드

영국의 명문 옥스퍼드대학교가 있고, 영화 〈해리포터〉 촬영지로 유명한 곳이다.
소설 〈이상한 나라의 앨리스〉의 작가 루이스캐럴(Lewis Carroll)의 고향이며, 앨리스 또한 이곳에서 탄생하였다.

옥스퍼드여행의 핵심
크라이스트처치 Christ Church

한국을 비롯해 세계적인 흥행을 거둔 영화 해리포터Harry Porter시리즈의 촬영지이자 옥스퍼드대학교University of Oxford 단과대 중 가장 규모가 큰 곳이다. 건물은 크게 영화촬영지였던 홀Hall과 대학부속성당인 카테드럴Cathedral로 나뉜다.

홀은 영화 속 호그와트식당 장면을 촬영한 곳으로 화려한 스테인드글라스와 수많은 초상화, 기다랗게 놓인 테이블이 영화만큼이나 인상적이다. 홀은 실제로도 교직원과 학생들 식당으로 이용되고 있어 점심시간에는 방문이 제한된다. 보통 11시 40분에서 14시 30분까지이며 홈페이지나 정문 앞 표지판에서 점심시간을 체크하고 입장하는 것이 좋다. 성당의 규모는 크지 않지만 곳곳에 상징적인 스테인드글라스와 성전 등의 볼거리가 있으며, 한국어안내문도 있어 이해하기 쉽다.

주소 St Aldate's, Oxford OX1 1DP 귀띔한마디 휴무일이 아니어도 홀은 문을 닫는 경우가 있으니 방문 전 반드시 확인해야 한다. 입장료 1~6월, 9월 1일~12월 18일 성인 £8.00, 60세 이상&학생&5~17세 £7.00, 5세 이하 무료 / 7월 1일~8월 18일 성인 £10.00, 60세 이상&학생&5~17세 £9.00, 5세 이하 무료 운영시간 10:00~17:00(월~토요일), 14:00~17:00(일요일) 문의 (44)018-6527-6492 찾아가기 옥스퍼드기차역 앞 버스정류장에서 13번, X3번, 5번 버스를 승차하여 세인트알데이츠(St. Aldates)정류장에서 하차한다. 5번 버스는 스피드웰스트리트(Speedwell St.)정류장에서 하차한다. 10~13분 소요. 홈페이지 www.chch.ox.ac.uk

CHAPTER 03
옥스퍼드 & 케임브리지

즐길거리로 가득한
하이스트리트 High Street

하이스트리트 들머리에 위치한 카팍스타워Carfax Tower는 1122년부터 옥스퍼드를 우직하게 지켜온 건축물이다. 23m 높이의 타워 중앙에는 시계와 종을 쳐 시간을 알리는 깜찍한 병정인형이 앙증맞게 시선을 끈다. 타워 맨 꼭대기에는 전망대가 마련되어 있어 옥스퍼드의 풍경을 한눈에 내려다볼 수 있다. 입장료는 £2.50(어린이 £1.30)로 다른 전망대와 비교했을 때 저렴한 편이다.

타워에서 몇 걸음만 더 걸어가면 천장이 있는 시장, 커버드마켓Covered Market을 만난다. 옥스퍼드를 대표하는 마켓으로 카페, 레스토랑, 식료품점 등 규모는 작지만 허기진 배를 채우기에는 충분하다. 서울의 이태원과 가로수길에서도 만날 수 있는 벤스쿠키Ben's Cookie의 본점이 이곳에 있으며, 밀크셰이크 전문점 무무스moo-moo's도 만날 수 있다.

마켓을 나와 한 블럭을 지나면 보이는 세인트메리교회University Church of St. Mary The Virgin 또한 옥스퍼드 전경을 한눈에 볼 수 있는 곳으로 카팍스타워와는 사뭇 다른 풍경을 볼 수 있다. 교회를 둘러보는 건 무료지만 첨탑전망대는 입장료 £4.00(어린이 £3.00)를 내야 한다.

01.카팍스타워 02.커버드마켓 03.세인트메리교회 04.세인트메리교회 내부

주소 High St., Oxford, Oxfordshire OX1 3BD 찾아가기 크라이스트처치(Christ Church) 출구에서 왼쪽으로 세인트알데이츠(St. Aldates) 길을 따라 도보3분. 카팍스타워부터 오른쪽 길 끝까지가 하이스트리트(High St.)이다.

해리포터의 또 다른 촬영지
캐트스트리트 Catte Street

크라이스트처치를 등지고 오른편 길로 올라가면 역사적인 장소가 한데 모여있는 캐트스트리트이다. 영화 〈해리포터〉시리즈의 촬영지로도 유명한 커다란 돔 형태의 도서관 레드클리프카메라Radcliffe Camera는 옥스퍼드대학의 과학도서관으로 지어졌지만 현재는 열람실로 운영되고 있다. 아쉽게도 일반인출입은 금지되어 있다.

바로 뒤에 위치한 보들리언도서관Bodleian Library 역시 〈해리포터〉의 촬영지였으며, 영국에서 발간되는 도서의 초판본을 보관하는 곳이다. 런던의 영국도서관에 이어 2번째로 큰 규모, 1,100만 권 이상의 서적이 보관되어 있다. 도서관내부는 가이드를 대동한 투어참가자만 입장할 수 있는데, 티켓은 30분 £6.00, 60분 £9.00와 90분 £15.00 총 세 종류로 티켓오피스에서 구입가능하다.

도서관 맞은편에 있는 탄식의 다리Bridge of Sighs는 이탈리아 베네치아나 케임브리지에 있는 탄식의 다리와는 또 다른 아름다움이 느껴진다. 도서관 뒤편에는 졸업식 때 학위수여식이 행해지는 셸도니안극장Sheldonian Theatre이 있으니 꼭 둘러보도록 하자.

주소 Catte St., Oxford, Oxfordshire OX1 3BD **찾아가기** 하이스트리트(High St.)에서 세인트메리교회를 지나 바로 왼쪽으로 진입하면 캐트스트리트(Catte St.)가 시작된다.

01. 레드클리프카메라　02.03. 보들리언도서관　04. 탄식의다리
05. 셸도니안극장

CAMBRIDGE

케임브리지로 들어가는
교통편 안내

· 내셔널익스프레스(National Express) 버스 : 빅토리아코치스테이션(Victoria Coach Station)에서 약 2시간 소요. 케임브리지 버스정류장 파크사이드(Park Side)에서 중심가까지 도보 7~10분. 편도 £5.00~22.50. 미리 예약할수록 저렴하게 구입할 수 있다. 온라인예매 coach.nationalexpress.com

· 기차 : 런던킹스크로스(London Kings Cross)역에서 약 48분~1시간 30분 소요. 케임브리지역에서 중심가까지 버스 10분. 편도 £11.00~23.00, 왕복 £24.00~ 미리 예약할수록 저렴하게 구입할 수 있다. 온라인예매 www.nationalrail.co.uk

케임브리지
인포메이션센터

주소 The Cambridge Tourist Information Centre, Peas Hill Cambridge CB2 3AD **운영시간** 4~10월 10:00~17:00 (월~토요일), 11:00~15:00(일요일, 공휴일) / 11월~3월 10:00~17:00(월~토요일) / 매주 일요일 휴무 **문의** (44)087-1226-8006 **찾아가기** 시내 중심가인 케임브리지시의회(Cambridge City Council) 건물 내에 위치한다. **홈페이지** www.visitcambridge.org

SECTION 05
도시 전체가 대학교 케임브리지

런던 동부에 위치한 케임브리지는 도시 전체가 대학교인 말 그대로 대학도시이다. 케임브리지는 캠강(River Cam)에 놓인 다리(Bridge)라는 의미로, 이름대로 다리가 많은 것이 특징이다. 대학가 주변을 산책하다보면 자전거를 타고 등하교하는 학생들을 자주 볼 수 있으며, 대학도시답게 조용하고 단정한 분위기가 느껴진다.

영국 명문의 양대산맥을 완성하는
케임브리지대학교 University of Cambridge

옥스퍼드대학교와 함께 영국을 대표하는 세계적인 대학교이다. 특히 자연과학 분야에 심혈을 기울여 1902년 노벨상이 제정된 이래 물리학상 29명, 의학상 26명, 화학상 21명 등 무려 90명이나 되는 노벨상 수상자를 배출하였다.

대학교는 총 31개의 단과대로 구성되어 있으며, 모든 학생은 반드시 한 곳의 칼리지에 속해야 한다. 대표적인 칼리지는 세인트존스칼리지 St John's College와 트리니티칼리지 Trinity College, 킹스칼리지 King's College, 퀸스칼리지 Queen's College가 있다. 칼리지마다 독특한 색깔이 있어 둘러보는 재미가 있는데, 관광포인트를 먼저 잘 확인하고 둘러보도록 하자.

탄식의 다리!
세인트존스칼리지 St John's College

헨리 7세의 어머니 마가렛 보포트Lady Margaret Beaufort가 설립한 세인트존스칼리지는 영국의 낭만파 시인 윌리엄 워즈워스William Wordsworth와 노벨상 8명을 배출한 명문교이며, 유령이 자주 출몰하는 곳으로도 유명하다.

이곳에서 꼭 봐야할 것이 바로 탄식의 다리Bridge of Sighs이다. 이탈리아 베네치아의 탄식의 다리Ponte Dei Sospiri를 본떠 만들었다하여 붙여진 이름이며, 빅토리아 여왕이 '그림같이 아름다운 다리'라고 극찬한 바 있다. 베네치아는 이 다리를 건너 감옥으로 향하던 죄인이 더 이상 바깥세상을 볼 수 없게 됨을 탄식했지만 여기 학생들은 시험을 못 봤거나 기숙사 통금시간까지 들어가지 못함을 탄식한다는 우스개 이야기도 전해진다.

탄식의 다리 바로 오른편에 위치한 키친브리지Kitchen Bridge는 옛날 주방이 있던 자리에 놓인 다리로 영국 고전건축의 거장 크리스토퍼 렌Christopher Wren이 설계해서 렌브리지Wren Bridge라고도 부른다. 프랑스 파리의 생트샤펠성당Sainte Chapelle을 그대로 본떠 만든 예배당Chapel도 유명하며, 이곳에서 매일 미사의 합창을 담당해온 세인트존스칼리지 성가대는 오랜 역사와 전통만큼이나 세계적인 성가대로 평가받는다.

01.세인트존스칼리지의 전경 02.탄식의 다리
03.키친브리지 04.탄식의다리 내부

주소 St Johns St, Cambridge CB2 1TP **귀띔한마디** 교문이 여러 곳에 있지만 세인트존스스트리트(St. John's St.)에 있는 그레이트게이트(Great Gate)를 통해서만 입장이 가능하다. **입장료** 성인 £ 5.00, 12세 이하 무료 **운영시간** 10:00~17:00(11~2월 10:00~ 15:30) / 12월 25일~1월 3일 휴무 **문의** (44)020-7967-1561 **찾아가기** 인포메이션센터에서 오른쪽 방향으로 걷다 왼쪽 세인트메리스트리트(St. Mary's St.)로 진입한 후 오른쪽 트리니티스트리트(Trinity St.)로 진입하면 왼편에 위치한다. 도보 7분. **홈페이지** www.joh.cam.ac.uk

뉴턴과 크리스토퍼렌을 배출한
트리니티칼리지 Trinity College

트리니티칼리지Trinity College는 1546년 헨리 8세Henry VIII가 설립한 곳으로 화학, 물리, 의학 등 노벨상 31명을 배출하였으며 만유인력의 법칙을 발견한 영국의 물리학자 아이작 뉴턴Isaac Newton이 졸업한 곳이다. 학교정문 앞 동쪽 측면에는 이를 상기하듯 뉴턴의 사과나무Newton's Apple Tree가 심어져 있는데 뉴턴이 대발견을 했던 그 나무의 후손이라고 한다.

또한 도서관은 트리니티칼리지출신 건축가 크리스토퍼렌Christopher Wren이 설계하여 렌도서관Wren Library으로 불리며 최고의 걸작으로 손꼽히는 건축물이다. 도서관 내에는 뉴턴의 머리카락, 셰익스피어의 책, 앨런알렉산더밀른Alan Alexander Milne의 원작 〈곰돌이 푸 Winnie-the-Pooh〉의 원본이 전시되어 있으며, 평일 오후 12시부터 2시까지(토요일은 아침 10시 30분부터 12시 30분까지) 일반인도 무료로 입장할 수 있다.

옥스브리지(Oxbridge, 옥스퍼드대학과 케임브리지대학을 함께 부르는 말)에서 가장 넓다는 아름다운 그레이트코트Great Court도 놓치지 말자. 작고 예쁜 분수대가 푸른 정원과 어우러져 보고만 있어도 저절로 힐링이 된다.

01.뉴턴의 사과나무 02.렌도서관 03.그레이트코트 04.정문

주소 Trinity College Cambridge CB2 1TQ 귀띔한마디 칼리지는 트리니티스트리트(Trinity St.), 렌도서관은 가렛호스텔레인(Garret Hostel Lane)을 통해서만 입장할 수 있다. 입장료 성인 £3.00, 어린이 £1.00 운영시간 10:00~15:30 / 12월 25일~1월 3일 휴무 문의 (44)012-2333-8400 찾아가기 인포메이션센터에서 오른쪽으로 걷다 왼쪽 세인트메리스트리트(St. Mary's St.)로 들어선 후 오른쪽 트리니티스트리트(Trinity St.)로 진입하면 왼편에 위치한다. 도보 4분. 홈페이지 www.williamcurley.co.uk

CHAPTER 03
옥스퍼드 & 케임브리지

케임브리지대학을 대표하는
킹스칼리지와 퀸스칼리지 King's College & Queen's College

케임브리지에서 가장 아름답다고 일컬어지는 대학, 킹스칼리지의 건축물과 케임브리지를 대표하는 또 하나의 건축물, 퀸스칼리지의 수학의 다리The Mathematical Bridge 또한 케임브리지 관광에서 빼놓을 수 없는 명소이다. 킹스칼리지는 케임브리지대학을 대표하는 곳으로 웅장한 예배당에는 거대하고 화려한 스테인드글라스와 피터폴루벤스Peter Paul Rubens의 걸작 〈동방박사의 경배The Adoration of The Magi〉가 걸려 있다. 퀸스칼리지의 수학의 다리는 기하학적인 모양 때문에 붙은 이름이라 알려져 있지만 이는 잘못된 사실이며, 수학과는 전혀 관계없이 이 다리의 정식명칭은 나무다리Wooden Bridge이다.

킹스칼리지 주소 King's Parade, Cambridge CB2 1ST 입장료 성인 £9.00, 어린이&학생 £6.00 운영시간 09:30~15:15(토요일), 13:15~14:30(일요일) 문의 (44)012-2333-1212 찾아가기 인포메이션센터에서 바로 앞 세인트에드워드패시지(St. Edward's Passage)를 통해 킹스퍼레이드(King's Parade)로 나가면 바로 앞에 위치한다. 도보 1분. 홈페이지 www.kings.cam.ac.uk
퀸스칼리지 주소 Queens' College, Cambridge CB3 9ET 문의 (44)012-2333-5540 찾아가기 킹스칼리지에서 오른쪽 방향으로 걸어가다 오른쪽 실버스트리트(Silver St.)로 진입하면 오른편에 위치한다. 도보 6분. 홈페이지 www.queens.cam.ac.uk

케임브리지 최고의 어트랙션
펀팅 Punting

유유히 흐르는 캠강을 따라 7개의 칼리지와 8개의 다리를 한 번에 둘러볼 수 있는 방법은 펀팅투어Punting Tour를 이용하는 것이다. 케임브리지의 주요 관광명소인 칼리지와 다리를 기다란 나무보트를 타고 관광하는 펀팅은 가이드투어Guide Tour와 셀프하이어Self Hire가 있다. 가이드투어는 가이드가 보트까지 운전하면서 명소를 설명해주며 약 45분간 진행된다. 대부분의 관광객이 이 투어에 참가한다.
셀프하이어는 자신이 직접 보트를 저으면서 관광을 즐기는 것으로 90분간 탈 수 있다. 캠강 상류와 하류에는 다양한 펀팅업체가 호객행위를 벌이는데, 유명한 곳은 스큐다모어펀팅컴퍼니Scudamore's Punting Company이다. 홈페이지에서 할인된 가격에 예약가능하며, 다양한 프로그램이 준비되어 있다.

스큐다모어펀팅컴퍼니 주소 32a Bridge St. Cambridge CB2 1UJ 귀띔한마디 펀팅선착장은 하류쪽 밀레인(Mill Lane)에 있다. 가격 가이드투어 성인 £19.00, 어린이 £11.00 운영시간 09:00~해 질 녘까지 / 12월 25일 휴무 문의 (44)012-2335-9750 홈페이지 www.scudamores.com

CHAPTER 04
아름다운 해안가 마을
브라이튼 & 라이
Brighton & Rye

잉글랜드 남부에 위치한 해안가 마을 브라이튼과 라이는 런던에서 기차로 2시간 이내로 갈 수 있는 근교 도시이다. 브라이튼은 영국의 대표적인 휴양도시로 해변가 부근의 브라이튼피어를 중심으로 볼거리가 집중되어 있다. 버스로 1시간을 더 가면 하얀절벽이 인상적인 세븐시스터즈를 방문할 수 있다. 아기자기한 매력이 넘치는 라이는 영국 중세시대의 모습을 간직한 소도시이다.

브라이튼으로 들어가는 교통편 안내

· 내셔널익스프레스(National Express) 버스 : 빅토리아코치스테이션(Victoria Coach Station)에서 약 2시간 20분~2시간 45분 소요. 브라이튼 버스정류장 풀밸리(Pool Valley Coach Stn)에서 브라이튼피어까지 도보 3분. 편도 £5.00~18.50 미리 예약할수록 저렴하게 구입할 수 있다. 온라인예매 coach.nationalexpress.com

· 기차 : 런던빅토리아(London Victoria), 런던브리지(London Bridge), 세인트판크라스(London St. Pancras International), 블랙프라이어스(Blackfriars)역에서 약 50분~1시간 30분 소요. 브라이튼역에서 중심가까지 버스 10분. 편도 £8.00~31.00 미리 예약할수록 저렴하게 구입할 수 있다. 온라인예매 www.nationalrail.co.uk

브라이튼 인포메이션센터

주소 Brighton Centre King's Rd., Brighton E Sussex BN1 2GR **운영시간** 10:00~16:00(월~토요일)/매주 일요일, 공휴일 휴무(여름시즌은 무휴) **문의** (44)012-7329-0337 **찾아가기** 브라이튼(Brighton)기차역에서 퀸즈로드(Queens Rd.)를 따라 걷다 브라이튼비치(Brighton Beach)까지 내려와 오른쪽으로 진입하면 오른편에 위치한다. 도보 12분. **홈페이지** www.visitbrighton.com

SECTION 06
7개의 하얀 절벽 그리고 바다
브라이튼

브라이튼은 영국 상류층이 별장을 짓고 휴양을 즐기던 곳으로 현재는 영국인뿐만 아니라 전 세계에서 방문하는 아름다운 도시이다. 보통 브라이튼은 버스로 한 시간 남짓 거리의 세븐시스터즈와 묶어서 여행을 많이 한다. 두 도시 모두 빼어난 경치가 유명하므로 자연풍광을 제대로 즐기고 싶다면 적극 추천한다.

잔잔한 아름다움이 묻어나는
브라이튼 Brighton

▲ (왼쪽부터) 브라이튼피어(Brighton Pier), 시계탑(Clock Tower). 로열파빌리온(Royal Pavillion)

도버해협 Strait of Dover 연안에 위치한 브라이튼은 고요하고 한적한 바닷가마을로 잔잔한 매력을 지닌 곳이다. 대표적인 명소 브라이튼피어 Brighton Pier 는 자그마한 해수욕장 위에 놓인 다리로 처음 부두로 만들어졌지만 1800년대 후반부터 놀이동산으로 탈바꿈하였다. 현재는 유원지와 극장, 게임센터, 카페 등 다양한 즐길거리로 넘쳐나지만 마을 곳곳에서 고전적 아름다움을 발견하는 재미를 누릴 수 있다.

바닷가를 벗어나 브라이튼 중심지를 걷다 보면 파빌리온가든 한복판에 우뚝 솟은 로열파빌리온 Royal Pavillion 이 보인다. 브라이튼 해변풍경에 반한 조지 4세가 황태자시절 별장으로 사용하기 위해 지은 별궁으로, 외관은 이슬람양식이고, 실내는 중국풍으로 꾸며진 이색적인 건축물이다. 존내쉬 John Nash 가 설계를 맡았으며, 1823년 완공 이후에는 상류층 사회에서 브라이튼에 별장을 짓는 것이 유행처럼 번졌다. 그 결과 브라이튼은 단숨에 최고급 리조트단지로 명성을 얻게 된다. 현재 로열파빌리온은 박물관과 미술관으로 이용되고 있으며, 매년 5월 잉글랜드 최대의 아트페스티벌이 열린다.

브라이튼피어(Brighton Pier) **주소** Madeira Drive, Brighton BN2 1TW **찾아가기** 브라이튼(Brighton)역에서 퀸즈로드(Queens Rd.)를 따라 걷다 브라이튼비치(Brighton Beach)까지 내려와서 왼쪽으로 진입하면 위치한다. 도보 약 18분. **홈페이지** www.brightonpier.co.uk

로열파빌리온(Royal Pavillion) **주소** Royal Pavilion, Brighton BN1 1EE **입장료** 성인 £13.00, 어린이 £7.50, 학생&60세 이상 £11.50 **운영시간** 4~9월 09:30~17:45(마지막 입장 17:00) / 10~3월 10:00~17:15(마지막 입장 16:30) / 12월 24일 14:30부터 26일까지 휴무 **찾아가기** 브라이튼(Brighton)역에서 퀸즈로드(Queens Rd.)를 따라 직진하여 처치스트리트(Church St.)에서 왼쪽으로 진입한 후 오른쪽 뉴로드(New Rd.)로 진입하면 왼편 공원 내에 위치한다. 도보 11분. **홈페이지** www.brighton-hove-rpml.org.uk/RoyalPavilion

절경에 감탄사 연발!
세븐시스터즈 Seven Sisters

브라이튼에서 버스로 1시간이면 도착하는 세븐시스터즈는 거대한 석회암 절벽이 7개(실제로는 8개가 존재한다.)가 있다 하여 붙여진 이름으로 이 절벽과 인근 초원 그리고 바다가 한데 어우러져 경이로운 풍광을 만든다. 절벽을 포함해 주변 일대는 국립공원 내셔널사우스다운파크National South Downs Park로 지정되어 있다.

세븐시스터즈로 들어가는 방법은 두 가지가 있다. 첫 번째는 브라이튼에서 12번이나 12x번 버스를 타고 세븐시스터즈 컨트리파크Seven Sisters Country Park정류장에 내려 도보로 이동하는 방법이다. 버스로 1시간 이동 후, 다시 도보로 1시간을 걸어야만 하므로 시간적 여유가 없거나 걷는 것이 부담된다면 추천하지 않지만 다른 곳에서는 느낄 수 없는 그림 같은 풍광이 펼쳐지므로 트랙킹을 즐긴다는 마음으로 도전해볼만 하다. 두 번째는 13번과 13x번 버스를 타고 벌링갭Birling Gap 정류장에서 하차하는 방법이다. 버스에서 내리자마자 세븐시스터즈가 보일정도로 편하지만 버스는 주말에만 운행된다는 점이 아쉽다. 버스티켓은 브라이튼인포메이션센터에서 데일리패스(1일 무제한 승차가능, £5.00)를 구입하여 탑승하는 것이 좋다.

주소 East Dean, near Eastbourne, East Sussex, BN20 0AB **문의** (44)013-2342-3197 **찾아가기** 13번이나 13x번 버스 승차 후 벌링갭(Birling Gap)정류장에서 하차. 약 1시간 소요. **홈페이지** www.nationaltrust.org.uk

▲ 데일리패스 버스티켓

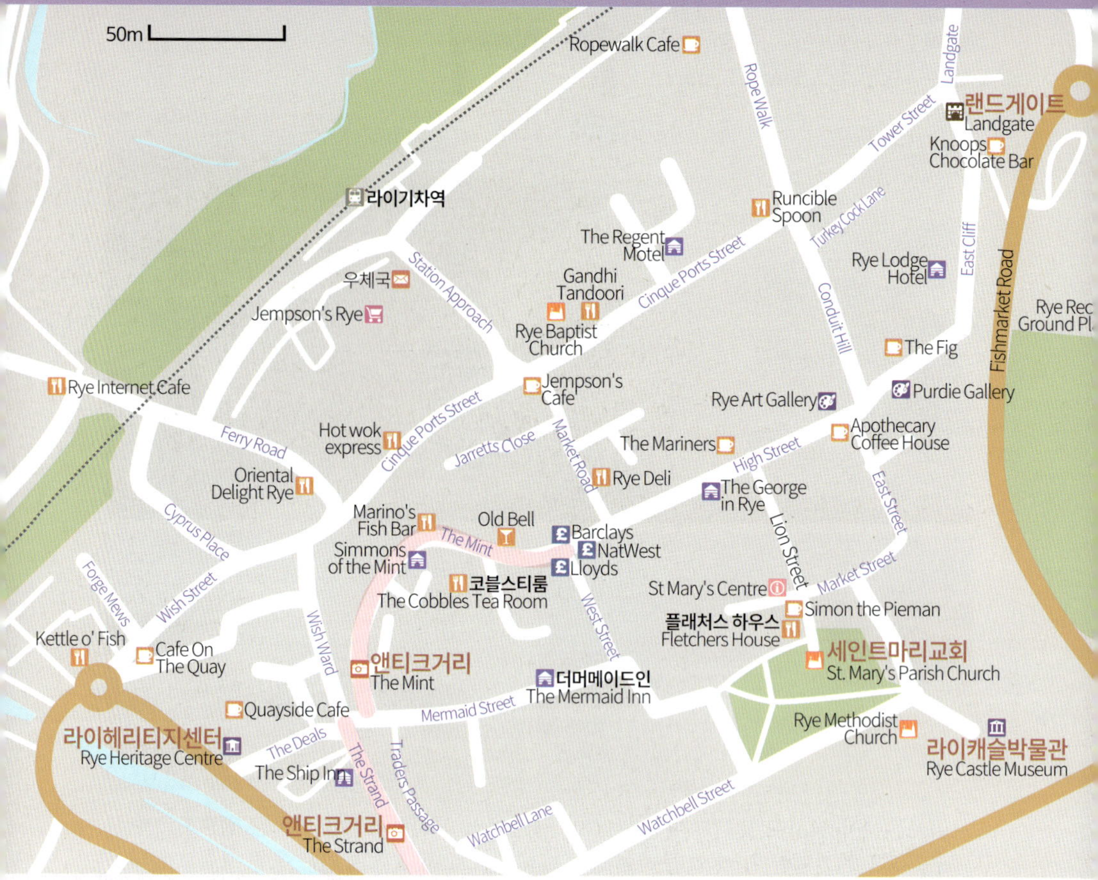

RYE

라이로 들어가는 교통편 안내

· 기차 : 런던세인트판크라스(London St Pancras International)역 또는 런던브리지(Lonson Bridge)역에서 1시간 17분~2시간 소요. 아쉬포드(Ashford International)역에서 환승하여 라이서섹스(Rye Sussex)역에서 하차. 기차역에서 중심가까지 도보 3분. 시간당 1대 운행. 편도 £26.40~, 왕복 £31.70~. 온라인예약 www.nationalrail.co.uk

라이 인포메이션센터

주소 4/5 Lion St. Rye East Sussex TN31 7LB **문의** (44)017-9722-9049 **찾아가기** 라이(Rye)역 앞 스테이션어프로치(Station Approach)를 따라 걷다 세 갈래 길 중 가운데 마켓로드(Market Rd.)로 직진한 후 막다른 길 하이스트리트(High St.)에서 왼쪽으로 진입하여 오른쪽 라이온스트리트(Lion St.)로 진입하면 오른편에 위치한다. 도보 6분. 홈페이지 www.ryesussex.co.uk

SECTION 07
해안가 언덕에 자리 잡은 아름다운 마을 라이

중세시대 분위기가 물씬 풍기는 항구도시 라이는 영국 잉글랜드 남동부에 위치한 작디작은 시골마을이다. 아기자기한 앤티크 잡화숍과 오랜 세월 한자리를 지켜온 찻집들로 한층 더 즐거운 시간을 보낼 수 있다.

라이의 아름다운 전경을 한눈에 담을 수 있는
세인트마리교회 The Parish Church of St Mary

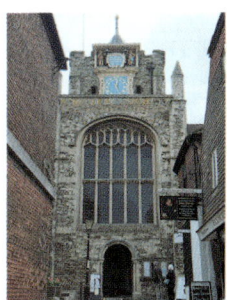

중세시대의 모습을 잘 간직한 작은 마을 라이는 고풍스럽고 아름다운 전경으로도 유명하다. 고층건물이라고는 찾아볼 수 없는 라이에도 마을전경을 한눈에 담을 수 있는 멋진 곳이 있다. 화려한 스테인드글라스와 커다란 파이프오르간이 자랑인 세인트마리교회 시계탑을 오르면 된다. 시계탑의 시계는 영국에서 가장 오래되었으며, 1561년에 만들어진 이래 아직까지 그 역할을 충실히 수행하고 있다.

관리인에게 시계탑 입장료 £4.00를 지불하면 교회 오른편 시계탑입구로 안내된다. 좁은 통로를 지나 시계탑 역사가 소개된 전시실에서 사다리계단을 오르면 시계탑정상에 갈 수 있는데 꽤 스릴이 있다. 입이 딱 벌어질 정도로 시원하게 아기자기한 마을전경이 펼쳐진다. 라이의 주요 관광명소인 이프라새는 물론 멀리 바다까지 보인다. 라이에서 가장 높은 곳에서 한 장의 그림엽서 같은 멋진 풍경을 즐겨보자.

주소 Church Square, Rye East Sussex TN31 7HF 운영시간 09:15~17:30(여름), 09:15~16:30(겨울) 문의 (44)017-9722-2318 찾아가기 라이(Rye)역 앞 스테이션어프로치(Station Approach)를 따라 걷다 세 갈래 길 중 가운데 마켓로드(Market Rd.)로 직진한 후 막다른 길 하이스트리트(High St.)에서 왼쪽으로 진입하여 오른편 라이온스트리트(Lion St.)로 진입하면 막다른 길에 위치한다. 도보 7분. 홈페이지 www.ryeparishchurch.org.uk

아기자기한 매력이 넘치는

라이의 주요 볼거리

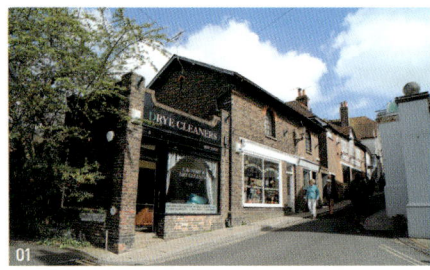

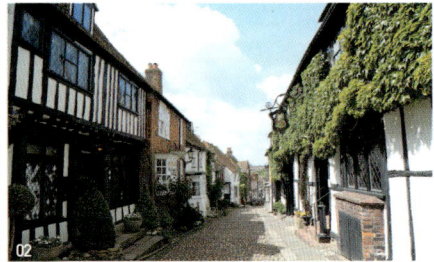

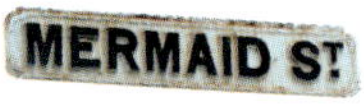

01

02

당일치기 기차여행으로 즐길 수 있는 작은 마을, 라이는 3~4시간 정도면 마을 전체를 다 둘러볼 수 있다. 마을 분위기가 왠지 외갓집이라도 놀러온 것 같은 푸근함을 느낄 수 있는 시골마을이다. 주요 볼거리는 오래전 밀매업자들의 아지트였던 오랜 전통의 펍 머메이드 인Mermaid Inn, 라이를 상징하는 랜드마크 이프르타워Ypres Tower, 중세시대 요새의 성문이었던 랜드게이트Land Gate, 라이의 기념품을 구입할 수 있는 라이헤리티지센터Rye Heritage Centre 등이 있다. 바닷가 마을답게 바다와 관련된 도로 이름(Mermaid St., Ferry Rd. 등)이 많고, 집집마다 각기 다른 개성으로 꾸며진 도로명판도 구경하는 데 쏠쏠한 재미가 있다. 정신없이 바쁜 도심을 벗어나 한적하고 고요한 라이에서 꿀맛 같은 휴식을 즐겨보자.

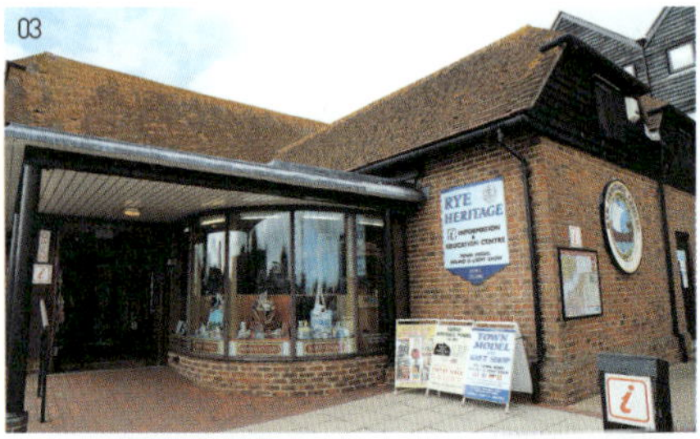

03

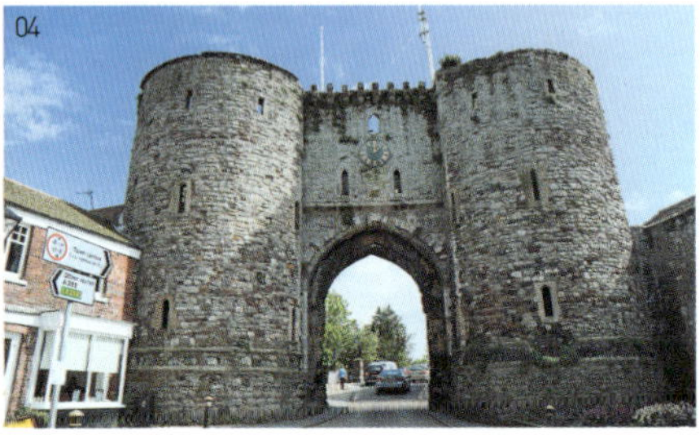

04

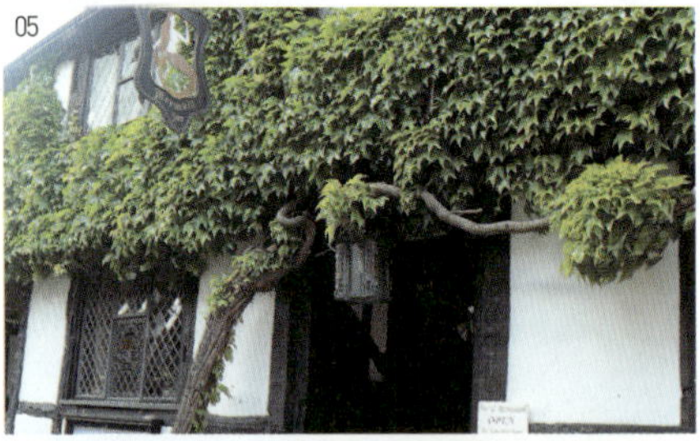

05

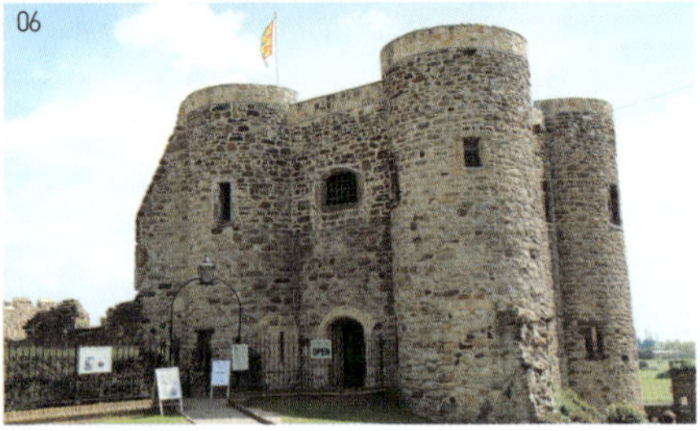

06

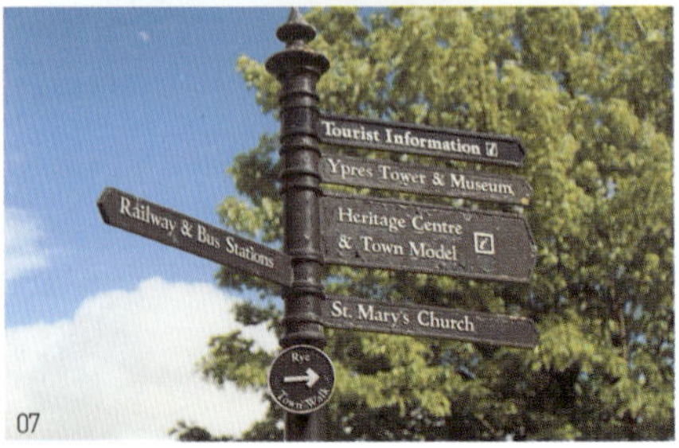

07

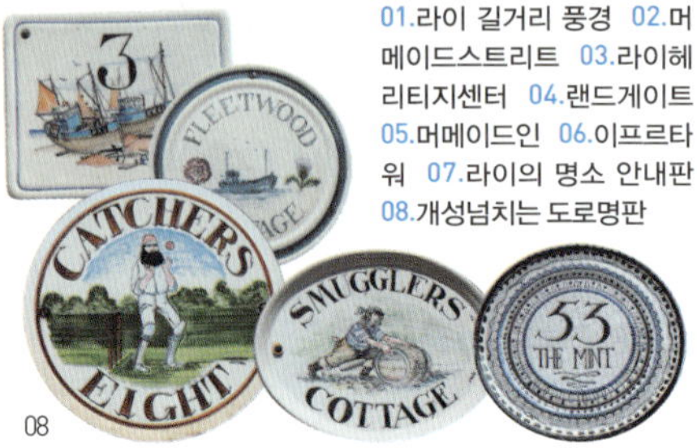

08

01.라이 길거리 풍경 02.머메이드스트리트 03.라이헤리티지센터 04.랜드게이트 05.머메이드인 06.이프르타워 07.라이의 명소 안내판 08.개성넘치는 도로명판

라이의 또 다른 매력
앤티크마을

라이는 작은 마을임에도 앤티크숍이 유독 눈에 많이 띈다. 마을 전체가 낡고 오래되었지만 여전히 그 특유의 아름다움을 유지하고 있다. 은식기류를 비롯한 주방용품과 시계, 장식용 인형 등의 골동품잡화, 가구 등 온갖 오래된 물품들을 만날 수 있는 것이 라이의 앤티크숍이다. 앤티크숍이 한자리에 모여 있는 스트랜드키Strand Quay와 더민트The mint길을 걸으며 다양한 앤티크 매력에 흠뻑 빠져보자.

라이에서 즐기는
차 한잔의 여유

울퉁불퉁한 돌길을 걷다 다리가 피곤해진다면 찻집에 들러 케이크와 홍차 한잔의 여유를 즐겨보자. 라이에서는 앤티크숍 못지않게 찻집도 자주 발견할 수 있는데 찻집마다 고유의 매력과 분위기가 있어 어느 곳을 가야할지 고민이 되기도 한다. 중세시대부터 이어져 내려 온 듯한 앤티크한 공간 속에서 따끈한 차 한 잔과 클로티드크림, 잼을 듬뿍 바른 스콘 등으로 여행의 망중한을 즐기자.

플래처스하우스(Fletchers House) 주소 2 Lion St., Rye East Sussex TN31 7LB 영업시간 10:00~17:00(월, 수~일요일)/매주 화요일 휴무 문의 (44)017-9722-2227 찾아가기 라이(Rye)역 앞 스테이션어프로치(Station Approach)를 따라 걷다 세 갈래 길 중 가운데 마켓로드(Market Rd.)를 따라 직진한 후 막다른 길 하이스트리트(High St.)에서 왼쪽으로 진입하여 오른편 라이온스트리트(Lion St.)로 진입하면 오른편에 위치한다. 도보 7분. 홈페이지 www.fletchershouse.co.uk

01.02.플래쳐스하우스 03.04.코블스티룸

코블스티룸(The Cobbles Tea Room) 주소 1 Hylands Yard, Rye TN31 7EP 영업시간 10:00~17:00 문의 (44)078-0809-7551 찾아가기 라이(Rye)역 앞 스테이션어프로치(Station Approach)를 따라 걷다 세 갈래 길 중 가운데 마켓로드(Market Rd.)를 따라 직진한 후 막다른 길 하이스트리트(High St.)에서 오른쪽으로 진입하여 왼편 머메이드코티지(Mermaid Cottage)로 들어서면 오른편에 위치한다. 도보 5분.

CHAPTER 05
고대로마시대 온천유적지
바스
Bath

잉글랜드 서부에 위치한 관광도시 바스는 '목욕', '욕조'를 뜻하는 영어 Bath의 어원이 된 곳으로도 유명하다. 역사유적지가 많아 영국의 여타 도시와는 사뭇 다른 분위기로 한해 약 100만 명 이상의 관광객이 이곳을 방문하고 있다.

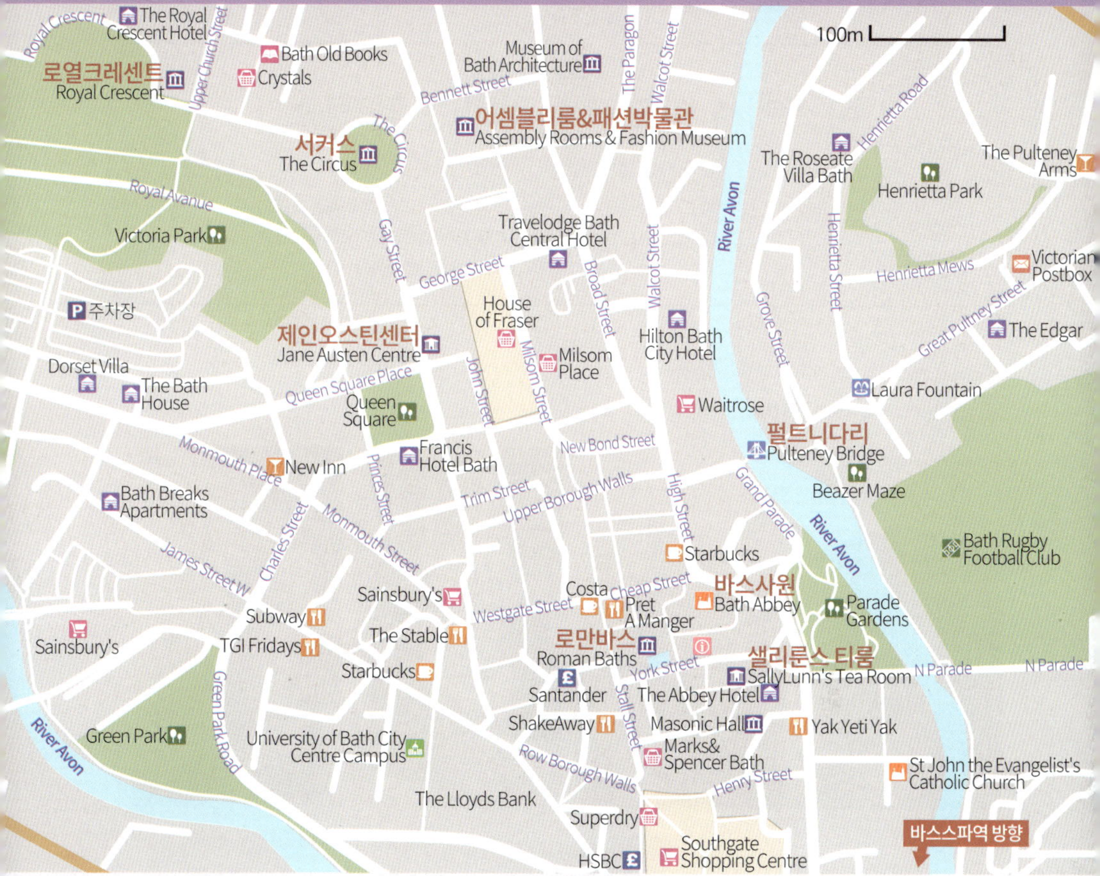

바스로 들어가는
교통편 안내

- 메가버스(Megabus) : 빅토리아코치스테이션(Victoria Coach Station)에서 2시간 30분~3시간 소요. 바스 버스정류장 돌체스터스트리트 스탑BQ(Dorchester Street, Stop BQ)에서 중심가까지 도보 1분. 편도 £1.00~10.00 출발 약 1개월 전부터 예매 오픈하므로 미리 예약할수록 저렴하게 구입할 수 있다. 온라인예매 uk.megabus.com
- 내셔널익스프레스(National Express) 버스 : 빅토리아코치스테이션(Victoria Coach Station)에서 2시간 50분~3시간 소요. 바스 버스정류장 돌체스터 스트리트 스탑BQ(Dorchester Street, Stop BQ)에서 중심가까지 도보 1분. 출발 2, 3개월 전부터 할인티켓 오픈. 편도 £5.00~17.00 온라인예매 coach.nationalexpress.com
- 기차 : 런던패딩턴(London Paddington)역에서 약 1시간24분~29분 소요. 바스(Bath Spa)역에서 중심가까지 도보 5분. 편도 £15.00~, 왕복 £15.00~ 미리 예약할수록 저렴하게 구입할 수 있다. 온라인예매 www.nationalrail.co.uk

바스
인포메이션센터

주소 Abbey Churchyard, Bath, Somerset BA1 1LY **운영시간** 09:30~17:30(월~토요일), 10:00~16:00(일요일) / 12월 25일, 26일, 1월 1일 휴무 **문의** (44)844-847-2511 **찾아가기** 로만바스 바로 맞은편에 위치한다. **홈페이지** www.visitbath.co.uk

SECTION 08
바스에서 반드시 둘러봐야 할 명소

런던에 이은 영국 제2의 관광도시로 손꼽히는 바스는 도시전체가 유네스코세계문화유산으로 지정될 만큼 역사, 문화적으로 중요한 도시이다. 로마유적지인 로만바스를 시작으로 바스사원, 펄트니다리, 로열크레센트 등 볼거리가 풍성하다.

영국에서 만나는 고대 로마시대 공중목욕탕
로만바스 Roman Baths

바스에서 가장 인기 높은 관광지 로만바스는 도시 지명의 유래가 된 곳이다. 2000년 전 로마인에 의해 건설된 세계에서 가장 잘 보존된 로마목욕탕 중의 하나이며, 영국에서 유일하게 자연온천수가 솟아나는 곳이기도 하다.

온천수를 신이 보내준 선물이라 여겼던 로마인들에게 공중욕탕은 단순히 몸을 씻는 욕탕의 기능만 있었던 것은 아니다. 중요한 안건을 논하거나 담소를 나누며 친목을 다지는 휴식공간으로서 마치 레저시설과도 같은 비슷한 모습도 눈에 띈다. 욕탕과 더불어 사우나, 미네르바신전 같은 로마시대의 유물과 흔적들도 찾아볼 수 있다. 입장권을 구입하면 무료로 오디오가이드(영어, 일본어, 중국어, 스페인어 등)가 포함되며, 한국어도 지원한다.

주소 Roman Baths, Abbey hurch Yard, Bath, BA1 1LZ **입장료** 시기에 따라 £14.40~19.80으로 상이하므로 홈페이지를 참조한다. 참고로 온라인에서 예매하면 10% 할인 혜택이 주어진다. **운영시간** 09:00~18:00(마지막 입장 17:00)/시즌에 따라 변경되므로 홈페이지 참조, 12월 25, 26일 휴무 **문의** (44)012-2547-7785 **찾아가기** 돌체스터스트리트 스탑BQ(Dorchester St. Stop(BQ))에서 맞은편 데벤햄즈(Debenhams) 왼쪽 골목으로 진입하여 두 갈래 길에서 왼쪽으로 진입하다 오른쪽 스톨스트리트(Stall St.)에서 직진하면 오른편에 위치한다. 도보 6분. **홈페이지** www.romanbaths.co.uk

바스의 유서 깊은 랜드마크
바스사원 Bath Abbey

로만바스 바로 옆을 굳건히 지키고 있는 바스사원은 1499년 폐허가 된 노르만교회를 재건한 건물로 1539년 헨리 8세의 수도원해산에 의해 파괴되었으나 1616년 복원되어 오늘날까지 그 모습을 그대로 유지하고 있다. 벽면의 80%가 창문으로 이루어져 있으며 구약성서의 내용이 담긴 스테인드글라스와 영국 전통고딕양식의 아름다운 천장 그리고 거대한 파이프오르간이 바스사원을 한층 더 빛내고 있다.

주소 Bath Abbey, Bath, BA1 1LT **운영시간** 09:30~17:30(월요일), 09:00~17:30(화~금요일), 09:00~18:00(토요일), 13:00~14:30, 16:30~17:30(일요일) **문의** (44)012-2542-2462 **찾아가기** 로만바스 바로 오른편에 위치한다. **홈페이지** www.bathabbey.org

영화 레미제라블의 촬영지
펄트니다리 Pulteney Bridge

다리 인근의 땅을 소유했던 윌리엄펄트니William Pulteney의 이름에서 따온 펄트니다리는 에이본강 River Avon 건너편 지구를 개발하기 위해 건설되었다. 당시 신고전주의 건축의 최고권위자였던 로버트아담Robert Adam이 설계를 맡아 1774년에 완공되었다. 다리 양측면으로 건물이 들어서 있는 독특한 형태의 이 다리는 메인스트리트와 자연스럽게 연결되면서 가게들이 빼곡히 이어지므로 언뜻 보기에는 다리인지 그냥 길인지 헷갈릴 정도이다.

영화〈레미제라블Les Miserables〉에서 자베르경감이 떨어져 죽는 장면이 촬영된 곳으로도 유명하다. 호기심에 영화처럼 절대 뛰어내리지 말라고, 다리 주변에 'No Diving'이라는 표식이 군데군데 붙어있다.

주소 Bath and North East Somerset BA2 4AY **찾아가기** 바스사원 뒤편의 하이스트리트(High St.)를 따라 걷다 두 갈래 길에서 오른쪽 브리지스트리트(Bridge St.)로 직진하면 바로 보인다. 도보 4분.

한 집안의 건축가부자가 완공시킨
서커스&로열크레센트 The Circus & Royal Crescent

서커스는 피카딜리서커스처럼 아치모양으로 지어진 건축물이다. 펄트니다리에서 로열크레센트로 향하다보면 만나게 되는 이 건축물은 언뜻 보면 로열크레센트와도 그 모습이 많이 닮아 있다. 이는 두 건축물이 한 집안의 건축가 부자에 의해 완공되었기 때문이다. 아버지 존우드John Wood는 서커스를 설계하였지만 완공은 시키지 못하고 숨을 거뒀으며, 그의 아들 존우드 2세가 뒤를 이어 완공했다. 또한 그는 바로 이어서 로열크레센트까지 설계하여 8년여에 걸쳐 완공을 한다.

서커스에서 브록스트리트를 따라 걷다보면 세계에서 가장 아름다운 집합저택 로열크레센트가 보이는데, 광각렌즈로도 쉽게 담아내지 못할 만큼 기다란 건물형태에 실로 입을 다물 수 없는 풍경을 마주하게 된다. 총 30채, 지상 3층, 지하 1층의 귀족전용 고급별장으로 지어졌지만 현재 일부 저택이 박물관과 호텔로 사용되고 있는 것을 제외하면 나머지는 사람들이 거주하고 있다. 거주용 저택의 월세는 한화로 약 1천만원을 호가하는 것으로 알려져 있다. 저택 앞 넓은 정원은 거주자 및 관계자 외에는 이용할 수 없다.

서커스 주소 The Circus, Bath and North East Somerset BA1 2EW 로열크레센트 주소 Royal Crescent, Bath BA1 2LR 찾아가기 바스사원 뒤편 칩스트리트(Cheap St.)에서 사원을 등지고 왼쪽으로 직진한 후 웨스트게이트(WestGate)에서 소우클로즈(Saw Cl), 바턴스트리트(Barton St.)로 이어지는 길을 따라 직진. 왼편에 퀸스퀘어(Queen Square)공원이 나오면 공원을 왼쪽에 끼고 퀸스퀘어와 게이스트리트(Gay St.)가 이어지는 길을 따라 직진하면 더서커스(The Circus)가 나온다. 게이스트리트 왼쪽 브록스트리트(Brock St.)를 직진하면 로열크레센트(Royal Crescent)가 나온다. 도보 15분.

화려한 무도장과 잘 어울리는 패션
어셈블리룸&패션박물관 Assembly Rooms & Fashion Museum

〈오만과 편견Pride & Prejudice〉, 〈센스 앤 센서빌리티Sense And Sensibility〉, 〈비커밍제인Becoming Jane〉 등 17~18세기를 배경으로 한 영국영화의 공통점은 바로 무도회장을 배경으로 한 장면이 꼭 등장한다는 것이다. 남녀주인공이 사교댄스를 추며 감정을 공유하는 장면은 보는 이들로 하여금 가슴이 함께 뛰게 만든다. 패션박물관과 한 건물을 이루고 있는 어셈블리룸은 과거 이러한 무도회장으로 사용됐던 곳이다. 여류작가 제인오스틴Jane Austen도 즐겨 찾았던 이곳은 천 명에 가까운 인원을 수용할 만큼 크고 넓은 규모를 자랑한다. 밖에서는 건물 안이 보이지 않게 창문은 높게 달려있으며, 실내환기가 잘되도록 천장을 높였고, 화려한 샹들리에가 무드있게 실내분위기를 잡아준다.

어셈블리룸 지하 패션박물관은 18세기부터 현재에 이르기까지 영국패션의 변화를 한눈에 엿볼 수 있는 공간이다. 매년 '올해의 드레스Dress of the Year'를 선정, 역대 드레스들을 만날 수 있다. 1963년 의상박물관Museum of Costume으로 시작하여 2007년 패션박물관으로 탈바꿈하며 매해 새로운 테마로 전시물을 선보인다.

주소 Bath Assembly Rooms, Bennett St, Avon, Bath BA1 2QH **입장료** 성인 £9.50, 학생&65세 이상 £8.50, 16세 이하 £7.25, 아동(5세 이하) 무료 **운영시간** 1~2월 10:30~17:00, 3~10월 10:30~18:00(마지막 입장 17:00), 11~12월 10:30~16:00(마지막 입장 16:00)/12월 25~26일 휴무 **문의** (44)012-2547-7173 **찾아가기** 바스사원 뒤편의 칩스트리트(Cheap St.)에서 사원을 등지고 왼쪽으로 직진한 후 웨스트게이트(WestGate)에서 소우클로즈(Saw Cl), 바턴스트리트(Barton St.)로 이어지는 길을 따라 직진한다. 퀸스퀘어(Queen Square)공원이 나오면 공원을 왼쪽에 끼고 퀸스퀘어와 게이 스트리트(Gay St.)가 이어지는 길을 직진하면 더서커스(The Circus)가 나온다. 게이스트리트(Gay St.) 오른편 베넷스트리트(Bennett St.)를 조금 걸어가면 바로 오른편에 위치. 도보 12분. **홈페이지** www.museumofcostume.co.uk

바스가 낳은 세계적인 여류소설가를 만나다
제인오스틴센터 Jane Austen Centre

바스와 연이 깊은 여류작가 제인오스틴은 41세의 젊은 나이로 세상을 떠나기까지 6편의 소설을 남겼다. 섬세한 감정표현과 여심을 흔들만한 이야기로 현재도 많은 이들에게 사랑을 받고 있다. 그녀의 소설 속에도 자주 등장한 도시, 바스에는 5년간 가족과 함께 살았던 그녀를 추억할 수 있는 전시공간이 마련되어 있다.

1층 기념품가게에서 티켓을 구매한 후 2층으로 올라가면 20분 간격(매시 정각, 20분, 40분)으로 진행되는 제인오스틴에 관한 짤막한 프레젠테이션을 듣고 전시물을 둘러볼 수 있다. 바스에 거주할 당시 그녀가 즐겨 찾던 산책로와 사용했던 소품이 주를 이루며, 집필활동에 관련된 전시물 외에도 전통의복을 입은 마네킹과 패션잡화도 볼 수 있다. 바스에서 촬영된 다큐멘터리도 상영 중이며 드레스룸 코너가 있어 전통의복을 입어볼 수 있다.

주소 40 Gay St., Queen Square, Bath BA1 2NT **귀띔 한마디** 온라인으로 미리 예매하면 £1 할인혜택을 받을 수 있다. **입장료** 성인 £12.00, 65세 이상 £10.50, 학생 £9.50, 어린이(16세 이하) £6.20, 아동(5세 이하) 무료 **운영시간** 4~6월, 9~10월 09:45~17:30 / 7~8월 09:30~18:00 / 11~3월 10:00~16:00(일~금요일), 09:45~17:30(토요일) / 12월 25~26일, 1월 1일 휴무 **문의** (44)012-2544-3000 **찾아가기** 바스사원 뒤편의 칩스트리트(Cheap St.)에서 사원을 등지고 왼쪽으로 직진한 후 웨스트게이트(WestGate)에서 소우클로즈(Saw Cl), 바튼스트리트(Barton St.)로 이어지는 길을 따라 직진한다. 퀸스퀘어(Queen Square)공원이 나오면 공원을 왼쪽에 끼고 퀸스퀘어길을 따라 걸으면 공원 다음 블록 오른편에 위치한다. 도보 10분. **홈페이지** www.janeausten.co.uk

바스에 오면 꼭 들려야 할 티룸
샐리룬스티룸 SallyLunn's Tea Room

 샐리룬번 ▶

바스의 명물 먹거리 샐리룬번Sally Lunn Bun으로 유명한 이곳은 1680년 프랑스에서 건너온 샐리룬이라는 사람이 오픈한 이래 300년이 넘게 그 전통을 잘 이어오는 곳이다. 바스에서 가장 오래된 건물에 자리하고 있으며, 주방을 재현한 지하박물관과 기념품판매점, 티룸 등으로 구분되어 있다. 1936년 지하박물관 가마에서 레시피가 극적으로 발견되어 오늘날까지 많은 이에게 사랑받고 있으며, 언뜻 보기엔 평범한 빵이지만 먹어보면 은은한 버터향과 부드러운 식감에 반해 결코 평범하지 않다는 것을 알 수 있다.

주소 4 North Parade Passage, Bath BA1 1NX **영업시간** 10:00~21:30(월~목요일), 10:00~22:00(금, 토요일) **문의** (44)012-2546-1634 **찾아가기** 로만바스 앞 요크스트리트(York St.)에서 애비스트리트(Abbey St.)로 진입하여 두 갈래 길에서 왼쪽 처치스트리트(Church St.)로 진입하면 왼편에 위치한다. 도보 2분. **홈페이지** www.sallylunns.co.uk

서커스의 풍경

Special COTSWOLDS

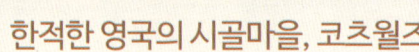

한적한 영국의 시골마을, 코츠월즈

코츠월즈Cotswolds는 잉글랜드 남서쪽 300m 높이의 언덕지대를 일컫는 것으로 200개가 넘는 작은 마을이 한데 모여 있다. 도시 전체가 특별자연미관지역Area of Outstanding Natural Beauty으로 지정될 만큼 아름다운 풍경이 펼쳐진다. 우리나라 여행자들도 투어를 이용하거나 마음에 드는 마을을 선정하여 여행하는 모습이 눈에 띄게 늘어났다. 그 중 인기가 높은 버튼온더워터와 바이버리를 소개한다.

코츠월즈로 들어가기 및 추천동선

코츠월즈에서 접근성이 용이하면서 하나의 동선으로 묶기 좋은 곳이 버튼온더워터와 바이버리이다. 시간이 된다면 중간 중간의 작은 마을들도 둘러보면 좋다. 이 여행은 모어턴인마쉬Moreton-in-Marsh역에서 시작하게 되는데 여기서 마을로 들어갈 때는 버스편을 이용하게 된다. 다음의 추천동선은 두 마을을 여행하는 동선이다. 표시된 시간은 참조용으로만 활용하고, 자신의 여행스타일에 맞춰 열차나 버스시간은 재구성해보는 것이 좋다.

런던패딩턴역	모어턴인마쉬역	버튼온더워터 2시간 코스	노스리치	바이버리 3시간 코스	버튼온더워터	모어턴인마쉬역	런던패딩턴역
1시간 30~40분	801번 11:10	801번 13:40	855번 14:00	855번 17:45	801번 18:35	1시간 35~55분	

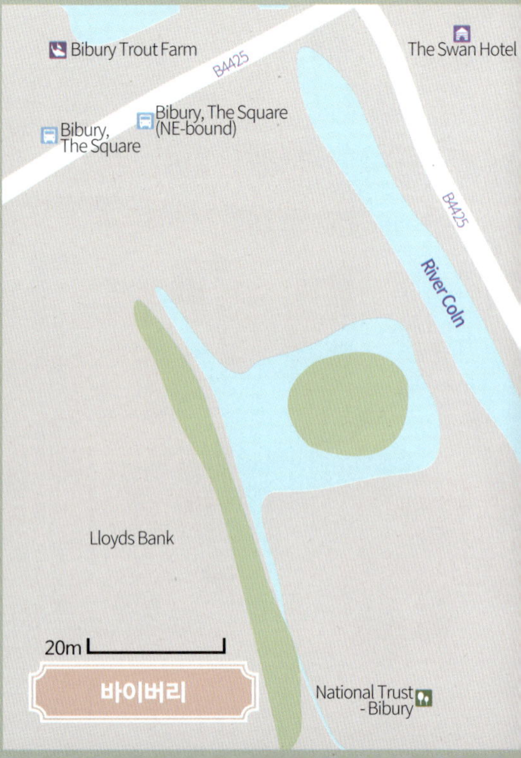

버튼온더워터

- Edinburgh Wool Shop (SE-bound)
- Newsagent (NW-bound)
- Moore Road
- de la Haye's
- High Street
- Cotswold Motoring Museum & Toy Collection
- War Memorial
- The Cotswold Shop
- Dial House Hotel
- Gift Times
- The Chestnut Tree
- The Chestnut Tree Tea Room and Restaurant
- The Mad Hatter
- Bourton Croft Cottage
- River Windrush
- High Street
- The Victoria Hall
- 관광안내소
- Victoria Street
- Dutton's Gift Shop
- The Cornish Bakery
- China Town
- Kingsbridge
- River Side
- Chester House Hotel
- The Croft Restaurant
- Bourton Riverside Café

바이버리

- Bibury Trout Farm
- The Swan Hotel
- B4425
- Bibury, The Square
- Bibury, The Square (NE-bound)
- River Coln
- Lloyds Bank
- National Trust - Bibury

〖 아름다운 강가산책 버튼온더워터 Bourton-on-the-Water 〗

마을을 가로지르는 아담한 강과 자그마한 돌다리, 그리고 그 강을 더욱 아름답게 만들어 주는 사람들의 여유로움. 코츠월즈의 리틀 베네치아로 불리는 버튼온더워터는 마을 사이를 흐르는 얕고 작은 윈드러시강River Windrush 주변이 마치 그림엽서 같은 분위기를 자아내어 코츠월즈에서도 가장 인기 많은 지역으로 꼽힌다. 관광객이 많이 찾는 덕분에 강변으로 멋진 카페와 레스토랑이 밀집되어 있다. 피시앤칩스, 잉글리시브렉퍼스트 등 영국전통음식과 크림티를 즐길 수 있으므로 점심을 해결하고 휴식을 취하기 좋다.

마을 자체의 아름다움은 물론이요 돌다리 위에서 아름다운 풍경을 사진으로 담아내는 여행자들, 강 주변에 도란도란 앉아 이야기를 나누는 가족, 그리고 강물에 뛰어든 꼬마들까지 지켜보는 이들에게 힐링을 선사하는 풍경 일색이다. 여행의 긴장을 잠시 내려놓고 따스한 햇살을 맞으며 사색하는 시간을 가져보는 것도 좋다.

주소 Bourton-on-the-Water Cheltenham, Gloucestershire GL54 2BX 귀띔한마디 인포메이션센터 주소_Victoria St., Bourton-on-the-Water Gloucestershire GL54 2BU 찾아가기 801번 버스 승차 후 버튼온더워터 뉴스에이전트정류장(Newsagent, NW-bound)에서 하차한다. 약 25분 소요. 홈페이지 www.bourtoninfo.com

〖 귀여운 오두막집이 옹기종기 모여 있는 바이버리 Bibury 〗

영국의 사상가이자 시인 윌리엄모리스William Morris가 잉글랜드에서 가장 아름다운 마을이라고 극찬한 바이버리는 동화 속에 튀어나온 듯한 귀여운 오두막집이 모여 있는 사랑스런 마을이다. 코츠월즈를 소개할 때 사용되는 그림 같은 전원주택 사진이 바로 바이버리이며, 마을을 산책하는 것만으로도 마음이 평온해지는 고요함이 매력적이다. 바이버리의 포토스폿 앨링턴로우Arlington Row를 중심으로 500년 전통의 스완호텔Swan Hotel, 송어를 잡을 수 있는 낚시터 바이버리 트라우트팜Bibury Trout Farm 등 아기자기한 재미가 있는 곳이다. 마을을 산책하고 시간에 여유가 있다면 스완호텔에서 크림티를 즐기고, 바이버리 트라우트팜에서 송어도 낚아보자. 예쁜 호숫가를 감상하며 유유자적 걷다보면 그야말로 신선놀음이 따로 없다. 치열하게 살았던 도시인들이 여생을 편안하게 보내기 위해 정착하는 마을로 유명하며, 실제로 마을을 산책하다 보면 정원을 가꾸거나 집 앞에서 휴식을 취하는 할머니의 모습을 심심찮게 마주하게 된다.

주소 Bibury, Gloucestershire GL7 5NW 찾아가기 801번 버스 승차 후 노스리치 마켓플레이스(Northleach, Market Pl. (NW-bound))정류장에서 하차하여 855번 버스로 환승한 후 바이버리 스퀘어정류장(Bibury, The Square (NE-bound))에서 하차한다. 약 40분 소요. 홈페이지 www.bibury.com

PART 05

SECTION 01
도심에서 즐기는 쾌적한 휴가
최고급호텔

세계 최고의 관광도시답게 런던에는 세계적으로 명성이 자자한 최고급호텔들이 넘치고 넘친다. 런던을 대표하는 최고급 럭셔리호텔의 양대산맥 더리츠와 사보이를 비롯하여 세계 최고의 호텔체인 하얏트와 메리어트, 힐튼, 인터콘티넨탈 등은 런던시내에만 여러 지점을 거느리고 있다. 최고의 땅값을 자랑하는 웨스트엔드 중심부에 집중되어 있으며 그만큼 가격대도 높은 편이다. 기분 좋은 사치를 누리고 싶다면 럭셔리호텔은 후회 없는 선택이 될 수 있다.

런던을 대표하는 최고급호텔
더리츠 The Ritz London

1906년에 오픈한 이래 에드워드 7세부터 엘리자베스 2세에 이르기까지 영국왕실에서 자주 애용하는 곳으로 유명하며, 영국왕실이 인증하는 로열워런트를 획득한 유일한 호텔이다. 최고급호텔의 명성만큼 런던시내 호텔 중 유일하게 드레스코드가 있어 청바지나 운동화, 샌들 등의 캐주얼한 복장으로는 들어갈 수가 없다. 런던 중심부인 메이페어 Mayfair에 자리하고 있으며 그린파크역에서 도보 3분 거리로 편리한 위치를 자랑한다. 더리츠의 애프터눈 티 역시 런던을 대표하는 명물 중 하나이다.

주소 150 Piccadilly, London W1J 9BR 문의 (44)020-7493-8181 체크인/체크아웃 14:00 / 12:00 요금 £335.00~ 와이파이 무료 찾아가기 TUBE 그린파크(Green Park)역 피카딜리 남쪽 더리츠(Piccadilly South Side, The Ritz) 출구로 나오면 바로 오른편에 위치한다. 도보 1분. 홈페이지 www.theritzlondon.com

나이트브리지를 지키는
만다린오리엔탈 하이드파크 Mandarin Oriental Hyde Park

1902년 하이드파크호텔이란 이름으로 오픈하였으나 1996년 만다린오리엔탈그룹에서 인수하면서 리노베이션을 거쳐 2000년 5월 만다린오리엔탈하이드파크호텔로 오픈하였다. 엘리자베스여왕도 참석한 마가렛대처Margaret Thatcher의 80세 생일파티가 열린 호텔로 유명하다. 하이드파크 혹은 버킹엄궁전을 내려다 볼 수 있는 객실이 특징이다. 미슐랭의 스타셰프 헤스턴블루멘탈Heston Blumenthal의 런던 첫 레스토랑 디너바이헤스턴블루멘탈Dinner by Heston Blumenthal이 이 호텔에 자리한다. 근처에 고급백화점 해롯Harrods과 하비니콜스Harvey Nichols가 있어 쇼핑에도 최적화되어 있다.

주소 66 Knightsbridge, London SW1X 7LA 문의 (44)020-7235-2000 체크인/체크아웃 14:00 / 12:00 요금 £450.00~ 와이파이 무료 찾아가기 TUBE 나이트브리지(Knightsbridge)역 만다린오리엔탈호텔 출구로 나오면 바로 왼편에 위치한다. 도보 1분. 홈페이지 www.mandarinoriental.com/london

런던에서 가장 유명한 호텔
더사보이 The Savoy London

1889년에 오픈하였으며, 영국의 상류층과 전 세계의 셀러브리티들이 애용하는 호텔이자 영화 〈노팅힐Notting Hill〉, 〈엔트랩먼트Entrapment〉, 〈갬빗Gambit〉 등의 촬영지로도 유명하다. 2008년 약 2년에 걸쳐 총 공사비 1억 파운드를 들여 대대적인 리노베이션을 감행하여 2010년 가을 새롭게 재탄생하였다. 빅벤, 런던아이, 트라팔가광장 등 런던을 대표하는 주요명소들이 모인 코벤트가든 근처에 자리하고 있어 관광하기 편리하다. 누구나 한번쯤 묵어보고 싶어 하는 꿈의 호텔이기도 하다.

주소 Strand, Savoy Way, London WC2R 0EU 문의 (44)020-7836-4343 체크인/체크아웃 14:00 / 12:00 요금 £480.00~ 와이파이 무료 찾아가기 TUBE 엠뱅크먼트(Embank-ment)역 빅토리아엠뱅크먼트(Victoria Embankment) 출구로 나와 왼쪽 방향으로 걷다 빅토리아엠뱅크먼트가든(Victoria Embankment Gardens) 입구가 나오면 공원으로 들어서서 직진한다. 공원을 나오면 바로 맞은편에 위치한다. 도보 6분. 홈페이지 www.fairmont.com/savoy-london

PART 05

새로운 호텔체험
샹그릴라호텔 앳 더샤드런던 The Shangri-La Hotel at The Shard London

유럽에서 가장 높은 건물이자 런던의 새로운 랜드마크로 각광받는 더샤드The Shard의 34층부터 52층까지를 사용하며, 유럽에서 가장 높은 층에 위치한 호텔이다. 2014년 5월에 오픈하여 런던에서는 가장 최근에 생긴 럭셔리호텔이다. 이 호텔의 압권은 파노라마로 펼쳐진 도심전망을 객실에서 볼 수 있다는 것으로 시티뷰룸에서는 빅벤, 타워브리지, 세인트폴대성당, 거킨빌딩 등 런던의 주요 관광명소가 한눈에 내려다보인다. 지금까지 볼 수 없었던 색다른 런던뷰와 호텔체험을 만끽할 수 있다.

주소 31 St Thomas St., London SE1 9QU 문의 (44)020-7234-8000 체크인/체크아웃 15:00 / 12:00 요금 £475.00~ 와이파이 무료 찾아가기 TUBE 런던브리지(London Bridge)역 런던브리지(Lodnon Bridge) 출구로 나오면 바로 위치한다. 홈페이지 www.shangri-la.com/london/shangrila

최고의 입지조건
르메르디앙 피카딜리 Le Meridien Piccadilly

웨스트앤드의 중심부, 피카딜리서커스와 리젠트스트리트 사이에 위치한 호텔로 피카딜리서커스역에서 가까운 거리이다. 만약 쇼핑을 즐기기 위해 런던을 방문했다면 이보다 좋은 호텔은 없을 것이다. 번화가 중심부에 자리한 덕에 오페라, 뮤지컬 등 저녁공연을 즐기고 밤늦게 귀가하더라도 치안문제를 걱정할 필요가 없다. 고급스런 에드워드양식의 클래식한 건물외관과 모던한 인테리어의 객실과 레스토랑이 매력적이다.

주소 21 Piccadilly, London W1J 0BH 문의 (44)020-7734-8000 체크인/체크아웃 15:00 / 12:00 요금 £380.00~ 와이파이 유료 찾아가기 TUBE 피카딜리서커스(Piccadilly Circus)역 로어리젠트스트리트 동쪽(Lower Regent St. East Side) 출구로 나와 피카딜리도로를 따라 걷다보면 오른편에 위치한다. 도보 3분. 홈페이지 www.lemeridienpiccadilly.co.uk

셀러브리티의 단골 호텔
클라리지 Claridge's

전 세계 로열패밀리와 오드리헵번, 믹재거, 브래드피트, 머라이어캐리 등 유명인이 단골로 애용하는 호텔이다. 본드스트리트역에서 가까운 메이페어에 위치하고 있다. 영국의 빅토리아여왕에게 사랑과 신뢰를 받은 호텔로 버킹엄궁전별관이라고도 불렸었다. 패션업계 종사자도 많이 묵는 호텔답게 세련된 인테리어와 패션잡지가 놓여있는 것이 특징이다.

주소 49 Brook St, London W1K 4HR 문의 (44)020-7629-8860 체크인/체크아웃 15:00 / 12:00 요금 £570.00~ 와이파이 유료 찾아가기 TUBE 본드스트리트(Bond St.)역 웨스트원쇼핑센터(West One Shopping Centre) 출구로 나와 오른쪽 방향으로 걷다 브룩스트리트(Brook St.)에서 왼쪽으로 진입하면 오른편에 위치한다. 도보 3분. 홈페이지 www.claridges.co.uk

유럽 최초의 그랜드호텔
랭함런던 The Langham London

1865년 오픈한 유럽 최초의 대규모 호텔이다. 웨스트엔드의 중심부인 리젠트스트리트가 시작되는 지점에 위치하고 있어 입지조건도 좋은 편이다. 3세기에 걸친 오랜 역사를 자랑하며 클래식한 인테리어로 고급스러움은 유지하면서 고객이 마치 집에서 쉬는 것처럼 포근함과 안락함을 위한 최상의 서비스를 제공한다. 런던에 있는 최고급호텔 중 최초로 스파시설을 갖춘 것도 특징이다.

주소 1c Portland Pl., Regent St., London GB W1B 1JA 문의 (44)020-7636-1000 체크인/체크아웃 15:00 / 12:00 요금 £520.00~ 와이파이 무료 찾아가기 TUBE 옥스퍼드서커스(Oxford Circus)역 4번 옥스퍼드스트리트 서쪽/리젠트스트리트 북쪽(Oxford St. West/Regent St. North) 출구로 나와 H&M을 바라보고 랭함플레이스(Langham Pl.)로 진입할 때까지 리젠트스트리트를 따라 직진하면 왼편에 위치한다. 도보 6분. 홈페이지 london.langhamhotels.co.uk

한적한 고급주택가 속에 자리한 호텔
더버클리 The Berkeley

나이트브리지의 고급주택가 사이에 위치한 호텔로 기품 있는 서비스를 제공한다. 무료로 이용 가능한 옥상 수영장과 헬스클럽은 호텔투숙을 더욱 윤택하게 해준다. 미슐랭 투스타에 빛나는 프렌치레스토랑 마커스웨어링 Marcus Wareing, 전설적인 미슐랭 스타셰프 피에르코프만의 코프만 Koffmann, 패션아이템을 그대로 옮겨놓은 듯한 독특한 애프터눈티의 캐러멜룸 Caramel Room 등 런던 최고의 레스토랑이 버클리를 빛내주고 있다.

주소 Wilton Pl, Knightbridge, London SW1X 7RL 문의 (44)020-7235-6000 체크인/체크아웃 15:00 / 12:00 요금 £570.00~ 와이파이 무료 찾아가기 TUBE 나이트브리지(Knightsbridge)역 브롬턴로드&해롯(Brompton Rd.&Harrods) 출구로 나와 오른쪽 방향으로 걷다 오른쪽 윌튼플레이스(Wilton Pl.)로 진입하면 왼편에 위치한다. 도보 5분. 홈페이지 www.the-berkeley.co.uk

아름답고 고급스러운 분위기
안다즈 리버풀스트리트 Andaz Liverpool Street London

하얏트계열의 디자인호텔이다. 빅토리아양식의 아름다운 외관은 여타 최고급호텔과 비슷하지만 참신하고 독특한 인테리어가 색다른 맛을 더한다. 리버풀스트리트역 건물 바로 옆에 자리하고 있어 객실에서 지하철을 이용하는 사람들이 보이며, 튜브가 오고가는 광경까지 지켜 볼 수 있다. 지금 런던에서 가장 핫한 쇼디치지역에 위치하고 있는 것도 또 하나의 포인트이다. 트렌디함과 고급스러움이 공존하는 호텔로 평가받고 있다.

주소 40 Liverpool St, London EC2M 7QN 문의 (44)020-7961-1234 체크인/체크아웃 14:00 / 12:00 요금 £270.00~ 와이파이 무료 찾아가기 TUBE 리버풀스트리트(Liverpool St.)역 올드브로드스트리트&리버풀스트리트(Old BRd. St.&Liverpool St.) 출구로 나와 오른쪽으로 걷다보면 왼편에 위치한다. 도보 2분. 홈페이지 london.liverpoolstreet.andaz.hyatt.com

PART 05

SECTION 02
하룻밤을 자더라도 특별함을 원한다면
부티크호텔

런던에는 톡톡 튀는 다채로운 색감과 정교한 디테일, 세련된 디자인으로 무장한 부티크호텔들이 한데 모여 있다. 스타일리시한 인테리어와 사랑스러운 소품들을 보는 재미에 눈이 호강한다는 말이 절로 나온다. 오랫동안 기억에 남을 만한 차원 높은 호텔숙박을 경험하고 싶다면 주저하지 말고 부티크호텔을 선택하자.

스타일리시함 속에서 보내는 런던의 밤
W런던레스터스퀘어 W London Leicester Square

부티크호텔의 대명사 W의 런던호텔은 웨스트엔드 중심부인 레스터스퀘어에 위치하고 있다. 화려한 외관과 스타일리시한 인테리어는 묵는 이로 하여금 눈과 마음을 즐겁게 해준다. 숙면을 취할 수 있다고 정평이 나있는 W만의 전용침대는 여행에 지친 몸을 편안하게 회복시켜 준다. 애완동물과 함께 숙박하고자 하는 새로운 고객들을 위해 애완동물 전용침대, 장난감, 산책서비스 등도 눈길을 끈다. 물론 별도로 £25.00의 룸차지와 £100.00의 세탁요금이 부과된다.

주소 10 Wardour St., Leicester Square, London W1D 6QF 문의 (44)020-7758-1000 체크인/체크아웃 15:00 / 12:00 요금 £360.00~ 와이파이 유료 찾아가기 TUBE 피카딜리서커스(Piccadilly Circus)역 3A 피카딜리 남쪽(Piccadilly South Side) 출구로 나와 전광판을 바라보고 오른쪽 방향으로 걷다 와더스트리트(Wardour St.)에서 왼쪽으로 진입하면 오른편에 위치한다. 도보 3분. 홈페이지 www.wlondon.co.uk

호텔투숙도 명품처럼
불가리호텔 앤 레지던스 Bulgari Hotel and Residences

2012년 5월 나이트브리지에 40년 만에 신축건물이 들어섰다. 화제의 주인공은 이탈리아의 명품브랜드 불가리가 내세운 호텔로 밀라노, 발리에 이어 세 번째 지점으로 런던을 선택한 것이다. 호텔은 전체적으로 섬세함과 고급스러움이 느껴지며, 마호가니원목과 대리석, 가구, 조명기구, 생화 등 색과 재료를 고려하여 디테일한 부분까지 불가리라는 브랜드의 정체성이 묻어나오도록 신경 쓴 흔적이 역력하다. 최상의 서비스 또한 이곳의 투숙만족도를 높여주는 요소로 평가받고 있다.

주소 171 Knightsbridge, London SW7 1DW 문의 (44)020-7151-1010 체크인/체크아웃 14:00 / 13:00 요금 £510.00~ 와이파이 유료 찾아가기 TUBE 나이트브리지(Knightsbridge)역 브롬턴로드&헤롯(Brompton Rd.&Harrods) 출구로 나와 왼쪽 방향으로 걷다 코너의 버버리매장을 지나 오른쪽 길로 직진하면 왼편에 위치한다. 도보 3분. 홈페이지 www.bulgarihotels.com

LONDON STAY

코모그룹의 첫 매트로폴리탄
매트로폴리탄 바이코모런던 METROPOLITAN BY COMO, LONDON

하이드파크와 그린파크 사이에 위치한 이 호텔은 터키, 부탄, 발리, 몰디브에서 리조트를 운영하고 있는 코모그룹의 첫 메트로폴리탄 호텔이다. 호텔 외관부터 도회적이고 세련된 느낌을 물씬 풍기며, 호텔 내부는 현대적이고 감각적인 디자인으로 꾸며져 있다. 전체적으로 통일된 객실인테리어는 보라색카펫에 크림색벽과 목제가구가 잘 어우러져 오묘하고 독특한 분위기를 자아낸다. 세계적인 일식 레스토랑 노부NOBU가 바로 이곳에 있다는 사실도 기억하자.

주소 Old Park Lane London W1K 1LB 문의 (44)020-7447-1000 체크인/체크아웃 14:00 / 12:00 요금 £250.00~ 와이파이 무료 찾아가기 TUBE 하이드파크코너(Hyde Park Corner)역 메인출구로 나와 오른쪽으로 걷다 올드파크레인(Old Park Ln.)에서 왼쪽으로 진입하면 오른편에 위치한다. 도보 6분. 홈페이지 www.comohotels.com

눈이 즐거워지는 원색의 조화
소호호텔 The Soho Hotel London

2004년 5월 소호의 첫 5성급호텔이 탄생하였다. 일단 입지적인 면도 훌륭하지만 안을 들여다보면 더욱 만족스러울 수밖에 없다. 잡지 속에서나 나올 법한 화려하고 스타일리시한 이 호텔의 인테리어는 현대미술 수집가인 호텔의 오너부부가 직접 디자인한 것이다. 85개의 전 객실을 각기 다른 스타일의 인테리어로 디자인한 것만으로도 독창성을 중시하는 그들의 센스를 엿볼 수 있다. 특이하게도 호텔 지하에 미니영화관이 있어 매주 1회 최신영화를 상영한다.

주소 4 Richmond Mews, London W1D 3DH 문의 (44)020-7559-3000 체크인/체크아웃 14:00 / 11:00 요금 £350.00~ 와이파이 무료 찾아가기 TUBE 토트넘코트로드(Tottenham Court Rd.)역 1번 옥스퍼드스트리트 남쪽(Oxford St. South Side) 출구로 나와 옥스퍼드스트리트를 따라 걷다가 딘스트리트(Dean St.)로 이어지면 오른편 리치몬드빌딩스(Richmond Buildings) 골목 끝에 위치한다. 도보 6분. 홈페이지 www.firmdalehotels.com/hotels/london/the-soho-hotel

아이템 하나하나가 감동을 주는
에이스호텔 Ace Hotel

LA, 뉴욕, 시애틀 등 미국을 중심으로 지점을 내었던 부티크호텔체인 에이스호텔이 해외로 진출한 1호점이 바로 이 호텔이다. 기존 부티크호텔과는 전혀 다른 콘셉트의 호텔로 아메리칸 원색의 화려함보다는 모노톤의 간결함을 베이스로 한 아메리칸 빈티지스타일의 인테리어가 참신하게 느껴진다. A.P.C.와의 콜라보 침구에서도 세련미가 느껴지며 객실을 채우고 있는 아이템 하나하나가 신경을 쓴 흔적이 엿보인다. 호텔 안 매장에서는 에이스호텔이 내놓은 상품을 판매하는데 티셔츠, 에코백, 액세서리 등 온통 충동구매를 유도하는 것들이다.

주소 100 Shoreditch High St., London E1 6JQ 문의 (44)020-7613-9800 체크인/체크아웃 14:00 / 12:00 요금 £200.00~ 와이파이 무료 찾아가기 Overground 쇼디치이스트리트(ShoreditchHighSt.)역 출구로 나와 왼쪽 방향으로 걷다 큰 도로인 베스널그린로드(Bethnal Green Rd.)로 나와 바로 왼쪽으로 직진 후 막다른 길인 쇼디치하이스트리트(Shoreditch High St.)에서 오른쪽으로 걸으면 오른편에 위치한다. 도보 5분.
홈페이지 www.acehotel.com/london

디자인계의 대부 테렌스콘란의 첫 호텔
바운더리 BOUNDARY

이스트엔드 쇼디치Shoreditch에 있는 100년 된 인쇄소건물이 감각적인 부티크호텔로 새롭게 탈바꿈하였다. 영국 디자인계의 대부 테렌스콘란Terence Conran의 첫 번째 호텔 프로젝트인 바운더리는 객실마다 임스부부Charles&Ray Eames, 조셉호프만Josef Hoffman, 바우하우스Bauhaus 등 세계적인 디자이너가 만든 가구로 꾸며져 있으며, 객실이름도 가구디자이너의 이름이 붙어 있다. 멋쟁이 런더너의 발길이 끊이지 않는 호텔 1층 카페 알비온Albion 역시 콘란의 작품이다.

주소 2-4 Boundary St., Shoreditch, London E2 7DD 문의 (44)020-7729-1051 체크인/체크아웃 14:00 / 12:00 요금 £190.00~ 와이파이 무료 찾아가기 Overground 쇼디치이스트리트(Shoreditch High St.)역에서 왼쪽 방향으로 걷다 베스널그린로드(Bethnal Green Rd.)로 나와 왼쪽 박스파크 앞 횡단보도를 건너 에보스트리트(Ebor St.)로 진입하다 레드처치스트리트(Redchurch St.)에서 왼쪽으로 걷는다. 계속해서 바운더리스트리트(Boundary St.)로 들어가면 오른편에 위치한다. 도보 4분. 홈페이지 www.theboundary.co.uk

LONDON STAY

현지 런더너가 사는 아파트에 온 듯한 기분
타운홀호텔 Town Hall Hotel&Apartment

영국 전통의 에드워드양식으로 지어진 시청건물이 모던하고 스타일리시한 호텔로 변신했다. 리노베이션을 거쳐 2010년 오픈한 이 호텔은 중심부가 아닌 이스트런던의 베스널그린Bethnal Green에 위치하고 있다. 실용적인 공간활용과 적절한 가구배치, 세련된 가구로 꾸며진 객실은 군더더기 없이 깔끔한 인테리어가 인상적이며, 마치 센스 있는 누군가의 아파트에 놀러온 듯한 기분마저 든다. 합리적인 가격에 코스요리를 제공하는 레스토랑 코너룸Corner Room과 최근에 문을 연 레스토랑 타이핑룸Typing Room도 눈과 입을 즐겁게 해 줄 것이다.

주소 Patriot Square, Bethnal Green, London E2 9NF 문의 (44)020-7871-0460 체크인/체크아웃 14:00 / 11:00 요금 £200.00~ 와이파이 유료 찾아가기 Railway 케임브리지히스(Cambridge Heath)역에서 나와 오른쪽으로 걷다보면 왼쪽 패트리어트스퀘어(Patriot Square)길 초입에 위치한다. 도보 3분. 홈페이지 www.townhallhotel.com

합리적인 가격으로 즐기는 호텔 레스토랑, 코너룸

큰맘 먹고 머나먼 이국땅으로 나선 해외여행. 누구나 좋은 기억만을 간직한 채 돌아가고 싶어 한다. 그래서 밥 한 끼 먹는 것마저 조심스러워진다. 잘못된 선택으로 인해 여행의 일부를 망치고 싶지 않기 때문이다. 반면 평소와 달리 과감하게 도전하고 싶은 마음이 드는 것도 사실이다. 평소 경험하지 못 했던 색다른 맛과 분위기를 여행을 통해서 제대로 즐기고 싶기 때문이다. 그런 점에서 여행자들이 꼭 경험하고 싶은 것 중의 하나가 고급 레스토랑에서의 식사이다. 물론 비싼 가격이 주저하게 만들지만 절대 포기하지 말자. 베스널그린에 위치한 5성급 고급호텔 타운홀호텔(Town Hall Hotel)의 레스토랑 코너룸(CornerRoom)에서는 런치코스를 합리적인 가격에 제공하고 있다. 멋진 분위기에서 싱싱한 계절재료로 만든 독특한 요리를 2코스 £19.00, 9코스 £23.00로 즐길 수 있다.

주소 Town Hall Hotel, Patriot Square, London E2 9NF 영업시간 아침 07:00~10:00(월~금요일), 09:30~10:30(토,일요일), 점심 12:00~15:00(월~목요일), 12:00~16:00(금~일요일), 저녁 18:00~22:00(월~수요일), 18:00~22:30(목~토요일), 18:00~22:00(일요일) 문의 (44)020-7871-0460 홈페이지 townhallhotel.com/corner_room

SECTION 03
실속파를 위한 선택! 이코노미호텔

숙박비가 가장 비싼 도시라고 해서 비싼 호텔들만 있는 것은 아니다. 깔끔한 시설과 합리적인 가격은 물론 편리한 위치까지 자랑하는 이코노미호텔들도 얼마든지 있다. 단지 고급스러움과 특별함이 뒤질 뿐이다. 호텔을 잠만 자는 곳이라고 생각하는 사람들에게는 이코노미호텔이 최선의 선택이 된다. 저가호텔체인을 중심으로 미리미리 준비한다면 만족스러운 예산으로 예약을 완료할 수 있다.

가족단위 여행객들에게 인기 좋은
크라운플라자 런던켄싱턴 Crown Plaza London Kensington

세계적인 호텔체인 IHG계열의 크라운플라자호텔은 글로스터로드역에서 도보로 2분 거리에 위치하고 있다. V&A박물관, 과학박물관, 자연사박물관이 몰려있는 엑시비션로드까지 걸어서 10분이면 갈 수 있는 거리이며 해롯, 하비니콜스가 있는 나이트브리지, 하이드파크, 켄싱턴가든 등 주요관광지와 가까워 최상의 입지조건을 자랑한다. 깔끔함은 물론 편안하고 아늑한 호텔분위기로 가족단위의 여행객들에게 특히 인기가 높다.

주소 100 Cromwell Rd, London SW7 4ER 문의 (44)087-1265-9524 체크인/체크아웃 14:00 / 12:00 요금 £200.00~ 와이파이 무료 찾아가기 TUBE 글로스터로드(Gloucester Rd.)역 메인출구에서 왼쪽 방향으로 나와 크롬웰로드(Cromwell Rd.)에서 맞은편으로 건너 왼쪽으로 걸어가면 바로 오른편에 위치한다. 도보 3분. 홈페이지 www.cplondonkensingtonhotel.co.uk

조용한 주택가에 자리한
퀸스게이트호텔 The Queen's Gate Hotel

켄싱턴가든에서 가까운 퀸즈게이트거리에 자리하고 있다. 빅토리아양식의 4개의 타운하우스를 합쳐 21세기 현대적인 디자인의 호텔로 리노베이션하였다. 주변환경이 조용한 주택가이므로 소음을 걱정할 필요 없이 편안하게 묵을 수 있다. 90개의 객실이 있는 작은 규모의 호텔이지만 피트니스, 미팅룸, 바 등 갖출 건 다 갖춰져 있다.

주소 31-34 Queen's Gate, London SW7 5JA 문의 (44)020-7584-7222 체크인/체크아웃 14:00 / 12:00 요금 £185.00~ 와이파이 무료 찾아가기 TUBE 글로스터로드(Gloucester Rd.)역 메인출구에서 왼쪽 방향으로 나와 크롬웰로드(Cromwell Rd.)에서 오른쪽으로 직진한 후 퀸즈게이트(Queen's Gate)길에서 왼쪽으로 진입하면 왼편에 위치한다. 도보 9분. 홈페이지 www.thequeensgatehotel.com

숨겨진 보물 같은 곳
포토벨로호텔 The Portobello Hotel

호텔 이름에서 유추할 수 있듯이 노팅힐의 한적한 고급주택가에 위치한 이 호텔은 투숙하는 여행객들이 마치 동화 속으로 들어온 듯한 느낌의 예쁘고 아기자기한 인테리어가 눈길을 끈다. 모든 객실이 싱글 또는 2인실이며, 엑스트라베드를 놓을 수 없어 3명이 한 객실에 묵을 수 없다는 점은 아쉽다. 하지만 부티크호텔인 만큼 로맨틱한 분위기를 내고 싶은 커플여행객들에게 추천한다.

주소 22 Stanley Gardens, London W11 2NG 문의 (44)020-7727-2777 체크인/체크아웃 15:00 / 12:00 요금 £200.00~ 와이파이 무료 찾아가기 TUBE 노팅힐게이트(Notting Hill Gate)역 노팅힐게이트 북쪽 포토벨로로드앤마켓(Notting Hill Gate (North Side) Portobello Rd. and Market) 출구로 나와 조금 걸어 왼편의 켄싱턴 파크로드(Kensington Park Rd.)로 진입하다 왼쪽 스탠리 가든즈(Stanley Gardens)로 진입하면 왼편에 위치한다. 도보 10분. 홈페이지 www.portobellohotel.com

타워브리지의 야경을 즐길 수 있는
더블트리바이힐튼 타워오브런던 Double Tree by Hilton Tower of London

세계적인 호텔체인 힐튼계열의 호텔이며, 타워힐역에서 도보 3분 거리이고, 런던탑과 타워브리지는 5분 정도면 걸어갈 수 있을 정도로 가깝다. 교통편이 좋아 관광객뿐만 아니라 비즈니스 투숙객들에게도 인기가 높다. 이 호텔에 묵는다면 꼭 해야 할 것 중 하나가 있다. 바로 루프탑바 스카이라운지Sky Lounge에서 달콤한 칵테일 한잔과 함께 환상적인 타워브리지의 야경을 즐기는 일이다.

주소 7 Pepys St., London, EC3N 4AF 문의 (44)020-7709-1000 체크인/체크아웃 15:00 / 12:00 요금 £240.00~ 와이파이 무료 찾아가기 TUBE 타워힐(Tower Hill)역 트리니티스퀘어(Trinity Square) 출구로 나와 오른쪽 쿠퍼스로우(Coopers Row)를 따라 걷다 왼쪽 핍스스트리트(Pepys St.)로 진입하면 오른편에 위치한다. 도보 4분. 홈페이지 www.placeshilton.com

한국인에게도 익숙한 저가호텔
이비스 블랙프라이어스 ibis Blackfriars

저가 체인호텔 이비스의 런던지점이다. 깔끔한 시설과 무료와이파이 서비스, 약 300여 개의 넉넉한 객실, 그리고 역에서 가까운 위치 등 합리적인 가격으로 누릴 수 있는 장점이 아주 많아 전 세계 여행객들에게 인기가 높다. 특히 블랙프라이어스지점은 도심에서 제일 가까운 곳에 위치하고 있으며 세련된 인테리어가 인상적이다.

주소 49 Blackfriars Rd., London SE1 8NZ 문의 (44)020-7633-2720 체크인/체크아웃 12:00 / 12:00 요금 £90.00~ 와이파이 무료 찾아가기 TUBE 서더크(Southwark)역 더컷(The Cut) 출구로 나와 왼쪽으로 걸으면 왼편에 보인다. 도보 3분. 홈페이지 www.ibis.com

교통이 편리한 곳에 자리한
홀리데이인익스프레스 해머스미스 Holiday Inn Express Hammersmith

저렴한 가격과 깔끔한 시설을 겸비한 홀리데이인익스프레스계열은 무료와이파이와 무료조식이 항상 포함되어 있어 가격과 서비스 면에서 만족도가 높은 호텔 중의 하나이다. 해머스미스역에서 도보로 10분 거리이며, 피카딜리라인으로 히드로공항까지 환승 없이 갈 수 있는 점도 매력적이다. 런던의 중심부와 주요 관광지로 가는 교통편도 많아 편리하다.

주소 124 King St, London W6 0QU 문의 (44)087-1902-1621 체크인/체크아웃 14:00 / 12:00 요금 £150.00~ 와이파이 무료 찾아가기 TUBE 해머스미스(Hammersmith)역 비든 스트리트(Beadon Rd.) 출구로 나와 오른쪽으로 걸어 왼쪽 리릭스퀘어(Lyric Square)골목으로 진입한다. 킹스트리트(King St.)에서 오른쪽으로 걷다보면 오른편에 위치한다. 도보 6분. 홈페이지 www.expresshammersmith.co.uk

저가항공으로 유명한 이지그룹의 호텔
이지호텔 빅토리아 easyHotel Victoria

저가항공 이지젯으로 유명한 이지그룹이 내놓은 저가호텔로 런던에만 7개의 지점을 운영하고 있다. 편리한 위치는 물론 호스텔과 비슷한 가격으로 싱글룸에 묵을 수 있다는 점이 최고의 매력포인트이다. 방의 크기와 창문의 유무, 침대의 개수, 체크인 시간에 따라 가격이 달라지며 이지젯과 마찬가지로 이지호텔 역시 날짜가 다가옴에 따라 가격이 올라가므로 가급적 예약은 서두르면 서두를수록 좋다.

주소 34-40 Belgrave Rd., London SW1V 1RG 문의 (44)020-7834-1379 체크인/체크아웃 15:00 / 10:00 요금 £49.00~ 와이파이 유료 찾아가기 TUBE 빅토리아(Victoria)역 1번 허드슨플레이스(Hudson's Pl.) 출구로 나와 왼쪽으로 걷다 왼쪽 벨그라브로드(Belgrave Rd.)로 진입하면 오른편에 위치한다. 도보 7분. 홈페이지 www.easyHotel.com

런던 어디서나 만날 수 있는 호텔체인
트래블로지 워털루 Travelodge London Waterloo

영국전역에 약 450여 개의 지점을 두고 있는 저가호텔체인으로 저렴한 가격이지만 깔끔한 시설로 숙박에서 비용을 줄이고자 하는 여행객들에게 인기가 높다. 욕조 대신 샤워시설만 갖춰진 바스룸, 와이파이는 로비에서만 가능하지만 £50.00도 안 되는 가격에 싱글룸에 묵을 수 있다. 위치도 역에서 가까우므로 많이 걸을 일도, 호텔을 찾아 헤맬 일도 없다.

주소 195-203 Waterloo Rd., London SE1 8UX 문의 (44)087-1984-6291 체크인/체크아웃 15:00 / 12:00 요금 £109.00~ 와이파이 유료 찾아가기 TUBE 워털루(Waterloo)역 6번 사우스뱅크(South Bank) 출구로 나와 요크로드(York Rd.)에서 오른쪽으로 직진 후 워털루로드(Waterloo Rd.)로 진입하면 왼편에 위치한다. 도보 10분. 홈페이지 www.travelodge.co.uk

LONDON STAY

SECTION
04
세계친구들과 어울리며 날마다 즐거운 파티!
호스텔

호텔에 묵는다면 쉽게 경험할 수 없는 것이 바로 전 세계에서 온 수많은 여행자들과 친구로 어울리는 것이다. 같은 공간 속에서 자주 마주치고 서로 부대끼다 보면 어느새 그들은 친구가 되어 있다. 써먹을 데가 없어 묵혀놨던 자신의 영어실력 또한 발휘해 볼 수 있는 절호의 기회일지도 모른다. 호스텔스텝들은 그 누구보다도 완벽한 런던가이드들이므로 질문하는 것을 두려워하지 말자. 낯선 사람들과 한 공간에서 며칠 밤을 보내는 것도 좋은 경험이라고 생각한다면 저렴한 가격의 호스텔을 추천한다.

인테리어가 멋진 부티크호스텔
세이프스테이 엘리펀트앤캐슬 Safestay at Elephant and Castle

찰스디킨스, 찰리채플린, 셰익스피어 등 영국의 유명 인사가 살았던 동네 엘레펀트&캐슬에 위치하고 있다. 객실뿐만 아니라 로비, 라운지, 식당, 테라스까지 톡톡 튀는 세련된 인테리어가 부티크호텔을 연상시킨다. 싱글, 더블, 트윈룸 등 개인실부터 4, 6, 8인실의 도미토리까지 다양하게 준비되어 있어 선택의 폭이 넓다. 조식이 포함되어 있으며, 넓은 라운지의 오픈공간이 이 호스텔의 매력포인트이다.

주소 144-152 Walworth Rd. Elephant and Castle London SE17 1JL 문의 (44)020-7703-8000 체크인/체크아웃 14:00 / 10:00 요금 £23.00~ 찾아가기 TUBE 엘리펀트&캐슬(Elephant&Castle)역 엘리펀트앤캐슬 쇼핑센터(Elephant and Castle Shopping Centre) 출구 또는 노던라인(Northern Line) 출구로 나와 왼쪽으로 걷다 갈림길에서 왼쪽 월워스로드(Walworth Rd.)로 진입하면 오른편에 위치한다. 도보 7분. 홈페이지 www.safestay.co.uk

유스호스텔조합 YHA의 런던지점
YHA 런던옥스퍼드스트리트 YHA London Oxford Street

세계적인 유스호스텔체인 YHA의 지점이다. 웨스트엔드의 중심부인 소호에 자리하고 있어 쇼핑과 관광을 즐기기 좋은 최상의 입지조건을 자랑한다. 2, 3, 4인실의 프라이빗룸과 4인실의 도미토리룸을 제공한다. 와이파이 사용료가 유료인 점이 아쉽지만 도미토리룸이 최대 4명으로 제한된 점과 환상적인 위치, 편리한 교통, 깔끔한 시설 등 단점을 커버하고도 남을 장점이 많아 숙박할 이유는 충분하다.

주소 14 Noel St., Soho, London, W1F 8GJ 문의 (44)020-7734-1618 체크인/체크아웃 14:00 / 11:00 요금 £30.00~ 찾아가기 TUBE 옥스퍼드서커스(Oxford Circus)역 7번 옥스퍼드스트리트(Oxford St. Exit only) 출구로 나와 오른쪽으로 걷다 오른쪽 폴란드스트리트(Poland St.)로 진입하여 한 블록 직진한 후 다음 블록에서 왼쪽 노엘스트리트(Noel St.)로 진입하면 왼편에 위치한다. 도보 7분. 홈페이지 www.yha.org.uk

백패커들에게 인기 높은 호스텔
팔머스롯지 Palmers Lodge

1881년에 지어진 빅토리아양식 건물에 자리한 이 고풍스러운 호스텔은 살기 좋기로 소문난 한적한 주택가 스위스코티지Swiss Cottage에 위치하고 있다. 2존이지만 1존과 매우 가까워 주빌리라인 언더그라운드를 타면 본드스트리트역까지 7분이면 도착한다. 각종 호스텔어워드에서 베스트호스텔로 선정되는 등 전 세계 백패커들에게도 인기가 높다. 침대마다 커튼이 달려있어 프라이버시를 존중한 세심함이 엿보인다.

주소 40 College Crescent, Swiss Cottage, London NW3 5LB 문의 (44)020-7483-8470 체크인/체크아웃 14:00 / 11:00 요금 £19.00~ 찾아가기 TUBE 스위스코티지(Swiss Cottage)역 2번 출구로 나와 반대쪽 칼리지크레센트(College Cres.)길을 따라 오른쪽으로 직진한 후 두 갈래 길에서 왼쪽 길로 진입하면 왼편에 위치한다. 도보 5분. 홈페이지 www.palmerslodges.com/swisscottage/hostel

교통이 편리한 곳에 위치한
마이닝거런던 하이드파크 Meininger London Hyde Park

깔끔한 시설로 유명한 유럽계 유명호텔 및 호스텔체인 마이닝거의 런던지점이다. V&A박물관, 과학박물관, 자연사박물관이 몰려있는 엑시비션로드까지 도보 8분이면 도착가능하고, 켄싱턴가든과 하이드파크에서도 가까워 환상적인 위치를 자랑한다. 호스텔에서 제일 가까운 글로스터로드역은 서클, 디스트릭트, 피카딜리 등 3개의 라인이 교차하므로 관광지와의 접근성도 용이하다.

주소 65-67 Queen's Gate, London SW7 5JS 문의 (44)020-3318-1407 체크인/체크아웃 15:00 / 11:00 요금 £20.00~ 찾아가기 TUBE 글로스터로드(Gloucester Rd.)역 메인출구에서 왼쪽으로 걸어 크롬웰로드(Cromwell Rd.)에서 오른쪽으로 걷다 퀸즈게이트(Queen's Gate)길에서 왼쪽으로 진입하면 바로 왼편에 위치. 도보 5분. 홈페이지 www.meininger-hotels.com

핌리코역에서 가까운
아스터 빅토리아 Astor Victoria

런던의 호스텔체인 아스터호스텔 중 제일 큰 규모를 자랑하는 곳으로 15년 가까이 빅토리아를 굳건히 지키고 있다. 호스텔이름에 빅토리아가 있지만 핌리코역과 더 가까우므로 기억해두자. 늦은 밤 런던에 도착하게 되더라도 24시간 체크인이 가능하며 호텔, 호스텔 등 숙박시설이 모여 있는 안전한 지역에 위치해 있으므로 치안도 걱정 없다. 친절한 스텝들도 이곳의 장점 중 하나로 손꼽힌다.

주소 71 Belgrave Road Victoria, London SW1V 2BG 문의 (44)020-7834-3077 체크인/체크아웃 14:00 / 10:00 요금 £19.00~ 찾아가기 TUBE 핌리코(Pimlico)역 메인 출구로 나와 오른쪽으로 걷다 오른쪽 세인트조지스퀘어(St George's Square)로 진입하면 왼편에 위치한다. 도보 5분. 홈페이지 www.astorhostels.co.uk/our-hostels/victoria

히드로국제공항을 이용한다면
에퀴티포인트런던 Equity Point London

전 세계에 호스텔을 운영하는 에퀴티포인트의 런던 지점이다. 조지왕조양식Georgian Style의 건물에 모던한 인테리어가 인상적이다. 방마다 샤워룸을 겸한 화장실이 딸려 있으며, 개인 락커를 제공하고 있어 편리하다. 개인락커를 이용하려면 개인자물쇠를 챙겨가는 것이 좋다. 패딩턴역에서 도보 7분 거리에 위치하므로 공항철도인 히드로익스프레스를 타면 히드로국제공항까지 환승 없이 편리하게 이동할 수 있다.

주소 100 Westbourne Terrace, Paddington, London W2 6QE 문의 (44)020-7087-8001 체크인/체크아웃 14:00 / 10:00 요금 £17.00~ 찾아가기 TUBE 패딩턴(Paddington)역 프레이드스트리트(Praed St.) 출구로 나와 역을 등지고 오른쪽으로 걷다 오른쪽 웨스트본테라스(Westbourne Terrace)로 진입하면 왼편에 위치한다. 도보 7분. 홈페이지 www.equity-point.com

새로운 모습으로 탈바꿈한
제네레이터호스텔런던 Generator Hostel London

2014년 3월 리노베이션을 마치고 새롭게 재오픈하면서 밝고 활기찬 런던의 분위기를 세련된 인테리어로 고스란히 옮겨놓았다. 4~12인실 등 다양한 도미토리룸은 물론이고, 8~12인실의 여성전용 도미토리룸도 있어 선택의 폭이 넓다. 충분한 개인 수납공간과 넓은 라운지, 그리고 맛있는 조식이 장점이다.

주소 37 Tavistock Pl., London WC1H 9SE 문의 (44)020-7388-7666 체크인/체크아웃 14:00 / 10:00 요금 £20.00~ 찾아가기 TUBE 러셀스퀘어(Russell Square)역 버나드스트리트(Bernard St.) 메인출구로 나와 건너편 마치몬트스트리트(Marchmont St.)로 직진한 후 오른쪽 타비스톡플레이스(Tavistock Pl.)길에서 오른쪽으로 진입하면 왼편에 위치한다. 도보 5분. 홈페이지 www.generatorhostels.com/en/destinations/london

법원청사건물을 호스텔로 변신시킨
클링크78 CLINK78

200년 된 아름다운 빅토리야양식의 법원청사건물을 스타일리시한 호스텔로 리노베이션하였다. 건물 구석구석에 예전 법원형태를 그대로 살려 마치 법정에 있는 듯한 느낌의 독특한 실내구조를 유지하고 있다. 500명의 백패커가 동시에 숙박가능한 대규모의 호스텔은 지하에 있는 바 역시 엄청난 인원을 수용할 수 있어 전 세계의 백팩커들과 새로운 만남을 기대해도 좋다. 킹스크로스역과 가까워 유로스타를 이용하기도 수월하다.

주소 78 King's Cross Rd., London WC1X 9QG 문의 (44)020-7183-9400 체크인/체크아웃 14:30 / 10:00 요금 £17.00~ 찾아가기 TUBE 킹스크로스(King's Cross)역 유스턴로드(Euston Rd.) 출구로 나와 역을 등지고 왼쪽으로 걷다 오른쪽 킹스크로스로드(King's Cross Rd.)로 진입하면 왼편에 위치한다. 홈페이지 www.clinkhostels.com

INDEX

0~9

007	42
007 스카이폴	42
9¾플랫폼	38
15번 버스	100
30 St Mary Axe	50
30 세인트 메리 엑스	50
34세의 자화상	131

A

A Bar at the Folies-Bergère	184
Abigail Ahern	278
Absolute Vintage	301
Ace Hotel	374
Admiralty Arch	128
Albert Dock	320
Albion	374
Ale	65
alexandermcqueen	167
Almeida Theatre	279
Alpino	281
Andaz Liverpool Street London	371
Andina	295
Anfield	327
Apollo Victoria Theatre	35
Apple Market	181
Aria'	278
Arlington Row	365
Arsenal FC	279
Assembly Rooms	361
Assyrian Lion Hunt reliefs	177
Astor Victoria	380

B

Backyard Market	287
Baker Street	53
Balthazar	188
Banksy	290, 292
Banqueting House at Whitehall	126
BAO	148
Barbour	159
Bath Abbey	359
BBC PROMS	241
Beatles	52
Beatles Story	321
Beauchamp Tower	216
Beigel Bake Brick Lane Bakery	294
Ben's Cookie	341
Benugo	153
Berwick Street Market	135
Beyond Retro	301
Bibimbap	152
Bibury	365
Bibury Trout Farm	365
Bicester Village	315
Birling Gap	351
Biscuiteers	255
Blitz	301
Bloody Tower	216
Blue Plaque	52
Blue Whale	235
Bodleian Library	342
Boiler House	287
Bond Street	155
Bone Daddies	141
Boots	173
Borough Market	221
BOUNDARY	374
Bourton-on-the-Water	365
Boxing day	71
BOXPARK	298
Brewdog	271
Brick Lane Market	287
Brick Lane St. Market	287
Bridge of Sighs	342, 345
Brighton	350
Brighton Pier	350
British Museum	177
British Vintage	300
Broadway Market	308
Buckingham Palace	118
Buckingham Palace Shop	171
Buck St. Market	267
Bulgari Hotel and Residences	372
burberry	166
Burberry Factory Outlet	315
Burger and Lobster	138
Burlington Arcade	155
Busaba Eathai	140
Butlers Wharf	218
Byron	139

C

Cadbury	169
Caffe Nero	145
Cambridge Theatre	37
Camden Lock Market	267
Camden Lock Village Market	267
Camden Market	267
Camden Passage Market	277
Canary Wharf Station	51
Caramel Room	371
Carfax Tower	341
Carnaby Street	156
Carnation Lily Lily Rose	260
Cathedral	340
Cath Kidston	159
Catte Street	342
Cavan Club	321
Chance Street	292
Changing The Guard	118
Chapel	335
Charbonnel et Walker	164
Charing Cross	53
Charles Dickens	52
ChelseaFC	259
Chelsea Physic Garden	259
CHIK'N	205
Chilango	281
China Town	134
Choosing Keeping	307
Christ Church	340
Churchill War Rooms	127
Cider	65

Citycruises	103
Citymapper	73
Clarence House	119
Claridge's	370
Climpson and Sons	310
CLINK78	381
Clipper Fairtrade Tea	170
Closer	42
Club Row	292
Coca-Cola London Eye	122
Coffee Plant	252
Coldplay	48
Colman's	169
Columbia Road Flower Market	306
Comptoir Libanais	262
Cool Britannia	160
Costa	145
Covent Garden	48, 181
COVENT GARDEN GRIND	186
Covered Market	341
Creed	172
Crest of London	160
Crown Plaza London Kensington	376
Cutty Sark	334

D

Dalston Roof Park	314
Daunt Books	207
Daylesford Organic	254
Debenhams	154
Design Museum	237
Diana Memorial Playground	240
Dinner by Heston Blumenthal	67
Diplodocus	235
Discover Greenwich	335
Dishoom	295
Dismounting Ceremony	125
Disney Store London	162
Double Decker	100
Double Tree by Hilton Tower of London	377
Downing Street	127
Duchy Originals	170, 171
Duck Island	120

E

e5 Bakehouse	311
e5베이크하우스	311
Earthquake Room	235
easyBus	98
easyHotel Victoria	378
Easyjet	109
EAT	153
Ebor Street	292
Ed-gar Degas	184
Edith Evans	52
Edouard Manet	184
Elgin Marbles	178
Elizabeth Tower	121
Emirates Air Line	336
Emirates Stadium	279
Equity Point London	381
Eton College & Riverside	331
Euphorium	282
Euroline	108
Eurostar	108
EUTHYMOL	172

F

Fabric	59
Farm Girl	251
Fashion Museum	361
Fashion & Textile Museum	226
Fish&Chips	61
Flat Iron	147
Flat White	144
Fletchers House	355
Forbidden Planet	193
Fortnum&Mason's	158
Foyles	165
Full English Breakfast	61

G

Gatwick Airport	97
Gatwick Express	97
Geffrye Museum	309
Generator Hostel London	381
George Fredric Handel	52
George Harrison	52
George Orwell	52
Giant Sequoia	235
Giant Sloth	235
Gloucester Road	53
Golden Tours Visitor Centre	82
Golden Union Fish Bar	137
Gold State Coach	119
Good Food Market	224
Gordon's Wine Bar	146
Gosh! Comics	163
Graffiti	290, 292
Granger&Co	250
Great Court	346
Great Court in British Museum	51
Great Eastern	292
Great Northern	98
Greenberry Café	269
Green Park	128
Greenwich Market	334
Greenwich Observatory	333
Greenwich Park	333
Grimsby Street	292

H

Hackney City Farm	305
Hall	340
Hamleys	161
Hanbury Street	292
Harrods	242
Hayward Gallery	124
Heathrow Airport	96
Heathrow Express	96
Her Majesty's Theatre	36
Heston Blumenthal	67
High Street	341
Holiday Inn Express Hammersmith	378
Hoppers	147
Horse Guards	125
Hotel Chocolat	192
House of Fraser	154
House of Vans	136
Houses of Parliament	121
Huntsman	44
Hyde Park	48, 240

I

ibis Blackfriars	377
Inverness St. Market	267
itsu	153

J

Jamie Oliver	169
Jane Austen Centre	362
Jason's Original Canal Boat Trip	203
Jewel Tower	121
Jimi Hendrix	52
Joe&The Juice	143
John Everett Millais	260
John Lennon	52
John Lewis	154
John Singer Sargent	260
John William Waterhouse	260
Jo Malone	172, 173
Journey Pro	73

K

Karl Lagerfeld	167
Kati Roll Co Ltd	151
Kensington Garden	240
Kensington Palace	239
Kenwood House	273
Kimchee	189
King's College	347
King's Cross station	38
Kings -man	44
Kiosk	93
Kipferl	282
Kitchen Bridge	345
Kite Hill	272
Koffmann	371
Komodo Dragon	235
Konditor & Cook	145
KTX	93

L

Lady Grey	170
Lager	65
Land Gate	354
Leadenhall Market	39
LEGO® Store	163
Leicester Square	134
Le Meridien Piccadilly	370
Leon	150
Les Miserables	36
L'ETO CAFFÉ	142
Liberty	156
Lily Vanilli	312
Little Venice	203
Liverpool Cathedral	323
Liverpool Metropolitan Cathedral	324
Liverpool Museum	324
Liverpool ONE	326
LONDON	373
London Beatles Store	208
London Bridge Tower	220
London City Hall	50
London Fields	308
London Marathon	56
London Millennium Footbridge	39, 222
London Official City Guide	73
London Official Events Guide	73
London Pass	73, 82
London Transport Museum	183
London Waterbus	203
Look Mum No Hands!	296
Loop'	278
Love Actually	43
Lush	170, 171
Luton Airport	98
Lyric Theatre	37

M

Madame Tussauds London	199
Magical Mystery Tour	321
Making the modern world	236
Maldon	169
Maltby Street Market	226
Mandarin Oriental Hyde Park	369
Marble Arch	53
Marks&Spencer	168
Marmite	169
Mathew Street	325
Matilda	37
Megabus	108
Meininger London Hyde Park	380
Melrose and Morgan	270
Melt Chocolates	254
Mermaid Inn	354
Merseyside	
Maritime Museum	322
METROPOLITAN BY COMO	373
MI6	42
Michelin	66
Millennium Bridge	51
Mike's Cafe	251
Ministry of Sound	59
M&M's World London	162
Monmouth Coffee Company	185
moo-moo's	341
Mr Kipling	170
M&S	169
Museum of London	73, 225
My Old Dutch	261

N

Narrow Boat	203
National Express	97
National Gallery	42, 130
National Maritime Museum	336
National Portrait Gallery	132
National South Downs Park	351
Natural History Museum	234
Neal's Yard	182
Neal's Yard Remedies	172, 173
Nelson's Column	129
New Bond Street	155
New Bus for London	100
Newport Street Gallery	136
Newton's Apple Tree	346
Night Bus	100
NO.7	172
Norman Foster	50
Notting Hill	41
Notting Hill Carnival	55
NOVELLO THEATRE	36

O

Oasis	47, 49
Off-peak	104
Off-Peak	104
Old Bond Street	155
Old Royal Naval College	335
Old Spitalfields Market	288

Old Truman Brewery	287	
One New Change	229	
Open Air Theatre	197	
Open House	51	
Ophelia 260		
Orangery Restaurant	239	
Ottolenghi	280	
Oxford Street	154	
Oxo Tower	229	
Oxus Treasure	179	
Oyster Card	106	
Oyster Visitor Card	106	

P

Paddington	43
Painted Hall	335
Palmers Lodge	380
Parliament Hill Viewpoint	272
Partridges	170, 263
Patty&Bun	204
Paul Cézanne	184
Paul McCartney	46, 49
paulsmith	166
Pavilion 242	
Peggy Porschen Parlour	263
Pelican Crossing	107
Penhaligon's	172
Piccadilly Circus	133
Piggy's Salads & Sandwiches	148
Pimm's 65	
Pink Floyd	48, 49
Planet Orgarnic	193
Poet's Corner	120
Pollock's Toy Museum	180
Poppies 270	
Portmeirion	161
Portobello Road Market	249
Postman's Park	42
Prestat Chocolates	164
Pret A Manger	153
Pride London	54
Primark	165
Prime Minister's Office	127
Primrose Bakery	268
Primrose Hill	49, 266
Prince of Wales Theatre	35
Princess Louise	189
Princi 143	

Pulteney Bridge	359
Punting	347
Putney Bridge	58

Q

Queen Elizabeth Hall	124
Queen Mary's Dolls' House	330
Queen of Hoxton	297
Queen's College	347
Queen's Gallery	119
Queen's House Art Gallery	336
Queen's Theatre London	36
Queer Parade	54

R

Real Food Market	124
Redchurch Street	292
Regent's Park	197
Regent Street	155
Restaurant Gordon Ramsay	67
Retromania London	301
River Windrush	365
Rivington Street	292
Roast Beef	60
Rococo Chocolates	210
Rodda's	170
Rokit	301
Roman Baths	358
ROUGH TRADE	299
Route Master	100
Royal Academy of Arts	132
Royal Albert Hall	241
Royal Arcade	155
Royal Botanic Gardens Kew	70
Royal Collection Trust	171
Royal Crescent	360
Royal Festival Hall	124
Royal Game of Ur	179
Royal Mews	119
Royal National Theatre	124
Royal Opera House	182
Royal Pavillion	350
Royal Warrant	171
Rules	185
Russell Square Gardens	45

Ryanair	109
Ryantown	307
Rye Heritage Centre	354

S

Saatchi Gallery	258
Safestay at Elephant and Castle	379
Sainsbury	168
SallyLunn's Tea Room	362
Sanderson Hotel	63
Savile Row	44
Scandinavian Kitchen	152
Science Museum	236
Scone mix	170
Scotch Egg	60
Scudamore's Punting Company	347
Selfridge&Co.	157
Selfridges	154
Serpentine Gallery	242
Serpentine Lake	48
Serpentine Sackler Gallery	242
Seven Sisters	351
Shakespeare's Globe	224
Shandy	65
Sheldonian Theatre	342
Shepherd's Pie	60
Sherlock	44
Sherlock Holmes	52
Skandium	209
Skyfall	42
Sky Garden	220
Skyscanner	109
Sleek	172
Smug'	278
Smythson	157
Soap&Glory	172
Sông Quê Café	312
Southbank Centre	124
Southbank Centre Book Market	124
Southbank Skate Park	45
Speakers' Corner	240
Speedy's	44
Stables Market	267
Stamford Bridge	259
Stansted Airport	97
Stansted Express	97

State Room	118	
Statue of Eros	133	
St. Bartholomew's Hospital	45	
St Christopher's Place	206	
stellamccartney	167	
St George's Chaple	330	
St James's Park	120	
St Johns Beacon	326	
St John's College	345	
St Katharine Docks	224	
St Martin-in-the-Fields	129	
St Pancras International	108	
St Paul's Cathedral	223	
Strand Quay	355	
Suck and Chew	307	
Sunday Roast	60	
Sunday UpMarket	287	
Super Crocodile	235	
Super-Sensing T. rex	235	
Swan Hotel	365	

T

Tangerine Dream Café	259	
Tap Coffee	188	
Tate Britain	260	
TATE Liverpool	322	
Tate Modern	222, 228	
Tatty Devine	299	
Taylors of Harrogate	170	
Tea Room	287	
Tesco	168	
Tesco Finest	170	
Tetley Tea	170	
TfL Rail	98	
Thames Clippers	103	
Thameslink	98	
The Attendant	296	
The Berkeley	63, 371	
The Book Club	297	
The Book Of Molmon	35	
The Breakfast Club	138	
The British Library	31	
The Caramel Room	63	
The Cavern Club	325	
The Chin Chin Labs	271	
The Circus	360	
The Cobbles Tea Room	355	
The Conran Shop	209	
The Courtauld Gallery	184	

The Crown Jewels	216	
The Diamond Jubilee Tea Room	158	
The Dr. Martens	160	
The Fusilier's Museum	216	
The Gallery	158	
The Gallery Cafe	313	
The Gherkin	50	
The Golden Hind	205	
The Harp	146	
The Harry Potter Shop	38	
The Household Cavalry Museum	125	
The Hummingbird Bakery	252	
The Lady of Shalott	260	
The Langham London	371	
THE LEDBURY	66	
The Lewis Chessmen	178	
The Little One	269	
The Long Walk	331	
The Mad Hatter's Afternoon Tea	63	
The Mall	128	
The Mathematical Bridge	347	
The Meridian Line	333	
The mint	355	
The Monocle Café	206	
The Monument to the Great Fire of London	219	
The Moomin Shop	190	
The Natural Kitchen	210	
The Notting Hill Bookshop	253	
The Palace of Westminster	121	
The Palm Court	63	
The Parish Church of St Mary	353	
The Parlour	158	
The Peter Pan Statue	240	
The Phantom of the Opera	36	
The Photographer's Gallery	135	
The Portobello Hotel	377	
The Queen's Gate Hotel	376	
The Real Greek	187	
The Ritz London	63, 368	
The Rolling Stones	48, 49	
The Rosetta Stone	178	
The Savoy London	369	

The Shangri-La Hotel at The Shard London	370	
The Shard	220, 370	
The Sherlock Holmes Public House	139	
The Sherlock Homes Museum	200	
The Soho Hotel London	373	
The State Apartment	330	
The Wallace Collection	202	
Thriller-Live	37	
Thursday Cottag	169	
Tiffany Fountain	120	
Tina	314	
Tiptree	170	
tomford	167	
Tottenham Court Road	53	
Tower Bridge	218	
Tower of London	216	
Town Hall Hotel &Apartment	375	
Trafalgar Square	129	
Travel Card	107	
Travelodge London Waterloo	378	
Trinity College	346	
Trooping the Colour	125	
Tube	99	
Turbine Hall	222	
Twinings	170	
Twinings on the Strand	191	

U

Underground	53, 99	
University Church of St. Mary The Virgin	341	
University of Cambridge	344	
University of Oxford	340	
Upper Street	278	

V

V&A어린이박물관	309	
V&A카페	32	
Victoria&Albert Museum of Childhood	309	
Victoria and Albert Museum	238	
Victoria Coach Station	109	
Victoria Tower	121	

Vincent van Gogh	184
Vintage Market	287
Violet	311
Visit Britain	73
Visit London	73
viviennewestwood	166

W

Wahaca	141
Waitrose	168
Walkers	169
Warner Bros. Studio Tour London	40
WASABI	153
Wellcome Collection	180
Wellington Arch	128
Wembley Stadium	57
We Salute You	314
West End	34
Westminster Abbey	120
Westminster Hall	121
What's the story? Morning Glory	47
Whichbudget	109
Whitby Street	292
Whitechapel Gallery	288
White Cube Bermondsey	225
White Tower	216
Whittard	192
Wicked	35
Wilkin&Sons	170
Wimbledon	58
Windsor Castle	330
Windsor Great Park	331
W London Leicester Square	372
Wok to Walk	151
Wrapchic	150
Wren Library	346
WWRD	161
W런던레스터스퀘어	372

Y

Yeoman Warder	216
YHA London Oxford Street	379
Yorkshire Gold Tea	170
Yorkshire Pudding	60
Ypres Tower	354

Z

Zebra Crossing	107
Zizzi	187
ZSL London Zoo	198

ㄱ

강수량	75
거킨빌딩	50
게트윅국제공항	97
게트윅익스프레스	97
고든램지	67
고든즈와인바	146
고쉬!코믹스	163
고흐	131
골든유니온피시바	137
골든투어즈	82
골든하인드	205
공중전화	79
공항리무진버스	92
공항철도	92
공휴일	74
과학박물관	236
구 그리니치천문대	333
구 왕립해군대학교	335
국립초상화미술관	132
국립해양박물관	336
국회의사당	29, 121
굿푸드마켓	224
그래피티	290, 292
그랜저앤코	250
그레이트노던	98
그레이트브리튼	23
그레이트이스턴	292
그레이트코트	51, 346
그리니치마켓	334
그리니치파크	333
그린베리카페	269
그린파크	128
그림스비스트리트	292
근위병교대식	118
글로스터로드	53
기마대박물관	125
기차	104
긴급전화	80
김치	189
꽁뚜와	262

ㄴ

나이트버스	100
내로우보트	203
내셔널갤러리	42, 130
내셔널사우스다운파크	351
내셔널익스프레스	97
내추럴키친	210
넬슨제독기념비	129
노먼포스터	50
노벨로시어터	36
노팅힐	41
노팅힐북숍	253
노팅힐카니발	55
뉴버스포런던	100
뉴본드스트리트	155
뉴턴의 사과나무	346
뉴포트스트리트갤러리	136
닐스야드	182
닐스야드레메디스	172, 173

ㄷ

다우닝스트리트	127
다이아몬드주빌리티룸	158
다이애나메모리얼 플레이그라운드	240
다이애나왕세자비	239
닥터마틴	160
달스턴루프파크	314
대영박물관	51, 177
더갤러리	158
더갤러리카페	313
더리얼그릭	187
더리츠	368
더리츠런던	63
더몰	28, 128
더민트	355
더버클리	63, 371
더북클럽	297
더블데커	100
더블트리바이힐튼 타워오브런던	377
더사보이	369
더샤드	220, 370
더치오리지널	170, 171
더팔러	158
더팜코트	63
더하프	146
덕아일랜드	120
던트북스	207
데번햄스	154
데이시트티켓	35
데일스포드오가닉	254

드가	184	
디너바이헤스턴블루멘탈	67	
디슘	295	
디스마운팅 세리머니	125	
디스커버그리니치	335	
디자인박물관	237	
디즈니스토어런던	162	
디플로도쿠스	235	

ㄹ

라거	65	
라이언에어	109	
라이언타운	307	
라이헤리티지센터	354	
랜드게이트	354	
랩칙	150	
랭함런던	371	
러브액츄얼리	43	
러셀스퀘어가든	45	
러쉬	172, 173	
러프트레이드	299	
런던교통박물관	183	
런던마라톤	56	
런던박물관	225	
런던브리지타워	220	
런던시어터	35, 37	
런던시청	50	
런던아이	71, 122	
런던워터버스	203	
런던입국	95	
런던주	198	
런던탑	216	
런던패스	82	
런던필즈	308	
레고스토어	163	
레드버리	66	
레드처치스트리트	292	
레미제라블	36	
레스터스퀘어	134	
레스토랑고든램지	67	
레오나르도다빈치	131	
레온	150	
레이디그레이	170	
레이디샬롯	260	
레토카페	142	
레트로마니아	301	
렌도서관	346	
렘브란트	131	
로다스	170	
로만바스	358	

로스트비프	60	
로열뮤스	119	
로열아카데미 오브 아츠	132	
로열아케이드	155	
로열알버트홀	241	
로열오페라하우스	182	
로열워런트	171	
로열웨딩루트	28	
로열컬렉션트러스트	171	
로열크레센트	360	
로열파빌리온	350	
로열파크	77	
로열페스티벌홀	124	
로제타스톤	178	
로코코	210	
로킷	301	
롤링스톤스	48, 49	
롱워크	331	
루이스체스맨	178	
루턴공항	98	
루트마스터	100	
루프	278	
룩맘노핸즈!	296	
룰즈	186	
르메르디앙 피카딜리	370	
리든홀마켓	39	
리릭극장	37	
리버사이드	331	
리버티	156	
리버풀대성당	323	
리버풀메트로폴리탄대성당	324	
리버풀박물관	324	
리버풀원	326	
리빙턴스트리트	292	
리얼푸드마켓	124	
리젠트스트리트	71, 155	
리젠트운하	203	
리젠트파크	197	
리틀베니스	203	
리틀원	269	
릴리바닐리	312	

ㅁ

마네	184	
마담투소	199	
마마이트	169	
마블아치	53	
마이닝거런던 하이드파크	380	
마이올드더치	261	
마이크스카페	251	

마틸다	37	
막스앤스펜서	168, 169	
만다린오리엔탈 하이드파크	369	
매드해터즈애프터눈티	63	
매지컬미스테리투어	321	
매튜스트리트	325	
매트로폴리탄 바이코모런던	373	
머메이드인	354	
머지사이드해양박물관	322	
멀로즈앤모건	270	
메가버스	108	
메리여왕	330	
메이킹더모던월드	236	
멜트	254	
면세범위	81	
면세점	94	
모노클카페	206	
모뉴먼트	219	
몬머스	183	
몰든	169	
몰트비스트리트마켓	226	
무무스	341	
무민숍	190	
뮤지컬	34	
미니스트리 오브 사운드	59	
미슐랭가이드	66	
미스터키플링	170	
밀레니엄브리지	39, 51, 222	

ㅂ

바버	159	
바스사원	359	
바오	148	
바운더리	374	
바이런	139	
바이버리	365	
바이버리 트라우트팜	365	
바이올렛	311	
박스파크	298	
반입금지물품	81	
반케팅하우스	126	
발타자르	188	
방문자오이스터카드	106	
배터시발전소	49	
백야드마켓	287	
뱅크시	290, 292	
버거앤랍스터	138	
버러마켓	221	

버버리	166	비첨타워	216	셀도니안극장	342
버버리팩토리아웃렛	315	비틀즈	46, 49, 52	셀프리지	154, 157
버웍스트리트	47	비틀즈스토리	321	셜록	44
버웍스트리트마켓	135	비틀즈스토어	208	셜록홈즈	44, 52
버킹엄궁전	28, 118	빅토리앤앨버트박물관	238	셜록홈즈박물관	200
버킹엄팰리스숍	171	빅토리아여왕	239	셜록홈즈펍	139
버튼온더워터	365	빅토리아코치스테이션	109	셰익스피어글로브극장	224
버틀러스워프	218	빅토리아타워	121	셰퍼드파이	60
벅스트리트마켓	267	빈센트반고흐	131, 184	소호호텔	373
벌링갭	351	빈티지마켓	287	숍앤글로리	172
벌링턴아케이드	155			송께카페	312
베네딕트컴버배치	44	ㅅ		쇠라	131
베누고	32, 153	사우스뱅크센터	124	수하물	94
베이글베이크		사우스뱅크센터북마켓	124	수학의 다리	347
브릭레인베이커리	294	사우스뱅크 스케이트파크	45	슈퍼마켓	168
베이커스트리트	53	사이다	65	슈퍼센스티렉스	235
벤쿠키	341	사이즈표	81	슈퍼크로커다일	235
보들리언도서관	342	사치갤러리	258	스릴러-라이브	37
보일러하우스	287	새빌로우	44	스마이손	157
보트레이스	58	샌더슨호텔	63	스머그	278
복싱데이	71	샐리룬스티룸	362	스완호텔	365
본대디즈	141	샤보넬에워커	164	스카이가든	220
본드스트리트	155	샹그릴라호텔		스카이스캐너	109
본초자오선	333	앳 더샤드런던	370	스카치에그	60
부사바이타이	140	샹디	65	스칸디나비안키친	152
부츠	173	서커스	360	스칸디움	209
북오브몰몬	35	서펀타인갤러리	242	스콘믹스	170
불가리호텔 앤 레지던스	372	서펀타인새클러갤러리	242	스큐다모어펀팅컴퍼니	347
브라이튼	350	서펀타인호수	48	스탠스테드공항	97
브라이튼피어	350	석앤츄	307	스탠스테드익스프레스	97
브렉퍼스트클럽	138	선데이로스트	60	스탬포드브리지	259
브로드웨이마켓	308	선데이업마켓	287	스테이블스마켓	267
브루독	271	세금환급	81	스테이트룸	118
브리티시 빈티지	300	세븐시스터즈	351	스테이트아파트먼트	330
브릭레인마켓	287	세이프스테이		스텔라매카트니	167
브릭레인스트리트마켓	287	엘리펀트앤캐슬	379	스트랜드키	355
브릿팝	46	세인즈버리	168	스피디카페	44
블러	49	세인트마리교회	353	스피커스코너	240
블러디타워	216	세인트마틴인더필즈	129	슬릭	172
블루웨일	235	세인트메리교회	341	시인들의 코너	120
블루플라크	52	세인트바토뮤스병원	45	시티크루즈	103
블릿츠	301	세인트제임스파크	120	썰스데이코티지	169
비비씨프롬스	241	세인트조지예배당	330		
비비안웨스트우드	166	세인트존스비콘	326	ㅇ	
비빔밥	152	세인트존스칼리지	345	아르놀피니 부부의 초상	131
비스키티어즈	255	세인트캐서린독	224	아리아	278
비스터빌리지	315	세인트크리스토퍼플레이스	206	아비게일아한	278
비욘드레트로	301	세인트판크라스인터내셔널	108	아서코넌도일	44
비자	74	세인트폴대성당	223	아스날FC	279
비지터센터	82	세일시즌	155	아스니에르에서의 물놀이	131

아스터 빅토리아	380	
아폴로빅토리아극장	35	
안다즈 리버풀스트리트	371	
안디나	295	
안필드	327	
알렉산더맥퀸	167	
알메이다시어터	279	
알버트독	320	
알비온	374	
알피노	281	
암굴의 성모	131	
애드미럴티아치	128	
애비로드	46	
애비로드스튜디오숍	47	
애프터눈티	62	
애플마켓	181	
앤드류로이드웨버	36	
앤티크마을	355	
앨링턴로우	365	
앱솔루트빈티지	301	
얀반에이크	131	
어셈블리룸	361	
어스퀘이크룸	235	
어텐던트	296	
어퍼스트리트	278	
언더그라운드	53, 99	
에디스에반스	52	
에로스동상	133	
에미레이트스타디움	279	
에미레이트에어라인	336	
에보스트리트	292	
에이스호텔	374	
에일	65	
에퀴티포인트런던	381	
엘리자베스여왕	24, 118	
엘리자베스타워	121	
엠앤엠월드	162	
여권	74	
여행자보험	80	
열차	104	
영국	23	
영국국립극장	124	
영국도서관	31	
영국맥주	65	
영국식영어	75	
영국왕실	24	
오랑제리	239	
오아시스	47, 49	
오이스터카드	106	
오토렝기	280	
오페라의 유령	36	
오프피크	104	
오픈에어시어터	197	
오픈하우스	51	
오필리어	260	
옥서스의 보물	179	
옥소타워	229	
옥스퍼드대학교	340	
옥스퍼드스트리트	71, 154	
올드본드스트리트	155	
올드스피탈필즈마켓	288	
올드트루먼브루어리	287	
와사비	153	
와하카	141	
왕실도서관	330	
요만워더	216	
요크셔 골드티	170	
요크셔푸딩	60	
우르왕조의 게임판	179	
우체국	79	
워커스	169	
웍투웍	151	
원뉴체인지	229	
월리스레스토랑	33	
월리스컬렉션	202	
웨스트민스터궁전	121	
웨스트민스터사원	29, 120	
웨스트민스터홀	121	
웨스트엔드	34	
웨이트로즈	168	
웰링턴아치	128	
웰컴컬렉션	180	
웸블리스타디움	57	
위샬롯유	314	
위치버짓	109	
위키드	35	
위타드	192	
위트비스트리트	292	
윈드러시갱	365	
윈저그레이트파크	331	
윈저성	330	
윈터원더랜드	70	
윌리엄터너	131	
윌킨앤선즈	170	
윔블던	58	
유람선	103	
유로라인	108	
유로스타	108	
유시몰	172	
유심카드	79	
유포리엄	282	
이비스 블랙프라이어스	377	
이지버스	98	
이지젯	109	
이지호텔 빅토리아	378	
이츠	153	
이튼칼리지	331	
이프르타워	354	
인버네스스트리트마켓	267	
인천국제공항	92	
인형의 집	330	
입국심사	95	
잇	153	
잉글리시브렉퍼스트	61, 281	

ㅈ

자연사박물관	71, 234	
자이언트세콰이아	235	
자이언트슬로스	235	
자전거	102	
저가항공	109	
전함 테메레르의 마지막 항해	131	
제네레이터호스텔런던	381	
제이미올리버	169	
제이슨오리지널 커널보트트립	203	
제인오스틴센터	362	
제프리뮤지엄	309	
조르주피에르쇠라	131	
조말론	172, 173	
조앤더주스	143	
조지오웰	52	
조지프말로드윌리엄터너	131	
조지해리슨	52	
존레넌	52	
존루이스	154	
존 싱어 사전트	260	
존에버렛밀레이	260	
존 윌리엄 워터하우스	260	
주얼타워	121	
주영한국대사관	80	
죽어가는 사자	179	
지미헨드릭스	52	
지브라크로싱	107	
지지	187	
지하철	96, 99	

ㅊ

차링크로스	53
차이나타운	134
찬스스트리트	292
찰스디킨스	52
찰스왕세자	171
채플	335
처칠워룸	127
첼시FC	259
첼시피직가든	259
총리관저	127
출국과정	93
출국심사	94
출입국카드	95
츄징키핑	307
치킨	205
친친랩	271
칠랭고	281

ㅋ

카나리워프	51
카나비스트리트	71, 156
카네이션 백합 백합 장미	260
카이트힐	272
카테드럴	340
카티롤컴퍼니	151
카팍스타워	341
카페네로	145
칼라거펠트	167
캐드버리	169
캐러멜룸	63, 371
캐번클럽	321, 325
캐스키드슨	159
캐트스트리트	342
캠든록마켓	267
캠든록빌리지마켓	267
캠든마켓	267
캠든패시지마켓	277
캠브리지극장	37
커버드마켓	341
커티삭	334
커피플랜트	252
케임브리지대학교	344
켄싱턴가든	240
켄싱턴궁전	239
켄우드하우스	273
코너룸	375
코모도드래곤	235
코벤트가든	48, 181
코벤트가든그라인드	186
코블스트롬	355
코스타	145
코츠월즈	364
코톨드갤러리	184
코프만	371
콘디터앤쿡	145
콘란숍	209
콜드플레이	48
콜럼비아로드플라워마켓	306
콜만	169
쿨브리타니아	160
퀴어퍼레이드	54
퀸스게이트호텔	376
퀸스칼리지	347
퀸엘리자베스홀	124
퀸오브혹스턴	297
퀸즈갤러리	119
퀸즈시어터	36
퀸즈하우스 아트갤러리	336
큐왕립식물원	70
크라운주얼	216
크라운플라자 런던켄싱턴	376
크라이스트처치	340
크레스트오브런던	160
크리드	172
클라리지	370
클래런스하우스	119
클럽	59
클럽로우	292
클로저	42
클리퍼 페어트레이드티	170
클림슨앤선즈	310
클링크78	381
키오스크	93
키친브리지	345
킵펠	282
킹스맨	44
킹스칼리지	347
킹스크로스역	38

ㅌ

타운홀호텔	375
타워브리지	71, 218
탄식의 다리	342, 345
택시	102
탠저린드림카페	259
탭커피	188
터바인 홀	222
테스코	168
테스코파이니스트	170
테이트리버풀	322
테이트모던	222, 228
테이트브리튼	260
테일러 오브 헤로게이트	170
테틀리	170
테티디바인	299
템즈강	103
템즈강변	43
템즈링크	98
템즈클리퍼	103
토트넘코트로드	53
톰포드	167
튜브	99
트라팔가광장	129
트래블로지 워털루	378
트래블카드	107
트루핑더컬러	125
트리니티칼리지	346
트와이닝	170, 191
티나	314
티룸	287
티켓마스터	35
티파니분수	120
팁트리	170

ㅍ

파르테논신전의 조각상	178
파빌리온	242
파운드	78
파인다이닝	66
파트리지	170, 263
팔러먼트힐 뷰포인트	272
팔머스롯지	380
팜걸	251
패딩턴	43
패딩턴역	43
패브릭	59
패션박물관	361
패션&텍스타일박물관	226
패티앤번	204
퍼트니다리	58
펀팅	347
펄트니다리	359
펍	64
페기포센	263
페인트홀	335
펜할리곤스	172
펠리컨크로싱	107
평균기온	75
포비든플래닛	193
포스트만즈파크	42

포일스	165
포토그래퍼스갤러리	135
포토벨로마켓	249
포토벨로호텔	377
포트넘앤메이슨	158
포트메리온	161
포피스	270
폴락토이뮤지엄	180
폴리베르제르 바	184
폴매카트니	46, 48, 49
폴세잔	184
폴스미스	166
풀잉글리시 브렉퍼스트	138
풀잉글리시브렉퍼스트	61
퓨질리어박물관	216
프라이드런던	54
프라이마크	165
프레스타트	164
프레타망제	153
프리미어리그	57
프린세스루이스	189
프린스오브웨일즈극장	35
프린치	143
프림로즈베이커리	268
프림로즈힐	49, 266
플래닛오가닉	193
플래처스하우스	355
플랫아이언	147
플랫화이트	144
피기스 샐러드 앤 샌드위치	148
피시앤칩스	61, 137, 205
피카딜리서커스	133
피터팬동상	240
핌즈	65
핑크플로이드	48, 49

ㅎ

하르먼스판레인렘브란트	131
하오스오브프레이저	154
하우스오브반스	136
하이드파크	48, 70, 240
하이스트리트	341
하차 구간	97
한버리스트리트	292
항공권	76
해롯	242
해리포터	38
해리포터숍	38
해리포터스튜디오	40
해바라기	131
해크니시티팜	305
햄리스	161
햄스테드히스	272
허마제스티극장	36
허밍버드베이커리	252
헌츠맨	44
헤스턴블루멘탈	67
헤이워드갤러리	124
헨델	52
헨리8세	217
호스가즈	125
호텔쇼콜라	192
호퍼스	147
홀	340
홀리데이인익스프레스 해머스미스	378
홈애프터눈티	170
화이트채플갤러리	288
화이트큐브	225
화이트타워	216
화이트홀	29
환전	78
황금마차	119
히드로국제공항	96
히드로익스프레스	96